地方GDP

统一核算的

技术方法与应用逻辑

杨新洪 著

SPM 南方传媒　广东人民出版社
·广州·

图书在版编目（CIP）数据

地方GDP统一核算的技术方法与应用逻辑 / 杨新洪著. —广州：广东人民出版社，2024.5
ISBN 978-7-218-17389-4

Ⅰ.①地… Ⅱ.①杨… Ⅲ.①地方经济—国民经济核算—研究—中国 Ⅳ.①F222.33

中国国家版本馆CIP数据核字（2024）第042808号

DIFANG GDP TONGYI HESUAN DE JISHU FANGFA YU YINGYONG LUOJI
地方GDP统一核算的技术方法与应用逻辑

杨新洪 著

出 版 人：肖风华

责任编辑：伍茗欣
装帧设计：奔流文化
责任技编：吴彦斌

出版发行 广东人民出版社
地　　址：广州市越秀区大沙头四马路 10 号（邮政编码：510199）
电　　话：（020）85716809（总编室）
传　　真：（020）83289585
网　　址：http://www.gdpph.com
印　　刷：广州市豪威彩色印务有限公司
开　　本：787mm×1092mm　1/16
印　　张：34　　插　页：7　　字　数：450 千
版　　次：2024 年 5 月第 1 版
印　　次：2024 年 5 月第 1 次印刷
定　　价：98.00 元

如发现印装质量问题，影响阅读，请与出版社（020-85716849）联系调换。
售书热线：020-87716172

　　2024年3月，到访香港特区政府统计处，双方就最新统计发展、"岭南杯"统计文学征文活动和2024年9月在佛山市举行的"第三届粤港澳大湾区（广东）统计论坛"的安排进行了深入讨论，达成一致合作共识。

　　粤澳两地统计人在澳门统计局进行粤澳统计交流取得重大成果，构建促进产业多元发展统计指标评价体系，实现"一地两统、结果双用"统计实践创新。

　　2023年12月，在上海证券交易所，资本市场各种因素交织着的时候，访问了上交所，提出面临"政策底、经济底、市场底与心底"四个底之第五底——国际关系底的影响。

2023年10月，第二届粤港澳大湾区统计论坛。

2023年9月，在加拿大渥太华，向第64届（两年一届）世界统计大会做《广东人口变化与产业结构升级》报告。

　　2023年9月，在国际统计学会（ISI），与国际顶级统计教授、专家及学者交流互动。

　　2023年9月，与知名国际统计友人上台致谢第64届世界统计大会圆满完成。

2022年8月，参加省"两会"，接受新闻媒体采访，讲述广东当下经济运行的"变"与"不变"。

2022年2月，在新疆人民会堂，由自治区主席艾尔肯主持，向新疆维吾尔自治区与建设兵团各级干部做了一场《以数据支撑现代治理》专题报告，是新疆维吾尔自治区当年开春第一场规模空前的大会，线上线下1.6万人，线下会场1600人。当晚"学习强国"报道，引起广泛关注。

　　2022年2月，在新疆乌鲁木齐热情好客的朋友鼓励下，弹起当地乐器，完全忘记入疆之倦。

　　2021年12月，参加中国作家协会第十次全国代表大会，在人民大会堂门前手持由花城出版社出版的《这样活过一百岁》，由此走进人民大会堂。

　　代表大会间隙，诺贝尔文学奖得主莫言先生，亲笔为笔者题写"祖孙读书，其乐无穷"。该语至今裱藏。

　　代表大会间隙，与诺奖得主莫言先生在主席台握手。

在代表大会开幕式上，相遇中国文联、中国作协"双主席"铁凝，她亲切对笔者说："今天见，明天上午会上还见，一起开好会。"

开会席间，遇见贾平凹老师，小聊之后合影，邀请他到广东来指导。

开会间隙午餐时，与王蒙老先生同桌边吃边小叙。他的精气神十分好，是文学蒙胧派奠基者，时年八十七，却像五十七。

2021年12月，在北京大学第二十一次全国统计科学讨论会上，与相关领导进行统计现代化改革与统计学科发展主题交流。

    2019年9月，出访南非，在工厂式市政大厅，与充满友爱与期望的小朋友交流互动。

当前统计实践与应用面临的挑战与思考

——中国式政府统计"3个T"的当代意义与现代路径

日复一日。

时间一天又一天翻过，沉淀为人类历史；国际国内一页又一页翻开，流动为世界经济。这当中产生的难以穷尽的一串串变量，形成了其背后有温度会说话的海量数据，引发当前统计实践与应用面临的挑战与思考，浓缩为中国式政府统计"3个T"的当代意义与现代路径。

——第七次广东统计学科协作组会议题记

国际著名统计学家C.R.劳在《统计与真理》中写道："终极的分析中，一切知识都是历史；在抽象的意义下，一切科学都是数学；在理性的基础上，所有的判断都是统计。"

我国著名经济学家、人口学家马寅初也指出："学者不能离开统计而研究，政治家不能离开统计而施政，事业家不能离开统计而执业。"

走进统计，解构数据，认识经济，看透经济。

"第一个T，源头"：顶层设计管理，国民经济行业划分是中国经济的"新华字典"

统计是永恒不变的科学计量工具，统计学家一定是经济学家。没有规矩，不成方圆。国民经济行业分类是观察认识统计的基础，是中国经济的"新华字典"，观察经济颗粒度"变小变快"，因广东而起，使广东有着观察经济变化发展的前沿能力。

最新的《国民经济行业分类》（GB/T 4754—2017）于2017年10月1日实施。修订后门类仍保持20个，行业大类增加至97个，行业中类增加至473个，行业小类增加至1381个。为更好地反映我国三次产业的发展情况，借鉴国际上关于三次产业划分一般是基于门类层次的做法，满足国民经济核算、服务业统计及其他统计调查对三次产业划分的需求，根据《国民经济行业分类》（GB/T 4754—2017），划分三次产业。

城乡划分工作也是一项重要的基础性统计工作。区划代码和城乡划分代码库，为各项普查、全面调查、抽样调查、专项调查等提供了统一的统计用区划代码和城乡划分代码，为反映我国城镇化水平提供城乡地域资料。2022年，全国城镇化率为65.22%，广东省城镇化率为74.79%。

"第二个T，龙头"：创新核算方法，构建中国式SNA国民账户体系适用版

国内生产总值（GDP）不是发展的全部，却对每个地区都有不可替代的作用，为经济社会发展提供物质基础。统计工作的龙头在GDP核算，遵循的是国民经济核算体系和核算制度。国际上最新的国民经济核算国际标准是联合国颁布的《2008年国民账户体系》（SNA2008），国内最新的则是《中国国民经济核算体系（2016）》（CSNA2016）。

根据国家统计局最新季度地区生产总值核算方案，涉及GDP核算的基础指标有41个，全国都采用这41个基础指标进行地区GDP季度核算，不同地区、不同季度影响核算会有所不同。GDP增长的快与慢，关键看这41个基础指标变量的强弱。如果把GDP比作反映经济变化的"晴雨表"，那么这41个基础指标就是一剂"中药方",由此"把脉问诊"与"支招过堂"。

统一核算是一项系统工程和重点工作,涉及国民经济一二三产业,涉及各行业主管部门。做好地区生产总值统一核算工作,要坚决夯实本地区以及各部门核算基础数据,提高数据质量,以扎实数据支撑经济增长。

"第三个T,户头":构建"一网统管",联通智慧统计多种数源户头

广东省统计利用现代信息技术,探索把分散在各级统计、发改、经信等多个部门的经济运行信息进行整合共享,结合智慧统计建设,积极推进"一网统管"改革创新:一是要厘清"智慧统计"的中心定义,称为"数智统计"或者"一网通"统计;二是从地方统计部门角度看,需要列出负面清单来推进"智慧统计"建设和应用;三是大道至简,"智慧统计"立足于"管"、关键在"统"、着眼于"用"。

广东"一网统管"着力推进全省经济形势在线分析,主要经济指标立体化、全局化、动态化集中展示,从产业、行业、区域、时间等多维度对全省经济运行整体情况进行动态监测,为领导决策提供全面、准确、及时的数据参考和预警信息,为产业结构的优化和产业政策的制定提供量化依据。

目录

CONTENTS

壹

"三个在哪里":"七看"数据背后的广东省2018年上半年经济运行与建议

2018年上半年广东省经济延续增强2017年"7"字头增长的基本面，在以人民为中心，树立正确的高质量发展理念和政绩观引领下，不断破解厘清新旧交替的经济难题与问题中，"迎难克难、迎难不难"，勇于担当，聚焦热点、痛点、"卡脖子"经济瓶颈问题，全省经济渐次内生增长动力，沿着"四个走在全国前列"构建现代经济体系。如果用一句话描述半年经济运行，那就是：总体呈现一个"以稳开局、以质为破、以新为变"的全省经济基本面。具体表现为"六个有"：直接核算GDP的"23个指标"增减"有波动"，经济新旧动能转换"有韧性"，主要指标进退之间"有支撑"，经济基本面结构性变化"有见好"，总体上实现全省经济稳中求进"有质量"，但也有不少"压力、代价与问题"存在。

一、增长点在哪里：结构性增减变化总体支撑经济稳运行

一看，基本面。上半年全省经济总体在"7"字头增长区间上运行，但行业增长、构成与贡献百分点有变化。

就增长速度而言，上半年比一季度提高0.1个百分点，比去年同期回落0.7个百分点。其中：与一季度比，第一产业提高0.7个百分点，第二产业回落0.3个百分点，第三产业提高0.3个百分点；与去年同期比，第一产业提高0.7个百分点，第二产业回落0.6个百分点，第三产业回落0.9个百分点。就产业结构而言，上半年与一季度比，第一产业回落0.3个百分点，第二产业提高1.3个百分点，第三产业回落1.0个百分点；与去年同期比，第一产业回落0.3个百分点，第二产业回落0.8个百分点，第三产业提高1.1个百分点。就贡献率而言，上半年与一季度比，第一产业提高0.3个百分点，第二产业回落1.3个百分点，第三产业提高1个百分点；与去年同期比，第一产业提高0.7个百分点，第二产业下降0.5个百分点，第三产业下降0.2个百分点。就拉动率而言，上半年与一季度比，增长速度提高0.1个百分点，

壹

"三个在哪里"："七看"数据背后的广东省2018年上半年经济运行与建议

2018年上半年广东省经济延续增强2017年"7"字头增长的基本面，在以人民为中心，树立正确的高质量发展理念和政绩观引领下，不断破解厘清新旧交替的经济难题与问题中，"迎难克难、迎难不难"，勇于担当，聚焦热点、痛点、"卡脖子"经济瓶颈问题，全省经济渐次内生增长动力，沿着"四个走在全国前列"构建现代经济体系。如果用一句话描述半年经济运行，那就是：总体呈现一个"以稳开局、以质为破、以新为变"的全省经济基本面。具体表现为"六个有"：直接核算GDP的"23个指标"增减"有波动"，经济新旧动能转换"有韧性"，主要指标进退之间"有支撑"，经济基本面结构性变化"有见好"，总体上实现全省经济稳中求进"有质量"，但也有不少"压力、代价与问题"存在。

一、增长点在哪里：结构性增减变化总体支撑经济稳运行

一看，基本面。上半年全省经济总体在"7"字头增长区间上运行，但行业增长、构成与贡献百分点有变化。

就增长速度而言，上半年比一季度提高0.1个百分点，比去年同期回落0.7个百分点。其中：与一季度比，第一产业提高0.7个百分点，第二产业回落0.3个百分点，第三产业提高0.3个百分点；与去年同期比，第一产业提高0.7个百分点，第二产业回落0.6个百分点，第三产业回落0.9个百分点。就产业结构而言，上半年与一季度比，第一产业回落0.3个百分点，第二产业提高1.3个百分点，第三产业回落1.0个百分点；与去年同期比，第一产业回落0.3个百分点，第二产业回落0.8个百分点，第三产业提高1.1个百分点。就贡献率而言，上半年与一季度比，第一产业提高0.3个百分点，第二产业回落1.3个百分点，第三产业提高1个百分点；与去年同期比，第一产业提高0.7个百分点，第二产业下降0.5个百分点，第三产业下降0.2个百分点。就拉动率而言，上半年与一季度比，增长速度提高0.1个百分点，

其中，第一产业拉动率提高0.1个百分点，第二产业回落0.1个百分点，第三产业提高0.1个百分点；与去年同期比，第一产业提高0.1个百分点，第二产业下降0.3个百分点，第三产业下降0.5个百分点。

表1-1　广东省2018年上半年地区生产总值情况表

指标名称		绝对值（亿元）	增长（%）	构成（%）	构成变动（百分点）		对GDP增长的贡献率（%）		对GDP拉动点数（百分点）	
					比上季度	比去年同期	本期	上季度	本期	上季度
地区生产总值（GDP）		46341.93	7.1	100.0	—	—	100.0	100.0	7.1	7.0
分产业	第一产业	1551.57	4.0	3.3	-0.3	-0.2	2.0	1.7	0.1	0.1
	第二产业	19779.86	6.0	42.7	1.3	-0.8	38.2	39.5	2.7	2.8
	#先进制造业	8425.31	8.4	18.2	—	—	—	—	—	—
	第三产业	25010.50	8.2	54.0	-1.0	1.1	59.8	58.8	4.2	4.1
	#现代服务业（预计）	15885.65	9.2	34.3	-0.5	0.9	42.1	38.6	3.0	2.7
分行业	工业	18567.89	6.1	40.1	1.7	-0.9	36.8	37.9	2.6	2.7
	金融业	3785.43	5.4	8.2	-0.9	-0.1	6.4	6.8	0.5	0.5
	批发和零售业	4422.09	4.9	9.5	0.0	-0.2	6.8	7.1	0.5	0.5
	住宿和餐饮业	826.11	3.0	1.8	-0.1	-0.1	0.8	0.7	0.1	0.1
	营利性服务业	5134.40	16.9	11.1	0.3	1.0	24.0	23.3	1.7	1.6
	#信息传输、软件和信息技术服务业	994.47	51.2	2.1	0.1	0.6	11.2	10.6	0.8	0.7

（续表）

指标名称		绝对值（亿元）	增长（%）	构成（%）	构成变动（百分点）		对GDP增长的贡献率（%）		对GDP拉动点数（百分点）	
					比上季度	比去年同期	本期	上季度	本期	上季度
分行业	房地产业	3643.81	2.5	7.9	0.3	−0.2	2.5	3.4	0.2	0.2
	非营利性服务业	5259.91	10.8	11.4	−0.8	0.6	15.5	14.1	1.1	1.0
	交通运输、仓储和邮政业	1838.79	6.6	4.0	0.1	−0.1	3.7	3.2	0.3	0.2
	建筑业	1264.88	4.0	2.7	−0.4	0.1	1.5	1.7	0.1	0.1
	农林牧渔业	1598.62	4.0	3.4	−0.3	−0.2	2.0	1.8	0.1	0.1

注：1. 三次产业分类按照《三次产业划分规定》执行；2. 从2017年三季度起，包含R&D支出计入GDP部分；3. 先进制造业为规上且不含R&D。

二看，支撑性。近年来，广东聚焦发展实体经济，着力开拓创新增长空间，相关重点产业行业和一批骨干实体企业支撑着全省经济基本面。

从全省上半年GDP里的产业实业的次序与贡献变化观察，可见有这么几个方面支撑着全省经济基本面：

一是全省农林牧渔业增加值增速明显提升。上半年，全省水果丰收，农林牧渔业增加值为1598.62亿元，比上年同期增长4.0%，增幅同比提高0.7个百分点，比一季度提高0.7个百分点，比上年全年提高0.4个百分点。农业、林业、牧业、渔业、农林牧渔专业及辅助性活动同比增长分别为4.8%、4.7%、1.7%、3.5%、7.0%。其中，二季度全省农林牧渔业增加值为804.87亿元，比上年同期增长4.8%，增幅同比提高1.2个百分点，比一季度提高1.4个百分点，比上年全年提高1.1个百分点。

表1-2　各类农产品对农林牧渔业增加值增长的拉动

指标	2018年上半年						
	本期增加值（亿元）	上期增加值（亿元）	可比价增量（亿元）	贡献率（%）	本期增长速度（%）	拉动（百分点）	产量增幅（%）
农林牧渔业	1598.62	1518.43	61.24	100.0	4.0	4.04	—
一、农业	814.54	768.04	36.82	60.1	4.8	2.43	—
其中：谷物	6.43	6.28	0.06	0.1	1.0	0.00	0.7
蔬菜（含食用菌）	444.90	416.47	16.18	26.4	3.9	1.07	3.8
园林水果	219.98	217.03	17.23	28.1	7.9	1.14	6.6
中草药材	11.39	8.47	2.89	4.7	34.1	0.19	33.0
二、林业	112.93	110.38	5.20	8.5	4.7	0.34	—
三、牧业	261.44	262.38	4.44	7.2	1.7	0.29	—
其中：猪肉	130.58	146.77	3.72	6.1	2.5	0.25	2.6
禽肉	86.91	80.67	-0.28	-0.5	-0.4	-0.02	-0.4
禽蛋	12.43	9.37	0.23	0.4	2.5	0.02	2.5
四、渔业	362.66	334.56	11.75	19.2	3.5	0.77	2.8
其中：海水	203.85	187.28	6.19	10.1	3.3	0.41	2.4
淡水	158.81	147.28	5.59	9.1	3.8	0.37	3.4
五、农林牧渔专业及辅助性活动	47.05	43.06	3.03	5.0	7.0	0.20	7.0

　　广东农业生产条件优势在于果园面积达1695.9万亩，占全国比重为8.7%，比山东、江苏、浙江、福建分别高3.7、7.1、6.2、4.5个百分点。第二季度，全省荔枝、菠萝丰产，水果产量比上年同期增长7.8%，拉动增加值增长1.96个百分点。蔬菜产量增长3.8%，拉动增加值增长0.99个百分点。中草药材面积增长42.9%，拉动增加值增长0.26个百分点。猪肉、禽蛋产量分别比上年同期增长3.1%和3.6%，拉动增加值增长0.26和0.03个百分点。水产品产量增长2.6%，拉动增加值增长0.66个百分点。农、林、

牧、渔和农林牧渔专业及辅助性活动分别拉动增加值增长3.13、0.38、0.35、0.66和0.24个百分点。

表1-3　广东与全国及重点省份农业生产条件比较

项目	耕地面积（万亩）	占全国比重（％）	农作物播种面积（万亩）	占全国比重（％）	果园面积（万亩）	占全国比重（％）	水产养殖面积（万亩）	占全国比重（％）
全国	202381.5	—	249974.3	—	19472.3	—	8346.3	—
山东	11410.5	5.6	16459.8	6.6	980.0	5.0	838.0	10.0
江苏	6856.7	3.4	11515.4	4.6	315.0	1.6	753.2	9.0
浙江	2961.9	1.5	3411.6	1.4	491.6	2.5	290.9	3.5
福建	2004.5	1.0	3491.0	1.4	812.6	4.2	277.1	3.3
广东	3911.4	1.9	7246.2	2.9	1695.9	8.7	555.1	6.7

　　二是"三大行业、先进制造和高技术产业"增速均高于全省规上工业平均水平。上半年，全省规上工业增加值增速为6.2%，与一季度相比有所回落，但保持稳定在0.5%的区间波动。41个行业大类中，有28个行业实现增长，与一季度持平。三大支柱行业发展势头良好，增速均明显高于规上工业平均水平。其中，计算机、通信和其他电子设备制造业上半年增长9.0%，增幅略低于一季度0.1个百分点；电气机械和器材制造业增长7.9%，增幅比一季度回落0.9个百分点；汽车制造业增长11.3%，增幅高于一季度0.1个百分点。三大行业合计对全省规上工业增长的贡献率达59.6%，比一季度提高3.7个百分点，合计拉动全省规上工业增长3.7个百分点。

　　上半年，全省产业转型升级取得进展。先进制造业增长8.4%，增幅高于全省规上工业平均水平2.2个百分点；高技术制造业增长8.8%，增幅高于全省规上工业平均水平2.6个百分点。两者均实现较快增长，先进制造业增加值占全省规上工业的比重为55.7%，比一季度提高0.6个百分点；高技术制造业占全省规上工业的比重为30.1%，比一季度提高0.2个百分点。

表1-4　2018年上半年分行业增加值增速情况表

行业	累计增加值（亿元）	占规上比重（%）	增速（%）			贡献率（%）	
			6月	上半年	一季度	对规上工业	对GDP
合计	15121.95	100.0	2.7	6.2	6.7	100.0	34.8
制造业	13753.74	91.0	2.4	6.1	6.6	89.7	31.2
1. 计算机、通信和其他电子设备制造业	3895.88	25.8	5.6	9.0	9.1	37.8	13.1
2. 电气机械和器材制造业	1381.63	9.1	3.0	7.9	8.8	11.6	4.1
3. 汽车制造业	887.61	5.9	18.3	11.3	11.2	10.2	3.6
4. 金属制品业	643.96	4.3	−6.8	−0.9	0.8	−0.7	−0.2
5. 石油、煤炭及其他燃料加工业	598.63	4.0	22.1	16.8	12.4	8.8	3.1
6. 化学原料和化学制品制造业	592.53	3.9	−3.4	4.3	5.4	2.7	0.9
7. 非金属矿物制品业	576.15	3.8	−1.7	1.9	2.5	1.2	0.4
8. 橡胶和塑料制品业	555.54	3.7	−1.1	3.5	3.9	2.2	0.8
9. 通用设备制造业	513.15	3.4	3.2	6.6	5.5	3.6	1.3
10. 专用设备制造业	437.42	2.9	7.4	6.5	9.2	3.0	1.1
11. 纺织服装、服饰业	335.25	2.2	−12.1	−4.0	−2.5	−1.6	−0.6
12. 文教、工美、体育和娱乐用品制造业	311.66	2.1	1.8	6.0	7.8	2.1	0.7
13. 食品制造业	305.00	2.0	−2.7	9.3	14.1	3.0	1.0
14. 造纸和纸制品业	268.67	1.8	−2.4	1.7	3.0	0.5	0.2
15. 医药制造业	264.11	1.7	7.4	11.0	14.8	2.9	1.0
16. 皮革、毛皮、羽毛及其制品和制鞋业	255.14	1.7	−11.4	−5.3	−2.7	−1.7	−0.6
17. 纺织业	241.29	1.6	−2.7	−1.4	−3.8	−0.4	−0.1
18. 家具制造业	235.60	1.6	3.1	3.7	5.9	1.0	0.3
19. 黑色金属冶炼和压延加工业	180.14	1.2	−4.7	−3.3	−5.0	−0.6	−0.2
20. 烟草制品业	170.97	1.1	−10.6	8.0	6.9	1.5	0.5

（续表）

行业	累计增加值（亿元）	占规上比重（%）	增速（%）			贡献率（%）	
			6月	上半年	一季度	对规上工业	对GDP
21. 有色金属冶炼和压延加工业	170.74	1.1	-9.5	-4.6	-6.8	-0.9	-0.3
22. 农副食品加工业	170.15	1.1	-3.1	5.3	9.8	1.0	0.3
23. 酒、饮料和精制茶制造业	156.39	1.0	15.3	10.8	5.8	1.7	0.6
24. 印刷和记录媒介复制业	148.02	1.0	-1.2	5.4	10.5	0.9	0.3
25. 仪器仪表制造业	123.29	0.8	-3.2	2.4	10.3	0.3	0.1
26. 铁路、船舶、航空航天和其他运输设备制造业	83.33	0.6	-18.7	-5.7	-5.8	-0.6	-0.2
27. 废弃资源综合利用业	81.24	0.5	2.3	3.6	-0.7	0.3	0.1
28. 木材加工和木、竹、藤、棕、草制品业	65.92	0.4	-31.5	-16.4	-7.3	-1.5	-0.5
29. 其他制造业	56.97	0.4	8.2	17.5	18.8	1.0	0.4
30. 金属制品、机械和设备修理业	28.48	0.2	6.8	9.2	5.4	0.3	0.1
31. 化学纤维制造业	18.88	0.1	13.0	3.7	2.8	0.1	0.0
电力、热力、燃气及水生产和供应业	1031.91	6.8	8.6	10.1	10.1	11.0	3.8
32. 电力、热力生产和供应业	835.31	5.5	9.6	9.2	7.9	8.3	2.9
33. 燃气生产和供应业	98.96	0.7	4.8	27.3	43.8	2.3	0.8
34. 水的生产和供应业	97.64	0.6	2.4	4.0	1.8	0.4	0.2
采矿业	336.30	2.2	-7.6	-1.9	-0.4	-0.7	-0.2
35. 石油和天然气开采业	277.82	1.8	-5.4	-0.6	1.7	-0.2	-0.1
36. 非金属矿采选业	30.35	0.2	-15.8	-7.9	-12.4	-0.3	-0.1
37. 有色金属矿采选业	15.80	0.1	-10.3	-13.8	-14.0	-0.3	-0.1
38.黑色金属矿采选业	7.06	0.0	-27.6	-3.2	-10.0	0.0	0.0

（续表）

行业	累计增加值（亿元）	占规上比重（%）	增速（%）			贡献率（%）	
			6月	上半年	一季度	对规上工业	对GDP
39. 开采专业及辅助性活动	4.25	0.0	8.6	13.3	61.4	0.1	0.0
40. 煤炭开采和洗选业	0.84	0.0	86.5	104.0	−12.1	0.1	0.0
41. 其他采矿业	0.19	0.0	−14.8	−16.4	−23.5	0.0	0.0
现代产业	—		—	—	—	—	—
先进制造业	8425.31	55.7	5.9	8.4	8.5	74.4	25.9
高技术制造业	4558.59	30.1	5.2	8.8	9.5	43.1	15.0

上半年，全省规上工业百强企业生产形势良好，合计增加值增长14.5%，与一季度持平，高于全省规上工业平均水平8.3个百分点，实现较快增长。百强企业对全省规上工业增加值增长的贡献率为75.0%，比一季度提高3.2个百分点，合计拉动全省规上工业增长4.6个百分点。百强企业中有76家企业增加值实现增长，比一季度增加1家。电子行业企业有39家，增加值总量占百强企业的比重为43.2%。全省百强企业中深圳市有36家企业，增加值占全省百强企业的比重为33.2%。

表1-5　2018年上半年全省规上工业百强企业生产情况表（以增加值总量为序）

序号	企业名称	地市	总产值（亿元）	增加值（亿元）	增加值增速（%）		贡献率（%）		拉动增长（%）	
					上半年	一季度	对规上工业	对GDP	规上工业	GDP
	百强企业合计（增加值占全省34.6%）		20315.64	5236.29	14.5	14.5	75.0	26.1	4.6	1.6
1	华为技术有限公司	深圳	3029.60	743.16	22.4	10.6	14.3	5.0	0.9	0.3
2	华为终端（东莞）有限公司	东莞	1401.38	343.76	50.2	36.9	12.1	4.2	0.7	0.3
3	美的集团股份有限公司	佛山	1213.52	305.87	18.9	19.8	5.1	1.8	0.3	0.1
4	广东电网公司	广州	1327.67	286.51	12.5	11.2	3.5	1.2	0.2	0.1

（续表）

序号	企业名称	地市	总产值（亿元）	增加值（亿元）	增加值增速（%）		贡献率（%）		拉动增长（%）	
					上半年	一季度	对规上工业	对GDP	规上工业	GDP
5	中石化茂名分公司	茂名	506.52	181.54	10.6	4.6	1.7	0.6	0.1	0.0
6	中海油惠州石化有限公司	惠州	403.67	165.18	59.8	43.8	5.8	2.0	0.4	0.1
7	广东中烟工业有限责任公司	广州	186.22	142.67	10.4	6.8	1.4	0.5	0.1	0.0
8	东风日产乘用车公司	广州	648.21	138.78	15.5	13.2	1.9	0.7	0.1	0.0
9	中海油深圳分公司	深圳	148.35	132.43	−17.3	−7.3	−2.4	−0.8	−0.1	−0.1
10	中石化广州分公司	广州	301.60	115.17	6.1	6.0	0.6	0.2	0.0	0.0
11	东莞市欧珀精密电子有限公司	东莞	443.38	108.76	8.5	−4.9	0.9	0.3	0.1	0.0
12	惠州三星电子有限公司	惠州	445.95	107.92	−11.2	4.6	−1.4	−0.5	−0.1	0.0
13	维沃通信科技有限公司	东莞	421.02	103.28	−1.2	−31.5	−0.1	0.0	0.0	0.0
14	中兴通讯股份有限公司	深圳	393.37	96.49	−47.9	10.4	−9.3	−3.2	−0.6	−0.2
15	广汽本田汽车有限公司	广州	441.23	94.47	16.9	19.0	1.4	0.5	0.1	0.0
16	富泰华工业（深圳）有限公司	深圳	429.95	91.73	2.9	3.5	0.3	0.1	0.0	0.0
17	中海油湛江分公司	湛江	105.56	90.98	−1.0	−7.4	−0.1	0.0	0.0	0.0
18	中国南方电网有限责任公司	广州	305.43	65.91	11.1	−11.7	0.7	0.2	0.0	0.0
19	广汽丰田汽车有限公司	广州	307.24	65.78	12.8	−2.9	0.8	0.3	0.0	0.0
20	比亚迪汽车工业有限公司	深圳	258.13	59.88	39.0	45.4	1.7	0.6	0.1	0.0

（续表）

序号	企业名称	地市	总产值（亿元）	增加值（亿元）	增加值增速（%）		贡献率（%）		拉动增长（%）	
					上半年	一季度	对规上工业	对GDP	规上工业	GDP
21	中石化湛江东兴石化公司	湛江	142.45	56.89	0.9	-0.3	0.0	0.0	0.0	0.0
22	广州汽车集团乘用车有限公司	广州	251.91	53.93	-0.1	7.6	0.0	0.0	0.0	0.0
23	深圳供电局有限公司	深圳	248.78	53.69	9.1	13.6	0.5	0.2	0.0	0.0
24	中海石油深海开发有限公司	珠海	76.05	53.61	67.4	67.6	2.3	0.8	0.1	0.0
25	无限极（中国）有限公司	江门	143.00	50.96	27.5	50.5	1.1	0.4	0.1	0.0
26	珠海格力电器股份有限公司	珠海	195.36	47.48	14.0	15.5	0.6	0.2	0.0	0.0
27	广州供电局有限公司	广州	219.97	47.47	11.2	13.8	0.5	0.2	0.0	0.0
28	深圳市裕展精密科技有限公司	深圳	177.81	43.62	1936.2	3116.9	4.4	1.5	0.3	0.1
29	华为机器有限公司	东莞	162.85	39.95	29.0	36.9	0.9	0.3	0.1	0.0
30	纬创资通（中山）有限公司	中山	167.86	33.64	-0.5	10.7	0.0	0.0	0.0	0.0
31	康美药业股份有限公司	揭阳	135.66	33.49	-10.3	20.0	-0.4	-0.1	0.0	0.0
32	乐金显示（广州）有限公司	广州	170.64	33.38	-5.9	9.9	-0.2	-0.1	0.0	0.0
33	深圳富桂精密工业有限公司	深圳	145.77	32.53	—	—	3.4	1.2	0.2	0.1
34	东莞华贝电子科技有限公司	东莞	130.79	32.08	74.2	51.1	1.4	0.5	0.1	0.0
35	中海壳牌石油化工有限公司	惠州	145.30	31.76	11.0	-14.6	0.3	0.1	0.0	0.0

（续表）

序号	企业名称	地市	总产值（亿元）	增加值（亿元）	增加值增速（%）		贡献率（%）		拉动增长（%）	
					上半年	一季度	对规上工业	对GDP	规上工业	GDP
36	宝钢湛江钢铁有限公司	湛江	193.42	31.19	2.5	−4.5	0.1	0.0	0.0	0.0
37	安利（中国）日用品有限公司	广州	87.47	29.68	−12.1	−2.2	−0.4	−0.1	0.0	0.0
38	伯恩光学（惠州）有限公司	惠州	145.28	28.42	2.1	12.0	0.1	0.0	0.0	0.0
39	伟创力制造（珠海）有限公司	珠海	119.25	27.88	55.1	80.9	1.0	0.3	0.1	0.0
40	中石油天然气南方分公司	广州	131.93	27.71	116.5	165.7	1.5	0.5	0.1	0.0
41	天马微电子股份有限公司	深圳	138.81	27.15	134.1	52.6	1.7	0.6	0.1	0.0
42	广州宝洁有限公司	广州	93.78	26.82	17.5	17.1	0.4	0.1	0.0	0.0
43	深圳烟草工业有限责任公司	深圳	34.91	26.74	3.6	10.8	0.1	0.1	0.0	0.0
44	本田汽车零部件制造有限公司	佛山	97.53	24.92	25.3	21.0	0.5	0.2	0.1	0.0
45	深圳迈瑞生物医疗电子公司	深圳	62.46	23.32	26.3	19.3	0.5	0.2	0.1	0.0
46	惠州比亚迪电子有限公司	惠州	92.92	22.79	7.2	28.7	0.2	0.1	0.0	0.0
47	深圳市展祥通信科技有限公司	深圳	92.41	22.67	1223.4	—	2.2	0.8	0.1	0.0
48	欣旺达电子股份有限公司	深圳	92.25	22.63	30.8	40.2	0.6	0.2	0.0	0.0
49	阳江核电有限公司	阳江	52.81	22.62	0.2	19.3	0.0	0.0	0.0	0.0
50	深圳市华星光电技术有限公司	深圳	112.00	21.91	−12.9	−0.1	−0.4	−0.1	0.0	0.0

（续表）

序号	企业名称	地市	总产值（亿元）	增加值（亿元）	增加值增速（％）		贡献率（％）		拉动增长（％）	
					上半年	一季度	对规上工业	对GDP	规上工业	GDP
51	比亚迪精密制造有限公司	深圳	94.85	21.72	86.4	91.0	1.0	0.3	0.1	0.0
52	海天调味食品有限公司	佛山	67.84	21.69	10.8	10.8	0.2	0.1	0.0	0.0
53	湛江晨鸣浆纸有限公司	湛江	108.60	21.63	14.8	16.6	0.3	0.1	0.0	0.0
54	广东国华粤电台山发电公司	江门	50.18	21.49	37.3	21.6	0.6	0.2	0.0	0.0
55	玖龙纸业（东莞）有限公司	东莞	100.21	21.03	4.8	6.4	0.1	0.0	0.0	0.0
56	深圳市世纪云芯科技有限公司	深圳	162.30	20.89	905.8	2105.0	2.0	0.7	0.1	0.0
57	东风本田发动机有限公司	广州	136.08	20.82	13.6	16.5	0.3	0.1	0.0	0.0
58	深圳富泰宏精密工业有限公司	深圳	83.74	20.54	21.6	73.8	0.4	0.1	0.0	0.0
59	华润怡宝饮料（中国）有限公司	深圳	74.99	19.95	34.5	33.0	0.5	0.2	0.0	0.0
60	捷普电子（广州）有限公司	广州	100.88	19.73	−3.9	−14.7	−0.1	0.0	0.0	0.0
61	宝武集团韶关钢铁有限公司	韶关	114.32	18.90	−6.6	−7.0	−0.1	0.0	0.0	0.0
62	日立电梯（中国）有限公司	广州	74.41	18.12	8.2	15.5	0.1	0.0	0.0	0.0
63	联想信息产品（深圳）有限公司	深圳	137.86	17.74	−4.4	−18.2	−0.1	0.0	0.0	0.0
64	深圳市比亚迪锂电池有限公司	深圳	98.30	17.62	55.8	136.0	0.6	0.2	0.0	0.0
65	东莞三星视界有限公司	东莞	87.03	17.02	−23.9	−37.8	−0.6	−0.2	0.0	0.0

（续表）

序号	企业名称	地市	总产值（亿元）	增加值（亿元）	增加值增速（%）		贡献率（%）		拉动增长（%）	
					上半年	一季度	对规上工业	对GDP	规上工业	GDP
66	大族激光科技产业集团公司	深圳	57.71	16.97	11.4	36.5	0.2	0.1	0.0	0.0
67	深圳创维-RGB电子有限公司	深圳	123.02	16.50	−8.1	−10.0	−0.2	−0.1	0.0	0.0
68	华讯方舟科技有限公司	深圳	67.10	16.46	33.4	83.0	0.4	0.1	0.0	0.0
69	东莞创机电业制品有限公司	东莞	82.62	16.43	30.2	26.7	0.4	0.1	0.0	0.0
70	维沃通信科技（深圳）公司	深圳	66.56	16.33	—	—	1.7	0.6	0.1	0.0
71	乐金显示（中国）有限公司	广州	79.97	15.64	−3.0	10.3	−0.1	0.0	0.0	0.0
72	深圳市大疆百旺科技有限公司	深圳	64.54	15.63	−2.5	10.3	0.0	0.0	0.0	0.0
73	华能国际电力公司海门电厂	汕头	36.37	15.58	45.8	56.1	0.5	0.2	0.0	0.0
74	广东科达洁能股份有限公司	佛山	59.23	15.26	2.0	−5.7	0.0	0.0	0.0	0.0
75	深圳传音制造有限公司	深圳	60.33	14.80	88.7	2195.4	0.7	0.2	0.0	0.0
76	加特可自动变速箱有限公司	广州	55.09	14.08	21.1	16.6	0.3	0.1	0.0	0.0
77	嘉实多（深圳）有限公司	深圳	33.86	13.86	−10.1	−21.0	−0.1	0.0	0.0	0.0
78	岭东核电有限公司	深圳	32.34	13.85	22.1	−0.6	0.3	0.1	0.0	0.0
79	鹏鼎控股（深圳）公司	深圳	56.00	13.56	9.4	13.3	0.1	0.0	0.0	0.0
80	联想系统集成有限公司	深圳	102.18	13.15	136.4	−1.3	0.8	0.3	0.1	0.0

（续表）

序号	企业名称	地市	总产值（亿元）	增加值（亿元）	增加值增速（%）		贡献率（%）		拉动增长（%）	
					上半年	一季度	对规上工业	对GDP	规上工业	GDP
81	广东东菱凯琴集团有限公司	佛山	52.09	13.15	12.6	12.8	0.2	0.1	0.0	0.0
82	广东核电合营有限公司	深圳	30.04	12.87	-18.8	-10.2	-0.3	-0.1	0.0	0.0
83	广东粤港供水有限公司	深圳	27.35	12.65	-6.2	-6.3	-0.1	0.0	0.0	0.0
84	汕尾比亚迪汽车有限公司	汕尾	56.85	12.45	709.6	——	1.1	0.4	0.1	0.0
85	恩斯迈电子（深圳）有限公司	深圳	63.26	12.37	48.5	25.8	0.4	0.1	0.0	0.0
86	宜华企业（集团）有限公司	汕头	50.43	12.28	0.3	-9.0	0.0	0.0	0.0	0.0
87	龙旗电子（惠州）有限公司	惠州	49.63	12.17	54.3	25.7	0.5	0.2	0.0	0.0
88	顺德周大福珠宝制造有限公司	佛山	94.25	12.15	44.7	12.9	0.4	0.1	0.0	0.0
89	ＴＣＬ王牌电器有限公司	惠州	90.69	12.13	9.3	-7.4	0.1	0.0	0.0	0.0
90	广东大唐国际潮州发电公司	潮州	28.30	12.12	29.5	21.9	0.3	0.1	0.0	0.0
91	广汽菲亚特广州分公司	广州	55.95	11.98	-28.7	-3.8	-0.5	-0.2	0.0	0.0
92	蒂森电梯有限公司	中山	43.78	11.88	4.5	17.2	0.1	0.0	0.0	0.0
93	西可通信技术设备有限公司	河源	47.30	11.60	-11.4	-16.2	-0.2	-0.1	0.0	0.0
94	比亚迪股份有限公司	深圳	60.08	11.40	37.0	272.5	0.3	0.1	0.0	0.0
95	广州市合生元生物制品公司	广州	28.74	11.34	40.8	63.1	0.3	0.1	0.0	0.0

（续表）

序号	企业名称	地市	总产值（亿元）	增加值（亿元）	增加值增速（%）		贡献率（%）		拉动增长（%）	
					上半年	一季度	对规上工业	对GDP	规上工业	GDP
96	东莞富强电子有限公司	东莞	46.15	11.32	8.9	5.6	0.1	0.0	0.0	0.0
97	广东联塑科技实业有限公司	佛山	48.56	11.12	6.9	10.4	0.1	0.0	0.0	0.0
98	欧菲科技股份有限公司	深圳	52.31	11.08	31.3	45.5	0.3	0.1	0.0	0.0
99	佛山群志光电有限公司	佛山	56.60	11.07	−33.3	−27.9	−0.6	−0.2	0.0	0.0
100	周大福珠宝金行有限公司	深圳	85.31	11.00	10.4	35.6	0.1	0.0	0.0	0.0

三是规上服务业保持平稳快速增长态势。上半年，全省部分规上服务业实现营业收入10165.2亿元，增长17.5%，增幅同比提高1.0个百分点，总体呈现出平稳较快发展态势。其中，其他营利性服务业实现营业收入4471.8亿元，增长21.6%，增幅同比回落0.6个百分点，比1—2月回落0.4个百分点。全国规上服务业营业收入增长13.3%，广东比全国高4.2个百分点。全国其他营利性服务业营业收入增长18.7%，广东比全国高2.9个百分点。

表1-6　全国及主要省份营业收入增速情况表

	营业收入			其他营利性收入		
	上半年（亿元）	增长速度（%）	广东增速比高百分点	上半年（亿元）	增长速度（%）	广东增速比高百分点
全国	71261.0	13.3	4.2	28067.4	18.7	2.9
广东	10165.2	17.5	—	4471.8	21.6	—
北京	12068.5	12.2	5.2	6521.0	16.9	4.7
上海	9831.1	11.2	6.3	5178.8	11.8	9.8

（续表）

	营业收入			其他营利性收入		
	上半年（亿元）	增长速度（%）	广东增速比高百分点	上半年（亿元）	增长速度（%）	广东增速比高百分点
江苏	5422.8	9.3	8.2	2081.3	17.4	4.2
浙江	5671.1	18.8	−1.3	3221.4	25.3	−3.7
山东	3191.6	9.5	8.0	651.4	23.0	−1.4

上半年，全省有13个地市其他营利性服务业营业收入同比增长达两位数以上，6个市高于全省平均水平，10个市增幅高于上年同期，只有4个市增幅高于一季度。

表1-7　2018年上半年分市其他营利性服务业营业收入情况表

	营业收入（亿元）	增速（%）	比上年同期提高（百分点）	比一季度提高（百分点）
广东省	4471.82	21.6	−0.6	−0.4
广州市	1701.03	20.5	1.6	−0.2
韶关市	7.20	0.0	−13.2	−3.9
深圳市	2173.55	23.0	0.2	0.2
珠海市	119.55	17.9	−40.2	−10.0
汕头市	20.47	−11.3	−37.2	−10.0
佛山市	78.12	13.2	−6.0	−9.4
江门市	12.70	31.3	20.9	−6.9
湛江市	10.34	7.0	−3.3	5.8
茂名市	4.32	12.0	−2.1	−7.7
肇庆市	3.30	4.7	5.9	−1.7
惠州市	11.54	4.1	1.8	−7.2
梅州市	1.25	16.4	9.2	−2.4
汕尾市	2.42	24.7	−5.8	−9.8
河源市	2.19	−2.8	−32.2	−21.2

（续表）

	营业收入（亿元）	增速（%）	比上年同期提高（百分点）	比一季度提高（百分点）
阳江市	1.77	25.7	19.1	−8.8
清远市	5.11	18.7	23.4	−16.2
东莞市	277.31	28.8	2.1	7.0
中山市	36.38	16.5	−12.9	−14.6
潮州市	1.01	−5.5	−88.3	−29.0
揭阳市	1.98	115.0	108.0	59.7
云浮市	0.27	−6.9	−5.2	−121.1

四是社会消费品市场总体稳定。上半年，全省实现社会消费品零售总额19206.33亿元，同比增长9.3%，增幅比上年同期回落1.2个百分点，比一季度回落0.6个百分点。其中，石油及其制品类商品零售增速加快，今年以来，国内成品油价格受国际油价上升影响逐步上调，石油类商品零售增速加快。上半年，广东限额以上单位石油及其制品类商品实现零售额946.41亿元，同比增长11.6%，较一季度加快4.8个百分点。拉动限额以上单位商品零售增长1.6个百分点，较一季度提升0.7个百分点。零售额排名前十位的企业石油及其制品类商品零售同比增长14.8%，增速比一季度加快5.8个百分点。

表1-8　2018年上半年广东社会消费品零售总额构成表

	1—6月（亿元）	同比增长（%）
社会消费品零售总额	19206.33	9.3
其中：限额以上单位消费品零售额	6878.16	5.6
（一）按经营地分		
城镇	16750.50	9.3
乡村	2455.83	9.4
（二）按消费类型分		

（续表）

	1—6月（亿元）	同比增长（%）
商品零售	17367.17	9.9
其中：限额以上单位商品零售	6365.00	5.8
1. 粮油、食品类	519.41	6.4
2. 饮料类	74.18	8.6
3. 烟酒类	124.34	10.3
4. 服装鞋帽、针、纺织品类	547.95	6.5
5. 化妆品类	123.73	8.9
6. 金银珠宝类	100.64	2.4
7. 日用品类	282.91	12.6
8. 体育、娱乐用品类	52.57	12.4
9. 书报杂志类	22.34	−4.3
10. 家用电器和音像器材类	405.59	5.5
11. 中西药品类	179.03	8.9
12. 文化办公用品类	162.37	10.8
13. 家具类	85.75	1.5
14. 通讯器材类	284.85	17.7
15. 石油及制品类	946.41	11.6
16. 建筑及装潢材料类	51.60	−1.4
17. 汽车类	2110.28	3.4
18. 其他	291.05	−11.6
餐饮收入	1839.16	3.8

规上批发零售住宿餐饮前30强企业增幅与拉动内需增长。批发行业前30家企业1—6月销售额9307.07亿元，同比增长34.5%；零售行业前30家企业1—6销售额1658.91亿元，增长17.7%；住宿行业前30家企业营业额274.2亿元，增长9.9%；餐饮行业前30家企业营业额144.2亿元，增长12.1%。

表1-9 2018年上半年全省规上批发业30强企业情况（以销售额为序）

单位：亿元、%

序号	地区	单位详细名称	1—6月销售额	同比增长
1	行业30强	合计	9307.07	34.5
2	广州市	中国石化销售有限公司华南分公司	1127.68	12.7
3	广州市	东风日产汽车销售有限公司	679.85	10.7
4	广州市	广州联华实业有限公司	672.27	54.4
5	广州市	广汽本田汽车销售有限公司	526.40	9.8
6	广州市	广汽丰田汽车销售有限公司	422.17	17.8
7	深圳市	沃尔玛（中国）投资有限公司	415.93	35.7
8	深圳市	深圳市比亚迪供应链管理有限公司	368.72	68.2
9	东莞市	维沃移动通信有限公司	359.04	2346.9
10	茂名市	中国石化销售有限公司华南茂名分公司	337.67	6.4
11	珠海市	中石油燃料油有限责任公司	332.84	16.7
12	广州市	广汽传祺汽车销售有限公司	314.38	1.6
13	深圳市	深圳江铜营销有限公司	310.77	67.2
14	广州市	唯品会（中国）有限公司	277.96	22.8
15	广州市	广州宝钢南方贸易有限公司	265.15	33.2
16	深圳市	深圳市飞马国际供应链股份有限公司	248.28	1.1
17	深圳市	深圳市爱施德股份有限公司	240.11	31.8
18	广州市	中船重工物资贸易集团广州有限公司	211.38	−20.0
19	深圳市	深圳正威（集团）有限公司	207.91	376.5
20	深圳市	天音通信有限公司	206.73	26.0
21	广州市	中海油广东销售有限公司	203.90	48.3
22	广州市	广东中石油国际事业有限公司	192.04	141.8
23	深圳市	比亚迪汽车销售有限公司	188.98	74.2
24	广州市	中国石油天然气股份有限公司广东分公司	177.83	17.9
25	珠海市	珠海小米通讯技术有限公司	161.17	86.9
26	深圳市	深圳广盈供应链贸易有限公司	152.12	2897.1

（续表）

序号	地区	单位详细名称	1—6月销售额	同比增长
27	深圳市	深圳市富森供应链管理有限公司	143.86	17.2
28	广州市	广东省电力工业燃料有限公司	141.20	6.6
29	广州市	华南蓝天航空油料有限公司	140.92	26.2
30	广州市	广州柴富能源有限公司	139.92	−100.0
31	广州市	供通云供应链集团有限公司	139.90	5.7

表1−10　2018年上半年全省规上零售业30强企业情况（以销售额为序）

单位：亿元、%

序号	地区	单位详细名称	1—6月销售额	同比增长
1	行业30强	合计	1658.91	17.7
2	广州市	广州晶东贸易有限公司	338.10	12.7
3	东莞市	东莞京东利昇贸易有限公司	107.51	84.8
4	广州市	中国石化销售有限公司广东广州石油分公司	97.76	8.2
5	深圳市	华润万家有限公司	94.50	5.9
6	中山市	完美（中国）有限公司	79.60	−8.0
7	肇庆市	唯品会（肇庆）电子商务有限公司	63.16	11.5
8	深圳市	天虹商场股份有限公司	60.82	1.4
9	广州市	广东苏宁云商销售有限公司	60.73	52.6
10	深圳市	深圳市环球易购电子商务有限公司	55.40	17.4
11	东莞市	中国石化销售有限公司广东东莞石油分公司	55.19	24.5
12	深圳市	中海油销售深圳有限公司	53.64	29.4
13	深圳市	深圳沃尔玛百货零售有限公司	51.54	−7.2
14	惠州市	惠州酷友网络科技有限公司	41.76	27.4
15	惠州市	中国石油化工股份有限公司广东惠州分公司	41.13	25.9
16	广州市	广州易初莲花连锁超市有限公司	36.32	23.3
17	深圳市	深圳市苏宁云商销售有限公司	34.85	91.0
18	茂名市	中国石化销售有限公司广东茂名石油分公司	33.67	12.7

地方 **GDP** 统一核算的技术方法与应用逻辑

（续表）

序号	地区	单位详细名称	1—6月销售额	同比增长
19	湛江市	中国石化销售有限公司广东湛江石油分公司	32.28	21.1
20	广州市	广州昊超电子商务有限公司	32.13	−100.0
21	江门市	中国石化销售有限公司广东江门石油分公司	30.82	12.1
22	广州市	广州市国美电器有限公司	30.05	−23.0
23	深圳市	深圳华润万佳超级市场有限公司	28.60	10.0
24	广州市	华润万家生活超市（广州）有限公司	28.22	4.7
25	中山市	中国石化销售有限公司广东中山石油分公司	27.71	15.4
26	广州市	广州市广百股份有限公司	25.95	14.5
27	广州市	大参林医药集团股份有限公司	24.80	19.0
28	广州市	广东永旺天河城商业有限公司	23.54	7.1
29	深圳市	深圳市顺电连锁股份有限公司	23.28	2.6
30	广州市	延长壳牌（广东）石油有限公司	23.03	10.2
31	河源市	中国石化销售有限公司广东河源石油分公司	22.82	24.4

五是创新增长成为新动能内核支点。2017年广东科技研发投入获得较大幅提升。2017年广东研究与试验发展（R&D）经费投入2343.6亿元，同比增长15.16%，总量连续两年保持全国首位。R&D人员达88万人，增长19.7%，首次位居全国第一位。R&D经费投入占GDP比重为2.61%，比上年同口径提高0.09个百分点。

表1-11　2017年全省及分市全社会R&D经费情况表

单位：万元

	全社会R&D经费	增长（%）	其中				R&D/GDP（%）	增加（个百分点）
			教育	科研机构	企业	其他		
全省	23436283	15.16	1375323.5	838421.1	20830074.3	3394653.8	2.61	0.09
广州	5324084.6	16.38	1005404.7	710653.8	3423979	184047.1	2.48	0.17
深圳	9769376.8	15.89	184696.6	66316.5	9405625.1	112738.6	4.35	0.15

· 022 ·

（续表）

	全社会R&D经费	增长（%）	其中				R&D/GDP（%）	增加（个百分点）
			教育	科研机构	企业	其他		
珠海	671525.5	21.59	6274.5	2839.4	659713.9	2697.7	2.62	0.18
汕头	193145.9	30.21	26299.6	414.9	164554	1877.4	0.82	0.11
佛山	2231550.8	11.36	26205.9	1830.1	2196471.1	7043.7	2.34	0.05
韶关	145406.2	10.09	3315.6	2101.1	135785.9	4203.6	1.09	0.01
河源	33578.8	33.07	624.7	0	32381.3	572.8	0.35	0.07
梅州	31602	8.47	2834.6	685.6	27253.9	827.9	0.28	0
惠州	839794.5	20.18	8676.3	2208.6	818494.2	10415.4	2.19	0.17
汕尾	62461	3.84	679.6	3000	58284.9	496.5	0.73	0.01
东莞	1881418.7	14.14	53886.2	10299.2	1769344.1	47889.2	2.48	0.1
中山	791708.4	4.22	1659.6	11267.8	774407.9	4373.1	2.29	−0.04
江门	514318.8	19.54	15215.6	574.3	492576	5952.9	1.91	0.15
阳江	101043.1	7.78	230	2110.5	97661.8	1040.8	0.72	−0.01
湛江	108881.4	10.83	19526.1	6613.7	79582.9	3158.7	0.39	0.01
茂名	177681.2	10	8676	543.8	167161.2	1300.2	0.61	0
肇庆	242265.3	10.05	3943.8	3184.1	234760.5	376.9	1.1	0.05
清远	70722.7	13.43	275.4	0	70154.7	292.6	0.47	0.02
潮州	72027.8	12.6	6612.6	2126.8	62701.8	586.6	0.67	0.02
揭阳	133302	11.49	174.7	650.9	131837.4	639	0.62	0.03
云浮	40387.5	2.38	111.2	11000	27342.7	1933.6	0.48	−0.03

规上企业R&D经费投入总量大。2017年，全省企业R&D经费投入2083.01亿元，同比增长14.08%，占全部R&D经费投入的88.8%；其中，规上工业企业R&D经费投入为1865.0亿元，同比增长11.3%。按活动类型分，用于基础研究的R&D经费投入为15.2亿元，同比增长5.68%；应用研究的R&D经费119.1亿元，同比增长27.73%；试验发展的R&D经费1946.9亿元，同比增长13.43%。从不同区域看，珠三角核心区R&D经费达2226.6

亿元，同比增长15.26%，占全省95.01%，较去年提高0.09个百分点。而沿海经济带（东西两翼）R&D经费84.9亿元，同比增长13.82%，占全省3.62%；北部生态发展区R&D经费32.2亿元，同比增长11.61%，占全省1.37%。

表1-12 2016—2017年广东R&D经费投入情况表

单位：亿元

指标	2016年	2017年	增长（%）
全省	2035.1	2343.6	15.16
其中：科研机构	73.7	83.8	13.69
高等院校	108.1	137.5	27.25
企业	1825.9	2083.01	14.08
其他	27.4	39.2	43.29
其中：珠三角核心区	1931.8	2226.6	15.26
沿海经济带（东西两翼）	74.6	84.9	13.82
生态发展区	28.8	32.2	11.61
R&D/GDP（%）	2.52	2.61	0.09

R&D机构、人员数量增长。2017年，全省R&D人员88万人，增长19.68%；其中，企业R&D人员77.3万人，高校R&D人员6.3万人，科研机构R&D人员1.8万人。高素质研发人才不断增多，2017年全省拥有博士学历的研发人员达3.4万人，同比增长19.83%。2017年，全省研发机构数量达2.3万个，同比增长62.71%。其中，规上工业企业研发机构达2万个，增长69.25%。规上工业企业有研发机构的覆盖率37.1%，比上年提高14.4个百分点。全省研发项目数由2016年的13.6万个提高到2017年的17万个，增长25.48%。

六是GDP增速、物价与就业展现"多稳"局面。

经济增长平稳。上半年，GDP增长7.1%，2014年开始连续18个季度保持在7.0%~8.0%的区间。

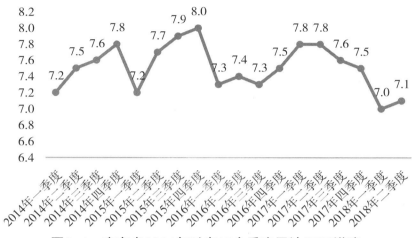

图1-1　广东省2014年以来18个季度累计GDP增速

通胀温和。消费者物价指数（CPI）环比继续下降，同比涨幅略有扩大。从环比看，CPI走势基本平稳，降幅比上月收窄0.1个百分点。从同比看，CPI同比涨幅略有扩大，继续保持温和上涨。

就业扩大。截至6月底，全省城镇新增就业72.73万人，失业人员再就业26.32万人，就业困难人员实现就业7.43万人，分别完成年度任务的66.1%、52.6%和74.3%。二季度末，全省城镇登记失业率2.41%，同比下降0.03个百分点，控制在3.5%的目标范围内。

二、压力点在哪里：影响经济增长不确定因素交替出现

三看，复杂性。看透2018年上半年经济，需重点关注工业"三重叠加"因素影响与消费出现放缓迹象。

2018年上半年，全省规上工业增加值增长6.2%，比一季度（6.7%）回落0.5个百分点，比上年同期和上年全年均回落1.0个百分点，6月当月增长2.7%，比上月（5.4%）回落2.7个百分点，增速出现一定幅度的波动。全省增速回落的主要原因有：

一是中兴通讯的影响。因美国制裁事件，中兴通讯从4月开始大幅减产，5—6月直接停产，"0"产能（含河源）。这对全省工业数据影响较大。据测算，上半年中兴通讯（中兴系5家企业，见表1-13）直接拉低全省规上工业增加值累计增速0.7个百分点（一季度中兴通讯可拉高全省增速0.1个百分点），拉低全省6月当月增速1.3个百分点。

表1-13　2018年二季度中兴通讯相关企业产值情况

单位：千元

单位名称	6月		5月		4月	
	当月	同月	当月	同月	当月	同月
中兴通讯股份有限公司	0	13971032	0	23817058	4034337	6077203
努比亚技术有限公司	31140	535300	24000	563400	261136	625000
深圳市中兴微电子技术有限公司	57772	528914	27524	341790	399717	371655
中兴通讯（河源）有限公司	0	161722	0	11015	325206	3176
中兴新能源汽车科技有限公司	777	925	500	500	165431	0

二是部分大企业生产回落的影响。上半年，全省部分大企业生产经营状况有所回落，对全省规上工业增速特别是对6月当月增速造成影响。华为、欧珀、三星等（见表1-14）对全省增速变动影响最大的10家企业，对全省当月产值增速的拉动点数从上月的4.1个百分点降到本月的1.4个百分点，影响全省当月增速2.7个百分点。10家大企业中有8家为电子行业企业，全省规上电子行业6月当月增加值增速为5.6%，比上月（11.7%）回落6.1个百分点。电子行业企业生产回落受产品型号的更新换代影响较大，新产品发布的时间会造成生产增速的波动，例如，欧珀上月集中生产了最后一批R15型号手机，上月产量较大，本月有所下降，同时上年同期R11上市，产量大幅增长，造成本月增速回落；三星由于上年同期新款手机Galaxy S8、S8+销量超预期，产量大增，本年增速下降较多；展祥通信4—

5月有新品发布，广告宣传投入较大，订单较多，新品发布完后本月订单有所回落。

表1-14　对全省增速回落影响最大的10家企业情况

企业名称	6月增速（%）	5月增速（%）	增速变动（%）
10家企业合计	13.3	52.1	38.8
华为技术有限公司	16.9	50.7	−33.8
东莞市欧珀精密电子有限公司	−23.1	55.8	−78.9
华为终端（东莞）有限公司	55.1	82.0	−26.9
惠州三星电子有限公司	−42.3	−5.7	−36.6
深圳市世纪云芯科技有限公司	164.8	535.3	−370.5
广汽丰田汽车有限公司	12.1	54.5	−42.4
维沃通信科技有限公司	24.7	42.2	−17.5
伯恩光学（惠州）有限公司	−35.1	6.4	−41.5
深圳市展祥通信科技有限公司	−14.2	324.4	−338.6
深圳供电局有限公司	−6.8	15.8	−22.6

国际贸易变化对全省工业企业生产、出口产生一定影响，特别是中美贸易摩擦的影响初步显现。上半年全省规上工业出口交货值增长3.7%，比一季度（6.9%）回落3.2个百分点，比上年同期（8.2%）回落4.5个百分点，回落幅度较大。

另外，近期因环保督察造成部分企业停产或者半停产，对全省数据有短期的影响，初步测算，上半年这部分企业约拉低全省规上工业增加值增速0.2个百分点。

三是部分企业本期数存在少报的情况。在对各地企业联网直报数据的实地核实中，发现部分企业本期数存在低于实际数的情况。因国家统计局自去年下半年以来对各省的执法检查相当严厉，且在执法检查过程中以企业纳税表为依据进行数据核查，部分企业为撇清责任和减少麻烦，本年简单地以增值税纳税表数据为依据进行统计报表填报。笔者在实地核查中发现不少企业实际生产数据大于纳税表数据，但未开票数据企业不愿、不敢填报，这在一定程度上造成全省平台数据的回落。

四是需要采取"季、快、年报"稳妥实施统一核算，反映数据背后的经济真实面。2017年快报全省与各市GDP合计数差距为5276亿元，如果实现"统一核算、省市总量衔接"，根据目前掌握的专业和部门年度资料初步测算，需要核减15个市GDP多算的总量，核减总额约6630亿元。若在统一核算时做一次性处理缺口，会造成各市数据波动很大，甚至断崖式下降，故需要在统一核算前对15个市的GDP数据进行分步核减修正，以减少统一核算时数据衔接的难度。

总的做法是："压实数据，三步过渡（季、年、快报与"四经普"），反映变化"。

分三步过渡压实地市数据的要义是：既反映压实总量，又反映实际增长变化。

具体在季报、年报和经济普查核算时分三步核减多算市的GDP总量。

第一步，在2018年第四季度、2019年前三个季度核算时对多算市的总量进行核减，季度核减额按年核减额四个季度比例分摊计算，对增速不予调整。

第二步，在2017年年报时对多算市进行核减，原则上年快报相对差在5%以下的市可以考虑一次核减到位，5%以上的市按年快报缺口的一定比例核减，对增速不予调整。

第三步，在第四次经济普查时全部核减到位。经济普查是对全省经济的摸底调查，扎扎实实开展经普工作可以弥补因年报资料反映不足而造成的对GDP的低估，对于多算的地市可充分利用普查机会，弥补数据缺口。

五是社会商品零售总额出现结构性放缓增长值得关注。上半年，广东限额以上单位汽车类商品零售额增长3.4%，较同期回落3.6个百分点，较一季度回落6.4个百分点。拉动限额以上单位商品零售增长1.2个百分点，较同期下降1.0个百分点。零售额排名前10的汽车销售企业二季度零售额比一季度仅增长0.9%,其中,有5家企业零售额比一季度下降,共下降12.3%。金银珠宝类商品消费持续低迷。

2018年以来,全省大宗商品价格稳步上升,美元指数持续走强,金银类商品价格高位下探,消费放缓。上半年,广东限额以上单位金银珠宝类商品零售额增长2.4%,较同期下降15.3个百分点。拉动限额以上单位商品零售增长0.04个百分点,较同期下降0.3个百分点。零售靠前的电商企业和大型传统百货的金银珠宝类商品零售均有不同程度下降,唯品会(肇庆)电子商务有限公司和广州晶东贸易有限公司金银珠宝类商品零售分别下降50.4%和39.7%,深圳茂业百货、广州友谊和广州市广百新一城金银珠宝类商品零售分别下降14.5%、9.3%和4.8%。居住类商品增速继续放缓,受商品房销售面积减少影响,家用电器和音像器材类、家具类和建筑装潢材料类等商品消费继续放缓。上半年,广东限额以上单位家电类、家具类和建筑及装潢材料类商品零售额分别为5.5%、1.5%和–1.4%,增幅同比分别回落2.3个、10.4个和14.1个百分点。

在全省21个地级以上市中,8个市社零总额增速高于全省水平,1个市持平。11个市累计增速比1—5月回落,其中,惠州市受汽车消费和个别大企业(惠州酷友网络)回落影响,累计增速比1—5月回落1.1个百分点;广州受汽车消费、大型电商催销不理想和医药"两票制"(从药厂到医院只开2次发票)等因素影响,累计增速比1—5月回落0.2个百分点。

表1-15　2018年上半年广东社会消费品零售总额分市情况表

市别	社零总额 (亿元)	同比增长(%)	市别	社零总额 (亿元)	同比增长(%)
广州市	4488.94	7.8	中山市	750.92	5.9
深圳市	2855.98	8.4	江门市	678.85	9.7
珠海市	575.82	7.7	阳江市	360.35	9.2
汕头市	883.35	9.2	湛江市	821.44	10.0

（续表）

市别	社零总额 （亿元）	同比增长（%）	市别	社零总额 （亿元）	同比增长（%）
佛山市	1640.59	9.4	茂名市	769.00	7.8
韶关市	365.53	9.3	肇庆市	435.43	11.2
河源市	307.18	9.0	清远市	365.05	10.0
梅州市	351.10	8.2	潮州市	295.93	8.3
惠州市	710.00	10.5	揭阳市	547.04	9.5
汕尾市	300.74	9.5	云浮市	187.64	6.8
东莞市	1393.44	8.9			

四看，真实性。透视过去一年"经济成绩单"，总体应是"谨慎有余，喜忧参半，结构虚实"。

以年度为核算时间窗口，全省一级核算，经济总量基本没有缺口；而21个地市分级核算中1/3地市有虚，1/3地市有余粮，1/3地市持平，对冲幅度在20%之间。对自己要有信心，在当下挤水分压实数，总体总量上破不了2017年全省8.99万亿元的这个大底。我们对2017年全省和分市年度GDP进行初步核算，形成以下几点研判：

一是2017年全省GDP总量比快报多1100亿元左右，表明广东省级数据有质有量，真实可信。根据目前掌握的专业和部门年度基础资料初步测算，全省GDP达91114亿元。分产业来看，第一产业为3610亿元，比快报少182亿元，第二产业为39136亿元，比快报多537亿元，第三产业为48368亿元，比快报多879亿元；第三产业占GDP比重为53.1%，比快报提高0.3个百分点。分行业来看，工业比快报多541亿元，批发和零售业多381亿元，交通运输仓储邮政业多280亿元，非营利性服务业多197亿元。

二是压实核减数据对各市影响各异，但目前对全省数据基本不影响。2017年工业专业核减数据后，全省规模以上工业年报数为31349亿元，与规模以下工业3840亿元、工业研发新增增加值1233亿元合计为36423亿元，仍比核算快报多541亿元，对全省工业增加值及GDP基本不影响。但从分市看，核减数据后21个地市工业增加值合计比核算快报少976亿元，其中6个市比核算快报多（合计多1445亿元），15个市比核算快报少（合计少2431亿元）。其中，广州工业增加值少585亿元，佛山少546亿元，中山少324亿元，肇庆少261亿元，这4个市工业增加值合计减少额占总减少额的70.6%。

受压实核减数等因素影响，各市年报初步测算数合计91055亿元，比快报少4100亿元。21个地市中6个市比快报多，分别是深圳、珠海、汕头、梅州、惠州、东莞，合计比快报多2530亿元，其中深圳多1736亿元，珠海多464元，梅州多128亿元，汕头多98亿元；15个市未能达到快报总量，分别是广州、佛山、韶关、河源、汕尾、中山、江门、阳江、湛江、茂名、肇庆、清远、潮州、揭阳、云浮，与快报的缺口合计为6630亿元，其中，广州少2925亿元，佛山少1273亿元，中山少697亿元，江门少370亿元，肇庆少254亿元，这5个市的缺口占缺口合计的83.3%。

与快报相比，13个市在全省的位次发生变化：珠海上升四位（初步测算后居全省第六位，下同），上升一位的有汕头（居第十）、韶关（居第十五）、河源（居第十八）、揭阳（居第十二）、云浮（居第二十）；下降两位的有中山（居第八）、江门（居第十一），下降一位的有汕尾（居第二十一）、阳江（居第十六）、湛江（居第九）、肇庆（居第十三）、潮州（居第十九）。

三是基于以上两个因素为全省统一核算创造了更有利条件。2017年GDP快报全省与各市合计数相差5276亿元，因全省年报初步测算数比快报增加1100亿元左右，而各市GDP年报初步测算数合计比快报少4100亿元，两者相抵，省市差由原来快报的5276亿元缩小到60亿元左右。

年度核算采用各专业、部门的年度财务报表等资料核算，测算结果比快报数更为准确和实在，但因现在用于年度核算的部门资料仍不齐全，部分资料国家尚未反馈，主要是农业、建筑业、铁路运输业、证券业、自有房地产经营活动、研发等资料缺乏，初步测算数与最终核实数会产生差异，并且核算结果需在8月中旬才能经国家统计局最终核实，国家核定的原则是总量和速度不能超过快报数（国家层面可在应付薪酬和实付工资方法上核调），这样测算的结果，可为2018年留下1100亿元的总量空间。

表1-16　2017年全省及分市GDP年报初步测算表

单位：亿元

	GDP				工业增加值				研发测算数	#工业研发测算数
	年报测算数	GDP快报数	相差		工业专业年报数	核算专业快报数	相差			
			绝对差	相对差（%）			绝对差	相对差		
全省	91114	89879	1235	1.4	36423	35882	541	1.5	1550	1233
各市合计	91055	95155	−4100	−4.3	36521	37497	−976	−2.6	1547	1331
广州市	18578	21503	−2925	−13.6	4875	5460	−585	−10.7	299	187
深圳市	24174	22438	1736	7.7	9203	8688	514	5.9	677	614
珠海市	3029	2565	464	18.1	1231	1133	97	8.6	47	42
汕头市	2449	2351	98	4.2	1089	1072	17	1.6	14	12
佛山市	8276	9550	−1273	−13.3	4830	5376	−546	−10.2	152	148
韶关市	1333	1338	−5	−0.4	377	431	−54	−12.4	10	10
河源市	916	952	−36	−3.8	314	353	−39	−11.0	2	2
梅州市	1253	1126	128	11.3	275	312	−37	−11.7	2	2
惠州市	3868	3831	38	1.0	2102	1980	122	6.2	59	57
汕尾市	728	855	−127	−14.9	244	348	−104	−29.9	4	4
东莞市	7649	7582	66	0.9	4187	3501	686	19.6	126	108
中山市	2753	3450	−697	−20.2	1334	1658	−324	−19.5	55	55
江门市	2320	2690	−370	−13.8	1163	1221	−59	−4.8	35	33
阳江市	1255	1409	−154	−10.9	460	548	−88	−16.1	6	6
湛江市	2589	2824	−235	−8.3	828	962	−134	−13.9	6	4

（续表）

	GDP				工业增加值				研发测算数	#工业研发测算数
	年报测算数	GDP快报数	相差		工业专业年报数	核算专业快报数	相差			
			绝对差	相对差（%）			绝对差	相对差		
茂名市	2842	2924	−82	−2.8	1017	1052	−35	−3.3	11	10
肇庆市	1947	2201	−254	−11.5	707	968	−261	−27.0	16	16
清远市	1453	1501	−48	−3.2	486	494	−9	−1.8	5	4
潮州市	915	1074	−159	−14.8	478	513	−35	−6.8	5	5
揭阳市	1953	2151	−199	−9.2	1135	1117	18	1.6	9	9
云浮市	774	840	−66	−7.8	186	308	−122	−39.5	3	2

三、着力点在哪里：紧盯全年增长7%左右区间的长短变化

五看，经济韧性。回旋余地较大，23个核算指标增减进退、高高低低，显示经济总体稳健，稳中有升有进。

一是先行指标显示价格平稳变化。国家统计局发布的2018年6月份全国居民消费价格指数（CPI）和工业生产者出厂价格指数（PPI）数据显示，CPI环比下降0.1%，同比上涨1.9%；PPI环比上涨0.3%，同比上涨4.7%。广东的消费价格总水平CPI环比上涨0.1%，同比上涨1.8%；工业生产者PPI环比上涨0.2%，同比上涨1.7%，涨幅比上月扩大0.5%。

PPI环比涨幅略有回落，同比涨幅有所扩大。从环比看，PPI涨幅略有回落。生产资料价格上涨0.4%，涨幅比上月回落0.1个百分点；生活资料价格持平。在主要行业中，受国际原油价格变动影响，石油和天然气开采业上涨4.5%；从同比看，PPI涨幅比上月扩大0.6个百分点，据测算，在6月份4.7%的同比涨幅中，去年价格变动的翘尾影响约为4.1个百分点，新涨价影响约为0.6个百分点。

二是投资重返一季度两位数增长态势。2018年上半年，广东固定资产投资15496.85亿元，同比增长10.1%，增速比一季度回落1.2个百分点，但比1—5月加快0.8个百分点。其中，项目投资增长4.1%，房地产开发投资增长20.2%。分行业看，粤港澳大湾区建设政策利好逐步释放，租赁和商务服务业增长85%，增速最快；信息传输软件和信息服务业、金融业分别增42%和13.8%，增速比一季度加快21个和38个百分点；分地市看，全省21个地级以上市中，深圳、清远增速在20%以上，其中深圳市增长22%，投资增速和总量均居全省首位，汕尾、汕头增速在15%~20%，负增长的地区有两个（中山-5.5%、茂名-6.4%），比一季度减少1个。

表1-17　2018年分市固定资产投资主要指标（一）

	固定资产投资		民间投资			房地产开发投资			工业投资		
	总量（亿元）	增速（%）	总量（亿元）	增速（%）	占固定资产投资比重（%）	总量（亿元）	增速（%）	占固定资产投资比重（%）	总量（亿元）	增速（%）	占固定资产投资比重（%）
全省	15496.85	10.1	9319.55	10.0	60.1	6454.56	20.2	41.7	3943.83	0.3	25.4
广州市	2431.66	9.1	984.72	−1.0	40.5	1171.73	6.3	48.2	377.32	54.3	15.5
深圳市	2544.73	22.0	1271.24	17.4	50.0	1102.83	16.7	43.3	409.76	28.0	16.1
珠海市	863.72	13.6	405.57	12.9	47.0	367.06	12.0	42.5	125.31	−5.8	14.5
汕头市	872	15.2	667.1	4.4	76.5	200.95	29.5	23.0	390.74	0.6	44.8
佛山市	1812.82	9.0	1377.86	25.1	76.0	927.76	37.6	51.2	550.04	12.4	30.3
韶关市	275.62	5.1	138.63	18.7	50.3	99.5	17.1	36.1	75.16	18.0	27.3
河源市	353.79	5.5	257.13	5.2	72.7	124.18	18.9	35.1	121.64	6.9	34.4
梅州市	308.25	3.1	179.89	−3.5	58.4	124.12	36.2	40.3	55.05	−30.4	17.9
惠州市	869.05	2.9	596.78	7.1	68.7	452.24	16.1	52.0	231.26	−10.6	26.6
汕尾市	231.84	15.9	186.2	42.0	80.3	38.07	18.1	16.4	86.46	−11.7	37.3
东莞市	753.82	6.2	470.63	−3.8	62.4	321.13	−1.8	42.6	225.08	−8.3	29.9
中山市	554.87	−5.5	409.26	1.2	73.8	368.54	13.9	66.4	93.97	−34.8	16.9

（续表）

	固定资产投资		民间投资			房地产开发投资			工业投资		
	总量（亿元）	增速（%）	总量（亿元）	增速（%）	占固定资产投资比重（%）	总量（亿元）	增速（%）	占固定资产投资比重（%）	总量（亿元）	增速（%）	占固定资产投资比重（%）
江门市	773.75	9.0	494.01	5.8	63.8	270.61	40.1	35.0	312.69	-3.4	40.4
阳江市	184.09	6.2	100.93	1.6	54.8	66.05	-9.8	35.9	73.73	32.3	40.1
湛江市	551.58	13.6	341.6	14.2	61.9	232.48	69.4	42.1	158.3	-19.0	28.7
茂名市	331.83	-6.4	234.99	-9.0	70.8	115.6	78.0	34.8	74.24	-49.2	22.4
肇庆市	630.34	9.8	379.54	28.5	60.2	150.19	49.0	23.8	231.36	1.4	36.7
清远市	317.07	20.4	210.42	33.0	66.4	176.18	42.1	55.6	50.14	5.3	15.8
潮州市	196.35	4.2	134.84	8.3	68.7	42.59	28.0	21.7	73.67	-9.7	37.5
揭阳市	491.63	11.1	396.11	6.3	80.6	53.17	25.3	10.8	191.2	-18.0	38.9
云浮市	148.03	10.9	82.11	-13.9	55.5	49.59	13.4	33.5	36.72	-11.7	24.8

表1-18　2018年分市固定资产投资主要指标（二）

	工业技改投资			基础设施			高技术产业（制造业）			制造业		
	总量（亿元）	增速（%）	占固定资产投资比重（%）	总量（亿元）	增速（%）	占固定资产投资比重（%）	总量（亿元）	增速（%）	占固定资产投资比重（%）	总量（亿元）	增速（%）	占固定资产投资比重（%）
全省	1565.86	-3.7	10.1	3595.64	9.0	23.2	881.82	21.1	5.7	3292.05	-0.9	21.2
广州市	81.69	36.5	3.4	668.82	11.7	27.5	198.1	130.6	8.1	318.78	83.5	13.1
深圳市	151.4	8.8	5.9	519.47	11.1	20.4	255.67	18.5	10.0	363.73	31.0	14.3
珠海市	69.79	-16.0	8.1	202.51	15.1	23.4	49.94	55.2	5.8	102.23	-11.5	11.8
汕头市	166.54	-1.0	19.1	199.1	48.9	22.8	19.74	56.8	2.3	367.42	-1.4	42.1
佛山市	325.62	41.5	18.0	256.01	-22.4	14.1	47.21	51.7	2.6	516.66	8.0	28.5
韶关市	27.94	82.3	10.1	98.03	-11.6	35.6	2.68	-43.1	1.0	46.22	44.2	16.8
河源市	32	-23.7	9.0	82.25	-8.3	23.2	22.98	-30.0	6.5	105.35	4.3	29.8
梅州市	11.48	-62.9	3.7	117.39	23.7	38.1	6.83	-46.4	2.2	33.46	-51.0	10.9

（续表）

	工业技改投资			基础设施			高技术产业 （制造业）			制造业		
	总量 （亿元）	增速 （%）	占固定 资产投 资比重 （%）	总量 （亿元）	增速 （%）	占固定 资产投 资比重 （%）	总量 （亿元）	增速 （%）	占固定 资产投 资比重 （%）	总量 （亿元）	增速 （%）	占固定 资产投 资比重 （%）
惠州市	122.2	−17.2	14.1	157.42	12.6	18.1	73.69	26.4	8.5	196.47	−14.4	22.6
汕尾市	35.59	2.4	15.4	60.44	−15.6	26.1	9.09	−47.4	3.9	60.42	7.2	26.1
东莞市	131.64	−10.7	17.5	139.69	44.2	18.5	97.03	−10.1	12.9	194.37	−7.4	25.8
中山市	61.73	−25.8	11.1	73.75	0.1	13.3	15.44	−40.8	2.8	76.32	−40.8	13.8
江门市	96.97	−22.7	12.5	179.65	17.9	23.2	32.21	−12.0	4.2	251.59	−5.0	32.5
阳江市	3.23	−36.5	1.8	79.51	28.1	43.2	1.56	92.4	0.8	30.69	23.2	16.7
湛江市	17.73	−58.8	3.2	141.44	8.1	25.6	5.28	−8.7	1.0	88.62	−24.6	16.1
茂名市	13.12	−53.4	4.0	105.54	7.3	31.8	4.89	−24.3	1.5	50.51	−60.1	15.2
肇庆市	85.29	6.1	13.5	200.63	−3.1	31.8	17.6	−16.0	2.8	204.12	5.6	32.4
清远市	18.83	−1.1	5.9	79.1	−3.5	24.9	3.3	77.2	1.0	32.11	−6.7	10.1
潮州市	21.01	−14.8	10.7	63.77	−7.2	32.5	7.09	28.4	3.6	54.61	−13.9	27.8
揭阳市	83.93	−21.6	17.1	128.8	53.9	26.2	9.84	2.4	2.0	171.11	−20.6	34.8
云浮市	8.14	−28.1	5.5	42.33	35.9	28.6	1.65	−51.1	1.1	27.24	−29.9	18.4

从表1-17、表1-18中，可见全省投资结构特点：

工业投资增速由负转正。工业投资3943.83亿元，增长0.3%，累计增速今年以来首次由负转正，增幅比一季度提高6.9个百分点，比上年同期回落8.4个百分点。分行业看，制造业投资下降0.1%，降幅比一季度收窄5.5个百分点，其中汽车制造业在新能源整车制造、新能源动力配件等项目的带动下增长11.2%，增速比一季度大幅加快26.3个百分点；此外，石化、家具制造等传统领域投资降幅分别比一季度收窄7.6个、11.3个百分点；电力热力燃气及水的生产和供应业增长3.0%，增速比一季度加快 15.0个百分点，以广东陆丰甲湖湾电厂新建工程、阳西电厂五六号机组、台山核电为代表的电源项目进度有所加快，电力生产投资下降9.5%，降幅比一季度大幅收窄20.1个百分点。高技术制造业投资881.82亿元，增长21.1%，增速比一季度加快0.3个百分点，继续保持高速增长。广州富士康10.5代TFT-LCD显示器件项目（111亿元）、乐金显示有限公司厂房建设（55亿元）和深圳华星光电11代TFT-LCD及AMOLED新型显示器件生产线（587亿元）等超大型项目建设较快。

基础设施投资增长9.0%。2017年，基础设施投资是广东固定资产投资增长的主导力量，增速一直保持在20%以上的高位，发展趋势与整体投资增速呈现明显的正相关。2017年下半年，随着同期基数的不断扩大，基础设施投资高速增长的压力有所加大，增速高位回落；进入2018年，受项目资金筹措、用地落实等因素制约，大项目推进速度明显放缓，基础设施投资增速再下一个台阶，2018年上半年增长9.0%，增速比一季度回落2.1个百分点，大幅低于去年同期17.5个百分点。本年完成投资20亿元以上的基础设施项目有12个，比上年同期减少8个。分行业看，道路运输业投资增长10.9%、铁路运输业投资下降11.5%，增速分别比一季度回落6.4个和31.8个百分点。道路运输业中，仁化（湘粤界）至博罗高速公路、汕湛高速云浮至湛江段及支线、汕湛高速清远清新至云浮新兴段、汕湛高速惠州至清远段、龙川至怀集高速公路等项目合计比上年同期减少61.41亿元，而新入库的深中通道、沈海国家高速公路水口至白沙段改扩建等项目尚未进入施工高峰期；城际轨道交通方面，穗莞深城际轨道、广清城际轨道、广佛环线佛山西站至广州南段、珠海机场城际轨道交通拱北至横琴段均预计于2018年底投入运营，项目投入较上年同期均有所减少，上述项目本年完成投资14.38亿元，同比大幅减少9.06亿元，拉低铁路运输业投资增长4.5个百分点。

房地产开发投资构成占比与速度处于高位。2018年上半年，广东房地产开发投资6454.56亿元，占比41.7%，同比增长20.2%，增速比一季度回落2.7个百分点，但比1—5月加快1.4个百分点。从构成看，土地购置费增长101.3%，拉动房地产开发投资增长18.8个百分点，是开发投资增长的主要动力；受房地产企业开工不足的影响，建筑安装工程投资增长0.4%，比一季度放缓9.6个百分点。

三是直接核算GDP的23个专业指标与一季度相比整体稳定，但强弱不一。用于GDP核算的23个基础指标中，有9个比一季度提高，共拉高GDP 0.41个百分点，2个指标持平，12个指标下降，共拉低GDP 0.48个百分点。其中，财政八项支出增长速度比一季度提高2.3个百分点，拉高GDP 0.177个百分点；保费收入现价增长速度比一季度提高14.9个百分点，拉高GDP 0.120个百分点；公路运输总周转量增长速度比一季度提高3.9个百分点，拉高GDP 0.044个百分点。价格指数同基础指标为乘除关系，综合起来影响二季度比一季度0.09个百分点。

表1-19　23个基础指标对GDP核算拉动作用（比一季度）

		2018年一季度	2018年二季度	差	比一季度拉高GDP（个百分点）
9个提高	财政预算中八项支出合计增长速度	10.6	12.9	2.3	0.1766
	保费收入现价增长速度（错月）	−17.4	−2.5	14.9	0.1199
	公路运输总周转量增长速度	1.5	5.4	3.9	0.0440
	农林牧渔业增加值增长速度（可比价）	3.4	4.0	0.6	0.0216
	电信业务总量增长速度（错月）	110.5	113.3	2.8	0.0195
	规模以下工业增加值增长速度（不变价）	4.8	5.2	0.4	0.0186
	餐饮业营业额现价增长速度	7.8	8.6	0.8	0.0059
	住宿业营业额现价增长速度	7.2	7.6	0.4	0.0008
	铁路运输总周转量增长速度	4.1	4.2	0.1	0.0000
2个持平	航空运输总周转量增长速度	12.9	12.9	0.0	0.0000
	房地产业从业人员增长速度	9.2	9.2	0.0	0.0000

（续表）

		2018年一季度	2018年二季度	差	比一季度拉高GDP（个百分点）
12个下降	水上运输总周转量增长速度	2.3	1.9	-0.4	-0.0040
	批发业商品销售额现价增长速度	12.0	11.8	-0.2	-0.0048
	金融机构人民币贷款余额增长速度（错月）	14.8	14.6	-0.2	-0.0057
	邮政业务总量增长速度（错月）	33.4	30.5	-2.9	-0.0080
	房地产业从业人员劳动报酬增长速度	22.2	19.6	-2.6	-0.0128
	建筑业增加值现价增长速度	12.6	12.6	0.0	-0.0159
	零售业商品销售额现价增长速度	11.2	10.6	-0.6	-0.0161
	其他营利性服务业（不含电信、广播电视和卫星传输服务）营业收入增长速度（错月）	22.0	21.6	-0.4	-0.0190
	金融机构人民币存款余额增长速度（错月）	8.7	8.1	-0.6	-0.0229
	商品房屋销售面积增长速度	-9.3	-12.1	-2.8	-0.0835
	证券成交额现价增长速度（错月）	-6.9	-13.0	-6.1	-0.0977
	规模以上工业增加值增长速度（不变价）	6.7	6.2	-0.5	-0.1899
	附自有住房	—	—	—	—

六看，不确定性。从不确定性中寻找经济确定性，把握"政府赋能市场"边界。政府"这只手"，既要适应遵循市场"另一只手"，更要反作用于市场，不贻误市场时机，尤其是在经济复杂多变的环境里，更要精准把握经济博弈脉络。

中美经贸中充满不确定性，又体现影响的确定性。比如，中兴通讯一季度增长11.3%，上半年增长-47.8%，增速回落了59.1个百分点，初步测算影响，中兴通讯大约拉低全省规上工业累计增速0.6个百分点，影响深圳全市规上工业增速3.7个百分点。

2018年上半年尽管全省电子、电气及汽车三大支柱行业实现较快增长，先进制造业、高技术制造业等现代产业占比进一步提高，百强企业整体增速较高，为全省工业经济增长提供重要支撑。但是，全省工业经济运行中仍存在一些问题需要关注：

一是工业企业增长仍面临一定压力。2018年上半年，全省规模以上工业增加值增幅低于上年同期，出现一定幅度的回落。全省41个工业行业大类中，有28个行业实现增长，与一季度持平，比上年同期减少3个，有13个行业下降，下降面为31.7%。

从工业产品产量来看，上半年全省规模以上工业企业在产的478种产品中，有264种实现增长，增长面为55.2%，比一季度（55.5%）下降0.3个百分点，比上年同期（66.6%）下降11.4个百分点。

二是企业亏损面仍需关注。2018年1—5月，全省规模以上工业企业利润总额增长9.4%，仍保持稳步增长，但全省规模以上工业中仍有超过1万家企业的利润亏损，亏损面为22.8%，比上年同期（19.6%）扩大3.2个百分点。亏损企业亏损额增长34.5%，增幅较大（上年同期为下降4.0%）。

三是出口交货值增速出现回落。2018年上半年，全省规模以上工业出口交货值增长3.7%，比一季度（6.9%）回落3.2个百分点，比上年同期（8.2%）回落4.5个百分点。作为出口大省，出口形势的变动对全省工业生产产生一定的负面影响。

四是部分地市当月增速回落较大。2018年6月，全省规模以上工业增速出现一定波动，不少地市增速回落较大。如韶关、河源、梅州、惠州、东莞、江门、茂名、清远等地市，6月当月增速均比5月有较大幅度的回落。

今年一季度全省经济分析会上，省长马兴瑞提出廓清"政府与市场"边界问题，要求不越位但要到位地做好政府赋能经济事项。上半年各地加大八项支出力度，全省增长12.9%，比一季度全省八项支出增长提高2.3个百分点，由此多拉动GDP增长0.156个百分点，其中有11个地级以上市实现两位数增长，这是政府赋能的直接变化，但也有10个市仅个位数增长，下半年值得关注。

改革开放基本经验是政府赋能的市场经济。从经济学层面看改革开放40年，是为了当下经济的升级，从中美经贸"危"里把握夹缝之"机"。一个经济体要发展或者升级，最重要的不是老企业要干什么，而是新企业要进来。

换言之，敢于"担当、负责甚至于直面批评"也是一种政府对市场的赋能，是另一种经济推动力。

近来，中美贸易摩擦不断加大。美国贸易代表（United States Trade Representative，USTR）指责"中国制造2025产业政策"，却有意忘记美国自己对制造业的补贴和支持。

美国采用双重标准来遏制中国先进制造的发展。早在奥巴马政府时期，美国为了推进先进制造战略，由商务部发起国家制造业创新网络（National Network for Manufacturing Innovation，NNMI，后来改为Manufacturing USA），并形成法案。其目的是形成为国家制造业创新网络提供资金的稳定渠道。

美国政府深度参与产业政策的制定和推进，补贴是其常用的手段。如对于其国家制造业创新网络的制造业创新中心，美国政府制定专门的产业政策，明确从2015—2024年，每年为每家创新中心提供500万美元资助，对于美国能源部，可在2015—2024年总计提供不超过2.5亿美元资助。可见，美国政府对于先进制造的资助，丝毫不比中国政府提供的少。实际上，美国政府在科学、技术和工程应用整个流程上，都有各种名目的支持项目。中美贸易摩擦的本质只有一个，那就是美国希望遏制中国在先进制造上的发展。

中国新企业的进入需要政府帮忙赋能，事实上每一家企业背后的成功，都是有一些地方政府和官员帮助企业努力突破现有的体制。在构建现代经济体系中，市场的变化反映总供给来自总需求，只要有需求，就有经济动力，需要产能满足。与以往不同的是，对经济的结构性与高质量要求，市场呼唤更加精准地从供给侧发力，这就需要我们这些在一线的经济工作者、引领人与管理者更用心、更给力地去组织、去把握重点。

比如，计算机、通信和其他电子设备制造业上半年增加值为3895.88亿元，占全省规上工业的25.8%，在全省工业经济中举足轻重。在具有IT与智能制造的优势地区——珠三角地区，是可以对"指纹芯片、压力传感器、车联网、智能扬声器、手机屏面板出货量及十大封测厂商"的半导体设备市场做出预判与预测的。

一是物联网终端应用，车联网成长最强劲。IC Insights最新报告指出，2018年物联网（IoT）市场总产值将达939亿美元，其中成长幅度最高的为车联网市场，在2016—2021年的年复合成长率（CAGR）可达22.9%，为物联网市场中最强劲的终端应用。

二是智能扬声器还未被广泛使用来控制连接家庭设备。埃信华迈（IHS Markit）于2018年上半年进行了一项新调查，要求分散在美国、英国、日本、德国和巴西的937位智能扬声器用户就其设备的使用回答各种问题。根据今天共享的调查结果，所有扬声器中的智能扬声器控制最受欢迎的类别是询问天气和新闻，其后按降序排列为基本问题、音乐控制/发现、发送消息并拨打电话、视频控制/发现、进行购买、控制智能家居设备。

三是2018年一季度全面屏手机面板渗透率逾四成。全面屏今年加速增长，如今全面屏在大陆手机品牌中已经成为新机标配，异形切割也快速普及。反映在面板厂商的出货产品结构上，今年第一季度全球智能手机面板出货接近4.2亿片，其中全面屏面板出货数量1.8亿片，渗透率超过40%，接下来渗透率还会提升。

四是全球半导体业设备支出将连续3年创新高。国际半导体产业协会（SEMI）预计，全球半导体业设备支出将连续3年创新高，2018年与2019

年按年增长率分别为14%及9%。若最终一如预测，全球半导体业设备支出将连升4年，为20世纪90年代中期以来首次。2018年全球指纹芯片出货量预计约9.7亿颗。随着智能手机屏占比提升，结构光和屏下指纹成为生物识别的两个发展方向。

五是压力传感器产值将挑战20亿美元。微机电系统（MEMS）压力传感器市场以每年3.8%的速度成长，到2023年市场规模将达到20亿美元。压力传感器广泛应用于各领域，汽车、消费性应用和航空电子设备是最具活力的压力传感器市场。2018年全球电网规模电池市场将达13.7亿美元。

四、几点建议：着眼"一二三次全产业"与城乡经济同增长

七看，影响经济因素的多变性。对下半年全省经济增长预期预判，笔者认为"经济平稳平衡运行仍然是主态势，全年经济目标可望在7%左右区间"运行。但也必须清醒地认识到，进入今年全省经济的下半场，广东要实现"四个走在全国前列"的担子会更加繁重与令人期待，影响经济发展的因素会进一步全面显现，左右经济基本面的掣肘要素，会变得更加复杂多变和不确定。但是，也可以反过来认为，下半年我们将一直会面临复杂多变的经济环境挑战，就这个多变性而言，是个确定性。这就要求经济工作者既要保持独立思考，具有特别赋能市场的经济能力，又要增强经济发展信心与定力，居"稳"思"进"，脚踏实地不断创新创造有利于经济发展的有利因素和环境。

从反映广东经济的基础指标看，全省经济平稳增长源自农业、规下工业增长的再增强，第三产业里的金融保险、公路运输总周转量、电信业务总量以及非营利支出有企稳迹象。从相关经济指标看，如支撑广东经济保持平稳发展的用电量，为2013年以来各季度的最高位增长。其中，工业用电量增长7.9%，比一季度提高3.9个百分点；上半年广东全部税收收入增长12.9%，国内增值税增长12.4%，处于较高增长区间。从反映经济活跃度

指标看，广东采购经理指数（PMI）在6月份达50.6%，已连续28个月居于荣枯线上，超过两年处于扩张区间，这些均预示着广东制造业稳中有进、稳中向好的扩张势头。

（一）各地与涉农部门要进一步抓好农业经济这个容易被忽视的基础经济"版块"

全省上半年累计农林牧渔业增加值1598.62亿元，其中珠三角地区占比34.0%，增速只有3.2%；东翼占比13.9%，增速4.3%；西翼占比32.7%，增速5.2%；山区占比19.4%，增速4.4%。从数据中可见农业经济发展存在一定的不平衡性。

表1-20　2018年上半年全省各地农林牧渔业增加值和速度

单位：亿元、%

	农林牧渔业增加值		农业增加值		林业增加值		牧业增加值		渔业增加值		农林牧渔专业及辅助性活动增加值	
	总量	增速	总量	增速	总量	增速	总量	增速	总量	增速	总量	增速
全省	1598.62	4.0	814.54	4.8	112.93	4.7	261.44	1.7	362.66	3.5	47.05	7.0
广州市	111.46	1.0	71.69	2.4	0.91	−22.4	8.01	8.1	20.53	−4.3	10.32	3.4
深圳市	11.13	8.9	3.69	18.1	0.06	−7.2	0.59	−5.4	6.38	5.9	0.42	13.6
珠海市	24.16	4.2	3.82	8.2	0.11	1.5	1.98	3.0	16.6	3.9	1.64	1.6
汕头市	50.83	2.9	29.21	1.8	0.2	7.2	4.97	−0.4	14.32	3.7	2.13	25.5
韶关市	55.78	4.2	34.05	5.9	7.28	−0.1	10.57	2.7	3.38	3.1	0.49	4.5
河源市	36.13	4.9	20.63	5.5	7.2	4.7	6.52	3.0	1.39	4.0	0.4	8.0
梅州市	71.25	4.1	46.92	4.7	5.25	3.1	15.17	2.2	2.89	6.7	1.03	6.9
惠州市	86.65	4.0	65.35	4.2	1.79	4.0	10.8	−0.5	7.73	7.0	0.98	24.8
汕尾市	64.31	5.0	23.51	4.6	0.95	4.3	4.25	3.3	33.49	5.3	2.11	8.6
东莞市	11.89	3.7	9.89	7.0	0.2	−14.2	0.1	−66.3	1.44	1.0	0.26	0.0
中山市	24.77	1.7	8.01	1.6	0.02	−0.6	1.29	−12.2	15.05	3.2	0.4	3.2
江门市	79.28	3.8	26.28	5.6	2.81	10.0	14.78	1.3	33.27	2.7	2.15	13.6

（续表）

	农林牧渔业增加值		农业增加值		林业增加值		牧业增加值		渔业增加值		农林牧渔专业及辅助性活动增加值	
	总量	增速	总量	增速	总量	增速	总量	增速	总量	增速	总量	增速
佛山市	69.47	3.1	27.52	4.1	0.67	7.3	8.04	−4.7	29.4	4.5	3.85	3.8
阳江市	82.25	3.7	20.95	4.9	1.38	4.4	14.42	2.8	43.98	3.4	1.51	7.4
湛江市	219.52	5.5	112.74	5.5	9.57	4.6	25.9	2.9	66.06	6.5	5.25	8.2
茂名市	218.55	5.0	130.88	6.2	10.99	4.5	43.86	2.5	28.75	3.9	4.08	3.1
肇庆市	122.41	3.9	48.14	4.0	29.47	4.2	28.46	2.8	14.9	4.5	1.44	7.3
清远市	91.03	4.3	47.48	4.8	13.24	5.6	21.81	2.3	4.82	4.6	3.68	5.6
潮州市	33.71	4.7	18.18	4.4	1.07	3.9	3.98	2.2	9.22	6.1	1.26	9.3
揭阳市	72.98	4.4	42.82	3.4	10.58	9.4	9.1	−0.3	8.07	6.4	2.41	14.5
云浮市	54.07	3.8	19.56	3.7	9.63	5.1	20.5	3.1	3.12	4.6	1.27	6.5

各级各相关部门要高度重视农村农业，紧紧把握住乡村振兴这个总抓手，推进全省"三农"全面发展。用好投入到精准扶贫、农业供给侧结构性改革、农业产业园和海洋强省建设等一系列为全省"三农"发展奠定增产增收基础的资金。同时，进一步发挥农业增加值"指示器"作用，切实把乡村振兴增产增收、增加值增长作为工作的重要抓手。

（二）重视加强解决全省工业经济发展的不平衡性问题

一是地区间发展的不平衡。珠三角地区工业增速相对较高，粤东西北地区增速稍显缓慢，上半年珠三角规模以上工业增加值总量占全省的比重达到83.8%，比上年同期提高2.3个百分点，粤东西北占比缩小。二是行业间发展的不平衡。全省规模以上31个制造业行业大类中，有19个行业增速低于制造业平均水平，有8个行业负增长，三大支柱行业对制造业增长的贡献率达66.5%，仅电子行业的贡献率就超过40.0%。三是企业间发展的不平衡。全省4.7万家规模以上工业企业中，有四成（1.9万家）企业总产值负增长，全省百强企业增加值总量占全省规模以上工业的比重超过三成（34.6%），对全省规模以上工业增长的贡献率更是高达75.0%，企业间发展的不平衡性较为突出。这些工业发展中存在的不平衡问题，亟须我们去积极面对和克服，切实增强工业经济发展的协调性。

表1-21　2018年上半年分市规上工业增加值及增速

地区	上半年			1—5月份			一季度		
	增加值（亿元）	增速（%）	增速排位	增加值（亿元）	增速（%）	增速排位	增加值（亿元）	增速（%）	增速排位
全省	15121.95	6.2	—	12189.11	6.9	—	7076.12	6.7	—
广州市	2100.99	7.4	9	1699.47	7.0	10	1011.43	7.1	9
深圳市	3955.31	7.4	9	3121.22	8.7	6	1852.88	8.9	6
珠海市	495.62	13.4	1	396.59	11.3	3	224.83	12.0	2
汕头市	421.27	11.1	3	323.42	11.1	5	162.1	10.7	3
佛山市	2138.37	8.0	6	1738.77	8.1	9	1047.66	8.5	8
韶关市	148.68	5.7	12	122.68	4.2	14	65.64	2.3	17
河源市	132.79	5.5	13	103.83	7.0	10	60.72	5.5	11
梅州市	95.57	8.7	5	79.83	11.2	4	46.99	10.1	4
惠州市	931.10	7.2	11	762.15	8.6	7	465.47	9.2	5
汕尾市	88.34	11.8	2	65.70	11.5	2	38.17	8.8	7
东莞市	1786.01	7.9	7	1455.05	8.4	8	797.78	6.2	10
中山市	524.16	5.0	15	424.97	2.1	18	226.67	0.9	20
江门市	530.58	10.2	4	432.80	12.3	1	248.57	13.0	1
阳江市	97.44	−0.5	20	82.23	0.4	20	61.44	1.2	19
湛江市	384.51	4.7	16	308.67	4.1	16	178.9	2.9	15
茂名市	367.68	2.0	18	306.30	4.3	13	181.07	3.4	13
肇庆市	292.34	7.5	8	222.30	2.4	17	122.17	2.5	16
清远市	198.13	5.5	13	162.63	5.8	12	85.33	3.1	14
潮州市	158.28	3.3	17	122.29	4.2	14	66.65	4.7	12
揭阳市	319.52	0.2	19	273.87	0.5	19	177.01	1.6	18
云浮市	54.02	−5.1	21	44.70	0.3	21	25.61	0.9	20

（三）拉动扩大内需重点应加强限额以上批发零售和住宿餐饮企业培育和服务工作

内需拉动是破解外需受限受制的一大市场选项。观察广东三大需求变化情况，2017年最终消费支出贡献率为49.3%，比2016年下降了1.3个百分点，比全国低9.5个百分点，消费对经济的增长作用在减弱；资本形成总额贡献率为48.5%，比2016年提高0.8个百分点，比全国高16.4个百分点，广东投资起到的作用比全国大；货物和服务贸易净流出贡献率为2.2%，比2016年上升0.5个百分点，比全国低6.9个百分点，货物和服务贸易净出口在减少。2017年，最终消费支出、资本形成总额、货物和服务贸易净出口对经济的拉动率分别为3.7%、3.6%、0.2%，分别比全国低0.4个、高1.4个、低0.4个百分点。

表1-22　广东与全国三大需求贡献率及拉动率

		贡献率（%）		拉动率（%）	
		2016年	2017年	2016年	2017年
广东	最终消费支出	50.6	49.3	3.8	3.7
	资本形成总额	47.7	48.5	3.6	3.6
	净流出	1.7	2.2	0.1	0.2
全国	最终消费支出	64.6	58.8	4.3	4.1
	资本形成总额	42.2	32.1	2.8	2.2
	净流出	-6.8	9.1	-0.4	0.6

限额以上批发零售和住宿餐饮等商业企业真实反映内需情况，其经营情况对内需拉动有直接影响，各级政府和部门需高度重视，做好限额以上重点商业企业的培育和服务工作：一是认真培育限额以上商业企业，做好规模以上个体户的"个转企"工作。二是凡使用财政资金的部门和单位，其消费要向限额以上批发零售和住宿餐饮企业集中倾斜，直接支持限额以上商业企业，也间接促进"个转企"。三是重点服务好"航空母舰型"批

发零售和住宿餐饮企业。年销售收入600亿元以上的批发企业、年销售收入110亿元以上的零售企业、年营业收入3亿元以上的住宿企业和年营业收入7亿元以上的餐饮企业优先享受各种产业优惠政策，对该类企业实行挂点服务，及时协调解决企业各类问题和困难。

（四）认真把握第四次全国经济普查是补"经济总量缺口"与真实反映各地"经济蛋糕"的重要契机

经济普查是一项重大的国情国力、省情省力调查。通过经济普查，全面摸清广东省第二、三产业的发展规模、布局和效益，准确反映广东省经济发展状况，对加强和改善宏观管理、深化供给侧结构性改革、科学制定中长期发展规划，对广东当好"两个重要窗口"、实现"四个走在全国前列"具有深远意义。

目前，各级统计部门正紧锣密鼓地开展经济普查的各项准备工作，马上就要进入单位清查阶段的工作，为了共同做好广东省第四次全国经济普查工作，需要各市认真把握"五个要点"：一是明确经济普查是政府行为，把第四次全国经济普查工作列入重要议事日程；二是经费保障，按时拨付、确保到位；三是部门配合，编制、民政、工商、税务等部门要提供本级审批或登记的各类单位行政登记资料，参与入户清查、单位核实和认定工作；四是加强宣传，让广大普查对象和社会公众充分了解普查工作，努力解决好入户难的问题；五是严控数据质量，实事求是，用数据全面准确反映全省经济真实面。

省以下GDP统一核算
若干问题研究

——以广东省为例

一、地区GDP分级核算面临问题的梳理

党的十八大以来，全国统计系统采取多种有力措施，统计数据质量得到一定提升，生产总值数据不衔接问题有所改善，但下级生产总值汇总数据与上级生产总值数据仍存在不小的差距，已成为当前国民经济核算工作的一个突出问题。滕蔓（2018）指出，各县区地区生产总值汇总数与设区市地区生产总值存在较大差距，尤其是行业内部结构。

造成GDP上下级核算数据不衔接的原因主要有三：一是各级实施地区生产总值核算制度以来，地区生产总值的核算一直采取分级核算制度，数据由不同机构核算，必然存在统计误差，不可能完全相等；二是由于各级GDP核算的基础资料来源渠道不尽相同，核算方法也因基础资料不同而有所差异，核算的结果也必然存在差异；三是跨地区生产经营活动站在地区核算的角度，容易在地区间重复计算。因此，要解决这一突出问题，必须由上一级统计部门按照统一的核算方法，统一的数据来源，统一核算下一级的GDP数据。

从广东的省、市数据来看，在较长时期的核算中，全省总量明显小于各市汇总数，但是近几年尤其在2018年，广东省统计局采取规范地区生产总值核算、夯实专业数据基础、加强数据审核评估等多种举措，省、市数据差距问题得到明显改善，为接下来的广东地区生产总值统一核算改革奠定了坚实基础。2018年初步核算结果显示，各市生产总值汇总数比全省多3748亿元，差距比上年缩小了1022亿元，相对差缩小到3.85%，比上年降低1.5个百分点，为近7年来的最小差距。

从广东19个[①]地级及以上市（以下简称地市）与其所辖县（区）数据

---

① 广东省下辖21个地级及以上市，其中，中山市、东莞市不设县（区），故未考察其核算衔接情况。

看，2018年前，广州市、深圳市、珠海市已实现GDP统一核算，全市与分县（区）GDP汇总数完全衔接，佛山市、河源市的全市与分县（区）GDP汇总数也基本衔接，其余地市与分县（区）GDP汇总数还存在一定差距，其中6个地市比分县（区）汇总数小，相对差在5%以内；8个地市比分县（区）汇总数大，其中4个地市相对差在5%以内，4个地市大于5%，除分级核算的原因外，市直部分仅在市级统计而未纳入分县（区）统计是造成差距较大的原因，最大的市县（区）相对差甚至达17%。

2019年后，以第四次全国经济普查为契机，广东统计系统全面实施地区生产总值统一核算改革，解决上下级数据不衔接问题，不仅实现上下级数据的高度衔接，有效解决了长期存在的数据矛盾，还大大提升各级GDP的数据质量，增强上下级之间、同级之间的数据可比性，维护政府统计的权威。2019年11—12月，广东省统计局对21个地市GDP实施了统一核算，依据第四次全国经济普查资料结果修订了2018年GDP，统一核算结果显示，修订后的21个地级市GDP汇总数为99945.22亿元，与广东按经普资料修订后的GDP完全一致，这是广东核算史上第一次实现省市两级GDP的完全衔接。21个地市统计局也随即对所辖县（区）实施了地区GDP统一核算改革，根据第四次全国经普资料统一核算了2018年分县（区）GDP，实现地市与分县（区）GDP的完全衔接或基本衔接。

国内统计学界和统计工作者也普遍认为，实施地区生产总值统一核算是解决上下级数据不衔接问题的有效途径。马现强（2014）认为，GDP统一核算实施后，基层核算数据将更加准确，在一定程度上会缓解基层核算人员的工作压力，改变以往GDP不统一的问题；许宪春等（2018）认为，"2019年第四次全国经济普查之后正式开展地区GDP统一核算工作，地区与国家GDP数据的差距问题有望得到根本解决"。同时他们也提出了许多意见和建议。马现强（2014）提出，要加强行业统计和部门统计，还要建立公示和申诉制度。王忠诚（2015）提出，要不断夯实基础数据来源，完善政府考核工作机制，提高核算人员整体素质。

可见，实现地区生产总值统一核算，具有全省GDP"一盘棋"衔接的现实意义与重要方法的完善价值。

二、现行快报、年报与经济普查年度三种不同核算逻辑方法

目前，中国GDP以统计快报核算出的经济结果为初步核算数，是国民经济进一步核算的重要基础；而以分专业年报财务表为基础的GDP核算为最终核实数，则是对快报GDP核算的检验与修正；以我国五年一次的经济普查数据为基础，则是对年度GDP的最终核算。

对这种统一核算安排，笔者认为具备时间与技术逻辑，有利于从中央到地方进一步出清经济数据，科学全面准确反映一个国家或地区的经济成果。

（一）初步核算数核算方法

初步核算数时效性强，一般在年后20天左右公布，其依据月度、季度相关基础指标数据材料，并采用增加值率法、相关指标推算法等间接核算方法，分类较粗。目前全国统一使用的《季度生产总值核算方法》，采用24个行业基础指标、17个换算系数、14个价格指数和20个比重指标，核算出GDP的13个行业、三次产业增加值数据（见表2-1）。行业基础指标、价格指数每季度一变，是影响季度GDP变化的主要因素，资料源于联网直报企业资料、抽样调查资料、价格调查资料、部门统计资料、年度GDP资料及国家反馈资料；年度比重指标、换算系数每年一变，年度比重指标取决于年报数据，换算系数由国家统一反馈，对季度间GDP趋势变化影响不大。

各行业增加值总量及增速主要受核算基数及行业基础指标的影响，核算基数决定行业增加值总量的基本构成，行业基础指标决定行业增加值

增速的趋势变化。以广东为例，2018年快报中第三产业增加值占GDP比重54.2%，与核算基数的53.6%相差0.7个百分点，可见行业结构基本取决于核算基数结构。全年GDP增长6.8%，比2017年同期下降0.7个百分点，增长趋势变化主要受24个行业基础指标影响，24个行业基础指标因行业结构、换算系数不同对GDP增长影响各异。对于广东来说，按2018年快报测算规模以上工业增加值增速、财政八项支出增速、规模以上服务业营业收入增速是影响GDP增长排名前3的指标，它们各增长1个百分点，共可拉动GDP增长近0.5个百分点。

表2-1　季度核算统计分类、数据来源及影响因素

统计分类		基础数据来源	影响因素
行业分类	农林牧渔业 工业 　开采辅助活动 　金属制品、机械和设备修理业 建筑业 批发和零售业 　批发业 　零售业 交通运输、仓储和邮政业 住宿和餐饮业 　住宿业 　餐饮业 金融业 房地产业 　房地产业（K门类） 　自有房地产经营活动 其他服务业 　营利性服务业 　非营利性服务业	1. 联网直报企业数据 2. 抽样调查数据 3. 价格调查数据 4. 部门统计数据 5. 年度GDP资料 6. 国家反馈资料	一、参与GDP核算的75个指标： 1. 行业基础指标24个（按季度统计） 2. 价格指数14个（按季度统计） 3. 季度比重指标2个（按季度统计） 4. 换算系数17个（按年度测算，由国家每年反馈） 5. 年度比重指标18个（按年度测算，以年度GDP为基础测算） 二、上年同期（基期）数据的总量、结构（主要取决于年度GDP总量、结构以及各行业增加值在季度间比例）
产业分类	第一产业 第二产业 第三产业		

（二）常规年度核算方法

GDP快报后，随着统计系统专业年报、财政部门财政决算年报和有关部门年度财务年报等陆续完成，GDP核算的基础资料不断增加与完善。基于更全面、更可靠的基础资料，采用生产法、收入法等方法进行核算，对初步核算数据进行修订，形成GDP最终核实数。年度GDP核算分"生产、收入和支出"三种方法，它们分别从不同角度反映国民经济生产活动成果。

因地区间货物和服务流入流出难以核算，地区GDP以生产法和收入法核算结果为准，支出法主要用于核算最终消费和资本形成总额。分产业看，第一产业增加值核算主要采用生产法，第二产业、第三产业则主要采用收入法。在常规年度，年报核算无法取得覆盖全行业且能直接核算增加值的基础资料，则采取直接与间接相结合的方法推算增加值。

此外，从2016年开始，GDP核算还包括研发新增GDP核算，季度的研发新增GDP混合在行业增加值中一并推算，年度的研发新增GDP单独核算，主要依据科技和教育部门研发数据、联网直报企业研发内部经费支出等资料采用永续盘存法进行核算，核算范围和资料来源见表2-2。在广东2018年年报中，全年研发新增GDP为1744亿元，占GDP的1.7%。

在常规年度核算中，GDP年报要以最后一次经济普查认定的数据为基准进行核算。一般来说，直接核算部分增加值与经济普查年度数据衔接得较好，尤其是"一套表"联网直报企业，与经济普查年度几乎无缝衔接，其他直接计算部分数据主要取自行业主管部门。然而，大部分部门统计未覆盖国民经济全行业，因此在常规年度很难统准统齐全行业数据，其与经济普查年度的数据仍存在较大差异。在广东2017年年报中，直接核算部分增加值63717亿元，占GDP的71.0%，其中统计系统"一套表"联网直报企业增加值49417亿元，占GDP的55.1%。

表2-2　研发新增GDP核算数据来源、受影响因素及对GDP的影响

行业分类	指标	统计范围	数据来源	受影响因素	对GDP的影响
研发新增 GDP 1. 工业 2. 建筑业 3. 交通运输仓储和邮政业 4. 信息传输、软件和信息技术服务业 5. 租赁和商务服务业 6. 科学研究和技术服务业 7. 教育 8. 卫生和社会工作	企业（单位）研发活动内部经费	1. 辖区内规模以上工业、特、一级总承包、专业承包建筑业法人单位、大中型交通运输、仓储和邮政业，信息传输、软件和信息技术服务业、租赁和商务服务业，科学研究和技术服务业，水利、环境和公共设施管理业，卫生和社会工作，文化、体育和娱乐业等法人单位的全部研发项目 2. 高等院校、科研机构等部门研发项目	1. 联网直报企业数据 2. 国家反馈数据（科技和教育等部门数据）	1. 企业（单位）研发活动项目数 2. 企业（单位）研发活动项目内部经费支出规模 3. 研发资本转化率（指GDP增加部分与研发内部经费支出的比例），主要受研发使用者性质（市场和非市场生产者）、研发支出结构（日常支出和资本性支出比例）影响	每万元研发内部经费支出可增加GDP约6448元，全年可新增GDP1744亿元，占GDP的1.7%（以2018年GDP年报计算）
	研发投资价格指数		1. 调查队价格指数 2. 联网直报企业数据 3. 国家反馈数据	1. 固定资产投资价格指数 2. 工业生产者购进价格指数 3. R&D人员工资价格指数	现价总量一定，价格越高，增速越低

对于行业增加值间接推算的部分，为保证与经济普查年度数据相衔接，通常以经济普查年度数据作为基数进行推算，主要方法有比重推算法，即利用经济普查年度的有关比重推算常规年度缺少资料部分的数据；相关指标外推法，即以经济普查年度的数据为基础，利用相关指标外推常

规年度的数据。通过这种衔接，理论上推算的数据范围口径与经济普查年度是一致的。对于间接推算部分可分成非企业和规模以下两个部分，非企业部分采用财政资料或行业部门行政事业单位的支出数据进行推算，规模以下部分包含规模以下企业、个体和产业活动单位，采用专业统计的规模以下抽样调查资料或行业主管部门资料进行推算。在广东2017年年报中，间接推算部分占GDP近三成，虽然占比不高，但对于市场活跃度高、中小微型企业数剧增、业务发展较快的行业，这种推算可能会与行业真实发展情况产生较大偏差。

从上述核算方法可见，影响年度GDP核算的主要因素有联网直报企业数量、企业规模，财务报表中的营业利润、职工薪酬、应交税金、折旧等指标情况；规模以下或限额以下抽样调查企业营业收入（增加值、销售额或营业额）；住户调查资料中人均住房建筑面积、私房比重、家政家教支出等数据；部门资料，如财政部门资料中的经常性业务支出，金融部门的企业经营效益、工资支出、税金、折旧等指标情况，卫生和教育部门的人员工资福利支出、对个人和家庭的补助等指标情况。

（三）经济普查年度GDP核算基本方法

五年一次的全国经济普查有助于发现对GDP数据有较大影响的基础资料或计算方法及分类标准的变化，从而对年度GDP历史数据进行修订。

这类修订依赖的基础数据详尽、使用的核算方法和分类规则符合当前国际国内最新核算制度和规范，且修订后的数据准确性、完整性和可比性相对较高，历史年度数据均以修订数为准。

在经济普查年度，通常采用收入法或生产法直接核算GDP，直接核算的总量占GDP总量的90%左右。按照报表种类和核算方法不同，分别按法人企业、产业活动单位、行政事业及民间非营利团体、个体四部分进行核算，其中法人企业、行政事业及民间非营利团体采用收入法直接核算，产业活动单位采用增加值率法核算，个体采用抽样调查资料推算。大部分行业核算基础资料来自地方普查资料，个别行业（如铁路运输业、金融业）由国家利用部门普查资料直接核算。

除此之外，国民经济核算体系的GDP口径还包括由住户资料直接计算的居民自有住房服务增加值、由国家分劈的关税及海关代征的消费税和增值税、未观测经济增加值、间接计算的银行中介服务（FISIM）以及异地经营增加值。虽然经济普查为核算提供了相当完备的核算基础资料，但在核算上仍有不少难点，如总部经济增加值核算及划分地区，跨地区产业活动单位增加值核算，多种经营法人单位附属产业活动单位增加值核算，跨年度结转收入类企业增加值核算，研发周期较长的备产企业增加值核算，筹建企业增加值核算，间接计算的金融中介服务分摊核算等问题。

在每一次经济普查年度核算GDP时，这些核算难点都需要专门深入研究，结合最新的国民经济核算国际国内标准制定相关核算方案，科学合理统一核算。

影响经济普查年度GDP的核算主要有以下三个因素：一是基本单位数，这关系核算GDP总量；二是单位财务指标情况，如企业法人的应付职工薪酬、营业利润、固定资产折旧、税金及附加等指标情况，行政事业单位法人的工资福利支出、劳务费、福利费、税金及附加费用、固定资产原价等指标情况，这关系核算GDP质量；三是个体抽样调查数据情况，如雇员支出、缴纳税费、营业收入等指标情况，这直接与GDP的质与量相关联。

三、现行三种核算逻辑方法在操作技术层面存在的三个挑战

（一）不变的专业方法难以适应地方经济业态变化

过多囿于统计制度定势，使得统计方法对多变的经济形态业态"抓不住、厘不清、匡不到"，成为影响季度、年度快报核算常态，使得核算基础数据的源头出现缺失。

互联网经济因缺乏核算基础资料未能在快报GDP核算中充分反映，存在较大程度的漏统。一方面是该类单位缺乏行业部门管理，传统统计调查方式方法难以采集到这类单位的数据；另一方面是国民经济核算体系从范围到概念再到核算框架缺乏对这类新经济的研究，按传统核算原则难以准确捕捉出该类企业对社会产生的经济价值，毕竟联合国最新SNA2008发布时，互联网经济尚未兴起。在年度核算中，容易忽略新经济企业所特有的创新性和先进性特点，低估新经济数据。在季度核算中，用于推算行业增加值的行业相关指标往往以传统经济活动为主，对新经济的反映明显不足，造成该部分数据被低估。

新金融企业核算资料也存在很大缺口，仅有地方金融部门掌握一小部分资料。广东2017年初步测算增加值约为254亿元，大部分新金融企业无经济指标统计，地方金融部门2017年掌握新金融企业共9072家，但能提供经济指标的仅4253家，相当一部分的新金融企业未纳统。另外，新金融业态变化快速，其交易方式、金融工具和金融企业模式日益复杂多样，核算增加值时厘清核算范围和甄别核算指标的难度也随之增大，要反映出该类企业创造的价值情况，显然传统金融行业核算方法已无法适用新金融企业核算，需探索建立针对新金融活动的核算方法。

（二）不变的专业方法难以体现地区经济结构差异化

在年度GDP核算方法修订中，来自各个专业核定的基础数据，依然存在计划均衡生产思维，并以此应用于统计数据推断，而设计出各类数据质量公式，但这难以全面反映经济外向度高、民营经济程度高的真实经济情况。

在季度核算中，统一核算过于强调"统一性"，往往忽视地方的"特殊性"。地方的"特殊性"不仅体现在各地行业经济结构不同、同行业经济发展水平不同，还体现在统计人员力量和业务水平的不同。简单采用统一的基础指标、统一的换算系数、统一的核算方法以及统一的差额分摊方法，虽然便于上下级数据衔接，但未能体现不同地区经济存在的差异。

在年度R&D研发支出纳入GDP的新增核算因素中，核算方案规定采用调整系数将内部经费支出调整为带来经济利益的经费支出，这种处理符合核算原则，但各地采取统一的调整系数，在一定程度上忽视各地区研发成果转化的差异性，导致年度核算方法变得简单粗糙。另外，各地统一采用5%的固定增速推算自有房地产服务，未考虑到地区人口流入、生活水平等不同因素，绝大部分地区的居民居住总面积及居民住房条件和居住环境都有明显改善，这些都将支撑居民自有住房服务的较快增长，增幅超过5%。从这一点看，这对年度核算的GDP尤其人口流入的较发达地区经济存在低估情况。

（三）满足现有GDP快报、年报核算时间窗口要求，存在"不全等"基础数据扭曲数据背后"经济存在"

要满足各级管理层对GDP数据的需求，往往通过快报、年报核算时间窗口的基础数据来源难以做到全面准确，需预防数据注水虚增和少漏低估，以全面辩证思维统一核算。

从核算数据完整性上看，在统一核算实际操作中，往往会通过折扣系数、平摊系数、制定地方新增企业纳统规则等方法达到上下级数据的衔接，但一般来说在企业联网直报平台上直接获取核算基础数据，而不使用折扣系数后的数据，新增企业也可及时甚至动态纳统，能够更全面客观体现行业实际情况。从核算数据全面性上看，上下均存在"不全等"情况，如现行GDP核算制度在测算交通运输业季度增加值时，使用运输总周转量增速这一实物量指标作为核算基础指标，而实物量指标仅反映运输的实物量变化，未能反映运输质量的变化，不能真实体现交通运输的转型升级成果，从而低估交通运输业的价值增长。

以铁路运输为例，随着高铁的普及，铁路运输产生了质的飞跃，也带来了收入的快速增长，而高铁运输带来的价值增长一般会高于普通的铁路运输，现行核算这一块GDP总量则是按照统一的物量增速推算，显然存在"不全等"核算基础数据问题。

在实行统一核算中，并不是要刻意把GDP数据上下衔接，而是要使核算方法更加科学，使GDP核算的基础指标数据有来源、有支撑，推动常规统计调查资料和部门统计资料规范协调，确保基础资料的概念、范围、口径与统一核算逻辑方法全面衔接。

四、破解统一核算面临问题的路径方向

当前，统一核算实践面临的三个挑战，无疑是三个核算逻辑方法现实应用产生的问题，既有历史性方法因素累加，也有实行统一核算中共性应对方法。

（一）创新改革、审慎甄选基础指标

基础指标对行业增加值核算起决定作用，也是上下级数据统一衔接的基础。核算基础指标缺口问题，使得省以下GDP统一核算的技术难度大于国家对各省的统一核算。省级核算中使用的基础指标是经过国家统计局对部门和专业报表制度、统计指标等深入挖掘和反复研究后确定下来的，对反映省一级行业增加值具有良好的代表性和可操作性。但在省与地市、地市与县（区）级核算中，除经济普查年度时省、市、县（区）三级核算获得的基础数据基本一致外，在非经济普查年度和季度时，各级核算所获得的基础数据有较大差别，与省级相比，地市和县（区），尤其县（区）核算基础资料有较大缺口。据不完全统计，季度核算24个基础指标在县（区）核算时指标缺失率约为30%，季度核算14个价格指数在县（区）核算时缺失100%。此外，有些经济总量小的地区基础指标变化较为不稳

定，往往一两个大企业变动就造成基础指标大幅度波动，甚至出现奇异值，严重影响行业增加值甚至GDP核算。

基于此，统一核算要破解上下级基础指标不一致难题，一是要增强基础指标代表性，切实推动统计制度方法改革创新，一些抽样调查在制度设计上尽可能考虑对市、县（区）一级具备代表性；二是审慎选取基础指标，要从合理性、可比性和可获取性等方面科学选取基础指标，县（区）级核算从提高工作效率出发可以考虑使用统一的基础指标、直接分劈行业增加值等方法，简化基础指标来源；三是加强基础指标评估，对代表性差、反映行业发展不足的基础指标可适当增加其他基础指标作为推算指标或评估指标，弥补使用单一基础指标可能会出现的问题。

（二）公开透明、科学制定统一核算方法

统一核算方法应用的过程与结果，使用的基础数据来源必须科学真实可靠。在实际操作中，应遵循公开透明的根本原则，让各方核算力量共同参与，共同研究，制定统一核算方法。统一核算所使用的基础资料应向各地反馈，公开统一核算的基本方法和主要核算结果，接受各方面监督，推动核算方法不断改进，促使统一核算工作不断完善。在省以下GDP核算实践中，核算方法是实现上下级数据衔接的关键。

受专业指标本身上下不一致情况、专业基础指标与核算增加值地区比重的差异、上下级价格指数同步性的差异、部分行业如交通业分地方基础数据难以分劈等因素影响，即使地市、县（区）采用与省一级一样的计算方法，使用统一的换算系数，统一的数据来源，地市核算结果汇总数与全省结果、县（区）核算结果汇总数与全市结果也不会完全相等。此外，省级数据经过与全国数据统一衔接后，也会造成省级与各市合计数据产生差额。因此，在制定统一核算方法时，既要确保最大程度地反映地区实际发展情况，更要考虑到实现上下级地区GDP数据的衔接，这是地区生产总值统一核算改革的目标所在。省以下核算实际操作中，一般通过衔接基期数据、行业系数调整、行业差额分摊等方法完成从基础指标方面不能解决的上下级数据衔接任务。

（三）全面评估、科学控制差异在合理区间

GDP统一核算，不仅有上下级GDP核算总量的衔接，还有速度与行业结构性的衔接，这两个衔接在现实核算中存在较大难度，给统一核算的工作与方法使用带来很大的挑战考验。2018年为统一核算基准年，基于第四次全国经济普查资料核算的GDP可以达到上下级现价总量的完美衔接，但以2015年为价格基期计算的速度要完成上下级衔接需要依赖全省、分市、分县（区）GDP历史数据修订结果，具有相当大的难度。为了更好地反映实际经济情况，部分行业在核算时需考虑地区基于地理位置、产业特殊结构等原因产生的核算偏差问题，这也加大了行业上下级数据的衔接难度。为此应直面两个衔接的问题，除夯实基础数据质量、深入研究核算方法、制定科学合理实施方案外，还要加强对省以下地区生产总值数据质量全面评估，严格控制差异在合理区间。一是趋势匹配性评估，各行业增加值的发展趋势要与核算依据的基础数据的发展趋势基本保持一致；二是数据协调性评估，利用货运周转量、税收收入、财政支出、全社会用电量等相关指标，对省以下地区生产总值数据进行匹配性、协调性评估，从供给、需求等角度分析省以下地区生产总值数据质量，确保核算结果真实可靠，达到统一核算数据的新衔接。

核算制度的演变

一、由分级到统一

1952年，刚刚成立的国家统计局在全国范围内开展了工农业总产值调查，从此开始了工农业总产值核算，后来扩大到农业、工业、建筑业、运输业和商业五大物质生产部门总产值核算，即社会总产值核算。从新中国成立到改革开放初期，为适应计划经济体制要求，我国逐步建立并推行物质产品平衡表体系（MPS）。随着改革开放的深入和国民经济的发展，MPS已不能满足宏观经济管理工作的需要。在此情况下，我国在继续开展MPS核算的同时，逐步研究和开展国民账户体系（SNA）核算。1985年，正式建立国内生产总值和第三产业统计制度。1986年，开始实施地区生产总值核算工作。1993年，以取消MPS的国民收入核算为标准，中国国民经济核算从MPS体系和SNA体系并存阶段，进入SNA体系的发展阶段。

自1986年始至2019年前三季度，GDP核算工作采用的分级核算制度，广东省以下GDP核算工作亦如此。即国家统计局负责核算全国GDP，各省、自治区、直辖市统计局负责本级的GDP核算，省以下地区GDP核算工作由当地统计部门核算。由于各级核算使用的基础资料不完全一致，地区间流入流出、跨地区经营活动不易搞准及政绩考核等因素影响，各级GDP总量和速度上呈现明显的不匹配。

为解决GDP上下级核算数据不衔接问题，必须由上一级统计部门按照统一的核算方法、统一的数据来源，统一核算下一级GDP数据。2013年，党的十八届三中全会发布的《中共中央关于全面深化改革若干重大问题的决定》中，与政府统计有关的改革一共有四项，其中三项与国民经济核算有关：建立国家统一的经济核算制度，编制全国和地方资产负债表，探索编制自然资源资产负债表。

其中，建立国家统一的经济核算制度要求实行地区生产总值统一核算改革，实现下一级地区生产总值汇总数和上一级生产总值在总量、速度和结构上的基本衔接。

2019年，以第四次全国经济普查为契机，广东统计系统全面实施地区生产总值统一核算改革，由省统计局负责21个地市GDP的核算工作。此项改革不仅实现了数据的高度衔接，有效解决了长期存在的数据矛盾，还大大提高了各级GDP的数据质量，增强了上下级之间、同级之间数据的可比性，维护了政府统计权威。至此，省以下GDP核算制度正式从分级走向统一。

二、统一核算技术

2019年底，广东省统计局印发《广东省地区生产总值统一核算实施方案》，标志着广东省以下GDP统一核算工作正式开启。该方案对统一核算的指导思想、目标要求、基本原则、工作机制、实施步骤、核算方法、资料来源、组织方式、核算流程、组织模式、核算结果公布、质量控制、数据修订、纪律要求、适用范围十五个方面的内容做了详细说明。（以下为部分内容摘抄）

（一）目标要求

对地区生产总值进行统一核算，实现各市汇总数与全省数衔接，提高统计数据真实性，增强政府统计公信力，更加全面真实准确反映各市经济发展情况。

（二）实施步骤

地区生产总值统一核算改革，以第四次全国经济普查为契机，对2018年地区生产总值初步核算数进行修订，然后再以修订后的2018年地区生产总值为基础，针对2019年地区生产总值，开展季度和非经济普查年度地区生产总值统一核算。具体分三步走：

第一步，实施经济普查年度地区生产总值统一核算。2019年底至2020年初，利用2018年第四次全国经济普查数据，统一核算2018年年度地区生产总值最终核实数。同时，根据经济普查年度地区生产总值统一核算结果对2018年四个季度数据进行基准化调整，并开展地区生产总值年度和季度历史数据修订。

第二步，实施季度地区生产总值统一核算。2020年1月，统一核算2019年一至四季度地区生产总值初步核算数，开始非经济普查年度季度地区生产总值统一核算。

第三步，实施非经济普查年度地区生产总值统一核算。2020年底，对2019年年度地区生产总值初步核算数进行最终核实，开始非经济普查年度地区生产总值统一核算。

表3-1 地区生产总值统一核算时间表

时间	地区生产总值核算
2019年底至 2020年1月上旬	根据第四次全国经济普查资料，统一核算2018年年度地区生产总值最终核实数，并对2018年四个季度地区生产总值初步核算数进行基准化修订，开展地区生产总值年度历史数据修订
2020年1月中下旬	统一核算2019年年度（一至四季度）地区生产总值初步核算数
2020年4—10月	统一核算2020年一、二、三季度地区生产总值初步核算数
2020年底	统一核算2019年年度地区生产总值最终核实数
2020年后	全面实施年度和季度地区生产总值统一核算

由此，形成完善的地区生产总值统一核算制度，实现各市与全省数据在总量、结构和速度上的衔接。

（三）核算方法

地区生产总值统一核算采用生产核算方式，即先核算分行业增加值，再汇总得到地区生产总值，实现分行业增加值、地区生产总值与全省数衔接。

（1）经济普查年度核算方法。经济普查年度地区生产总值核算，利用经济普查资料和有关资料，按照生产法或收入法核算各行业增加值，汇总得到地区生产总值。

（2）非经济普查年度核算方法。非经济普查年度地区生产总值核算，利用有关年度统计资料、财务资料和行政记录等数据资料，按照生产法或收入法核算各行业增加值，汇总得到地区生产总值。

（3）季度核算方法。季度地区生产总值核算，根据基础资料采用增加值率法和相关指标速度推算法核算各行业增加值，汇总得到地区生产总值。

（4）数据差距衔接方法。当分行业增加值、各市生产汇总数与全省数出现差距，且差距超出合理范围时，对各市相应行业增加值进行审核评估和调整，将各市汇总数与全省数之间的差距缩小至合理范围，确保各市分行业增加值、各市生产总值汇总数与全省数衔接。

（四）组织方式

地区生产总值采取集中统一核算的组织方式，即统一核算办公室依据统一的核算方法和核算流程核算地区生产总值，各地级以上市统计局核算人员配合统一核算工作，实现各市生产总值汇总数与全省数衔接。实施地区生产总值统一核算后，各市统计局不再上报本市生产总值数据。

地区生产总值统一核算业务流程，分基础数据收集、集中统一核算、核算结果反馈三个环节。

（1）基础数据收集。统一核算办公室负责收集地区生产总值统一核算需要的基础资料，包括普查资料、常规统计调查资料、部门统计资料等。

（2）集中统一核算。地区生产总值统一核算在统一核算办公室的组织协调和各地级以上市统计局配合下，按照"先行业、后综合、最终核定"的形式，依据统一的核算方法和核算流程进行。

（3）核算结果反馈。各市生产总值统一核算结果由省统计局统一反馈。季度各市生产总值初步核算数在全省生产总值初步核算数公布前一日内，分别反馈至各市统计局供内部使用。年度各市生产总值最终核实数据在年度统一核算结果确定后三日内，分别反馈至各市统计局供内部使用。

（五）核算流程

地区生产总值统一核算按照以下流程进行。

（1）基础数据审核。

根据省统计局相关专业处及省有关部门提供的地区生产总值统一核算基础数据，从统计标准、口径范围、数据协调性等方面进行审核评估，确保数据之间逻辑关系合理，各市汇总数与全省数衔接。

当各市收集掌握的专业数据与专业处提供的数据不一致时，以专业处提供的数据为准；当各市收集掌握的部门数据与省有关部门提供的数据不一致时，以省有关部门提供的数据为准。

（2）初步数据核算。

按照"先行业、后综合"的形式核算地区生产总值。

①核算分行业增加值。依据审核评估后的基础数据，按照统一的核算方法、统一的核算程序，核算每个行业各市增加值。

②衔接各市与全省行业增加值。当行业增加值各市汇总数与全省数出现差距且超出合理区间时，要进行数据衔接处理。对于现价总量差距衔接，利用各市现价增加值总量占各市汇总数的比例，分摊超过合理区间的差距。对于增长速度差距的衔接，利用各市不变价增加值总量占各市汇总量的比例，分摊增长速度差距超过合理区间的不变价总量差额。

③形成地区生产总值初步数。将衔接后的分市各行业增加值汇总，形

成各市生产总值，并对各市生产总值总量、产业结构、速度数据进行匹配性和协调性方面的初步审核评估，实现各市汇总数与全省数衔接。

（3）初步数据审核。

①各市统计局复核。将地区生产总值统一核算使用的基础数据、核算方法，以及各市生产总值初步数据分别反馈至各市统计局复核，并将复核情况提交核算处。

②形成各市生产总值初步审核数。根据各市统计局复核情况，进一步审核各市分行业增加值和生产总值数据，形成各市生产总值初步审核数。

（4）初步核算数审定。

统一核算领导小组组长听取各市生产总值统一核算情况及初步审核结果汇报，审定各市生产总值初步核算结果，实现各市生产总值汇总数与全省数衔接，统一核算领导小组办公室按统一核算流程反馈各市。

（六）组织模式

统一核算办公室下设基础数据收集组、数据核算组和数据结果审核组。

（1）基础数据收集组。由相关专业处和核算处相关人员、各市统计局核算人员组成，主要职责是收集、审核地区生产总值统一核算需要的所有基础数据，并分别反馈各市统计局，用于各市生产总值初步数据的复核。

专业处：负责地区生产总值统一核算需要的本专业分市基础数据的收集、审核、评估及按时提供，确保本专业各市汇总数与全省数衔接。同时，对各市提出的专业基础数据相关问题进行解释说明。

核算处：负责地区生产总值统一核算需要的部门统计数据、财务资料等的收集和审核。

各市统计局核算人员：负责本市生产总值统一核算所有基础数据的核对。

（2）数据核算组。由核算处相关人员、各市统计局核算人员组成，主要职责是各市生产总值初步数据的核算与衔接。

核算处：与各市统计局核算人员按照统一的核算方法和流程核算各市分行业增加值。负责汇总各市分行业增加值，初步审核并形成各市生产总值总量、产业结构和速度等数据，并衔接各市汇总数与全省数。

各市统计局核算人员：参与对各市分行业增加值核算，复核本市统一核算使用的基础数据以及本市生产总值初步数据。

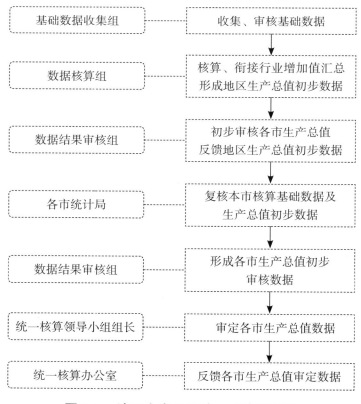

图3-1　地区生产总值统一核算流程图

（3）数据结果审核组。由统一核算办公室人员组成，主要职责是审核各市生产总值初步数据，形成各市生产总值初步审核数。向统一核算领导小组组长报告地区生产总值统一核算情况及初步审核数据，形成各市生产总值初步核算数审定结果。

（七）核算结果公布

各市生产总值数据由省统计局统一部署公布或授权各市统计局公布本市生产总值数据。季度各市生产总值审定结果在全省生产总值初步核算数公布后公布。本年度各市生产总值最终核实数在次年全省生产总值最终核实后公布。

（八）质量控制

按照中央《关于深化统计管理体制改革提高统计数据真实性的意见》和广东省实施意见精神，遵循统计规律，遵守统计法律法规，建立统计数据责任制，实施全流程数据质量控制。

（1）基础数据质量控制。各相关专业处和有关部门要完善基础数据制度设计，加强基础数据采集处理，强化基础数据结果审核评估，全面提高基础数据质量。一是要确保数据衔接。要确保提供的相关基础数据指标各市汇总数与全省数衔接，绝对值与增长速度匹配。对于既有现价绝对量和不变价增速的基础数据，还要保证现价、不变价和价格指数三者之间的衔接。二是要保证数据可比。要确保同一时期不同地市之间、地市与全省之间数据可比，同一地区本年度内各时期之间数据可比。三是要确保时效性。基础资料的提供能够满足生产总值核算的时间要求。四是要处理奇异值。当基础数据出现奇异值时，数据提供部门负责对奇异值进行审核、评估和处理。

（2）核算结果质量控制。在夯实基础数据质量、严格执行核算方法、严格规范核算工作流程的基础上，加强对各市生产总值数据质量实施评估。一是趋势匹配性评估。各行业增加值的发展趋势要与核算依据的基础数据的发展趋势基本保持一致。二是数据协调性评估。利用货运周转量、税收收入、财政支出、全社会用电量等相关指标，对各市生产总值数据进行匹配性、协调性评估，从供给、需求等角度分析各市生产总值数据质量，确保核算结果真实可靠。

（九）数据修订

（1）年度数据的常规修订。年度地区生产总值核算分为初步核算和最终核实两个步骤。年度地区生产总值初步核算是根据当年进度统计资料对一至四季度地区生产总值的初步核算。年度地区生产总值最终核实是根据年度统计资料、财务资料和行政记录等，对年度各市生产总值初步核算数据的核实和修订，同时与全省生产总值最终核实数保持衔接。

（2）季度数据的常规修订。季度地区生产总值核算分为初步核算和最终核实两个步骤。季度地区生产总值初步核算根据有关月度和季度统计调查资料、部门统计资料核算。季度地区生产总值最终核实是利用年度地区生产总值最终核实数对当年四个季度地区生产总值初步核算数进行基准化修订。

（3）历史数据的修订。当基础数据、核算方法、分类标准等发生较大变化时，需要对地区生产总值及其历史数据进行修订。历史数据修订一般在普查年度地区生产总值核算后进行。年度地区生产总值历史数据修订后，同时对季度地区生产总值历史数据进行相应修订。

肆

初次核算：每一季度的
心潮澎湃

GDP核算分为季度核算、年度核算和经济普查核算，其中季度核算结果是最先进入公众视野的统计数据，其时效性强，公众关注度高。季度核算的结果称为初步核算数，数据一般在季后20日内公布。每季度的数据公布都让人心潮澎湃。

一、季度核算方法

季度核算时间紧，基础资料来源相对欠缺，主要是依据季度、月度相关基础指标数据，采用增加值率法、相关指标推算法等间接计算方法，行业分类也相对较粗。季度核算使用统一的《地区季度生产总值核算方法》，依据指标变化情况每年进行修订。核算指标有相关行业的基础指标、价格指数、换算系数、年度比重等。

基础指标是核心，指的是能反映行业发展趋势，且与行业增加值密切相关的指标。比如批发业，要计算其季度增加值，通过梳理现有的统计调查制度的指标发现，批发额指标与批发业增加值高度相关，且指标变化能反映其增加值的变化，因此选取其作为批发业的基础指标。其他行业同理。

价格指数是桥梁，连接行业的现价与不变价。GDP核算既要进行当期价格即现价的核算，也要进行固定价格即不变价的核算。现价是用当年价格计算的一些以货币表现的价值量指标，能够反映当年的实际情况，便于考察同一年份中不同指标之间的联系和进行对比。不变价是用某一时期的价格来计算各个时期的产品价值，目的是消除各时期价格变动的影响，保证前后时期指标的可比性。核算结果中，总量数据用现价衡量，增长速度用不变价衡量。价格每五年调整一次，目前使用的是以2020为基期的价格。判定基础指标是现价指标还是不变价指标，运用价格指数进行换算，可以得到基础指标对应的不变价增速和现价增速，计算公式为：

基础指标现价增速=（基础指标不变价增速+1）×价格指数-1。

基础指标不变价增速=（基础指标现价增速+1）÷价格指数-1。

换算系数，即弹性系数，指一定时期内相互联系的两个经济指标增长速度的比率，它用来衡量一个经济变量的增长幅度对另一个经济变量增长幅度的依存关系。在季度核算中，因为采用的是相关指标推算，相关指标的增长情况并不能完全代表行业增加值的发展状况，因此需要通过年度核算得到行业相关指标与增加值的关系，即换算系数，以用于下一年季度GDP核算。

年度比重主要用于某些行业的发展情况无法用一个基础指标来替代，需要通过细分行业的基础指标来反映行业发展的情况，这时就需要用年度比重来加权几个基础指标。比如房地产业，其下包括房地产开发经营活动和其他房地产活动（如物业管理、房地产租赁经营等）。推算房地产业增加值时，无法找到一个通用的指标来反映该行业的发展趋势。因此利用商品房销售面积增速推算房地产开发经营业的增长情况，用从业人员工资总额增速推算其他房地产活动，这时就需要用年度比重对这两个基础指标进行加权，进而得到整个房地产业的增长数据。

以上四个基础数据缺一不可，其中，行业基础指标和价格指数每季度都会变化，是影响季度GDP的主要因素。年度比重和换算系数每年一变，年度比重依据年报数据而变化，换算系数由国家统一反馈，对季度间GDP趋势变化影响不大。

以下为2022年广东省季度地区生产总值统一核算方案（摘录）。

2022年广东省季度地区生产总值统一核算方案

为贯彻落实《广东省地区生产总值统一核算改革方案》和《广东省地区生产总值统一核算实施方案》精神，规范季度地区生产总值统一核算方法，增强季度地区生产总值核算方法的科学性，提高季度地区生产总值数据质量和可比性，参照国家统计局《2022年季度地区生产总值统一核算方案》（国统字〔2022〕25号），制定本方案。

第一部分 综述

一、基本概念

地区生产总值指一个地区所有常住单位在一定时期内生产活动的最终成果。季度地区生产总值根据季度基础资料计算，用于反映季度生产活动的成果。季度地区生产总值与年度地区生产总值在基本概念、口径范围上是一致的，在资料来源和核算方法上有所不同。

二、基本分类

（一）行业分类

季度地区生产总值核算行业分类依据《国民经济行业分类》（GB/T 4754—2017）确定，包括19个门类行业，其中部分门类行业可进一步细分，在最细层次上共包括35个行业。

季度地区生产总值核算行业分类表

分类名称	对应《国民经济行业分类》 （GB/T 4754—2017）代码
农林牧渔业 　#农林牧渔专业及辅助性活动	A 05
工业 　采矿业 　#开采专业及辅助性活动 　制造业 　#金属制品、机械和设备修理业 　电力、热力、燃气及水生产和供应业	 B 11 C 43 D
建筑业	E
批发和零售业 　批发业 　零售业	F 51 52
交通运输、仓储和邮政业 　铁路运输业 　道路运输业 　水上运输业 　航空运输业 　管道运输业 　多式联运和运输代理业 　装卸搬运和仓储业 　邮政业	G 53 54 55 56 57 58 59 60
住宿和餐饮业 　住宿业 　餐饮业	H 61 62
金融业 　货币金融服务 　资本市场服务 　保险业 　其他金融业	J 66 67 68 69
房地产业 　房地产业（K门类） 　居民自有住房服务	 K

（续表）

分类名称	对应《国民经济行业分类》 （GB/T 4754—2017）代码
其他服务业 　信息传输、软件和信息技术服务业 　租赁和商务服务业 　科学研究和技术服务业 　居民服务、修理和其他服务业 　文化、体育和娱乐业 　水利、环境和公共设施管理业 　教育 　卫生和社会工作 　公共管理、社会保障和社会组织	I L M O R N P Q S

（二）三次产业分类

季度地区生产总值核算产业分类依据国家统计局2018年修订的《三次产业划分规定》确定，包括第一产业、第二产业和第三产业。

季度地区生产总值核算产业分类表

分类名称	对应《国民经济行业分类》 （GB/T 4754—2017）代码
第一产业	A（不含05大类）
第二产业	B（不含11大类）、C（不含43大类）、D、E
第三产业	F～S，以及05、11和43大类 和居民自有住房服务

三次产业现价和不变价增加值在行业增加值计算结果的基础上得到，第一产业增加值即农林牧渔业增加值（不含农林牧渔专业及辅助性活动增加值）；第二产业增加值即工业增加值（不含开采专业及辅助性活动增加值，金属制品、机械和设备修理业增加值）和建筑业增加值；第三产业增加值即除第一产业、第二产业以外的其他行业增加值（不含国际组织）。

三、核算方法

受基础资料的限制，季度地区生产总值主要采用相关指标推算，就是利用与增加值密切相关指标的增速，推算增加值的增速。

本方案中，季度地区生产总值核算采用累计方式，即按照一季度、一至二季度、一至三季度、一至四季度核算。地区生产总值核算指地区生产总值生产核算，即增加值核算。季度各行业增加值核算包括现价核算和不变价核算。

（一）现价增加值核算方法

季度现价增加值核算主要采用相关价值量指标速度推算法和价格指数推算法。

1. 相关价值量指标速度推算法

相关价值量指标速度推算法的基本思路是，先利用当期相关价值量指标现价增速和全省统一的换算系数，计算当期现价增加值增速，然后再利用上年同期现价增加值和当期现价增加值增速，计算当期现价增加值。计算公式为：

当期现价增加值

＝上年同期现价增加值×（1＋当期现价增加值增速）

其中，

当期现价增加值增速

＝当期相关价值量指标现价增速×统一换算系数

统一换算系数由省统计局核算处根据国家统计局下发的换算系数确定，并在当年各季度地区生产总值核算中使用。原则上，年内各季度换算系数保持不变。

2. 价格指数推算法

价格指数推算法的基本思路是，先利用当期价格指数计算当期缩减指数，再利用当期不变价增加值增速和当期缩减指数计算当期现价增加值增速，最后利用上年同期现价增加值和当期现价增加值增速，计算当期现价增加值。计算公式为：

当期现价增加值

$$= 上年同期现价增加值 \times （1+当期现价增加值增速）$$

其中，

当期现价增加值增速

$$= ［（1+当期不变价增加值增速）\times 当期缩减指数］-1$$

（二）不变价增加值核算方法

不变价增加值是把按当期价格计算的增加值换算成按某个固定期（基期）价格计算的价值，从而剔除价格变化因素的影响，以使不同时期的价值可以比较。季度不变价增加值核算主要采用价格指数缩减法和相关指标速度推算法。

1. 价格指数缩减法

价格指数缩减法的基本思路是，先利用当期相关价格指数计算当期缩减指数，再利用当期缩减指数和当期现价增加值增速，计算当期不变价增加值增速，最后利用上年同期不变价增加值和当期不变价增加值增速，计算当期不变价增加值。计算公式为：

当期不变价增加值

$$= 上年同期不变价增加值 \times （1+当期不变价增加值增速）$$

其中，

当期不变价增加值增速

$$= ［（1+当期现价增加值增速）\div 当期缩减指数］-1$$

2. 相关指标速度推算法

相关指标速度推算法的基本思路是，先利用当期相关指标增速和全省统一的换算系数，推算当期不变价增加值增速，然后再利用上年同期不变价增加值和当期不变价增加值增速，计算当期不变价增加值。其中，相关指标增速包括物量指标增速和价值量指标可比价增速。计算公式为：

当期不变价增加值

　　　　＝上年同期不变价增加值×（1＋当期不变价增加值增速）

其中，

当期不变价增加值增速

　　　　＝当期相关指标增速×统一换算系数

不变价核算中，统一换算系数的确定方法与现价核算中的统一换算系数确定方法相同。

（三）核算基期

不变价增加值核算的价格基年每五年调整一次。2022年不变价增加值核算以2020年为基期年份。

四、组织方式

依据《广东省地区生产总值统一核算实施方案》，每季度结束后，省统计局组织各地级以上市统计局共同核算季度地区生产总值。在季度地区生产总值统一核算过程中，将严格执行统一核算的各项制度规定，按照实事求是、客观真实的原则，认真做好各项工作。

五、数据衔接

实施地区生产总值统一核算，要实现各地级以上市地区生产总值汇总数与全省生产总值的基本衔接。当初步核算出的分行业增加值地区汇总数与全省数存在差距时，需要进行数据衔接处理。

（一）现价总量衔接

当某行业现价增加值各市汇总数与全省数存在差距时，利用各市该行业现价增加值总量占汇总数的比重，分摊现价总量差额，实现该行业现价增加值各市汇总数与全省数的基本衔接。

（二）不变价增速衔接

当某行业不变价增加值各市汇总增速与全省增速存在差距时，利用各市该行业不变价增加值总量占汇总数的比重，分摊不变价总量差额，实现该行业不变价增加值地区汇总增速与全省增速的基本衔接。

六、数据发布和修订

省统计局授权各地级以上市统计局，通过召开新闻发布会或官方网站刊发新闻稿等形式，发布本地区生产总值数据。各地级以上市统计局须在相应季度全省生产总值数据初步核算数发布后10个工作日内，对外发布本地区生产总值数据。对外发布数据须以省统计局反馈的地区生产总值统一核算结果为准，数据发布新闻稿在正式发布前，须将地区生产总值发布内容报经省统计局核算处审定。季后30日左右，省统计局将在官网统一对外发布季度各市地区生产总值数据。

当地区生产总值年度数据发生变化时，将对季度历史数据进行相应的修订，修订结果参照地区生产总值统一核算常规数据发布方式对外发布。

七、适用范围

本方案适用于地区生产总值统一核算改革后的各地级以上市季度地区生产总值核算。

第二部分　行业增加值核算方法

一、农林牧渔业

（一）核算范围

农林牧渔业增加值的核算范围包括国民经济行业分类中A门类的所有活动。

（二）资料来源

《农林牧渔业总产值季节报》（粤A114表）

（三）核算方法

农林牧渔业增加值按门类核算。为核算三次产业增加值，还需核算农林牧渔专业及辅助性活动行业大类增加值。

1. 现价增加值

（1）农林牧渔业现价增加值

农林牧渔业现价增加值核算采用相关价值量指标速度推算法，计算公式为：

当期农林牧渔业现价增加值

＝上年同期农林牧渔业现价增加值

×（1+当期农林牧渔业现价增加值增速）

其中，

当期农林牧渔业现价增加值增速

＝当期农林牧渔业现价总产值增速×统一换算系数

当期农林牧渔业现价总产值增速取自《农林牧渔业总产值季节报》（粤A114表）。

（2）农林牧渔专业及辅助性活动现价增加值

农林牧渔专业及辅助性活动现价增加值核算采用相关价值量指标速度推算法，计算公式为：

当期农林牧渔专业及辅助性活动现价增加值

　　＝上年同期农林牧渔专业及辅助性活动现价增加值

　　×（1＋当期农林牧渔专业及辅助性活动现价增加值增速）

其中，

当期农林牧渔专业及辅助性活动现价增加值增速

　　＝当期农林牧渔专业及辅助性活动现价总产值增速

　　×统一换算系数

当期农林牧渔专业及辅助性活动现价总产值增速取自《农林牧渔业总产值季节报》（粤A114表）。

2. 不变价增加值

（1）农林牧渔业不变价增加值

农林牧渔业不变价增加值核算采用相关指标速度推算法，计算公式为：

当期农林牧渔业不变价增加值

　　＝上年同期农林牧渔业不变价增加值

　　×（1＋当期农林牧渔业不变价增加值增速）

其中，

当期农林牧渔业不变价增加值增速

　　＝当期农林牧渔业可比价总产值增速×统一换算系数

当期农林牧渔业可比价总产值增速取自《农林牧渔业总产值季节报》（粤A114表）。

（2）农林牧渔专业及辅助性活动不变价增加值

农林牧渔专业及辅助性活动不变价增加值核算采用相关指标速度推算法，计算公式为：

当期农林牧渔专业及辅助性活动不变价增加值

    ＝上年同期农林牧渔专业及辅助性活动不变价增加值

    ×（1＋当期农林牧渔专业及辅助性活动不变价增加值增速）

其中，

当期农林牧渔专业及辅助性活动不变价增加值增速

    ＝当期农林牧渔专业及辅助性活动可比价总产值增速

    ×统一换算系数

当期农林牧渔专业及辅助性活动可比价总产值增速取自《农林牧渔业总产值季节报》（粤A114表）。

二、工业

（一）核算范围

工业增加值的核算范围包括国民经济行业分类中的B、C、D门类所有活动。

（二）资料来源

1. 规模以上工业统计资料

2. 规模以下工业统计资料

3.《工业生产者出厂价格指数》（V412表）

（三）核算方法

工业增加值按门类核算，分为采矿业，制造业，电力、热力、燃气及水生产和供应业3个行业，先核算不变价增加值，再核算现价增加值。为核算三次产业增加值，还需核算采矿业中的开采专业及辅助性活动，金属制品、机械和设备修理业两个行业大类增加值。

1. 不变价增加值

（1）采矿业不变价增加值

采矿业不变价增加值核算采用相关指标速度推算法，计算公式为：

当期采矿业不变价增加值

　　＝上年同期采矿业不变价增加值

　　×（1＋当期采矿业不变价增加值增速）

其中，

当期采矿业不变价增加值增速

　　＝〔当期规模以上采矿业不变价增加值增速×统一换算系数

　　×（年度规模以上采矿业现价增加值÷年度采矿业现价增加

　　值）〕＋〔当期规模以下采矿业不变价增加值增速×统一换

　　算系数×（1−年度规模以上采矿业现价增加值÷年度采矿

　　业现价增加值）〕

当期规模以上采矿业可比价增加值增速取自规模以上工业统计资料，规模以下采矿业可比价增加值增速利用规模以下工业可比价增加值增速替代，规模以下工业可比价增加值增速取自规模以下工业统计资料。各市年度规模以上和规模以下采矿业现价增加值占全部采矿业现价增加值的比重，由核算处根据年度地区生产总值核算资料计算。

（2）制造业不变价增加值

制造业不变价增加值核算采用相关指标速度推算法，计算公式为：

当期制造业不变价增加值

　　＝上年同期制造业不变价增加值

　　×（1＋当期制造业不变价增加值增速）

其中，

当期制造业不变价增加值增速

　　＝〔当期规模以上制造业不变价增加值增速×统一换算系数

×（年度规模以上制造业现价增加值÷年度制造业现价增加
值）］＋［当期规模以下制造业不变价增加值增速×统一换
算系数×（1−年度规模以上制造业现价增加值÷年度制造
业现价增加值）］

当期规模以上制造业可比价增加值增速取自规模以上工业统计资料，规模以下制造业可比价增加值增速利用规模以下工业可比价增加值增速替代，规模以下工业可比价增加值增速取自规模以下工业统计资料。各市年度规模以上和规模以下制造业现价增加值占全部制造业现价增加值的比重，由核算处根据年度地区生产总值核算资料计算。

（3）电力、热力、燃气及水生产和供应业不变价增加值

电力、热力、燃气及水生产和供应业不变价增加值核算采用相关指标速度推算法，计算公式为：

当期电力、热力、燃气及水生产和供应业不变价增加值
＝上年同期电力、热力、燃气及水生产和供应业不变价增加
值×（1+当期电力、热力、燃气及水生产和供应业不变价
增加值增速）

其中，

当期电力、热力、燃气及水生产和供应业不变价增加值增速
＝［当期规模以上电力、热力、燃气及水生产和供应业不变
价增加值增速×统一换算系数×（年度规模以上电力、热
力、燃气及水生产和供应业现价增加值÷年度电力、热力、
燃气及水生产和供应业现价增加值）］＋［当期规模以下电
力、热力、燃气及水生产和供应业不变价增加值增速×统一
换算系数×（1−年度规模以上电力、热力、燃气及水生产
和供应业现价增加值÷年度电力、热力、燃气及水生产和供
应业现价增加值）］

当期规模以上电力、热力、燃气及水生产和供应业可比价增加值增速取自规模以上工业统计资料，规模以下电力、热力、燃气及水生产和供应业可比价增加值增速利用规模以下工业可比价增加值增速替代，规模以下工业可比价增加值增速取自规模以下工业统计资料。各市年度规模以上和规模以下电力、热力、燃气及水生产和供应业现价增加值占全部电力、热力、燃气及水生产和供应业现价增加值的比重，由核算处根据年度地区生产总值核算资料计算。

（4）开采专业及辅助性活动不变价增加值

开采专业及辅助性活动不变价增加值核算采用相关指标速度推算法，计算公式为：

当期开采专业及辅助性活动不变价增加值

　　＝上年同期开采专业及辅助性活动不变价增加值

　　×（1＋当期开采专业及辅助性活动不变价增加值增速）

其中，

当期开采专业及辅助性活动不变价增加值增速

　　＝当期规模以上开采专业及辅助性活动不变价增加值

　　增速×统一换算系数

由于各市规模以上开采专业及辅助性活动企业较少，分市数据的代表性不足，各市当期开采专业及辅助性活动可比价增加值增速原则上统一采用全省增速，以下该行业现价增加值核算同。

（5）金属制品、机械和设备修理业不变价增加值

金属制品、机械和设备修理业不变价增加值核算采用相关指标速度推算法，计算公式为：

当期金属制品、机械和设备修理业不变价增加值

　　＝上年同期金属制品、机械和设备修理业不变价增加值

　　×（1＋当期金属制品、机械和设备修理业不变价增加值增速）

其中，

当期金属制品、机械和设备修理业不变价增加值增速

　　＝当期规模以上金属制品、机械和设备修理业不变价增加值

　　增速×统一换算系数

由于各市规模以上金属制品、机械和设备修理业企业较少，分市数据的代表性不足，各市当期金属制品、机械和设备修理业可比价增加值增速原则上统一采用全省增速，以下该行业现价增加值核算同。

2. 现价增加值

（1）采矿业现价增加值

采矿业现价增加值核算采用价格指数推算法，计算公式为：

当期采矿业现价增加值

　　＝上年同期采矿业现价增加值

　　×（1+当期采矿业现价增加值增速）

其中，

当期采矿业现价增加值增速

　　＝［（1+当期采矿业不变价增加值增速）

　　×当期采矿业工业生产者出厂价格指数］-1

当期采矿业工业生产者出厂价格指数取自《工业生产者出厂价格指数》（V412表）。

（2）制造业现价增加值

制造业现价增加值核算采用价格指数推算法，计算公式为：

当期制造业现价增加值

　　＝上年同期制造业现价增加值

　　×（1+当期制造业现价增加值增速）

其中，

当期制造业现价增加值增速

$$= \left[(1+当期制造业不变价增加值增速) \right.$$
$$\left. \times 当期制造业工业生产者出厂价格指数 \right] -1$$

当期制造业工业生产者出厂价格指数取自《工业生产者出厂价格指数》（V412表）。

（3）电力、热力、燃气及水生产和供应业现价增加值

电力、热力、燃气及水生产和供应业现价增加值核算采用价格指数推算法，计算公式为：

当期电力、热力、燃气及水生产和供应业现价增加值
$$= 上年同期电力、热力、燃气及水生产和供应业现价增加值$$
$$\times (1+当期电力、热力、燃气及水生产和供应业现价增$$
加值增速)

其中，

当期电力、热力、燃气及水生产和供应业现价增加值增速
$$= \left[(1+当期电力、热力、燃气及水生产和供应业不变价 \right.$$
增加值增速) $\times 当期电力、热力、燃气及水生产和供应业工$
业生产者出厂价格指数] -1

当期电力、热力、燃气及水生产和供应业工业生产者出厂价格指数取自《工业生产者出厂价格指数》（V412表）。

（4）开采专业及辅助性活动现价增加值

开采专业及辅助性活动现价增加值核算采用价格指数推算法，计算公式为：

当期开采专业及辅助性活动现价增加值
$$= 上年同期开采专业及辅助性活动现价增加值$$
$$\times (1+当期开采专业及辅助性活动现价增加值增速)$$

其中，

当期开采专业及辅助性活动现价增加值增速

$$=［（1+当期开采专业及辅助性活动不变价增加值增速）$$

$$×当期全省开采专业及辅助性活动缩减指数］-1$$

当期全省开采专业及辅助性活动缩减指数取自全省开采专业及辅助性活动增加值核算资料。

（5）金属制品、机械和设备修理业现价增加值

金属制品、机械和设备修理业现价增加值核算采用价格指数推算法，计算公式为：

当期金属制品、机械和设备修理业现价增加值

$$=上年同期金属制品、机械和设备修理业现价增加值$$

$$×（1+当期金属制品、机械和设备修理业现价增加值$$

$$增速）$$

其中，

当期金属制品、机械和设备修理业现价增加值增速

$$=［（1+当期金属制品、机械和设备修理业不变价增加$$

$$值增速）×当期全省金属制品、机械和设备修理业缩减指$$

$$数］-1$$

当期全省金属制品、机械和设备修理业缩减指数取自全省金属制品、机械和设备修理业增加值核算资料。

三、建筑业

（一）核算范围

建筑业增加值的核算范围包括国民经济行业分类中E门类的所有活动。

（二）资料来源

1. 《建筑业企业生产情况》（C401表）

2. 《固定资产投资（不含农户）完成情况》（H401表）

（三）核算方法

建筑业增加值按门类核算，先核算现价增加值，再核算不变价增加值。

1. 现价增加值

建筑业现价增加值核算采用相关价值量指标速度推算法，计算公式为：

当期建筑业现价增加值

= 上年同期建筑业现价增加值

× （1+当期建筑业现价增加值增速）

其中，

当期建筑业现价增加值增速

= {［当期注册地总专包企业总产值增速+当期建筑安装工程投资增速×（1+当期全省总专包企业总产值增速）÷（1+当期全省建筑安装工程投资增速）］÷2}×统一换算系数

总专包企业总产值发展速度根据《建筑业企业生产情况》（C401表）计算，建筑安装工程投资发展速度根据《固定资产投资（不含农户）完成情况》（H401表）计算。

2. 不变价增加值

建筑业不变价增加值采用价格指数缩减法计算，计算公式为：

当期建筑业不变价增加值

= 上年同期建筑业不变价增加值

× （1+当期建筑业不变价增加值增速）

其中，

当期建筑业不变价增加值增速

= ［（1+当期建筑业现价增加值增速）

÷当期全省建筑业缩减指数］-1

当期全省建筑业缩减指数取自全省季度建筑业增加值核算资料。

四、批发和零售业

（一）核算范围

批发和零售业增加值的核算范围包括国民经济行业分类中F门类的所有活动。

（二）资料来源

1. 《批发和零售业商品销售、库存情况》（E204-1表）

2. 批发和零售业限额以下抽样调查资料

3. 《商品零售价格指数》（V402表）

4. 《工业生产者出厂价格指数》（V412表）

（三）核算方法

批发和零售业增加值按大类核算，分为批发业、零售业两个行业，先核算现价增加值，再核算不变价增加值。

1. 现价增加值

（1）批发业现价增加值

批发业现价增加值核算采用相关价值量指标速度推算法，计算公式为：

当期批发业现价增加值

　　　＝上年同期批发业现价增加值

　　　×（1＋当期批发业现价增加值增速）

其中，

当期批发业现价增加值增速

　　　＝当期批发业商品销售额现价增速×统一换算系数

当期批发业商品销售额现价增速根据《批发和零售业商品销售、库存情况》（E204-1表）及批发和零售业限额以下抽样调查资料计算。

（2）零售业现价增加值

零售业现价增加值核算采用相关价值量指标速度推算法，计算公式为：

当期零售业现价增加值

= 上年同期零售业现价增加值

× （1+当期零售业现价增加值增速）

其中，

当期零售业现价增加值增速

= 当期零售业商品销售额现价增速 × 统一换算系数

当期零售业商品销售额现价增速根据《批发和零售业商品销售、库存情况》（E204-1表）及批发和零售业限额以下抽样调查资料计算。

2. 不变价增加值

（1）批发业不变价增加值

批发业不变价增加值核算采用价格指数缩减法，计算公式为：

当期批发业不变价增加值

= 上年同期批发业不变价增加值

× （1+当期批发业不变价增加值增速）

其中，

当期批发业不变价增加值增速

= {（1+当期批发业现价增加值增速）÷ [（当期商品

零售价格指数+当期工业生产者出厂价格指数）÷2]}-1

当期商品零售价格指数和工业生产者出厂价格指数分别取自《商品零售价格指数》（V402表）和《工业生产者出厂价格指数》（V412表）。

（2）零售业不变价增加值

零售业不变价增加值核算采用价格指数缩减法，计算公式为：

当期零售业不变价增加值

　　＝上年同期零售业不变价增加值

　　×（1＋当期零售业不变价增加值增速）

其中，

当期零售业不变价增加值增速

　　＝［（1＋当期零售业现价增加值增速）

　　÷当期商品零售价格指数］－1

当期商品零售价格指数取自《商品零售价格指数》（V402表）。

五、交通运输、仓储和邮政业

（一）核算范围

交通运输、仓储和邮政业增加值的核算范围包括国民经济行业分类中G门类的所有活动。

（二）资料来源

1. 《铁路运输基本情况》（粤D316表）

2. 《各市公路、水路营业性客货运输完成情况》（粤D407表）

3. 《民航运输及航站生产完成情况》（粤D401-H表）

4. 《各市邮电业务总量及收入完成情况》（粤D413表）

5. 《财务状况》（F203表）

6. 《主要城市公共交通客运量情况》（JT406表）

7. 《居民消费价格指数》（V401表）

（三）核算方法

交通运输、仓储和邮政业增加值按大类核算，分为铁路运输业、道路运输业、水上运输业、航空运输业、管道运输业、多式联运和运输代理业、装卸搬运和仓储业、邮政业8个行业。其中，铁路运输业、道路运输业、水上运输业、航空运输业、邮政业先核算不变价增加值，再核算现价增加值；管道运输业、多式联运和运输代理业、装卸搬运和仓储业先核算现价增加值，再核算不变价增加值。

1. 铁路运输业

（1）铁路运输业不变价增加值

铁路运输业不变价增加值核算采用相关价值量指标速度推算法，计算公式为：

当期铁路运输业不变价增加值

＝上年同期铁路运输业不变价增加值

×（1＋当期铁路运输业不变价增加值增速）

其中，

当期铁路运输业不变价增加值增速

＝当期铁路运输总周转量增速×统一换算系数

当期铁路运输总周转量增速根据《铁路运输基本情况》（粤D316表）中的旅客周转量和货物周转量资料计算。

鉴于旅客周转量和货物周转量指标时效性难以满足全年核算需要，在全年铁路运输业季度核算中，总周转量增速采用1—11月数据。以下使用总周转量增速进行增加值核算的行业，按照同样方法处理。

（2）铁路运输业现价增加值

铁路运输业现价增加值核算采用价格指数推算法，计算公式为：

当期铁路运输业现价增加值

＝上年同期铁路运输业现价增加值

×（1＋当期铁路运输业现价增加值增速）

其中，

当期铁路运输业现价增加值增速

　　　　＝〔（1＋当期铁路运输业不变价增加值增速）

　　　　×当期全省铁路运输业缩减指数〕－1

当期全省铁路运输业缩减指数取自全省季度铁路运输业增加值核算资料。

2. 道路运输业

（1）道路运输业不变价增加值

道路运输业不变价增加值核算采用相关价值量指标速度推算法，计算公式为：

当期道路运输业不变价增加值

　　　　＝上年同期道路运输业不变价增加值

　　　　×（1＋当期道路运输业不变价增加值增速）

　　其中，

当期道路运输业不变价增加值增速

　　　　＝当期公路运输总周转量增速×统一换算系数

当期公路运输总周转量增速根据《各市公路、水路营业性客货运输完成情况》（粤D407表）和《主要城市公共交通客运量情况》（JT406表）中的旅客周转量和货物周转量和中心城市客运量资料计算。

（2）道路运输业现价增加值

道路运输业现价增加值核算采用价格指数推算法，计算公式为：

当期道路运输业现价增加值

　　　　＝上年同期道路运输业现价增加值

　　　　×（1＋当期道路运输业现价增加值增速）

　　其中，

当期道路运输业现价增加值增速

　　　　＝〔（1＋当期道路运输业不变价增加值增速）

×当期交通费价格指数〕−1

当期交通费价格指数取自《居民消费价格指数》（V401表）。

3. 水上运输业

（1）水上运输业不变价增加值

水上运输业不变价增加值核算采用相关价值量指标速度推算法，计算公式为：

当期水上运输业不变价增加值

＝上年同期水上运输业不变价增加值

×（1+当期水上运输业不变价增加值增速）

其中，

当期水上运输业不变价增加值增速

＝当期水路运输总周转量增速×统一换算系数

当期水路运输总周转量增速根据《各市公路、水路营业性客货运输完成情况》（粤D407表）中的旅客周转量和货物周转量资料计算。

（2）水上运输业现价增加值

水上运输业现价增加值核算采用价格指数推算法，计算公式为：

当期水上运输业现价增加值

＝上年同期水上运输业现价增加值

×（1+当期水上运输业现价增加值增速）

其中，

当期水上运输业现价增加值增速

＝〔（1+当期水上运输业不变价增加值增速）

×当期交通费价格指数〕−1

当期交通费价格指数取自《居民消费价格指数》（V401表）。

4. 航空运输业

（1）航空运输业不变价增加值

航空运输业不变价增加值核算采用相关价值量指标速度推算法，计算公式为：

当期航空运输业不变价增加值

  ＝上年同期航空运输业不变价增加值

  ×（1＋当期航空运输业不变价增加值增速）

其中，

当期航空运输业不变价增加值增速

  ＝{［当期航空运输总周转量增速＋当期航空旅客和货邮吞吐量增速×（1＋当期全省航空运输总周转量增速）÷（1＋当期全省航空旅客和货邮吞吐量增速）］÷2}×统一换算系数

当期航空运输总周转量发展速度与航空旅客和货邮吞吐量发展速度根据《民航运输及航站生产完成情况》（粤D401-H表）中的资料计算。

（2）航空运输业现价增加值

航空运输业现价增加值核算采用价格指数推算法，计算公式为：

当期航空运输业现价增加值

  ＝上年同期航空运输业现价增加值

  ×（1＋当期航空运输业现价增加值增速）

其中，

当期航空运输业现价增加值增速

  ＝［（1＋当期航空运输业不变价增加值增速）

  ×当期飞机票价格指数］－1

当期飞机票价格指数取自《居民消费价格指数》（V401表）。

5. 管道运输业

（1）管道运输业现价增加值

管道运输业现价增加值核算采用相关价值量指标速度推算法，计算公式为：

当期管道运输业现价增加值

＝上年同期管道运输业现价增加值

×（1＋当期管道运输业现价增加值增速）

其中，

当期管道运输业现价增加值增速

＝当期管道运输业营业收入增速×统一换算系数

当期管道运输业营业收入增速取自规模以上服务业企业财务状况（F203表），由于在规模以上服务业企业调查中管道运输业样本企业较少，分市数据的代表性不足，各市当期管道运输业营业收入增速原则上统一采用全省增速。

鉴于规模以上服务业营业收入指标时效性难以满足季度核算需要，在管道运输业季度核算中，管道运输业营业收入增速采用错月数据，即各季度核算分别利用1—2月、1—5月、1—8月和1—11月数据。以下使用规模以上服务业营业收入增速进行增加值核算的行业，按照同样方法处理。

（2）管道运输业不变价增加值

管道运输业不变价增加值核算采用价格指数缩减法，计算公式为：

当期管道运输业不变价增加值

＝上年同期管道运输业不变价增加值

×（1＋当期管道运输业不变价增加值增速）

其中，

当期管道运输业不变价增加值增速

＝［（1＋当期管道运输业现价增加值增速）

÷当期全省管道运输业缩减指数］－1

当期全省管道运输业缩减指数取自全省季度管道运输业增加值核算资料。

6. 多式联运和运输代理业

（1）多式联运和运输代理业现价增加值

多式联运和运输代理业现价增加值核算采用相关价值量指标速度推算法，计算公式为：

当期多式联运和运输代理业现价增加值

  ＝上年同期多式联运和运输代理业现价增加值

  ×（1＋当期多式联运和运输代理业现价增加值增速）

其中，

当期多式联运和运输代理业现价增加值增速

  ＝当期多式联运和运输代理业营业收入增速×统一换算系数

当期多式联运和运输代理业营业收入增速

  ＝地区当期多式联运和运输代理业规模以上企业营业收入增

  速×（地区经普年度多式联运和运输代理业规模以上现价增

  加值÷地区经普年度多式联运和运输代理业现价增加值）＋

  全省当期多式联运和运输代理业营业收入平均增速×（地区

  经普年度多式联运和运输代理业规模以下现价增加值÷地区

  经普年度多式联运和运输代理业现价增加值）

当期多式联运和运输代理业营业收入增速取自规模以上服务业企业财务状况（F203表）。全省当期多式联运和运输代理业营业收入平均增速根据国家统计局地区GDP统一核算反馈结果和合理分摊系数确定。地区经普年度规模以上现价增加值占地区经普年度全行业现价增加值的比例如果小于5%，按5%计算；地区经普年度规模以上现价增加值占地区经普年度全行业现价增加值的比例如果大于或等于5%，且小于10%，按10%计算。以下使用营业收入增速的行业，按照同样方法处理。

（2）多式联运和运输代理业不变价增加值

多式联运和运输代理业不变价增加值核算采用价格指数缩减法，计算公式为：

当期多式联运和运输代理业不变价增加值

  =上年同期多式联运和运输代理业不变价增加值

  ×（1+当期多式联运和运输代理业不变价增加值增速）

其中，

当期多式联运和运输代理业不变价增加值增速

  =［（1+当期多式联运和运输代理业现价增加值增速）

  ÷当期交通费价格指数］−1

当期交通费价格指数取自《居民消费价格指数》（V401表）。

7. 装卸搬运和仓储业

（1）装卸搬运和仓储业现价增加值

装卸搬运和仓储业现价增加值核算采用相关价值量指标速度推算法，计算公式为：

当期装卸搬运和仓储业现价增加值

  =上年同期装卸搬运和仓储业现价增加值

  ×（1+当期装卸搬运和仓储业现价增加值增速）

其中，

当期装卸搬运和仓储业现价增加值增速

  =当期装卸搬运和仓储业营业收入增速×统一换算系数

当期装卸搬运和仓储业营业收入增速

  =地区当期装卸搬运和仓储业规模以上企业营业收入增速×（地区经普年度装卸搬运和仓储业规模以上现价增加值÷地区经普年度装卸搬运和仓储业现价增加值）+全省当期装卸搬运和仓储业营业收入平均增速×（地区经普年度装卸搬运和仓储业规模以下现价增加值÷地区经普年度装卸搬运和仓储业企业现价增加值）

当期装卸搬运和仓储业营业收入增速取自规模以上服务业企业财务状况（F203表）。

（2）装卸搬运和仓储业不变价增加值

装卸搬运和仓储业不变价增加值核算采用价格指数缩减法，计算公式为：

当期装卸搬运和仓储业不变价增加值

　　　=上年同期装卸搬运和仓储业不变价增加值

　　　×（1+当期装卸搬运和仓储业不变价增加值增速）

其中，

当期装卸搬运和仓储业不变价增加值增速

　　　=［（1+当期装卸搬运和仓储业现价增加值增速）

　　　÷当期交通费价格指数］－1

当期交通费价格指数取自《居民消费价格指数》（V401表）。

8. 邮政业

（1）邮政业不变价增加值

邮政业不变价增加值核算采用相关价值量指标速度推算法，计算公式为：

当期邮政业不变价增加值

　　　=上年同期邮政业不变价增加值

　　　×（1+当期邮政业不变价增加值增速）

其中，

当期邮政业不变价增加值增速

　　　=当期邮政行业业务总量增速×统一换算系数

当期邮政行业业务总量增速取自《各市邮电业务总量及收入完成情况》（粤D413表）。鉴于邮政行业业务总量指标时效性难以满足季度核算需要，邮政行业业务总量增速采用错月数据，即各季度核算分别利用1—2

月、1—5月、1—8月和1—11月数据。

（2）邮政业现价增加值

当期邮政业现价增加值

＝上年同期邮政业现价增加值

×（1＋当期邮政业现价增加值增速）

其中，

当期邮政业现价增加值增速

＝［（1＋当期邮政业不变价增加值增速）

×当期邮递服务价格指数］－1

当期邮递服务价格指数取自《居民消费价格指数》（V401表）。

在计算各种运输方式总周转量或吞吐量时，需要对旅客周转量（吞吐量）和货运周转量（吞吐量）进行换算处理后再加总，客运货运换算比例分别是：铁路1∶1，公路10∶1，水运2∶1，航空13.7∶1。各种运输方式总周转量（吞吐量）的计算公式为：

铁路运输总周转量＝铁路货运周转量＋铁路旅客周转量

公路运输总周转量＝公路货运周转量＋（5×中心城市客运量

＋公路旅客周转量）÷10

水路运输总周转量＝水路货运周转量＋水路旅客周转量÷2

航空运输总周转量＝航空货运周转量＋民航旅客周转量÷13.7

航空旅客和货邮吞吐量＝航空货邮吞吐量

＋航空旅客吞吐量÷13.7

六、住宿和餐饮业

（一）核算范围

住宿和餐饮业增加值的核算范围包括国民经济行业分类中H门类的所有活动。

（二）资料来源

1. 《住宿和餐饮业经营情况》（S204-1表）

2. 住宿和餐饮业限额以下抽样调查资料

3. 《居民消费价格指数》（V401表）

（三）核算方法

住宿和餐饮业增加值按大类核算，分为住宿业、餐饮业两个行业，先核算现价增加值，再核算不变价增加值。

1. 现价增加值

（1）住宿业现价增加值

住宿业现价增加值核算采用相关价值量指标速度推算法，计算公式为：

当期住宿业现价增加值

=上年同期住宿业现价增加值

×（1+当期住宿业现价增加值增速）

其中，

当期住宿业现价增加值增速

=当期住宿业营业额现价增速×统一换算系数

当期住宿业营业额现价增速根据《住宿和餐饮业经营情况》（S204-1表）及住宿和餐饮业限额以下抽样调查资料计算。

（2）餐饮业现价增加值

餐饮业现价增加值核算采用相关价值量指标速度推算法，计算公式为：

当期餐饮业现价增加值

=上年同期餐饮业现价增加值

×（1+当期餐饮业现价增加值增速）

其中，

当期餐饮业现价增加值增速

　　　＝当期餐饮业营业额现价增速×统一换算系数

当期餐饮业营业额现价增速根据《住宿和餐饮业经营情况》（S204-1
表）及住宿和餐饮业限额以下抽样调查资料计算。

2. 不变价增加值

（1）住宿业不变价增加值

住宿业不变价增加值核算采用价格指数缩减法计算，计算公式为：

当期住宿业不变价增加值

　　　＝上年同期住宿业不变价增加值

　　　×（1＋当期住宿业不变价增加值增速）

其中，

当期住宿业不变价增加值增速

　　　＝［（1＋当期住宿业现价增加值增速）

　　　÷当期旅馆住宿价格指数］－1

当期旅馆住宿价格指数取自《居民消费价格指数》（V401表）。

（2）餐饮业不变价增加值

餐饮业不变价增加值核算采用价格指数缩减法计算，计算公式为：

当期餐饮业不变价增加值

　　　＝上年同期餐饮业不变价增加值

　　　×（1＋当期餐饮业不变价增加值增速）

其中，

当期餐饮业不变价增加值增速

　　　＝［（1＋当期餐饮业现价增加值增速）

　　　÷当期在外餐饮价格指数］－1

当期在外餐饮价格指数取自《居民消费价格指数》（V401表）。

七、金融业

（一）核算范围

金融业增加值的核算范围包括国民经济行业分类中J门类的所有活动。

（二）资料来源

1. 《金融机构本外币存、贷款分地区情况表》
2. 分地区证券交易额资料
3. 分地区保费收入资料

（三）核算方法

金融业增加值按大类核算，分为货币金融服务、资本市场服务、保险业、其他金融业4个行业，先核算现价增加值，再核算不变价增加值。

1. 现价增加值

（1）货币金融服务现价增加值核算

货币金融服务现价增加值核算采用相关价值量指标速度推算法，计算公式为：

当期货币金融服务现价增加值

＝上年同期货币金融服务现价增加值

×（1+当期货币金融服务现价增加值增速）

其中，

当期货币金融服务现价增加值增速

＝当期货币金融服务相关指标增速×统一换算系数

当期货币金融服务相关指标增速根据当期金融机构利息净收入和手续费及佣金净收入增速计算，并进行数据协调性评估以避免数据结果的异常波动。数据协调性评估时，采用功效系数法对数据进行平滑处理。

按功效系数法的一般原理，其计算公式为：

本地区指标评估值＝（本地区指标原始值−全部地区最低值）/（全部地区最高值−全部地区最低值）×A+B

A、B为已知正常数，A是对变换后的数值进行"放大"或"缩小"的倍数，B是对变换后数据做平移的"平移量"，即表示实际的基础分值。

当期金融机构利息净收入和手续费及佣金净收入增速根据中国人民银行金融机构财务统计资料计算。

（2）资本市场服务现价增加值

资本市场服务现价增加值核算采用相关价值量指标速度推算法，计算公式为：

当期资本市场服务现价增加值

　　＝上年同期资本市场服务现价增加值

　　×（1+当期资本市场服务现价增加值增速）

其中，

当期资本市场服务现价增加值增速

　　＝当期证券交易额增速×统一换算系数

当期证券交易额增速根据证监局分地区证券交易额资料计算。鉴于证券交易额指标时效性难以满足季度核算需要，采用错月资料计算，即分别利用1—2月、1—5月、1—8月和1—11月证券交易额统计数据。

（3）保险业现价增加值

保险业现价增加值核算采用相关价值量指标速度推算法，计算公式为：

当期保险业现价增加值

　　＝上年同期保险业现价增加值

　　×（1+当期保险业现价增加值增速）

其中，

当期保险业现价增加值增速

　　＝当期保费收入增速×统一换算系数

当期保费收入增速根据银保监局分地区保费收入资料进行计算。

（4）其他金融业现价增加值

其他金融业现价增加值核算采用相关价值量指标速度推算法，计算公式为：

当期其他金融业现价增加值

　　＝上年同期其他金融业现价增加值

　　×（1＋当期其他金融业现价增加值增速）

其中，

当期其他金融业现价增加值增速

　　＝当期本外币贷款余额增速×统一换算系数

当期本外币贷款余额增速根据人民银行《金融机构本外币存、贷款分地区情况表》资料计算。需要说明的是，本外币贷款余额的统计范围不仅包括银行等传统的存贷款金融机构，也涵盖了信托投资公司、金融租赁公司、汽车金融服务公司、贷款公司等近年来新兴的非存贷款金融机构。

2. 不变价增加值

（1）货币金融服务不变价增加值

货币金融服务不变价增加值核算采用价格指数缩减法，计算公式为：

当期货币金融服务不变价增加值

　　＝上年同期货币金融服务不变价增加值

　　×（1＋当期货币金融服务不变价增加值增速）

其中，

当期货币金融服务不变价增加值增速

　　＝［（1＋当期货币金融服务现价增加值增速）

　÷当期全省货币金融服务缩减指数］－1

当期全省货币金融服务缩减指数取自全省季度货币金融服务增加值核算资料。

（2）资本市场服务不变价增加值

资本市场服务不变价增加值核算采用价格指数缩减法，计算公式为：

当期资本市场服务不变价增加值

= 上年同期资本市场服务不变价增加值

× （1+当期资本市场服务不变价增加值增速）

其中，

当期资本市场服务不变价增加值增速

= ［ （1+当期资本市场服务现价增加值增速）

÷ 当期全省资本市场服务缩减指数］ −1

当期全省资本市场服务缩减指数取自全省季度资本市场服务增加值核算资料。

（3）保险业不变价增加值

保险业不变价增加值核算采用价格指数缩减法，计算公式为：

当期保险业不变价增加值

= 上年同期保险业不变价增加值

× （1+当期保险业不变价增加值增速）

其中，

当期保险业不变价增加值增速

= ［ （1+当期保险业现价增加值增速）

÷ 当期全省保险业缩减指数］ −1

当期全省保险业缩减指数取自全省季度保险业增加值核算资料。

（4）其他金融业不变价增加值

其他金融业不变价增加值核算采用价格指数缩减法，计算公式为：

当期其他金融业不变价增加值

= 上年同期其他金融业不变价增加值

× （1+当期其他金融业不变价增加值增速）

其中，

当期其他金融业不变价增加值增速

　　　＝〔（1+当期其他金融业现价增加值增速）

　　　÷当期全省其他金融业缩减指数〕-1

当期全省其他金融业缩减指数取自全省季度其他金融业增加值核算资料。

八、房地产业

（一）核算范围

房地产业增加值的核算范围包括国民经济行业分类中K门类所有活动。

（二）资料来源

1. 《房地产开发企业施工、销售和待售情况》（X402表）

2. 《从业人员及工资总额》（202-1表和I202-2表）

（三）核算方法

房地产业增加值分为两部分进行核算：一是除居民自有住房服务以外的房地产业，称为房地产业（K门类），包括房地产开发经营、物业管理、房地产中介服务、房地产租赁经营和其他房地产活动；二是居民自有住房服务。房地产业先核算不变价增加值，再核算现价增加值。

1. 不变价增加值

（1）房地产业（K门类）不变价增加值

房地产业（K门类）不变价增加值核算采用相关价值量指标速度推算法，计算公式为：

当期房地产业（K门类）不变价增加值

　　　＝上年同期房地产业（K门类）不变价增加值

×（1＋当期房地产业（K门类）不变价增加值增速）

其中，

当期房地产业（K门类）不变价增加值增速

＝［当期商品房销售面积增速×年度房地产开发经营业不变价增加值占房地产业（K门类）不变价增加值比重＋当期房地产业工资总额不变价增速×（1－年度房地产开发经营业不变价增加值占房地产业（K门类）不变价增加值比重）］×统一换算系数

当期房地产业工资总额不变价增速

＝［（1＋当期房地产业工资总额现价增速）÷当期全省房地产业缩减指数］－1

商品房销售面积增速取自《房地产开发企业施工、销售和待售情况》（X402表），房地产业工资总额增速根据《从业人员及工资总额》（202-1表和I202-2表）计算。各地区年度房地产开发经营业不变价增加值占房地产业（K门类）不变价增加值的比重，由核算处根据年度地区生产总值核算资料进行计算。当期全省房地产业缩减指数取自全省季度房地产业增加值核算资料。

鉴于工资总额指标时效性难以满足全年核算需要，在全年房地产业季度核算中，依据分地区前三季度工资数据，结合核算司反馈的全省工资总额数据变动情况，推算分地市全年工资数据，作为地区生产总值统一核算工资总额增速的基础数据。以下使用工资总额增速进行增加值核算的行业，按照同样方法处理。

（2）居民自有住房服务不变价增加值

居民自有住房服务不变价增加值核算采用相关价值量指标速度推算法，计算公式为：

当期居民自有住房服务不变价增加值

　　　　＝上年同期居民自有住房服务不变价增加值

　　　　×（1＋当期居民自有住房服务不变价增加值增速）

　　当期居民自有住房服务不变价增加值增速采用全省季度GDP核算中的固定速度核算。

　　2. 现价增加值

　　（1）房地产业（K门类）现价增加值

　　房地产业（K门类）现价增加值核算采用价格指数推算法，计算公式为：

　　当期房地产业（K门类）现价增加值

　　　　＝上年同期房地产业（K门类）现价增加值

　　　　×（1＋当期房地产业（K门类）现价增加值增速）

　　其中，

　　当期房地产业（K门类）现价增加值增速

　　　　＝［（1＋当期房地产业（K门类）不变价增加值增速）

　　　　×当期全省房地产业缩减指数］－1

　　当期全省房地产业缩减指数取自全省季度房地产业增加值核算资料。

　　（2）居民自有住房服务现价增加值

　　居民自有住房服务现价增加值核算采用价格指数推算法，计算公式为：

　　当期居民自有住房服务现价增加值

　　　　＝上年同期居民自有住房服务现价增加值

　　　　×（1＋当期居民自有住房服务现价增加值增速）

　　其中，

　　当期居民自有住房服务现价增加值增速

　　　　＝［（1＋当期居民自有住房服务不变价增加值增速）

　　　　×当期全省房地产业缩减指数］－1

　　当期全省房地产业缩减指数取自全省季度房地产业增加值核算资料。

九、其他服务业

（一）核算范围

其他服务业增加值按门类核算，分为信息传输、软件和信息技术服务业，租赁和商务服务业，科学研究和技术服务业，水利、环境和公共设施管理业，居民服务、修理和其他服务业，教育，卫生和社会工作，文化、体育和娱乐业，公共管理、社会保障和社会组织9个行业。其他服务业中，信息传输、软件和信息技术服务业先核算不变价增加值，再核算现价增加值；其他行业先核算现价增加值，再核算不变价增加值。

（二）资料来源

1．《规模以上服务业企业财务状况》（F203表）

2．《各市邮电业务总量及收入完成情况》（粤D413表）

3．《从业人员及工资总额》（202-1表和I202-2表）

4．《居民消费价格指数》（V401表）

（三）核算方法

1．信息传输、软件和信息技术服务业

（1）信息传输、软件和信息技术服务业不变价增加值

信息传输、软件和信息技术服务业不变价增加值核算采用相关价值量指标速度推算法，计算公式为：

当期信息传输、软件和信息技术服务业不变价增加值

＝上年同期信息传输、软件和信息技术服务业不变价增加值×（1+当期信息传输、软件和信息技术服务业不变价增加值增速）

其中，

当期信息传输、软件和信息技术服务业不变价增加值增速

=〔（当期电信业务总量增速×年度电信、广播电视和卫星传输服务业不变价增加值占信息传输、软件和信息技术服务业不变价增加值比重+当期互联网和相关服务营业收入不变价增速×年度互联网和相关服务不变价增加值占信息传输、软件和信息技术服务业不变价增加值比重+当期软件和信息技术服务业营业收入不变价增速×年度软件和信息技术服务业不变价增加值占信息传输、软件和信息技术服务业不变价增加值比重）〕×统一换算系数

当期互联网和相关服务营业收入不变价增速

=〔（1+当期互联网和相关服务营业收入现价增速）÷当期服务项目价格指数〕−1

当期软件和信息技术服务业营业收入不变价增速

=〔（1+当期软件和信息技术服务业营业收入现价增速）÷当期服务项目价格指数〕−1

当期互联网和相关服务业营业收入现价增速

=地区当期互联网和相关服务业规模以上企业营业收入增速×（地区经普年度互联网和相关服务业规模以上现价增加值÷地区经普年度互联网和相关服务业现价增加值）+全省当期互联网和相关服务业营业收入平均增速×（地区经普年度互联网和相关服务业规模以下现价增加值÷地区经普年度互联网和相关服务业企业现价增加值）

当期软件和信息技术服务业营业收入现价增速

=地区当期软件和信息技术服务业规模以上企业营业收入增速×（地区经普年度软件和信息技术服务业规模以上现价增加值÷地区经普年度软件和信息技术服务业现价增加值）+全省当期软件和信息技术服务业营业收入平均增速×（地区

经普年度软件和信息技术服务业规模以下现价增加值÷地区经普年度软件和信息技术服务业企业现价增加值）

当期电信业务总量增速取自《各市邮电业务总量及收入完成情况》（粤D413表），当期互联网和相关服务业、软件和信息技术服务业规模以上企业营业收入现价增速取自《规模以上服务业企业财务状况》（F203表）。当期服务项目价格指数取自《居民消费价格指数》（V401表）。各地区年度电信、广播电视和卫星传输服务业，互联网和相关服务，软件和信息技术服务业不变价增加值占信息传输、软件和信息技术服务业不变价增加值的比重，由核算处根据年度地区生产总值核算资料计算。

鉴于电信业务总量指标时效性难以满足季度核算需要，在信息传输、软件和信息技术服务业季度核算中，电信业务总量增速采用错月数据，即各季度核算分别利用1—2月、1—5月、1—8月和1—11月数据。

（2）信息传输、软件和信息技术服务业现价增加值

信息传输、软件和信息技术服务业现价增加值核算采用相关价值量指标速度推算法，计算公式为：

当期信息传输、软件和信息技术服务业现价增加值

=上年同期信息传输、软件和信息技术服务业现价增加值×（1+当期信息传输、软件和信息技术服务业现价增加值增速）

其中，

当期信息传输、软件和信息技术服务业现价增加值增速

=当期信息传输、软件和信息技术服务业营业收入现价增速×统一换算系数

当期信息传输、软件和信息技术服务业营业收入现价增速

=地区当期信息传输、软件和信息技术服务业规模以上企业营业收入增速×（地区经普年度信息传输、软件和信息技

服务业规模以上现价增加值÷地区经普年度信息传输、软件和信息技术服务业现价增加值）+全省当期信息传输、软件和信息技术服务业营业收入平均增速×（地区经普年度信息传输、软件和信息技术服务业规模以下现价增加值÷地区经普年度信息传输、软件和信息技术服务业现价增加值）

当期信息传输、软件和信息技术服务业规模以上企业营业收入现价增速取自《规模以上服务业企业财务状况》（F203表）。

2. 租赁和商务服务业

（1）租赁和商务服务业现价增加值

租赁和商务服务业现价增加值核算采用相关价值量指标速度推算法，计算公式为：

租赁和商务服务业现价增加值

　　＝上年同期租赁和商务服务业现价增加值

　　×（1+当期租赁和商务服务业现价增加值增速）

其中，

当期租赁和商务服务业现价增加值增速

　　＝〔（当期租赁和商务服务业营业收入现价增速+当期租赁和商务服务业工资总额现价增速）÷2〕×统一换算系数

当期租赁和商务服务业营业收入现价增速

　　＝地区当期租赁和商务服务业规模以上企业营业收入增速×（地区经普年度租赁和商务服务业规模以上现价增加值÷地区经普年度租赁和商务服务业现价增加值）+全省当期租赁和商务服务业营业收入平均增速×（地区经普年度租赁和商务服务业规模以下现价增加值÷地区经普年度租赁和商务服务业现价增加值）

当期租赁和商务服务业规模以上企业营业收入现价增速取自《规模以

上服务业企业财务状况》（F203表）。当期租赁和商务服务业工资总额现价增速取自《从业人员及工资总额》（202-1表和I202-2表）。

（2）租赁和商务服务业不变价增加值

租赁和商务服务业不变价增加值核算采用价格指数缩减法，计算公式为：

当期租赁和商务服务业不变价增加值

＝上年同期租赁和商务服务业不变价增加值

×（1+当期租赁和商务服务业不变价增加值增速）

其中，

当期租赁和商务服务业不变价增加值增速

＝［（1+当期租赁和商务服务业现价增加值增速）

÷当期服务项目价格指数］-1

当期服务项目价格指数取自《居民消费价格指数》（V401表）。

3. 科学研究和技术服务业

（1）科学研究和技术服务业现价增加值

科学研究和技术服务业现价增加值核算采用相关价值量指标速度推算法，计算公式为：

科学研究和技术服务业现价增加值

＝上年同期科学研究和技术服务业现价增加值

×（1+当期科学研究和技术服务业现价增加值增速）

其中，

当期科学研究和技术服务业现价增加值增速

＝［（当期科学研究和技术服务业营业收入现价增速+当期科学研究和技术服务业工资总额现价增速）÷2］×统一换算系数

当期科学研究和技术服务业营业收入现价增速

＝地区当期科学研究和技术服务业规模以上企业营业收入增速×（地区经普年度科学研究和技术服务业规模以上现价增加值÷地区经普年度科学研究和技术服务业现价增加值）＋全省当期科学研究和技术服务业营业收入平均增速×（地区经普年度科学研究和技术服务业规模以下现价增加值÷地区经普年度科学研究和技术服务业现价增加值）

当期科学研究和技术服务业营业收入现价增速取自《规模以上服务业企业财务状况》（F203表）。当期科学研究和技术服务业工资总额现价增速取自《从业人员及工资总额》（202-1表和I202-2表）。

（2）科学研究和技术服务业不变价增加值

科学研究和技术服务业不变价增加值核算采用价格指数缩减法，计算公式为：

当期科学研究和技术服务业不变价增加值

＝上年同期科学研究和技术服务业不变价增加值

×（1＋当期科学研究和技术服务业不变价增加值增速）

其中，

当期科学研究和技术服务业不变价增加值增速

＝〔（1＋当期科学研究和技术服务业现价增加值增速）

÷当期服务项目价格指数〕－1

当期服务项目价格指数取自《居民消费价格指数》（V401表）。

4. 水利、环境和公共设施管理业

（1）水利、环境和公共设施管理业现价增加值

水利、环境和公共设施管理业现价增加值核算采用相关价值量指标速度推算法，计算公式为：

水利、环境和公共设施管理业现价增加值

＝上年同期水利、环境和公共设施管理业现价增加值

×（1+当期水利、环境和公共设施管理业现价增加值增速）

其中，

当期水利、环境和公共设施管理业现价增加值增速

= 当期水利、环境和公共设施管理业工资总额现价增长速度

×统一换算系数

当期水利、环境和公共设施管理业工资总额现价增速取自《从业人员及工资总额》（202-1表和I202-2表）。

（2）水利、环境和公共设施管理业不变价增加值

水利、环境和公共设施管理业不变价增加值核算采用价格指数缩减法，计算公式为：

当期水利、环境和公共设施管理业不变价增加值

= 上年同期水利、环境和公共设施管理业不变价增加值

×（1+当期水利、环境和公共设施管理业不变价增加值增速）

其中，

当期水利、环境和公共设施管理业不变价增加值增速

=［（1+当期水利、环境和公共设施管理业现价增加值增速）÷当期服务项目价格指数］-1

当期服务项目价格指数取自《居民消费价格指数》（V401表）。

5. 居民服务、修理和其他服务业

（1）居民服务、修理和其他服务业现价增加值

居民服务、修理和其他服务业现价增加值核算采用相关价值量指标速度推算法，计算公式为：

居民服务、修理和其他服务业现价增加值

= 上年同期居民服务、修理和其他服务业现价增加值

×（1+当期居民服务、修理和其他服务业现价增加值增速）

其中，

当期居民服务、修理和其他服务业现价增加值增速

　　＝［（当期居民服务、修理和其他服务业营业收入现价增
　　速＋当期居民服务、修理和其他服务业工资总额现价增速）
　　÷2］×统一换算系数

当期居民服务、修理和其他服务业营业收入现价增速

　　＝地区当期居民服务、修理和其他服务业规模以上企业营业
　　收入增速×（地区经普年度居民服务、修理和其他服务业规
　　模以上现价增加值÷地区经普年度居民服务、修理和其他服
　　务业现价增加值）＋全省当期居民服务、修理和其他服务业
　　营业收入平均增速×（地区经普年度居民服务、修理和其他
　　服务业规模以下现价增加值÷地区经普年度居民服务、修理
　　和其他服务业现价增加值）

当期居民服务、修理和其他服务业营业收入现价增速取自《规模以上
服务业企业财务状况》（F203表）。当期居民服务、修理和其他服务业工
资总额现价增速取自《从业人员及工资总额》（202-1表和I202-2表）。

（2）居民服务、修理和其他服务业不变价增加值

居民服务、修理和其他服务业不变价增加值核算采用价格指数缩减
法，计算公式为：

当期居民服务、修理和其他服务业不变价增加值

　　＝上年同期居民服务、修理和其他服务业不变价增加值
　　×（1＋当期居民服务、修理和其他服务业不变价增加值增速）

其中，

当期居民服务、修理和其他服务业不变价增加值增速

　　＝［（1＋当期居民服务、修理和其他服务业现价增加值增速）
　　÷当期服务项目价格指数］－1

当期服务项目价格指数取自《居民消费价格指数》（V401表）。

6. 教育

（1）教育现价增加值

教育现价增加值核算采用相关价值量指标速度推算法，计算公式为：

教育现价增加值

＝上年同期教育现价增加值

×（1＋当期教育现价增加值增速）

其中，

当期教育现价增加值增速

＝当期教育工资总额现价增速×统一换算系数

当期教育工资总额现价增速取自《从业人员及工资总额》（202-1表和I202-2表）。

（2）教育不变价增加值

教育不变价增加值核算采用价格指数缩减法，计算公式为：

当期教育不变价增加值

＝上年同期教育不变价增加值

×（1＋当期教育不变价增加值增速）

其中，

当期教育不变价增加值增速

＝［（1＋当期教育现价增加值增速）

÷当期服务项目价格指数］－1

当期服务项目价格指数取自《居民消费价格指数》（V401表）。

7. 卫生和社会工作

（1）卫生和社会工作现价增加值

卫生和社会工作现价增加值核算采用相关价值量指标速度推算法，计算公式为：

卫生和社会工作现价增加值

　　＝上年同期卫生和社会工作现价增加值

　　×（1＋当期卫生和社会工作现价增加值增速）

其中，

当期卫生和社会工作现价增加值增速

　　＝当期卫生和社会工作工资总额现价增速×统一换算系数

当期卫生和社会工作工资总额现价增速取自《从业人员及工资总额》（202-1表和I202-2表）。

（2）卫生和社会工作不变价增加值

卫生和社会工作不变价增加值核算采用价格指数缩减法，计算公式为：

当期卫生和社会工作不变价增加值

　　＝上年同期卫生和社会工作不变价增加值

　　×（1＋当期卫生和社会工作不变价增加值增速）

其中，

当期卫生和社会工作不变价增加值增速

　　＝［（1＋当期卫生和社会工作现价增加值增速）

　　÷当期服务项目价格指数］－1

当期服务项目价格指数取自《居民消费价格指数》（V401表）。

8. 文化、体育和娱乐业

（1）文化、体育和娱乐业现价增加值

文化、体育和娱乐业现价增加值核算采用相关价值量指标速度推算法，计算公式为：

文化、体育和娱乐业现价增加值

　　＝上年同期文化、体育和娱乐业现价增加值

　　×（1＋当期文化、体育和娱乐业现价增加值增速）

其中，

当期文化、体育和娱乐业现价增加值增速

　　＝［（当期文化、体育和娱乐业营业收入现价增速＋当期文化、体育和娱乐业工资总额现价增速）÷2］×统一换算系数

当期文化、体育和娱乐业营业收入现价增速

　　＝地区当期文化、体育和娱乐业规模以上企业营业收入增速×（地区经普年度文化、体育和娱乐业规模以上现价增加值÷地区经普年度文化、体育和娱乐业现价增加值）＋全省当期文化、体育和娱乐业营业收入平均增速×（地区经普年度文化、体育和娱乐业规模以下现价增加值÷地区经普年度文化、体育和娱乐业现价增加值）

当期文化、体育和娱乐业营业收入现价增速取自《规模以上服务业企业财务状况》（F203表）。当期文化、体育和娱乐业工资总额现价增速取自《从业人员及工资总额》（202-1表和I202-2表）。

（2）文化、体育和娱乐业不变价增加值

文化、体育和娱乐业不变价增加值核算采用价格指数缩减法，计算公式为：

当期文化、体育和娱乐业不变价增加值

　　＝上年同期文化、体育和娱乐业不变价增加值

　　×（1＋当期文化、体育和娱乐业不变价增加值增速）

其中，

当期文化、体育和娱乐业不变价增加值增速

　　＝［（1＋当期文化、体育和娱乐业现价增加值增速）

　　÷当期服务项目价格指数］－1

当期服务项目价格指数取自《居民消费价格指数》（V401表）。

9. 公共管理、社会保障和社会组织

（1）公共管理、社会保障和社会组织现价增加值

公共管理、社会保障和社会组织现价增加值核算采用相关价值量指标速度推算法，计算公式为：

公共管理、社会保障和社会组织现价增加值

　　　＝上年同期公共管理、社会保障和社会组织现价增加值×

　　（1+当期公共管理、社会保障和社会组织现价增加值增速）

其中，

当期公共管理、社会保障和社会组织现价增加值增速

　　　＝当期公共管理、社会保障和社会组织工资总额现价增速

　　　×统一换算系数

当期公共管理、社会保障和社会组织工资总额现价增速取自《从业人员及工资总额》（202-1表和I202-2表）。

（2）公共管理、社会保障和社会组织不变价增加值

公共管理、社会保障和社会组织不变价增加值核算采用价格指数缩减法，计算公式为：

当期公共管理、社会保障和社会组织不变价增加值

　　　＝上年同期公共管理、社会保障和社会组织不变价增加值×

　　（1+当期公共管理、社会保障和社会组织不变价增加值增速）

其中，

当期公共管理、社会保障和社会组织不变价增加值增速

　　　＝〔（1+当期公共管理、社会保障和社会组织现价增加值

　　　增速）÷当期全省公共管理、社会保障和社会组织缩减指

　　　数〕－1

当期全省公共管理、社会保障和社会组织缩减指数取自全省公共管理、社会保障和社会组织增加值核算资料。

二、分级核算数据差异症结

在分级核算制度下，核算行业包括九大行业，每个大行业包含1个或多个门类行业，其中部分门类行业可进一步细分，在最细层次上共包括17个行业。

表4-1　分级核算制度下的季度地区生产总值核算分类表

	分类名称	对应《国民经济行业分类》（GB/T 4754—2011）代码
行业分类	农林牧渔业 　#农林牧渔服务业	A 05
	工业 　#开采辅助活动 　#金属制品、机械和设备修理业	B、C、D 11 43
	建筑业	E
	批发和零售业 　批发业 　零售业	F 51 52
	交通运输、仓储和邮政业	G
	住宿和餐饮业 　住宿业 　餐饮业	H 61 62
	金融业	J
	房地产业 　房地产开发经营业 　自有房地产经营活动 　其他房地产活动	K 7010 7040 7020、7030、7090
	其他服务业 　营利性服务业 　非营利性服务业	 I、L、O、R M、N、P、Q、S

其中农林牧渔业、建筑业增加值由相关专业处进行核算，其余行业由核算处负责。为了更好地衔接省市核算数据，省统计局对交通运输、仓储和邮政业，金融业，其他服务业三大行业实行下算，各地必须严格按照省统计局反馈的基础数据进行核算，确保三大行业数据的衔接。对于其他行业，省统计局也对数据合理性和协调性进行审核评估，对不合理数据进行调整，数据经省统计局审核认定后，由各市统计局自行选择适当的方式对外发布。

分级核算制度下，虽然核算方法是统一的，但由于数据来源不同、跨地区经营重复计算、统计误差等因素影响，省以下地区生产总值合计数一般高于全省数。2010—2018年初步核算数结果显示，各市合计数均高于全省数，其中2014年省市数据差最大，为8.1%。此后，广东省统计局不断采取规范地区生产总值核算、夯实专业数据基础、加强数据审核评估等多种措施，省市数据差距问题得到改善，2018年省市差距缩小到3.9%。

表4-2　2010—2018年广东初步核算数省市差情况表

年份	全省（亿元）	各市合计（亿元）	省市差（%）
2010	45472.83	47443.94	4.3
2011	52673.59	55954.47	6.2
2012	57067.92	60526.87	6.1
2013	62163.97	67129.60	8.0
2014	67792.24	73250.23	8.1
2015	72812.55	78663.55	8.0
2016	79512.05	85693.70	7.8
2017	89879.23	95155.13	5.9
2018	97277.77	101025.95	3.9

三、统一核算数据实现衔接

统一核算改革后，省以下地区生产总值的计算真正做到了统一基础数据来源、统一核算方法、统一换算系数，各地的核算工作都在统一框架下执行，核算流程公开规范，核算方法公平合理，实现了省市数据的衔接。2020年出台的《广东省季度地区生产总值统一核算方案》是统一核算改革后的第一个季度核算方案，此后每年虽略有改动，但总体仍延续2020年方案的思路。根据该方案，季度核算在行业分类、核算方法、组织方式、发布方式上都与统一核算前有所不同。

（一）行业分类更加细化

统一核算后，季度地区生产总值核算行业分类依据《国民经济行业分类》（GB/T 4754—2017）确定，包括19个门类行业，其中部分门类行业可进一步细分，在最细层次上共包括35个行业，比分级核算下多18个行业。

表4-3　统一核算制度下季度地区生产总值核算行业分类表

分类名称	对应《国民经济行业分类》（GB/T 4754—2017）代码
农林牧渔业 　#农林牧渔专业及辅助性活动	A 05
工业 　采矿业 　#开采专业及辅助性活动 　制造业 　#金属制品、机械和设备修理业 　电力、热力、燃气及水生产和供应业	 B 11 C 43 D
建筑业	E
批发和零售业 　批发业 　零售业	F 51 52

（续表）

分类名称	对应《国民经济行业分类》（GB/T 4754—2017）代码
交通运输、仓储和邮政业	G
铁路运输业	53
道路运输业	54
水上运输业	55
航空运输业	56
管道运输业	57
多式联运和运输代理业	58
装卸搬运和仓储业	59
邮政业	60
住宿和餐饮业	H
住宿业	61
餐饮业	62
金融业	J
货币金融服务	66
资本市场服务	67
保险业	68
其他金融业	69
房地产业	
房地产业（K门类）	K
居民自有住房服务	
其他服务业	
信息传输、软件和信息技术服务业	I
租赁和商务服务业	L
科学研究和技术服务业	M
水利、环境和公共设施管理业	N
居民服务、修理和其他服务业	O
教育	P
卫生和社会工作	Q
文化、体育和娱乐业	R
公共管理、社会保障和社会组织	S

（二）核算方法和组织方式有所改变

统一核算后，季度地区生产总值仍采用相关指标推算，包括相关价值量指标推算法、价格指数推算法、价格指数缩减法、相关指标速度推算法。与分级核算中统一先核算不变价后核算现价不同，先核算现价还是不变价根据的是基础指标的情况，若基础指标是现价增速则先核算现价增加值，再根据价格指数核算不变价增加值，若基础指标是不变价增速则先核算不变价增加值，再根据价格指数核算现价增加值。

部分基础指标保持稳定。在季度核算中，每年需根据上年年报修订统一换算系数和年度比重。统一核算改革前，由于年报核算时间一般在七八月，年报核算后采用新的换算系数和比重，用于当年前三季度至次年上半年的4次季度核算，虽然更新相对较快，但也可能影响同一年的一二季度和三四季度数据间的可比性。统一核算改革后，每年四个季度核算中保持采用相同的换算系数和年度比重，使各季度之间稳定性、可比性增强，对季度变化趋势分析更精准。

（三）数据实现完全衔接

依据《广东省地区生产总值统一核算实施方案》，每季度结束后，省统计局组织各市统计局共同核算季度地区生产总值。

实施地区生产总值统一核算，要实现各地级以上市地区生产总值汇总数与全省生产总值的基本衔接。当初步核算出的分行业增加值地市汇总数与全省数存在差距时，需要进行数据衔接处理。

（1）现价总量衔接。当某行业现价增加值各市汇总数与全省数存在差距时，利用各市该行业现价增加值总量占汇总数的比重，分摊现价总量差额，实现该行业现价增加值各市汇总数与全省数的基本衔接。

（2）不变价增速衔接。当某行业不变价增加值各市汇总增速与全省增速存在差距时，利用各市该行业不变价增加值总量占汇总数的比重，分摊不变价总量差额，实现该行业不变价增加值地区汇总增速与全省增速的基本衔接。

2019年四季度以后，21个地级以上市地区生产总值和全省数实现了完全衔接。

表4-4　统一核算后广东2019—2022年GDP初步核算数省市差情况表

年份	全省（亿元）	各市合计（亿元）	省市差（%）
2019	107671.07	107671.07	0.0
2020	110760.94	110760.94	0.0
2021	124369.67	124369.67	0.0
2022	129118.58	129118.58	0.0

（四）数据发布更为规范

省统计局授权各地级以上市统计局，通过召开新闻发布会或官方网站刊发新闻稿等形式，发布本地区生产总值数据。各地级以上市统计局须在相应季度全省生产总值数据初步核算数发布后10个工作日内，对外发布本地区生产总值数据。对外发布数据须以省统计局反馈的地区生产总值统一核算结果为准，数据发布新闻稿在正式发布前，须将地区生产总值发布内容报经省统计局核算处审定。季后30日左右，省统计局将在官网统一对外发布季度各市地区生产总值数据。

（五）既考虑统一性又兼顾特殊性

统一核算方案是根据普遍情况制定的，适用于大部分情况下的核算，但个别地市、个别行业可能存在特殊性，比如相关指标存在地区代表性不足或统计范围不全等情况，对行业增加值增速影响较为显著。如果仅考虑统一性而不考虑特殊性会导致核算结果失真，因此省统计局每季度组织研究地市特殊情况，将合理的特殊因素纳入统一核算中。

特殊情况范围主要包括三个方面：一是指标代表性不足，如采用全省统一增速难以充分反映地区经济发展、个别行业因调查样本量不够使统计指标代表性不足、使用错月数据不能充分反映当期发展情况等。二是统计范围不全，如部门管理的相关行业统计指标口径范围与实际活动差距较大、军工项目或非军工涉密项目以及个别领域生产活动没有纳入常规统计等。三是其他情况，如受统计方法制度调整影响，部分指标当期数和上年同期数不可比等。

四、统一核算后每年方法的调整修订

统一核算改革后，季度核算方法基本保持稳定，一般无重大变化，个别指标会有所调整，核算指标不断细化完善。从历年数据看，季度核算的行业分类、基础指标、价格指数数量不断增加，总体往不断精细化的方向发展。2018年，季度核算中共有23项基础指标，15项价格指数；至2023年，基础指标达41项，价格指数达23项。

表4-5　历年季度地区生产总值核算基础指标及价格指数数量

	2018年	2019年	2020年	2021年	2022年	2023年
基础指标数量（个）	23	24	36	40	41	41
价格指数数量（个）	15	15	20	23	23	23

基础指标的细化，一方面使核算结果更加精准，另一方面也是为了适应不断发展变化的经济结构、满足解读需求。如过去一些服务业门类占GDP比重较小，在季度核算中便将其合并为"营利性服务业"和"非营利性服务业"进行核算，但随着经济发展转型升级，营利性服务业和非营利性服务业占GDP比重不断提升，至2019年占比均已超过10%，仅用一两个指标反映行业整体情况已不适宜，且核算结果无法细分解读。考虑到这些因素，统一核算后，便将营利性服务业和非营利性服务业分为门类进行核算。

历年指标变化情况如下：

2020年，在农林牧渔业核算中，将"农林牧渔业增加值可比价增速"指标改为"农林牧渔业总产值可比价增速"；在工业核算中，将"规上工业不变价增加值增速"分为"规上采矿业不变价增加值增速""规上制造业不变价增加值增速""规上电力、热力、燃气及水的生产和供应业不变价增加值增速"；在建筑业核算中，将"建筑业增加值增速"改为"注册地总专包企业总产值增速"。将营利性服务业和非营利性服务业分门类核算，营利性服务业指标"规模以上服务业（不含电信、广播电视和卫星传输服务）营业收入增速"改为"互联网和相关服务业、软件和信息服务业营业收入增速""租赁和商务服务业营业收入增速""居民服务、修理和其他服务业营业收入增速""文化、体育和娱乐业营业收入增速""文化、体育和娱乐业工资总额增速"；非营利性服务业指标由"财政预算中八项支出增速""非营利性服务业中营利活动的营业收入增速"改为"科学研究和技术服务业营业收入增速""科学研究和技术服务业工资总额增速""水利、环境和公共设施管理业工资总额增速""教育业工资总额增速""卫生和社会工作工资总额增速""公共管理、社会保障和社会组织工资总额增速"。

2021年，在建筑业核算中新增"建筑安装工程投资增速"指标；在交通运输、仓储和邮政业核算中新增"航空旅客和货邮吞吐量增速"指标；在租赁和商务服务业核算中新增"租赁和商务服务业工资总额增速"指标；在居民服务、修理和其他服务业核算中新增"居民服务、修理和其他服务业工资总额增速"指标。

2022年，在金融业核算中将"金融机构人民币存款余额增速"改为"金融机构本外币存款余额增速"，"金融机构人民币贷款余额增速"改为"金融机构本外币贷款余额增速"；在信息传输、软件和信息技术服务业核算中，将"互联网和相关服务业、软件和信息服务业营业收入增速"分为"互联网和相关服务业营业收入增速""软件和信息服务业营业收入增速"。

2023年，"商品零售价格指数"改为"消费品价格指数"，"金融机构本外币存贷款余额增速"调整为"金融机构本外币余额月末平均增速"。

表4-6 季度核算基础指标变化表

基础指标（增长速度）

行业	2018年	2019年	2020年	2021年	2022年	2023年
农林牧渔业	农林牧渔业增加值（可比价）	农林牧渔业增加值（可比价）	农林牧渔业总产值（可比价）	农林牧渔业总产值（可比价）	农林牧渔业总产值（可比价）	农林牧渔业总产值（可比价）
工业	规上工业不变价增加值	规上工业不变价增加值	规上采矿业不变价增加值	规上采矿业不变价增加值	规上采矿业不变价增加值	规上采矿业不变价增加值
工业			规上制造业不变价增加值	规上制造业不变价增加值	规上制造业不变价增加值	规上制造业不变价增加值
工业			规上电力热力燃气及水的生产和供应业不变价增加值	规上电力热力燃气及水的生产和供应业不变价增加值	规上电力热力燃气及水的生产和供应业不变价增加值	规上电力热力燃气及水的生产和供应业不变价增加值
工业	规下工业不变价增加值	规下工业不变价增加值	规下工业不变价增加值	规下工业不变价增加值	规下工业不变价增加值	规下工业不变价增加值
建筑业	建筑业增加值	建筑业增加值	注册地总专包企业总产值	注册地总专包企业总产值	注册地总专包企业总产值	注册地总专包企业总产值
建筑业				建筑安装工程投资	建筑安装工程投资	建筑安装工程投资
批发和零售业	批发业销售额	批发业销售额	批发业销售额	批发业销售额	批发业销售额	批发业销售额
批发和零售业	零售业销售额	零售业销售额	零售业销售额	零售业销售额	零售业销售额	零售业销售额

（续表）

行业	基础指标（增长速度）					
	2018年	2019年	2020年	2021年	2022年	2023年
交通运输仓储和邮政业	铁路运输总周转量	铁路运输总周转量	铁路运输总周转量	铁路运输总周转量	铁路运输总周转量	铁路运输总周转量
	公路运输总周转量	公路运输总周转量	公路运输总周转量	公路运输总周转量	公路运输总周转量	公路运输总周转量
	水上运输总周转量	水路运输总周转量	水路运输总周转量	水路运输总周转量	水路运输总周转量	水路运输总周转量
	航空运输总周转量	航空运输总周转量	航空运输总周转量	航空客货邮总吞吐量	航空旅客和货邮总吞吐量	航空旅客和货邮总吞吐量
			管道运输营业收入	管道运输营业收入	管道运输营业收入	管道运输营业收入
			多式联运和运输代理业营业收入	多式联运和运输代理业营业收入	多式联运和运输代理业营业收入	多式联运和运输代理业营业收入
			装卸搬运和仓储业营业收入	装卸搬运和仓储业营业收入	装卸搬运和仓储业营业收入	装卸搬运和仓储业营业收入
	邮政行业业务总量	邮政行业业务总量	邮政行业业务总量	邮政行业业务总量	邮政行业业务总量	邮政行业业务总量

（续表）

行业	基础指标（增长速度）					
	2018年	2019年	2020年	2021年	2022年	2023年
住宿和餐饮业	住宿业营业额	住宿业营业额	住宿业营业额	住宿业营业额	住宿业营业额	住宿业营业额
	餐饮业营业额	餐饮业营业额	餐饮业营业额	餐饮业营业额	餐饮业营业额	餐饮业营业额
金融业	金融机构人民币存款余额	金融机构人民币存款余额	金融机构人民币存款余额	金融机构人民币存款余额	金融机构本外币存款余额	金融机构本外币存款余额
	金融机构人民币贷款余额	金融机构人民币贷款余额	金融机构人民币贷款余额	金融机构人民币贷款余额	金融机构本外币贷款余额	金融机构本外币贷款余额
	证券交易额	证券交易额	证券交易额	证券交易额	证券交易额	证券交易额
	保费收入	保费收入	保费收入	保费收入	保费收入	保费收入
房地产业	商品房销售面积	商品房销售面积	商品房销售面积	商品房销售面积	商品房销售面积	商品房销售面积
	房地产业从业人员劳动报酬	房地产业从业人员劳动报酬	房地产业从业人员工资总额	房地产业从业人员工资总额	房地产业从业人员工资总额	房地产业从业人员工资总额
	房地产业从业人员	房地产业从业人员				
营利性服务业（按旧分类）	电信业务总量	电信业务总量	电信业务总量	电信业务总量	电信业务总量	电信业务总量

（续表）

行业	基础指标（增长速度）					
	2018年	2019年	2020年	2021年	2022年	2023年
营利性服务业（按旧分类）	规模以上服务业（不含电信、广播电视和卫星传输服务）营业收入	规模以上服务业（不含电信、广播电视和卫星传输服务）营业收入	互联网和相关服务业、软件和信息服务业营业收入	互联网和相关服务业、软件和信息服务业营业收入	互联网和相关服务业营业收入	互联网和相关服务业营业收入
					软件和信息服务业营业收入	软件和信息服务业营业收入
			租赁和商务服务业营业收入	租赁和商务服务业营业收入	租赁和商务服务业营业收入	租赁和商务服务业营业收入
				租赁和商务服务业工资总额	租赁和商务服务业工资总额	租赁和商务服务业工资总额
			居民服务修理和其他服务业营业收入	居民服务修理和其他服务业营业收入	居民服务修理和其他服务业营业收入	居民服务、修理和其他服务业营业收入
				居民服务、修理和其他服务业工资总额	居民服务、修理和其他服务业工资总额	居民服务、修理和其他服务业工资总额
			文化体育和娱乐业营业收入	文化体育和娱乐业营业收入	文化体育和娱乐业营业收入	文化体育和娱乐业营业收入
			文化体育和娱乐业工资总额	文化体育和娱乐业工资总额	文化体育和娱乐业工资总额	文化体育和娱乐业工资总额

（续表）

行业	基础指标（增长速度）					
	2018年	2019年	2020年	2021年	2022年	2023年
非营利性服务业（按旧分类）	财政入项支出	财政预算中入项支出	科学研究和技术服务业营业收入	科学研究和技术服务业营业收入	科学研究和技术服务业营业收入	科学研究和技术服务业营业收入
			科学研究和技术服务业工资总额	科学研究和技术服务业工资总额	科学研究和技术服务业工资总额	科学研究和技术服务业工资总额
			水利、环境和公共设施管理业工资总额	水利、环境和公共设施管理业工资总额	水利、环境和公共设施管理业工资总额	水利、环境和公共设施管理业工资总额
		非营利服务业中营利活动的营业收入	教育工资总额	教育工资总额	教育工资总额	教育工资总额
			卫生和社会工作工资总额	卫生和社会工作工资总额	卫生和社会工作工资总额	卫生和社会工作工资总额
			公共管理、社会保障和社会组织工资总额	公共管理、社会保障和社会组织工资总额	公共管理、社会保障和社会组织工资总额	公共管理、社会保障和社会组织工资总额

表4-7 季度核算价格指数变化表

行业	价格指数					
	2018年	2019年	2020年	2021年	2022年	2023年
农林牧渔业	农产品生产价格缩减指数	农产品生产价格缩减指数	—	—	—	—
工业	工业品出厂价格指数	工业品出厂价格指数	采矿业工业生产者出厂价格指数	采矿业工业生产者出厂价格指数	采矿业工业生产者出厂价格指数	采矿业工业生产者出厂价格指数
			制造业工业生产者出厂价格指数	制造业工业生产者出厂价格指数	制造业工业生产者出厂价格指数	制造业工业生产者出厂价格指数
			电力热力燃气及水的生产和供应业工业生产者出厂价格指数	电力热力燃气及水的生产和供应业工业生产者出厂价格指数	电力热力燃气及水的生产和供应业工业生产者出厂价格指数	电力热力燃气及水的生产和供应业工业生产者出厂价格指数
				全省采矿专业及辅助性活动缩减指数	全省采矿专业及辅助性活动缩减指数	全省采矿专业及辅助性活动缩减指数
				全省金属制品、机械和设备修理业缩减指数	全省金属制品、机械和设备修理业缩减指数	全省金属制品、机械和设备修理业缩减指数
建筑业	建筑安装工程价格指数	建筑安装工程价格指数	全省建筑业缩减指数	全省建筑业缩减指数	全省建筑业缩减指数	全省建筑业缩减指数

（续表）

行业	价格指数					
	2018年	2019年	2020年	2021年	2022年	2023年
批发和零售业	商品零售价格指数	商品零售价格指数	工业生产者出厂价格指数；商品零售价格指数	工业生产者出厂价格指数；商品零售价格指数	工业生产者出厂价格指数；商品零售价格指数	工业生产者出厂价格指数；消费品价格指数
交通运输仓储和邮政业	交通费价格指数；邮递服务业价格指数	交通费价格指数；邮递服务业价格指数	全省铁路运输业缩减指数；交通费价格指数；飞机票价格指数；全省管道运输业缩减指数；邮递服务价格指数	全省铁路运输业缩减指数；交通费价格指数；飞机票价格指数；全省管道运输业缩减指数；邮递服务价格指数	全省铁路运输业缩减指数；交通费价格指数；飞机票价格指数；全省管道运输业缩减指数；邮递服务价格指数	全省铁路运输业缩减指数；交通费价格指数；飞机票价格指数；全省管道运输业缩减指数；邮递服务价格指数
住宿和餐饮业	旅馆住宿价格指数；在外餐饮价格指数	旅馆住宿价格指数；在外餐饮价格指数	旅馆住宿价格指数；在外餐饮价格指数	在外住宿价格指数；在外餐饮价格指数	在外住宿价格指数；在外餐饮价格指数	在外住宿价格指数；在外餐饮价格指数

（续表）

行业	2018年	2019年	2020年	2021年	2022年	2023年
金融业	居民消费价格指数	居民消费价格指数	全省货币金融服务缩减指数	全省货币金融服务缩减指数	全省货币金融服务缩减指数	全省货币金融服务缩减指数
	固定资产投资价格指数	固定资产投资价格指数	全省资本市场服务缩减指数	全省资本市场服务缩减指数	全省资本市场服务缩减指数	全省资本市场服务缩减指数
			全省保险业缩减指数	全省保险业缩减指数	全省保险业缩减指数	全省保险业缩减指数
			全省其他金融业缩减指数	全省其他金融业缩减指数	全省其他金融业缩减指数	全省其他金融业缩减指数
房地产业	租赁房房租价格指数	租赁房房租价格指数	全省房地产业缩减指数	全省房地产业缩减指数	全省房地产业缩减指数	全省房地产业缩减指数
	二手住宅销售	二手住宅销售				
	新建住宅销售	新建住宅销售				
其他服务业	通讯服务价格指数	通讯服务价格指数	通讯服务价格指数	通讯服务价格指数	通讯服务价格指数	通讯服务价格指数
	服务价格指数	服务价格指数	服务项目价格指数	服务项目价格指数	服务项目价格指数	服务项目价格指数
				全省公共管理、社会保障和社会组织缩减指数	全省公共管理、社会保障和社会组织缩减指数	全省公共管理、社会保障和社会组织缩减指数

伍

第二次核算：每一年的
恒然心动

GDP季度核算结束后，随着统计系统专业年报、财政部门决算年报和有关部门年度财务报表陆续完成，GDP核算的基础资料不断增加完善。基于更全面可靠的基础资料，采用生产法、收入法等方法进行核算，对初步核算数据进行修订，形成GDP最终核实数。年度核算方法包括生产法、收入法和支出法，分别从生产、分配、使用的角度反映生产活动的最终成果。

由于地区间货物和服务的流入流出很难核算，地区GDP以生产法和收入法核算结果为准，支出法主要用于核算最终消费支出和资本形成总额。分产业看，第一产业增加值核算采用生产法，其他行业采用收入法。年度数据一般在第二年的11月左右确定，其数据将作为当年全年GDP初步核算数的基数。

一、一套表企业的四项构成

常规年度，"四上企业"（规模以上工业，有资质的建筑业，限额以上批发零售业、限额以上住宿餐饮业，规模以上服务业、房地产业）有相应的财务报表，反映了企业的经营状况，是核算的重要资料来源。对于一套表企业，年度核算采用收入法的四项构成进行计算。

计算公式：GDP=劳动者报酬+固定资产折旧+生产税净额+营业盈余。

其中，劳动者报酬是雇员对生产单位提供劳动获得的工资和各种形式的报酬；固定资本折旧是生产中使用的房屋和机器设备等固定资产在核算期内磨损的价值；生产税净额是企业因从事生产活动向政府支付的税金（不包括所得税）与政府对企业的政策性亏损补贴的差额；营业盈余主要是企业从事经营获得的经营利润。

劳动者报酬通过企业财务报表中的应付职工薪酬和三项费用（营业费用、财务费用、管理费用）中属于劳动者报酬的部分计算，其中三项费用中属于劳动者报酬的部分采用投入产出调查结果数据。生产税净额取自财务报表中税金及附加和应交增值税。固定资产折旧核算要求用重置价值计算折旧，我们暂不具备这种核算条件，采用当期计提的折旧费计算，对于不计提折旧的单位，如政府机关按照折旧率计算（本年折旧=固定资产原值×折旧率）。营业盈余取自财务表中的营业利润，但是需要进行调整。对于不是在生产过程中产生的盈余收入，如投资收益、资产处置收益等，需要扣除。

从广东省2021年年报数据看，一套表企业增加值为63850亿元，占GDP比重为51.2%。由于一套表企业采用的是财务指标直接计算，这部分数据与经济普查数据基本可以做到无缝衔接。

二、非一套表企业间接推算

对于非一套表企业，为保证与经济普查年度数据相衔接，通常以经济普查年度数据作为基数进行推算。主要方法有比重推算法，即利用经济普查年度有关比重推算常规年度缺少资料部分；相关指标外推法，即以经济普查年度数据为基础，利用相关指标外推常规年度的数据。采用的指标主要是营业收入、财政支出中的经常性业务支出、金融部门的企业经营效益、工资、税金、折旧等。通过这种衔接，理论上推算的数据范围口径与经济普查年度应该是一致的。

间接推算包括非企业和规模以下两部分，非企业部分采用财政资料或行政事业单位的支出数据进行推算，规模以下部分包含规模以下企业、产业活动单位和个体经营户，采用专业统计的规模以下抽样调查资料或行政主管部门资料进行推算。2021年年报中，广东推算部分占GDP比重超四成。广东民营企业较多，市场活跃度高，业务活动变化快，这种推算可能会与行业真实发展情况产生偏差，因此需要通过五年一次的经济普查进行修正。

三、部分数据单独计算

2016年，GDP核算包括研发新增GDP核算，季度研发新增GDP混合在行业中进行推算，年度研发新增GDP则单独核算，资料来源是科技和教育部门研发数据、联网直报企业研发内部经费支出等，采用永续盘存法进行核算。2021年，广东研发新增GDP 2613亿元，占GDP的2.1%。

另外，居民自有住房服务采用住户调查资料中的人均住房建筑面积、私房比重，房地产调查资料中的住房建造价值，人口资料进行计算。2021年，广东居民自有住房服务增加值为4143亿元。批发业中的关税为480亿元，由国家直接反馈。分地区关税及海关代征的增值税和消费税的核算，利用各地区按境内目的地、货源地划分的商品进出口总额占全省数的比重，分劈全省关税及海关代征的增值税和消费税。

第三次核算：每五年的翘首以盼

国家统计局在逢3、8的年份开展全国经济普查，以全面了解五年来市场主体情况、产业结构、产业组织、产业技术发展状况等。五年一次的全国经济普查有助于发现对GDP数据有较大影响的基础资料、计算方法和分类标准的变化，从而对历史数据进行修订。由于修订采用的基础数据更为详尽、核算方法和分类规则更符合国际国内的核算制度和规范，修订后的数据准确性、完整性和可比性较高，因此历史年度数据均以修订数为准，是GDP数据的最终一道门，也是大家翘首以盼的一个重要统计数据。

经济普查年度的市场主体采用"地毯式"清查，核算方法不同于季度的全部推算，多数采取的是直接计算法，按生产法和收入法进行。按照报表种类和核算方法的不同，分别按企业法人、产业活动单位、行政事业单位和民间非营利性组织、个体经营户四部分进行。其中，法人企业、行政事业单位和民间非营利组织采用收入法直接计算，产业活动单位采用增加值率法核算，个体经营户采用抽样调查资料推算。资料来源绝大部分是普查资料，个别行业（如铁路运输业、金融业）由国家利用部门资料直接核算反馈。

除此之外，GDP还包括居民自有住房服务、由国家分劈的关税及海关代征的消费税和增值税、未观测经济、间接计算的银行中介服务（FISIM）和异地经营增加值。

一、法人企业的直接核算

法人单位和年度核算一样，利用四项构成直接计算，计算公式：GDP=劳动者报酬+固定资产折旧+生产税净额+营业盈余。

影响经济普查GDP核算的因素有三个：一是基本单位数，这关系GDP的总量。二是单位的财务指标情况，如应付职工薪酬、营业利润、固定资产折旧、税金及附加等；行政事业单位的工资福利支出、劳务费、福利费、固定资产原价等，这关系GDP的质量。三是个体抽样调查数据情况，如雇员支出、缴纳税费、营业收入等指标。

二、产业活动单位的增加值率法

经济普查中，有的法人单位有可能下辖多个产业活动单位，为准确核算各行业增加值，客观反映经济结构，需要利用多产业法人单位所属产业活动单位普查资料，对法人单位所属的非主营产业活动单位进行调整。法人企业单位所属其他行业产业活动单位增加值，利用法人企业单位所属其他行业产业活动单位总产出和增加值率核算，核算公式为：法人单位所属其他行业产业活动单位增加值=法人单位所属其他行业活动单位总产出×法人单位所属其他行业产业活动单位对应的按单产业法人单位核算的分行业增加值率。

三、个体经营户的推算

个体经营户包括两部分，一是按照《个体工商户条例》规定，依法在市场监管机关登记注册、开展经营活动的个体工商户；二是未在市场监管机关登记注册，但有相对固定场所，一年内实际从事二、三产业个体经营活动累计三个月以上的个体经营户。个体经营户数量众多，且大部分缺乏独立的财务报表，采取推算的方法计算其增加值。首先通过抽样调查抽取部分个体经营户，按照"增加值=营业收入-经营总支出+雇员报酬+缴纳税费"计算出抽样个体户的增加值，然后利用住户调查和税收统计中的有关资料，作为评估调整个体经营户增加值的依据。

四、其他数据

个别行业（如铁路运输业、金融业）涉及跨地区经营问题，地方很难直接根据普查资料核算准确。因此采用分劈全省数的方式核算分地区铁路运输业和金融业增加值。分地区关税及海关代征的增值税和消费税的核算，利用各地区按境内目的地、货源地划分的商品进出口总额占全省数的比重，分劈全省关税及海关代征的增值税和消费税。

五、两次经济普查方法的差异

目前为止，广东已经开展了四次经济普查，分别是2004年、2008年、2013年和2018年（2023年广东省第五次经济普查工作正在如火如荼地进行中）。

第四次经济普查是开展统一核算的重要时间节点，其核算方法与第三次经济普查年度GDP核算方法和现行的非经济普查年度GDP核算方法相比，主要有以下几个方面的变化：

（1）执行新的国民经济核算体系。根据经济社会发展的实际情况以及国民经济核算国际标准2008年SNA的新变化，国家统计局及时修订了我国国民经济核算标准，形成了《中国国民经济核算体系（2016）》。新国民经济核算体系的实施，有利于更加全面准确地反映我国国民经济运行情况，更好地体现我国经济发展的新特点，提高我国国民经济核算的国际可比性。第四次全国经济普查统一核算方案在基本概念、核算原则、核算分类、基本方法等方面执行了《中国国民经济核算体系（2016）》的各项规定。

（2）采用新的分类标准。在GDP生产核算中，按照国家标准委2017年颁布的《国民经济行业分类》（GB/T 4754—2017）和国家统计局2018年修订的《三次产业划分规定》，结合我国国民经济核算的实际情况，进行产业部门分类。在GDP使用核算中，居民消费支出核算采用国家统计局2013年修订的《居民消费支出分类（2013）》，固定资本形成总额分类根据2016年核算体系进行了调整和细化。

（3）丰富了资料来源。GDP生产核算主要采用第四次经济普查资料，以及财政、税收等行政记录数据。第四次全国经济普查将二、三产业普查对象分为一套表单位、非一套表单位和个体经营户，不同普查对象的调查内容有所不同。一套表单位普查内容包括单位基本属性、从业人员及工资总额和财务状况等；非一套表单位普查内容包括单位基本属性、从业人员和部分财务状况指标；个体经营户普查内容包括基本属性和从业人员，并进行了个体经营户的抽样调查，内容包括营业收入、雇员报酬、缴纳税费和经营支出等。与第三次全国经济普查相比，非一套表单位调查的经济指标明显增加，因此，各行业非一套表单位的增加值利用收入法直接计算。

（4）改进了计算方法，调整了指标口径。改进了非一套表单位增加值计算方法，由增加值率法改为利用普查财务资料使用收入法计算；改变了部分服务业行业总产出核算方法，由利用营业收入计算改为利用营业收入和营业支出计算。

（5）实施了地区生产总值统一核算。第四次全国经济普查年度的省以下地区生产总值，由省统计局和地市统计机构按照统一的核算方法和统一的基础资料，开展统一核算，实现地区生产总值汇总数与全省数在总量、速度和结构上的基本衔接。

柒

统一核算的应用逻辑

一、基本遵循

自2019年四季度以来，地方实行统一核算已经历了15个季度，核算方法也日趋完善、科学，核算流程日趋规范。不管是季度核算，还是年度核算，抑或是普查核算，其应用逻辑是基本相同的。

（一）统一核算是主线

从分级核算到统一核算，是核算制度的一次重大改革，其目的就是要实现上下级数据的衔接。不管是季度、年度还是经济普查年份，要把握一个重要原则，那就是统一，这是核算的主线。其中"统"是灵魂。统一的方法制度才能形成可比、可用、权威的数据，国家统计局实施地区生产总值统一核算以来，全国自上而下实现了地区生产总值总量、结构、速度的基本衔接，广东也实现了各地核算数据的完全衔接，更加真实准确地反映了全省和分市、县（市、区）经济总量、结构、速度的情况。"一"是目的。全国一盘棋、一盘数，上下一致一个口径，真实准确反映各地经济发展情况，科学研判经济运行形势，为制定宏观经济政策提供统计服务。

（二）核算方法是核心

实现上下级数据的衔接，必须遵循统一的核算方法和内在逻辑。随着调查制度的变化发展，季度核算的基础指标、价格指数和行业也不断细化完善，其中，基础指标从2018年的23个增加到现在的41个，价格指数从2018年的15个增加到现有的23个，核算的行业从2018年的17个增加到现在的35个，整体而言，核算方法越来越细化、科学，能更加准确反映经济的发展变化情况，保证了各地数据的真实可比。与此同时，考虑地区间行业结构存在差异、个别新商业模式新业态目前的方法制度还无法全面反映，季度核算时设置了特殊情况作为一种补充，只有认真研究核算方法，深入基层调查，真实掌握方法制度之外的经济存在，才能从容全面科学反映经济现状。事实上，为了弥补常规年份的数据差异，全面掌握经济结构、产业结构等的发展变化，我国每五年开展一次经济普查。经普年份数据是对全省经济更加细致、更加全面的反映，算全、算准、算实、算细广东经济账本，是对非经普年份数据的有效检验，也是对统计工作人员的一个重大挑战和考验。

（三）基础数据是关键

核算是依据统一的核算方法计算的结果，是经济运行的综合反映。单从某些方面的指标主观研判，可能会与核算结果出现偏差。但主观研判逻辑不能代替核算逻辑，统一核算必须坚守核算逻辑，其中基础指标至关重要。基础数据来源广泛，有的是通过联网直报系统上报的，有的是部门行政记录，还有的是抽样调查资料，包括财务指标、经济指标、价格指数等，是核算不可或缺的重要核算依据。不断夯实基础数据质量，核算的结果才能更接近真实。要牢固树立"全面实事求是数据观"，坚持"两防"（防注水、防少漏），把企业、基层各项指标数据搞扎实、理明白，经得起检验。核算时，要条分缕析，深入研究，确保核算结果充分反映地区经济走势。

（四）核算结果要尊重

统一核算制度下，必然存在对部分地区经济发展情况特殊性考虑不充分的问题。统一核算改革是党中央、国务院的顶层部署要求，核算工作必须不折不扣从上而下逐级服从，坚决做到顶层要求落地。充分尊重核算结果，这是国家和省基于统计数据科学核算的结果，是评估经济发展实际等情况后的结果，是权威的、不容置疑的。对于核算结果，省以下的统计机构要认真做好数据分析解读工作，及时发出统计声音，发挥其经济变化"晴雨表""方向标"作用，充分维护国家权威、维护数据权威。对于各地区经济发展的特殊情况，在现有的统计制度方法框架下，在兼顾可能的情况下，适当吸纳其合理意见建议，实现数据与当地经济发展的有效衔接，为政府决策提供有力的数据支撑。

二、统一核算以来的季度应用

（一）2019年四季度："四个不同"和"五个统一"

2020年1月18日，广东省地区生产总值统一核算工作会议召开，拉开了统一核算工作新的篇章。与以往相比，我认为地区生产总值统一核算有"四个不同"：一是核算主体不同。核算主体由原来的分级核算变成以上一级为主体，下一级参与配合。二是能力要求不同。核算方式的改变要求核算人员进一步提高诠释核算数据的能力，全面掌握核算方法流程和技术。三是把握方向不同。统一核算改革后更加强调顶层设计，数据首先在国家层面统一核算，逐级核算到地市县区后有可能存在一些指标方向上的不一致。四是核算环境不同。在中央要求加强统计监督在背景下，更加注重核算制度的规范执行，保证数据有来源、方法准、制度正，需要刀刃向内，自我革新。

为确保顺利全面推进统一核算改革，我提出要做到"五个统一"：一是统一思想认识。地区生产总值统一核算是党中央、国务院的决策部署，必须以讲政治的高度，把思想认识统一到"两个维护"的高度上来。二是统一制度方法。省地区生产总值统一核算实施方案在核算制度、核算方法、数据来源、核算机制、核算过程等方面，对各市数据进行统一操作，确保了核算数据总量、结构和速度的完全衔接。三是统一集中行动。统一核算是一项前无古人的工作，大家必须有舍我其谁的改革创新勇气和使命担当，上下联动步调一致，确保改革落地。四是统一纪律规矩。开展核算工作必须严守规矩和纪律，经得起监督和考验。五是统一数据发布。地方要严格遵循数据发布规定，在数据正式发布前注意做好保密工作，并做好舆情预案、监测和处置等工作。

表7-1　2019年广东省地区生产总值

行业	总量（亿元）		增长（%）
	本年	上年	本年
地区生产总值	107671.07	99945.22	6.2
农林牧渔业	4478.51	3948.88	4.3
工业	39398.46	37651.05	4.6
建筑业	4255.07	3849.75	5.9
批发和零售业	11153.04	10476.03	4.9
交通运输、仓储和邮政业	3466.42	3363.48	5.9
住宿和餐饮业	1878.20	1749.36	3.3
金融业	8881.41	7962.26	9.3
房地产业	9223.62	8533.74	6.8
其他服务业	24936.34	22410.67	9.0
第一产业	4351.26	3836.40	4.1
第二产业	43546.43	41398.45	4.7
第三产业	59773.38	54710.37	7.5

表7-2　2019年广东省各市地区生产总值

	总量（万元）				增长（%）			
	生产总值	第一产业	第二产业	第三产业	生产总值	第一产业	第二产业	第三产业
广州市	236285953	2513711	64540005	169232237	6.8	3.9	5.5	7.5
深圳市	269270920	251950	104958369	164060601	6.7	5.2	4.9	8.1
珠海市	34358867	573634	15287332	18497901	6.8	1.9	4.6	9.2
汕头市	26940810	1208776	12797014	12935020	6.1	3.0	4.1	8.7
佛山市	107510235	1569242	60446199	45494794	6.9	3.0	6.3	8.1
韶关市	13184123	1744121	4434141	7005861	6.0	5.1	4.5	7.1

（续表）

	总量（万元）				增长（%）			
	生产总值	第一产业	第二产业	第三产业	生产总值	第一产业	第二产业	第三产业
河源市	10800285	1211725	3718120	5870440	5.5	5.0	5.7	5.4
梅州市	11870594	2190338	3708851	5971405	3.4	4.1	3.0	3.4
惠州市	41774107	2054983	21691244	18027881	4.2	1.8	2.3	6.8
汕尾市	10802990	1522717	4031351	5248922	6.7	5.6	6.8	7.0
东莞市	94824981	284779	53614965	40925236	7.4	5.5	7.6	7.2
中山市	31010999	626033	15218184	15166782	1.2	−2.0	−1.6	4.4
江门市	31466433	2542330	13525413	15398689	4.3	6.3	2.5	5.8
阳江市	12921832	2470453	4460667	5990712	8.2	2.6	14.1	4.2
湛江市	30647197	5852351	10549993	14244853	4.0	4.2	−0.8	8.0
茂名市	32523397	5815954	11248877	15458566	4.3	3.6	2.5	5.9
肇庆市	22488029	3860180	9254546	9373303	6.3	3.9	6.5	7.0
清远市	16982239	2637911	5645854	8698474	6.3	5.0	4.8	7.8
潮州市	10809374	990252	5283482	4535640	5.0	5.6	4.1	6.0
揭阳市	21017696	1866171	8188900	10962625	3.0	4.4	0.3	5.5
云浮市	9219639	1725036	2860799	4633803	6.1	4.6	6.8	6.1

（二）2020年一季度："统一方法为灵魂　科学准确为核心　过程用心为关键　客观真实为指向"

2020年4月17日，省统计局召开2020年全省第一季度地区生产总值统一核算视频电话会议。会上，我强调要牢牢把握好以"统一方法为灵魂，科学准确为核心，过程用心为关键，客观真实为指向"的地区生产总值统一核算基本逻辑，并将之忠实贯穿于整个核算过程和每个工作节点。

统一核算的灵魂在于统一方法。地区生产总值统一核算是党中央、国务院和省委、省政府的重大决策部署，国家统计局去年全面实施第四次全国经济普查年度GDP统一核算方法以来，自上而下实现了地区生产总值总量、结构、速度的基本衔接，广东的核算数据实现了完全无缝衔接，真实准确反映了全省和分市县区经济总量、结构、速度的基本情况，充分表明了全国统一方法是核算工作的灵魂。广东依据全国季度地区生产总值核算方案精神，结合实际研制印发的广东方案，既忠实遵循顶层设计，又体现广东创新，各地区、各部门必须以此为规范开展各项核算工作。

统一方法的核心在于科学准确。统一核算方法是否经得起社会各界的"放大镜""显微镜"检验，是统计部门必须要面对的挑战。广东的季度统一核算方法，既遵循了国际通用标准的2008年SNA和2016年CSNA，按照"先行业、后综合"的程序核算，力求科学合理，又结合四经普后行业基础数据来源的细分，力求实现细化经济颗粒。为此，各级统计部门一定要服从好、坚守好方法制度，特别是切实做好"两防"，统一思想和行动，提高基础数据和核算的精准度，与此同时也要做好解读，诠释数字背后经济与统计的关系。

科学准确的关键在于过程用心。"细节决定成败，过程决定结果。"在一季度的新冠肺炎疫情挑战下，统计部门敢于直面前所未有的新情况、新困难、新问题、新挑战，包括金融、交通和电信等政府部门统计在内的每个操盘手都能坚守岗位，用情、用心、用胆、用力做好各个环节工作，时刻关注经济细胞分裂，及早监测经济指标脉动，切实保障了核算基础数据的准确，充分体现了经济大省之统计强省的良好精神风貌。今天进入了核算期，全省每一名核算人员都要充分发挥"龙头"和"龙尾"作用，要学会计算负增长，看待负增长。首先作一个观察员，全方位、多维度深度观察行业数据变动趋势和程度；其次成为一个切入者，以核算专业方法对国家反馈的全盘核算数据进行"开膛破肚"，条分缕析，夯实所有进入核算程序的数据；再次做一个操盘手，最终确保落定的整盘经济数据客观真实。

过程用心的结果在于指向客观忠心。实事求是、客观真实是统计人最大的讲政治，也是统计核算过程用心的终极体现。在核算过程中只有把实事求是作为核心价值，才能找出经济发展中的堵点、弱点、难点、痛点，为各级党委政府决策提供经济"晴雨表"和"指示器"，以有助于所采取的经济政策措施效果最佳。新方案中季度GDP使用基础指标从原来的24个增至36个，颗粒度化指向更细化、更科学。核算人员要用数理工具、统计工具、核算工具和综合评估等客观事实体现整个国民经济运转的量变和质变，让大家了解明白统计核算真正的价值所在。

表7-3　2020年一季度广东省地区生产总值

行业	总量（亿元）		增长（%）
	本年	上年	
地区生产总值	22518.67	23695.52	−6.7
农、林、牧、渔业	906.86	797.51	0.0
工业	7447.09	8518.52	−13.9
建筑业	555.77	643.97	−16.7
批发和零售业	2004.76	2460.64	−20.5
交通运输、仓储和邮政业	602.21	749.80	−15.2
住宿和餐饮业	270.30	425.08	−38.8
金融业	2455.89	2185.62	7.8
房地产业	1995.12	2012.41	−2.7
其他服务业	6280.67	5901.97	8.2
第一产业	876.60	772.53	−0.3
第二产业	7978.07	9140.22	−14.1
第三产业	13664.00	13782.77	−1.5

表7-4 2020年一季度广东省各市地区生产总值

| | 总量（万元） | | | | 增长（%） | | | |
	生产总值	第一产业	第二产业	第三产业	生产总值	第一产业	第二产业	第三产业
广州市	52288017	465802	12138739	39683476	−6.8	2.4	−17.5	−2.2
深圳市	57855973	52109	19298037	38505827	−6.6	−9.8	−14.1	−1.8
珠海市	7034567	144745	2533878	4355944	−9.2	−6.9	−20.7	0.7
汕头市	5365132	246867	2251040	2867225	−8.9	−5.8	−13.5	−4.8
佛山市	21539829	297890	11498611	9743327	−7.9	−14.5	−9.2	−5.8
韶关市	2721391	320303	854222	1546865	−3.7	1.8	−6.4	−3.2
河源市	2103371	231138	586607	1285626	−11.1	−0.6	−20.4	−7.2
梅州市	2447202	399799	737144	1310260	−6.0	−1.7	−9.3	−4.7
惠州市	8791402	495077	4398537	3897788	−8.7	−0.4	−12.3	−5.2
汕尾市	2281096	379945	617754	1283397	1.9	2.7	1.7	1.8
东莞市	19236971	60716	9872524	9303731	−8.8	−2.3	−14.2	−2.7
中山市	5972244	112543	2519569	3340132	−13.1	−2.8	−23.2	−3.6
江门市	6319268	464031	2431233	3424003	−11.5	−2.4	−22.1	−2.2
阳江市	2529513	526683	689704	1313125	−2.5	−2.3	3.0	−6.8
湛江市	6292437	1093349	2118157	3080931	−7.8	0.8	−12.4	−6.8
茂名市	6766234	1230633	2228696	3306905	−9.7	0.7	−19.0	−5.3
肇庆市	4245162	779574	1412361	2053227	−5.4	0.1	−8.9	−4.2
清远市	3301295	499846	891105	1910344	−9.4	2.2	−18.8	−6.0
潮州市	2238868	226949	1004659	1007260	−4.8	1.5	−5.9	−4.5
揭阳市	4044293	403933	1246101	2394259	−8.1	0.5	−13.0	−5.7
云浮市	1812388	334069	452020	1026299	−5.2	4.1	−11.4	−4.7

（三）2020年二季度：坚持"三个不动摇"

7月16日，省统计局召开2020年上半年地区生产总值统一核算工作视频会议，对做好2020年二季度统一核算工作，我提出要坚持"三个不动摇"：

一是坚持统一核算不动摇。地区生产总值统一核算改革落地以来，核算的基础正进一步夯实，统一核算的方法和流程更加科学规范，核算改革不断向纵深推进。实践证明，没有统一就没有权威、没有可比。核算专业人员必须牢牢坚持做到方法的统一，才能切实保证季度地区生产总值核算改革高质量推进。

二是坚持基础指标核算不动摇。季度核算从过去的24个基础指标转变为现在的36个基础指标，是核算地区生产总值最重要的基石，没有基础指标就难为无米之炊，不仅操作者心里要清楚，同时还需向各级党政领导讲明白、解释清。核算专业人员必须牢牢坚持基础指标核算不动摇，下大力气做打基础、强基础、重基础的工作，始终坚持"两防"，始终做到数据有来源，做到数据真实准确，不注水也不少漏，统一核算数据才会有高质量，真正做到实事求是。

三是坚持提高核算能力不动摇。核算是一盘大数，其中，数据来源既有综合统计，也有部门统计，此外还有大量"未观测"数据。把各种渠道的数据纳入核算这个大盘，专业能力显得非常重要，从这点来说提高核算能力和水平一直在路上。核算专业人员必须坚持提高核算能力不动摇，不断探索大核算的各项构成，将能力的边际扩展到部门统计、条条统计和"未观测"里面，不断提高核算能力和水平，才能全景描述经济存在和脉动，全面反映广东做好"六稳"，落实"六保"成果。

表7-5　2020年上半年广东省地区生产总值

行业	总量（亿元）		增长（%）
	本年	上年	
地区生产总值	49234.20	50054.49	-2.5
农、林、牧、渔业	1975.87	1742.83	1.8
工业	17115.91	18372.51	-6.6

（续表）

行业	总量（亿元）		增长（%）
	本年	上年	
建筑业	1739.45	1709.24	0.9
批发和零售业	4749.20	5132.04	−9.0
交通运输、仓储和邮政业	1351.05	1616.60	−11.5
住宿和餐饮业	171.74	160.72	16.4
金融业	4924.21	4370.65	9.0
房地产业	4303.14	4305.08	−1.8
其他服务业	12455.08	11953.27	5.1
第一产业	1914.72	1689.42	1.6
第二产业	18798.81	20033.70	−6.2
第三产业	28520.67	28331.37	0.1

表7-6 2020年上半年广东省各市地区生产总值

	总量（万元）				增长（%）			
	生产总值	第一产业	第二产业	第三产业	生产总值	第一产业	第二产业	第三产业
广州市	109682861	1161687	28380733	80140441	−2.7	4.4	−7.0	−0.8
深圳市	126343046	120611	45536021	80686414	0.1	−8.1	−2.3	1.7
珠海市	15905918	257265	6602944	9045708	−2.5	−6.4	−6.5	1.4
汕头市	12362593	527099	5809877	6025617	−6.0	−4.9	−8.3	−3.4
佛山市	46265036	650765	24439264	21175008	−7.5	−16.4	−10.7	−2.2
韶关市	6138247	737293	2108086	3292868	0.6	4.8	2.2	−1.0
河源市	4671258	451985	1463586	2755687	−4.7	1.4	−8.3	−3.1
梅州市	5437315	923169	1690347	2823799	−1.9	0.1	−3.8	−1.1
惠州市	18828441	1026202	9462435	8339804	−4.3	5.1	−5.3	−3.9

（续表）

	总量（万元）				增长（%）			
	生产总值	第一产业	第二产业	第三产业	生产总值	第一产业	第二产业	第三产业
汕尾市	5240136	761875	1635717	2842545	5.1	4.9	2.6	7.1
东莞市	43612785	139453	23881138	19592193	−1.7	8.1	−3.5	0.5
中山市	13893219	257120	6560376	7075722	−6.5	−2.1	−10.5	−2.3
江门市	14334992	1021882	6043827	7269283	−3.8	0.5	−7.5	−0.7
阳江市	5988868	1107545	2120192	2761132	1.1	0.7	5.8	−4.0
湛江市	13825726	2563758	4738286	6523682	−4.4	0.3	−6.6	−4.2
茂名市	14388883	2741818	4604323	7042742	−6.0	4.2	−15.0	−2.3
肇庆市	9607855	1449994	3858011	4299850	−3.8	−2.5	−5.1	−2.8
清远市	7689344	1187527	2403915	4097903	−1.5	4.5	−3.0	−1.8
潮州市	4978048	477110	2366109	2134828	−3.0	4.1	−5.2	−1.2
揭阳市	9095349	882147	3105282	5107919	−3.2	3.4	−5.3	−2.5
云浮市	4052131	700894	1177632	2173605	−2.5	5.2	−5.3	−2.5

（四）2020年三季度：把握"统""变""摊""有"四个关键字

10月19—20日，省统计局召开2020年一至三季度地区生产总值统一核算工作视频会议，我提出统一核算要把握"统""变""摊""有"四个关键字。

统一核算在于"统"。党中央、国务院关于地区生产总值统一核算改革决策部署是统一要求，在执行统一核算的过程中，必须清醒认识到"统"的顶层设计刚性力度，进一步增强"四个意识"、坚定"四个自信"、做到"两个维护"，站位在全国高度坚决执行全国统一的核算制度方法。

适应方法在于"变"。经济运行环境在变，今年以来中央和省委密集出台各项经济策略措施推动高质量发展，统一核算方法也要跟上、适应，根据经济各种变化采取相应的方法，国家统计局顶层技术方法的变化，省一级必须提高统计能力去适应，做到统一核算上下衔接，就是要把握好统一核算的"统"跟方法的"变"的内在联系。"变"既体现在工作措施上，也体现在为经济发展服务上。各地一把手只有亲自分管核算，走进核算，才可以调动全局力量，实现统一核算数据真实反映经济存在。

落实结果在于"摊"。统一核算改革实现上下衔接的一个重要技术方法简而言之就是"摊"。国家统计局基于经济的变化采用科学衔接分摊，对各个行业都运用对应的系数，使得最后核算数据结果体现经济增长的高低变化。全省统计人就要有这个勇气，不为迎合个别领导而去弄虚作假，而是从数据变化中尽早发现问题，找准经济支撑点，洞悉数据背后的内在逻辑，真实准确、全面及时反映经济实际情况。

核算根基在于"有"。"一枝独放不是春，百花齐放才是春。"始终要把基础数据作为基石，每个行业的基础指标都是地区生产总值统一核算的基础，没有真实准确的基础指标就没有真实准确的核算结果。要切实抓好"两防"，夯实基础指标数据，才能精准把握经济脉搏，做出科学预判。同时，在当前经济环境下，做好沟通解释宣传，科学处理好经济形势研判与统一核算相统一，也是对统计人的一个重要考验。

表7-7　2020年前三季度广东省地区生产总值

行业	总量（亿元）		增长（%）
	本年	上年	
地区生产总值	78397.07	77460.42	0.7
农、林、牧、渔业	3357.37	3023.50	3.1
工业	27755.78	28299.45	−1.2
建筑业	2976.12	2840.07	4.7
批发和零售业	7592.46	7949.92	−5.2

（续表）

行业	总量（亿元）		增长（%）
	本年	上年	
交通运输、仓储和邮政业	2168.32	2539.78	−8.2
住宿和餐饮业	1050.83	1336.23	−22.9
金融业	7484.45	6622.54	9.2
房地产业	6944.02	6624.19	1.8
其他服务业	19067.72	18224.74	5.3
第一产业	3260.42	2936.55	3.0
第二产业	30656.50	31065.48	−0.8
第三产业	44480.15	43458.39	1.7

表7-8　2020年前三季度广东省各市地区生产总值

	总量（万元）				增长（%）			
	生产总值	第一产业	第二产业	第三产业	生产总值	第一产业	第二产业	第三产业
广州市	174758621	1821037	47043886	125893699	1.0	7.2	0.7	1.0
深圳市	197869768	191662	73116160	124561946	2.6	−4.3	1.0	3.6
珠海市	25085298	379177	10705913	14000208	0.6	−3.4	−2.2	3.3
汕头市	20489062	859440	10024992	9604630	−0.8	−1.5	−3.5	2.5
佛山市	74839842	1134912	40531398	33173532	−2.3	−3.1	−4.0	0.2
韶关市	9910725	1414849	3369936	5125940	2.3	5.6	4.7	0.0
河源市	7496935	829861	2433997	4233076	−2.9	3.1	−5.9	−2.0
梅州市	8716714	1612998	2722460	4381256	0.3	1.7	−0.6	0.4
惠州市	30531438	1600321	15575434	13355683	0.3	5.1	−0.1	0.2
汕尾市	8082432	1159155	2788675	4134602	4.6	5.1	2.6	6.0
东莞市	68925189	219671	37988753	30716765	0.2	7.4	−2.2	3.1
中山市	22361120	441950	10860506	11058663	−1.4	3.7	−2.7	−0.3
江门市	22709043	1866024	9619612	11223407	0.3	5.1	−1.0	0.8

（续表）

	总量（万元）			增长（%）			
	生产总值	第一产业	第二产业	第三产业	生产总值	第一产业	第二产业	第三产业
阳江市	9512804	1828790	3455227	4228786	3.3	1.5	9.3	-2.8
湛江市	21896580	4078492	7549415	10268673	0.2	1.2	0.8	-0.7
茂名市	23321332	4977187	7308346	11035798	-1.3	5.0	-6.2	0.1
肇庆市	15968754	2674714	6522708	6771331	0.5	2.8	-0.6	0.8
清远市	12590495	1987179	4180726	6422590	2.2	3.6	4.6	0.0
潮州市	7721466	789912	3640677	3290876	-2.2	5.9	-4.9	-0.3
揭阳市	14414550	1410260	5109788	7894502	-0.6	2.8	-0.9	-1.0
云浮市	6768504	1326609	2016389	3425506	2.5	7.2	2.3	0.9

（五）2020年四季度：把握"五大关系"

2021年1月17日，省统计局召开2020年全年地区生产总值统一核算工作视频会议。会上，我提出开展全省地区生产总值统一核算应把握好"五大关系"。

一是把握好科学性、基础性与统一性的关系。核算工作首先要讲科学，遵循科学、规范、严谨、细致原则，"先行业、后综合"才能算全、算准、算细，才能在整个统计工作中发挥其龙头作用；基础数据来源是核算最重要的基石，唯有来源于政府综合统计和部门统计的基础数据真实准确，核算结果才会高质量实事求是；统一核算就是顶层设计，实践证明，没有统一就没有权威、没有可比。统一核算工作人员既要提高政治站位遵循顶层设计，又要提高核算能力，真正把握好科学性、基础性与统一性相统一。

二是把握好服从、服务与说服的关系。服从是统一核算的基本要求，党中央、国务院关于地区生产总值统一核算改革决策是顶层部署要求，核算工作必须不折不扣从上而下逐级服从，坚决做到顶层要求落地；为数据需求者服务是统计核算的天职，包括数据提供、数据解构、数据解读和变化研判，在每一季度核算数据出来后，须及时发出统计声音，发挥其经济变化"晴雨表""方向标"作用；说服是在经济发展不稳定因素增多特别是经济下行，核算数据与预期相离甚至相悖时，统一核算工作人员要坚持实事求是，及时做好与党政的沟通汇报和应对外界压力等各项工作，要敢于接招、敢于亮剑，用数据说话。把握好服从、服务与说服的关系是核算工作的驾驭能力和引领能力的具体体现，核算工作决不能被统计外部力量牵着鼻子走，要通过遵循制度、主动服务、公开透明保障统一核算真正落实。

三是把握好测算、估算与预计的关系。站在"十三五"与"十四五"交汇点上，作为政府综合统计部门，根据发展趋势科学测算"十四五"规划目标和2035年远景目标，做到心中有数服务党政非常必要；估算是大致的推算，与测算有所区别，需要考虑测算过程中的误差和经济运行变化的实际结果，估算要考虑内外因素变化，估算区间要留有一定余地；预计弹性更大一些，需要有过去的基础、当下的现实和未来的走向，更要充分考虑采取的经济政策效果。统一核算工作人员算过去全年的数，站在当下想未来，这盘数里面充满着过去、现在和未来的关系。统一核算工作人员作为统计专家要懂得用好测算、估算和预计的各种工具，同时也要留有余地，主动作为，当好高级别的核算工作者。

四是把握好数据、数据变化与数据背后经济意义的关系。统计工作最重要的是实事求是，当全年地区生产总值统一核算数据落定摆在面前，这就是经济运行的最终成果，也是按照统一核算方案算出来的最终成果；此时重要的是以平常心对待数据变化，要通过这盘数据去复盘本地区全年总体经济运行的变化，看清经济运行特点，形成真实反映经济变化的成绩单，而不要再无谓地持续纠结于前期指标、计划目标和与其他地区比较；

同时也要把来自国家层面把握的核算重点和方向及时向当地党政领导汇报清楚，把数据及数据背后的经济意义解构好、认识透、讲清楚，为党政制定经济政策、确定经济措施提供合理建议，并做好舆情分析和预案，确保统计核算风正帆悬。

五是把握好我为、为我与无我的关系。为数据需求者服务，首先是"我为大家"，在"粤治慧"平台经济运行主题，专门有一个统一核算版块，主动开放制度流程方法和数据为各个经济部门和各级党政服务；然后是"为我"，地区生产总值核算是属地概念，中央直属和地方直属的有关统计部门都要为统一核算提供基础数据，在统一核算一盘棋里，可以请部门统计力量来作为统计专家，纳入为统一核算服务行列，确保基础数据来源真实准确；"无我"，意味着无我的境界，要有"拿走你的汗水，有一种叫能力的东西却拿不走"的精神境界，选择了统计，就选择了诗和远方。面对各种各样的统计需求，把握好我为、为我和无我的关系，三者之间有很大牵引力和创新力，在工作过程中追求无我会创造出新的境界。

表7-9　2020年广东省地区生产总值

行业	总量（亿元）		增长（%）
	本年	上年	
地区生产总值	110760.94	107986.92	2.3
农、林、牧、渔业	4916.02	4478.28	4.0
工业	38903.90	39141.79	1.3
建筑业	4651.50	4333.96	7.5
批发和零售业	10634.94	11000.23	−4.4
交通运输、仓储和邮政业	3360.13	3657.96	−3.4
住宿和餐饮业	1605.14	1880.49	−22.0
金融业	9906.99	8764.09	9.2
房地产业	10625.65	9543.22	4.3
其他服务业	26156.67	25186.90	5.5

（续表）

行业	总量（亿元）		增长（%）
	本年	上年	
第一产业	4769.99	4350.61	3.8
第二产业	43450.17	43368.21	1.8
第三产业	62540.78	60268.10	2.5

表7-10　2020年广东省各市地区生产总值

	总量（万元）				增长（%）			
	生产总值	第一产业	第二产业	第三产业	生产总值	第一产业	第二产业	第三产业
广州市	250191096	2880787	65903908	181406400	2.7	9.8	3.3	2.3
深圳市	276702398	257876	104540132	171904390	3.1	−3.1	1.9	3.9
珠海市	34819395	600180	15108630	19110585	3.0	1.6	1.8	4.1
汕头市	27305766	1230307	13035604	13039856	2.0	0.0	2.5	1.7
佛山市	108164709	1641199	60952967	45570544	1.6	−0.6	1.3	2.0
韶关市	13534864	1983572	4648014	6903278	3.0	4.5	4.5	1.8
河源市	11027409	1369148	3746685	5911576	1.3	5.9	1.9	−0.1
梅州市	12079766	2449602	3672304	5957860	1.5	0.7	1.5	1.8
惠州市	42217852	2190942	21343600	18683310	1.5	4.4	1.6	1.2
汕尾市	11238086	1596444	4082629	5559014	4.6	4.1	4.5	4.8
东莞市	96501925	302674	51930901	44268349	1.1	6.0	−0.9	3.5
中山市	31515914	715659	15567753	15232502	1.5	17.5	1.4	1.1
江门市	32009535	2744806	13332318	15932412	2.2	3.2	2.3	1.9
阳江市	13604405	2635893	4850981	6117531	4.4	1.5	10.7	−1.6
湛江市	31002210	6220590	10518033	14263586	1.9	0.0	3.7	1.1
茂名市	32793057	6486750	10324290	15982016	1.5	5.4	1.1	0.5
肇庆市	23116491	4372704	9021884	9721903	3.0	5.3	2.4	2.6
清远市	17771527	2979667	5864375	8927485	3.8	4.5	6.2	1.8
潮州市	10969817	1066121	5191060	4712636	1.3	4.4	1.4	0.6
揭阳市	21021400	2043964	7747697	11229739	0.2	3.2	−2.5	2.2
云浮市	10021784	1931015	3117934	4972836	4.1	8.0	4.4	2.4

（六）2021年一季度："三话三个一"

2021年4月17日，省统计局召开2021年全省第一季度地区生产总值统一核算视频电话会议，开展全省第一季度地区生产总值统一核算。我以"三话三个一"要求各地高质量开展全省一季度统一核算工作。

第一句话是感动付出。2019年第一季度统一核算改革以来，全省核算系统上下敢于担当奋斗，不辞辛劳付出，以过硬的核算能力和上下协同的统一步调推进改革，实现了核算结果上下完全衔接，横向科学可比。特别是在2020年经历了前所未有的新冠肺炎疫情冲击经济下，统一核算面临巨大困难，全省统计系统以闯的精神、创的劲头、干的作风出色核算出全省和各地经济活动总成果，得到省委、省政府主要领导的高度肯定，成绩来之不易。正是如此，在面对一季度错综复杂经济形势时，各地核算人员要有信心、有能力肩负起广东第一经济大省经济总量统计核算的责任。

第二句话是正确看待。3月25日，国务院召开经济形势分析会，研判当前形势，李克强总理提出要保持清醒头脑，今年前高后低趋势是大概率事件，既要看同比，也要看环比，还要看两年平均增长。各地要冷静客观理性看待核算结果，基数高低影响很大，不要因为一个季度的高或低而乐观或沮丧，要有平常心，数据正式核定前不能随意误导领导，不要自己造出压力来压在自己身上，而应该把经济运行交给主管部门，把更多精力用于研判数据背后的经济现象，全面客观辩证看透数据。

第三句话是如何做好。统一核算结果出来之后，如何使核算数据落地，客观诠释数据背后经济情况，让各级党委政府接受认可是统计核算的硬核功夫。有些地方反映工业用电增速与工业平台数增速不匹配，既有经济结构问题，也有统计基础的原因。各地要大力夯实统计基础，以不变应万变。

第一个"一"：把握好"一盘数"。受去年低基数影响，一季度各项指标增速普遍高，各地对经济发展失去评判方向，万变不离其宗，核算数据一定要有基础和核算逻辑。各地要把握好"一盘数"，一方面是统好基础数据，这是基本点；另一方面是系数准，这是技术能力。

第二个"一"：培育好基础指标"一棵树"。今年季度GDP核算基础指标由去年的36个变为40个，就像一棵大树，枝丫有粗有细。影响最大的还是工业特别是制造业，指标影响程度各地区各不相同。指标涉及各个部门、各个领域，这就要求各部门要强化措施，打牢基础，抓好发展。要把握好统计工作"三三制"规律，抓住黄金时间节点，提前谋划好工作。

第三个"一"：坚持好统一方法"一个框"。核算是在同一个方法制度框架下的统计核算，方法是统一的。各地统计部门要从琢磨数据转到琢磨事情上来，用安静之心、学习之心、感恩之心、向上之心把方法制度看通透，把握好各季度比重，掌握各季度动态变化规律和趋势。解构数据要做到通俗化，把统计方法制度跃然纸上，让人可信可敬。过程不重视，结果徒悲伤。要坚持结果导向、问题导向，消除统计问题和经济问题混淆不清的现象，沧海横流显本色。

表7-11　2021年一季度广东省地区生产总值

	总量（亿元）		增长（%）
	本年	上年	本年
地区生产总值	27117.96	22433.39	18.6
农林牧渔业	983.95	906.84	7.2
工业	9176.23	7331.91	24.6
建筑业	751.76	553.75	29.5
批发和零售业	2488.02	1990.73	25.2
交通运输、仓储和邮政业	755.79	597.47	32.1
住宿和餐饮业	380.96	268.31	43.1
金融业	2675.50	2427.78	6.4
房地产业	2676.08	2021.17	26.2
其他服务业	7229.65	6335.42	10.1
第一产业	952.78	878.19	7.1

（续表）

	总量（亿元）		增长（%）
	本年	上年	本年
第二产业	9903.86	7860.11	25.1
第三产业	16261.32	13695.10	15.6

表7-12　2021年一季度广东省各市地区生产总值

	总量（万元）				增长（%）			
	生产总值	第一产业	第二产业	第三产业	生产总值	第一产业	第二产业	第三产业
广州市	64040917	480550	15341367	48219001	19.5	1.5	31.3	16.4
深圳市	68675380	56837	22957780	45660763	17.1	5.9	21.7	14.8
珠海市	8264694	152976	3117226	4994493	18.8	−0.8	29.8	13.4
汕头市	6280556	260750	2715021	3304784	19.9	3.1	28.4	15.1
佛山市	25519465	345630	13771967	11401868	17.5	12.8	17.6	17.6
韶关市	3332311	360515	1233231	1738565	15.4	12.8	21.3	12.2
河源市	2596757	269036	841885	1485837	20.3	10.2	37.6	13.9
梅州市	2762722	424467	871206	1467048	12.2	4.0	16.3	12.4
惠州市	10349342	516409	5151586	4681347	23.2	4.0	29.1	19.6
汕尾市	2716546	411450	898648	1406448	15.4	7.0	24.0	12.8
东莞市	23580365	65293	12205583	11309489	20.4	4.4	25.7	15.2
中山市	7697508	140697	3582418	3974393	25.0	15.7	35.4	17.0
江门市	7634383	488434	3080401	4065548	21.4	11.3	32.8	15.3
阳江市	3260835	564972	1258259	1437604	16.3	6.4	29.7	11.0
湛江市	7676974	1237312	2875242	3564420	17.0	8.2	25.4	13.9
茂名市	8205934	1328485	2825383	4052066	17.1	6.4	25.2	15.4
肇庆市	5104096	856035	1828048	2420013	18.6	9.2	26.8	16.5
清远市	4046215	536606	1259892	2249717	20.3	8.4	35.6	16.1
潮州市	2581945	248563	1147626	1185756	15.4	6.0	20.0	13.3
揭阳市	4647201	417007	1426700	2803493	13.2	3.2	13.4	14.8
云浮市	2205414	365747	649106	1190561	15.7	8.5	22.5	14.4

（七）2021年二季度："全面性过程性艰巨性充分性史诗性"

2021年7月15日，省统计局召开2021年上半年广东地区生产总值统一核算视频会议。就如何做好2021年上半年地区生产总值统一核算工作，我提出"五性"要求。

一是全面性。地区生产总值核算方法越来越科学，核算内容越来越全面，核算指标由23个增加到40个，反映经济生产活动内容更多，反映经济社会变化规律更加全面客观，要高度重视地区生产总值核算工作。地区生产总值核算工作是一个复杂系统工程，涉及国家层面顶层设计，涉及核算、工业、农业等专业统计投入和相关部门统计付出，是名副其实的集体工程。地区生产总值核算犹如汪洋大海，汇集每个专业的努力和责任，各专业部门都以不同权重方式影响核算的结果。全体核算单位、人员加强沟通，通力配合，拧成统计合力，"让数据接近最真实，让方法接近最科学"，全面客观真实反映经济社会发展变化规律。

二是过程性。要加强数据收集过程管理，从第一天报数起，就要实施扁平化工作方法，时刻关注数据动态变化，及早发现问题、解决问题，避免将问题留到核算过程，影响核算结果。坚决反对数据注水、反对数据少报漏报，尊重统计客观规律，实事求是，结果来自过程，用过程确保结果。过程管理更需要持续性，核算结果是一个动态发展变化的过程，上半年数据决定不了全年的结果，持续抓过程管理，在过程中讲质量，讲数据生命，讲数据背后的经济本来面目。过程真实，结果坦然。要高度警惕统计数据所反映的经济问题，及时汇报、及时"医治"。

三是艰巨性。艰巨性不仅在于统计任务重、事情多，主要在于不确定性。统计一个重要职能就是反映解构预测经济发展变化规律，但经济社会发展复杂多变，具有高度不确定性，客观反映任务艰巨；国家层面不断完善统计方法制度，让统计更科学，但仍有局限性，很难完全适应每个地区、每个城市的发展，在这种情况下，要提高政治站位，服从顶层统筹、服从统一核算安排，当然这也给地方开展统计工作带来巨大压力。各级统计干部要加强学习研究，学透统计方法制度，善于抓主要矛盾、抓矛盾的主要方面，做到对经济结果心中有数、心中有底，切实为数据需求者服务，走好统计的长征路。

四是充分性。充分尊重核算结果，这是国家和省基于统计数据科学核算的结果，是评估经济发展实际等情况后的结果，是权威的、不容置疑的；要认真做好数据分析解读工作，特别是要阐明平台数和最终核定数不同的原因，充分维护国家权威、维护数据权威。与此同时，国家和省也会充分考量各个地区的经济发展的特殊情况，在现有的统计制度方法框架下，在兼顾可能的情况下，吸纳各个地区的合理意见建议，实现数据与当地经济发展的有效衔接，为政府决策提供有力的数据支撑。

五是史诗性。地区生产总值经济核算工作是一项史诗性工作，是特定历史条件下统计工作的最佳作品，是一代代统计人集体付出的历史表征，值得记忆、研究、称赞。统计人要学会忘忧、学会解脱，不要被外界的、整体性变化、指标排位波动等因素所困，要在统计工作过程中始终保持统计人的情怀，发扬"老黄牛"精神，努力实现核算的自由，达到精神上的解脱。在现有数据条件下，要忠于统计、忠于体制，不断地向外、向上、向内心寻找各种存在可能，圆满完成时代赋予的统计核算任务，在这项史诗性的工作上留下浓墨重彩的一笔。

表7-13　2021年上半年广东省地区生产总值

	总量（亿元）		增长（%）
	本年	上年	本年
地区生产总值	57226.31	49028.09	13.0
农林牧渔业	2129.92	1975.70	8.7
工业	20187.27	16849.87	15.8
建筑业	2128.43	1738.78	13.7

（续表）

	总量（亿元）		增长（%）
	本年	上年	本年
批发和零售业	5610.75	4716.93	17.5
交通运输、仓储和邮政业	1694.14	1339.36	22.6
住宿和餐饮业	784.29	615.72	25.6
金融业	5368.78	4868.81	6.1
房地产业	5188.43	4354.46	13.3
其他服务业	14134.30	12568.46	9.3
第一产业	57226.31	49028.09	13.0
第二产业	2129.92	1975.70	8.7
第三产业	20187.27	16849.87	15.8

表7-14　2021年上半年广东省各市地区生产总值

	总量（万元）				增长（%）			
	生产总值	第一产业	第二产业	第三产业	生产总值	第一产业	第二产业	第三产业
广州市	131018902	1235234	34206789	95576879	13.7	6.3	16.3	12.8
深圳市	143244687	120672	50585614	92538401	9.7	1.0	8.3	10.5
珠海市	18414722	272583	7716778	10425361	12.9	1.5	13.6	12.6
汕头市	13776015	537880	6500638	6737497	14.3	2.4	17.6	12.2
佛山市	54741192	753986	30288030	23699176	17.3	15.0	21.1	12.8
韶关市	7090567	818285	2696478	3575804	12.0	12.9	15.5	9.4
河源市	5463474	563593	1873447	3026434	13.5	14.0	21.5	8.9
梅州市	6032957	983219	2000396	3049342	10.6	6.7	15.6	8.8
惠州市	22265846	1047854	11458626	9759366	16.8	4.2	20.6	14.2
汕尾市	5876231	832929	2043256	3000046	16.2	11.4	22.2	13.8
东莞市	50001107	155063	27032015	22814029	12.0	7.8	13.9	9.7
中山市	16511990	386240	8273677	7852073	16.4	35.7	20.1	12.0

（续表）

	总量（万元）				增长（%）			
	生产总值	第一产业	第二产业	第三产业	生产总值	第一产业	第二产业	第三产业
江门市	16565712	1096945	7354804	8113963	13.2	13.0	18.5	8.8
阳江市	7193189	1178536	2951009	3063643	15.3	6.4	28.3	8.7
湛江市	16204090	2775340	6262635	7166114	14.2	8.0	22.6	10.6
茂名市	16606164	2787571	5690755	8127838	12.9	5.6	20.0	11.3
肇庆市	11255658	1572833	4542662	5140163	16.2	10.6	24.2	11.4
清远市	9004424	1286395	3111161	4606868	13.2	9.4	21.0	9.6
潮州市	5758780	517909	2803640	2437232	13.8	6.8	18.4	10.5
揭阳市	10343930	905861	3637433	5800637	11.2	4.9	12.4	11.5
云浮市	4893429	809590	1642073	2441765	15.4	16.7	21.5	11.2

（八）2021年三季度：以核算的变与不变之广角努力实现统计核算的统一性科学性与自信

10月19日，省统计局召开2021年一至三季度全省地区生产总值统一核算视频培训会议。会上，我强调要"以核算的变与不变之广角，努力实现统计核算的统一性、科学性与自信"，扎实完成好本职工作，努力为党委、政府科学决策提供优质统计服务保障。

一要辩证看待核算的"变"。首先，核算反映的经济产出与生产总体是变化的。国家统计局对地区生产总值核算提出坚持统一核算的要求，坚持基础数据来源的要求，坚持方法科学的要求，坚持数字衔接的要求。认真落实国家统计局地区生产总值统一核算要求，核算就是要如实反映经济生产变化。经济增长有高有低，有升有降，甚至在较短的时期有回调的需要，特别是今年受基期影响，统计数据呈现"前高后低"现象。这就要求核算人员必须有观察力，发现规律，努力实现对变化的描述，而不能改变趋势或跨越这些基础的、原始的变动。其次，核算方法相对的变化。为消减某些指标波动过大，做好核算数据衔接，统计工作的各个环节要对数据作一定的调整，各有考虑。核算人要能适应和胜任各个阶段、各个时期的变化，既要有综合能力也要有快速响应的能力，把握好核算工作的科学性和统一性要求。核算既是龙头也是龙尾，各个专业也要能适应这种变化。同时，核算专业的干部岗位在变。国家统计局、省统计局都有负责核算工作的人员岗位变动。工作多岗，人生多角，能力多得，历练更多。岗位变化给统计工作和核算工作带来生机和活力，干部在岗位变化中不断学习提高，个人综合素质会有更大的提高。

二要认真对待核算的不变。一是核算以基础指标为依据没有变。地区生产总值核算基础指标从过去的20多个到现在的40多个，背后70多个关联性指标构成这一盘数，核算人员要从变化中寻找不变化，各地级以上市统计局要牢牢抓住基础指标这个最重要的因素，圆满完成各个年度和季度的核算工作。核算之广角等于全角，以不变应万变。二是核算相对方法的不变。核算方法和基础指标是在年初充分征求意见的基础上确定的，指标构成的方法和行业大类没有变。必须盯住这些指标变化，避免本末倒置。核算指标有些没有涵盖，不能考虑得那么直接和全面，间接抓不如直接抓，地市抓核算指标一点不能含糊，通过这些指标的变化导向经济的努力方向。三是核算背后的孤独性是不变的。核算过程时常不被理解，方法的顶层设计在国家，在统计系统外不能讲，是说不出话的孤独。统计人要有开放包容的心态，真实反映经济变化，更要善于做好数据解说。核算有实事求是的一面，有刚性的一面，有务实的一面，也有为大家着想的一面。增长有不足的、有不够的，核算人自信在结构上能够解说清楚。核算是由各方完成的，没有的或者少的东西，争取来的东西始终要还回去。间接抓不如直接抓，抓眼下不如抓长远。核算要坚持住方法的科学性和核算衔接的统一性，实现变与不变的有机结合，成为核算之广角。经济增长有高有低，在长长短短之间通过核算之广角把经济看得更透。三要不断提高数据的解构能力。经济发展好不好不是统计的事，但是数据解构好不好就是统计的事。统计人要把握好方法相对的变化和相对方法的不变，面对压力，做好沟通和解构，有信心回答好相对方法不变的问题，实现统计工作的方向性和核算工作的逻辑性、科学性，发挥经济研判作用，不断增强核算的自信。

表7-15　2021年前三季度广东省地区生产总值

	总量（亿元）		增长（%）
	本年	上年	本年
地区生产总值	88009.86	78059.70	9.7
农林牧渔业	3532.52	3357.61	8.3
工业	31268.62	27321.12	11.3
建筑业	3484.82	2962.85	8.9
批发和零售业	8675.45	7545.31	13.0
交通运输、仓储和邮政业	2633.27	2150.55	14.7
住宿和餐饮业	1231.76	1043.20	15.5
金融业	8190.23	7402.49	6.0
房地产业	7584.28	7027.68	6.6
其他服务业	21408.91	19248.88	8.1
第一产业	3425.59	3260.58	8.2
第二产业	34684.45	30205.78	11.1
第三产业	49899.82	44593.34	8.8

表7-16　2021年前三季度广东省各市地区生产总值

	总量（万元）				增长（%）			
	生产总值	第一产业	第二产业	第三产业	生产总值	第一产业	第二产业	第三产业
广州市	200291173	1886285	51950032	146454855	9.9	5.2	10.3	9.8
深圳市	217911773	189807	78761648	138960318	7.1	−1.2	5.1	8.3
珠海市	27563108	407367	11864313	15291428	9.1	4.0	9.1	9.2

（续表）

	总量（万元）				增长（%）			
	生产总值	第一产业	第二产业	第三产业	生产总值	第一产业	第二产业	第三产业
汕头市	21792340	878449	10469990	10443901	11.2	2.7	13.0	10.2
佛山市	84893262	1283693	47480491	36129079	11.4	11.3	13.2	9.1
韶关市	11065555	1545279	4157347	5362928	10.1	13.1	12.1	7.9
河源市	8491868	958709	2956948	4576211	9.9	9.8	13.8	7.6
梅州市	9249909	1682286	2962416	4605206	7.9	5.5	8.5	8.4
惠州市	34901961	1654648	18618136	14629178	12.0	7.2	16.4	7.5
汕尾市	9074035	1253576	3315335	4505124	14.3	11.5	21.7	10.1
东莞市	76946219	239125	42050475	34656619	9.1	6.4	11.4	6.4
中山市	25275436	594406	12837757	11843274	11.5	25.6	14.7	7.6
江门市	25358574	1964760	11149604	12244211	10.3	10.1	14.2	6.9
阳江市	10847551	1838075	4413738	4595739	11.2	5.2	20.6	6.3
湛江市	25103138	4289110	9725201	11088827	10.5	8.2	16.1	7.4
茂名市	26150163	4944303	8724984	12480876	9.3	6.0	11.9	9.1
肇庆市	18467868	2874761	7872816	7720291	14.0	9.8	21.9	8.8
清远市	14151501	2081061	5018277	7052163	9.8	8.8	14.7	7.0
潮州市	8821436	831155	4269456	3720824	11.8	6.5	15.5	9.2
揭阳市	15996996	1410788	5794749	8791459	8.9	4.1	8.0	10.4
云浮市	7744734	1448239	2450786	3845709	11.1	13.2	13.2	9.1

（九）2021年四季度：统一核算"像风像雨又向阳"构建"算手、算法、算力"一个有机核算整体

2022年1月17日，省统计局召开2021年全省地区生产总值统一核算视频培训会议。会上，我提出统一核算"像风像雨又向阳"。季度核算基础指标"像风"，专业数据从开网填报到最后收官，中间饱含了各个处室的心血和汗水，紧锣密鼓，一环套一环，各环节相互配合在时间节点前完成

核算工作。但有的专业数据往下核，虽积极沟通，但效果甚微，基础指标初始数据如当下天气般寒风刺骨。"像雨"，广东数据质量过硬，国家反馈结果广东总量核增，尽管增量不多，但面对风的时候，温和的雨来了就感觉没有那么冷。"向阳"，是指统一核算向着正能量聚集，大家用心做年报，数据背后有温度。考虑各个地区的特殊情况，拿到基础指标和年报数，希望各地不要太纠结，国家使用统一核算系数、衔接系数等，目的是更客观真实反映当前经济运行，减少外部对核算数据的挑战和压力，统计部门本着实事求是的核算原则，最大可能兼顾变化，维护国家统一核算数据落地落实。

"统"是灵魂。只有统一的方法制度才能形成可比、可用和权威的数据，国家统计局实施地区生产总值统一核算以来，全国自上而下实现了地区生产总值总量结构速度的基本衔接，广东的各地核算数据实现了完全衔接，真实准确反映了全省和分市、县（市、区）经济总量、结构、速度，所以"统"是统一核算工作的灵魂。

"一"是目的。全国一盘棋、一盘数，上下一致一个口径，真实准确反映各地经济发展情况，科学研判经济运行形势，为制定宏观经济政策提供统计服务，各专业人员与核算人员拧成一股绳，一门心思，一心一意，为数据需求者服务。

"核"是基础。专业基础指标构成核算的基础，地区生产总值核算有既定的方法制度，相当于生产函数，基础指标是输入变量，指标数据质量决定了核算结果，要严把数据质量关，同时基础指标要兼顾实际变化和挑战，方法制度往往落后于实际变化，核算过程中也要根据实际情况，听取各方意见，尊重国家反馈结果，再进行评估衔接，同时做好总结提高，为今后工作提供有利借鉴。

"算"是过程。从数据采集到数据确定，核算带动全过程，贯穿始终，冰冷的数据有了温度。作为统计核算人员，要提高业务能力，会用数据说话、敢于用数据说话，用心、用情、用力做好各个环节的工作，用数理工具、统计工具、核算工具等客观事实展现整个国民经济运转的量变和质变，让大家了解明白统计核算真正的价值所在。

各级核算业务骨干，一要成为好的"算手"。"算手"是一群专业能力人员的集合，各级业务骨干都要立志成才，成为好的"算手"。二要精研"算法"。"算法"是各种数据处理方法的集成，在这个算法无所不在的智能时代，统计人员要熟练掌握统计原理，在现有计算公式的基础上，不断探索新的算法机制。三要提高"算力"。"算力"是人与数据运用方法的结合，体现"算手"的能力，要提高政治站位，增强基础数据的准确性和方法的科学性，学会综合运用各种算法让数据真实反映经济变化，同时，也要做好数据解读工作，诠释数字背后经济与统计的关系。

表7-17　2021年广东省地区生产总值

	总量（亿元）		增长（%）
	本年	上年	本年
地区生产总值	124369.67	111151.63	8.0
农林牧渔业	5169.53	4880.83	8.1
工业	45142.95	39353.92	9.3
建筑业	5170.10	4616.38	3.2
批发和零售业	12105.50	10728.95	10.6
交通运输、仓储和邮政业	3957.31	3370.13	11.8
住宿和餐饮业	1742.70	1540.44	10.9
金融业	11058.06	10016.11	5.9
房地产业	10804.67	10377.02	3.2
其他服务业	29218.85	26267.84	7.7
第一产业	5003.66	4732.74	7.9
第二产业	50219.19	43868.05	8.7
第三产业	69146.82	62550.84	7.5

表7-18 2021年广东省各市地区生产总值

	总量（万元）				增长（%）			
	生产总值	第一产业	第二产业	第三产业	生产总值	第一产业	第二产业	第三产业
广州市	282319682	3064090	77226667	202028925	8.1	5.5	8.5	8.0
深圳市	306648538	265902	113385888	192996747	6.7	5.1	4.9	7.8
珠海市	38817512	550193	16274669	21992651	6.9	7.1	6.5	7.2
汕头市	29298657	1250510	14125634	13922513	6.1	2.1	4.3	8.5
佛山市	121565384	2105501	68069480	51390404	8.3	9.5	9.3	7.0
韶关市	15539286	2153255	5729377	7656654	8.6	13.1	8.9	7.2
河源市	12739851	1538127	4631502	6570222	8.0	8.0	11.1	6.1
梅州市	13080069	2513491	4091319	6475260	5.5	5.9	2.6	7.3
惠州市	49773601	2325368	26527612	20920621	10.1	10.2	14.4	5.3
汕尾市	12880446	1750827	4989645	6139973	12.7	11.4	16.8	10.0
东莞市	108553451	346579	63194077	45012794	8.2	11.8	10.5	5.1
中山市	35661670	908127	17617754	17135789	8.2	20.4	11.0	5.0
江门市	36012804	2948888	16406586	16657330	8.4	9.8	11.1	5.7
阳江市	15158571	2490014	5925055	6743502	8.3	2.8	14.4	5.9
湛江市	35599333	6409433	13731810	15458090	8.5	7.8	11.3	6.7
茂名市	36981022	6488519	13192421	17300083	7.6	6.8	7.8	7.9
肇庆市	26499864	4584642	11014774	10900449	10.5	7.6	15.3	7.5
清远市	20074467	3038107	7942627	9093733	8.1	9.2	10.5	5.8
潮州市	12448544	1150445	6020804	5277296	9.3	7.4	10.6	8.4
揭阳市	22654310	2054969	8315261	12284080	6.1	4.4	3.1	8.6
云浮市	11389653	2099613	3778957	5511083	8.1	9.7	8.3	7.4

（十）2022年一季度："四个之间"

4月18日，省统计局召开2022年一季度全省地区生产总值统一核算视频培训会议，为做好2022年一季度地区生产总值核算工作，我强调要正确理解把握"四个之间"。

一是"难与高之间"，正确理解经济发展之难与地方各级各部门要求之高的关系。近年来，国际形势异常复杂多变，国内疫情多点散发，各地经济发展面对的困难增多、难度加大。地方各级各部门采取措施积极应对，一系列支持企业纾困发展政策措施对于稳定经济生产发挥了积极作用，因而对反映政策效果的经济增速提出了更高的要求。但是经济运行有其自身规律，政策发挥效果可能存在一定的时滞，当年采取的措施可能要滞后半年，甚至一年才会显现在统计数据上。2020年，为应对疫情冲击，省级和地方政府出台了一系列鼓励发展、减负的政策，但是，2020年广东省经济增速才2.3%，2021年经济增速是8%，两年平均增速5.1%，整体看经济运行在合理区间。若仅从当年当季看，经济增速"上蹿下跳"，给统计核算工作增添了不少难度和压力。

二是"高与低之间"，把握好指标预期较高与实际结果较低的关系。一段时期内，统计数据在总量、速度等方面的反映与党政部门的预期、目标存在一定的差距，各级统计部门要勇于面对服务党政的"火山口"，充分发挥统计部门数据话语权优势，用指标体系反映经济全貌，指出经济发展的亮点、薄弱点，找准经济增长的支撑点和拖累经济发展的主要行业。康义局长强调要着力提升统计监督效能，切实防范和惩治统计造假、弄虚作假，敢于动真碰硬，统筹开展常规统计检查、专项统计检查和统计巡查"回头看"，这是对少数地区搞统计数据"攻坚"的警示。全省统计系统要坚持科学统计方法制度，按照统计规范用客观真实的统计数据、统计指标说话，为地区经济社会发展提供统计智慧、贡献统计力量。

三是"进与退之间"，准确反映地区经济增长的结构性变化。受疫情影响，经济发展的产业结构受到一定程度的冲击，但一些新型业态和新型经济行业出现增长。行业的进与退是相对的，产业的此消彼长反映结构正在变化，经济能够实现平稳增长。统计部门要在"进与退"之间保持科学和实事求是的态度，对"进"的行业，抓住重点和关键企业，为困难时期经济增长出谋划策；对"退"的行业更要留有后路和余地，在发展的窗口期，引导企业加快转型升级，牢牢抓住发展经济的机会。统计部门要有信心、有底气，真实客观地反映经济本身的情况，把统计部门打造成为更加有数据话语权，更加具有数据采集能力、解构能力的基础性综合部门。

四是"增与减之间"，通过增强核算能力，减轻自身压力。省统计局多次提出统计干部要着力提高"五种能力"。今年受到复杂国际环境及国内多地散发疫情的影响，广东部分主要指标增速放缓，个别地市经济压力上升，核算人员不仅需要具备更强的数据解构能力，更需要不断提高应对压力的能力。面对指标变化，要深入分析原因，对行业发展作出科学研判，把数据及数据背后的经济意义解构好、认识透；要做好数据的发布和解读工作，将指标增减的原因和应对办法讲清楚、沟通好，为党政制定经济政策、确定经济措施提供合理建议。

表7-19　2022年一季度广东省地区生产总值

	总量（亿元）		增长（%）
	本年	上年	本年
地区生产总值	28498.79	27146.12	3.3
农林牧渔业	1012.15	987.62	6.9
工业	10163.24	9314.45	5.3
建筑业	780.82	746.09	−1.8
批发和零售业	2609.03	2495.81	3.2
交通运输、仓储和邮政业	781.82	742.61	1.9
住宿和餐饮业	338.79	356.17	−6.8
金融业	2842.57	2659.04	6.8
房地产业	2540.45	2642.04	−4.2
其他服务业	7429.92	7202.30	2.6
第一产业	976.15	956.30	6.7
第二产业	10920.95	10039.14	4.8
第三产业	16601.69	16150.67	2.1

表7-20　2022年一季度广东省各市地区生产总值

	总量（万元）				增长（%）			
	生产总值	第一产业	第二产业	第三产业	生产总值	第一产业	第二产业	第三产业
广州市	67518390	517072	17382000	49619318	4.0	0.7	5.9	3.5
深圳市	70646105	57592	23745690	46842823	2.0	−3.8	2.3	1.9
珠海市	8874843	148475	3541334	5185034	4.2	2.5	6.9	2.6
汕头市	6490281	283201	2855085	3351995	3.3	2.9	2.3	4.2
佛山市	27421311	462378	14688428	12270505	5.1	9.0	6.3	3.6
韶关市	3488815	326918	1368082	1793816	1.5	9.8	0.5	0.5
河源市	2810296	265747	1014314	1530235	5.5	8.8	13.0	0.6
梅州市	2884630	400473	961182	1522975	2.0	5.2	−1.2	3.2
惠州市	11391197	556734	6029060	4805403	5.1	10.4	10.1	−0.8
汕尾市	2921473	460645	1027242	1433587	7.3	10.9	11.7	3.2
东莞市	24491161	71134	13660844	10759183	2.2	0.9	4.0	−0.1
中山市	7969222	166923	3724910	4077389	2.2	13.4	6.0	−1.4
江门市	8087685	553168	3522728	4011789	3.9	12.3	4.8	2.1
阳江市	3428164	545956	1433440	1448769	3.4	4.9	4.9	1.6
湛江市	8185845	1189452	3485236	3511157	3.0	5.2	4.1	1.4
茂名市	8867474	1266702	3668299	3932473	2.0	4.2	3.4	0.2
肇庆市	5326293	823668	2041184	2461441	3.0	2.4	7.9	−0.3
清远市	4296307	563791	1575988	2156528	3.3	12.9	4.2	0.3
潮州市	2771448	283232	1246241	1241975	4.2	10.5	3.6	3.4
揭阳市	4729076	428292	1471701	2829082	1.5	6.1	−0.2	1.8
云浮市	2387852	389935	766489	1231429	3.9	10.2	5.1	1.4

（十一）2022年二季度："五个不容易"

7月14日，省统计局召开2022年上半年全省地区生产总值统一核算视频培训会议。我认为，做好当前核算工作，既要以科学务实的态度，努力客观反映经济运行的总体情况，也要清醒认识核算工作的"五个不容易", 敢于面对, 做好数据解构, 为党委、政府科学决策提供优质统计服务保障。

一是核算方法要做到路人皆知, 不容易。核算理论路人皆知, 但是核算结果依赖全部核算指标, 认识到核算结果由全部核算指标的增减综合决定, 不容易。用部分指标的好转推断整个经济的好转, 这是对核算方法的认识不全面, 核算专业人员要将核算依赖的指标解释清楚, 对各项指标的拉动和拖累情况分析透彻, 让党委、政府充分认识到当前经济运行的全貌。核算指标是广泛征求意见后确定的, 有些指标没有被纳入核算指标体系中, 当前要按照核算指标做到应统尽统, 颗粒归仓。除此以外, 统计工作者要不断地、长期地、共同努力推动完善核算指标, 以全面反映各项经济活动。

二是核算结果要得到认知认同, 不容易。一方面, 核算指标的量化或选取不同, 造成各方认知不一致。比如, 有些指标是使用抽样调查方法获取的, 方法不一样, 结果就不一样, 认识就难以一致。另一方面, 参照系的影响造成认知不一致。有些经济部门参照本部门或上季度增长情况估算当季整体经济情况, 就犯了以偏概全的错误。有的地区以其他地区的增长情况预判本地区的增长情况, 也是不准确的。核算专业人员要以核算指标为依据, 对每个指标的变化研究透彻, 以实际情况寻求对核算结果的认同。要将认识引导和转化为对当前经济薄弱点的关注, 以获取对核算结果的理解和认同。

三是核算能力适应市场变化的要求, 不容易。紧抓核算指标是核算专业人员实现适应市场变化的基石。面对经济形势的复杂多变, 核算人员还要具备适应市场变化的能力。"不以小而不为", 统计人员要深入基层, 抓牢基层基础。要紧抓市场主体, 将企业经营变化分析清楚, 保持统计力量的跟进, 对影响行业统计指标的因素找到共性与个性, 及时报告反映; 核算不能停留在过去的指标上, 而要用最新的市场主体经营数据修正核算指标以反映市场的变化。

四是核算过程涉及各个专业，不容易。核算对各个专业的要求很高，各个专业既要跟进基础指标的变动，还要考虑价格等经济变量对指标的影响以及错月数的影响。各个专业要在数据源头上把好关，将一些影响因素在一线上解决，尽职尽责，确保核算指标准确无误。

五是核算结果与预判的自我修正，不容易。一方面是核算结果与预判很难完全吻合，自我修正更困难。即使是长期从事核算工作的人员对经济的预判也会出现偏差，还有经济部门、管理层对经济的研判，也可能与实际结果相差较大。核算专业人员要根据实际情况自我修正，将经济的实际情况客观反映出来、揭示出来。另一方面是核算结果与目标要求和期望值不一致，自我修正更需要讲究方法。经济发展是核算的土壤，需要核算专业人员一心忠于数据，引导各界客观解读数据，关注薄弱点。

表7-21　2022年上半年广东省地区生产总值

	总量（亿元）		增长（%）
	本年	上年	本年
地区生产总值	59518.40	57245.14	2.0
农林牧渔业	2242.28	2138.31	6.2
工业	22062.10	20426.58	3.4
建筑业	2167.20	2112.38	−1.7
批发和零售业	5765.13	5632.94	0.5
交通运输、仓储和邮政业	1635.31	1657.52	−5.3
住宿和餐饮业	713.37	741.27	−5.5
金融业	5762.30	5333.23	7.3
房地产业	4803.07	5116.54	−6.5
其他服务业	14367.63	14086.38	2.6
第一产业	2166.01	2071.93	5.9
第二产业	24183.37	22495.40	2.9
第三产业	33169.02	32677.81	1.1

表7-22　2022年上半年广东省各市地区生产总值

	总量（万元）				增长（%）			
	生产总值	第一产业	第二产业	第三产业	生产总值	第一产业	第二产业	第三产业
广州市	134337980	1328204	37632995	95376781	1.0	2.4	1.2	0.9
深圳市	150169095	124899	53669689	96374507	3.0	−2.4	4.3	2.3
珠海市	19067792	256376	8221111	10590305	2.0	4.0	6.2	−1.0
汕头市	13959309	576183	6712443	6670683	1.2	3.6	0.0	2.1
佛山市	57477855	959440	31525540	24992876	2.8	6.9	3.1	2.3
韶关市	7159246	809832	2818764	3530650	−1.1	6.6	−3.8	−1.1
河源市	5628280	584198	2049347	2994735	1.3	7.0	3.2	−0.8
梅州市	6020028	976357	2039336	3004335	−1.8	4.5	−8.0	0.4
惠州市	24071888	1167433	13126666	9777790	3.6	9.0	8.3	−2.3
汕尾市	6000280	918915	2171369	2909997	3.0	7.6	3.6	1.3
东莞市	51781985	179307	30241863	21360815	1.6	5.7	3.1	−0.5
中山市	16979945	422710	8450433	8106801	1.0	8.4	1.7	0.1
江门市	17375168	1189089	8264084	7921995	3.1	9.3	3.3	2.0
阳江市	7310068	1128457	3066097	3115513	1.0	2.8	0.7	0.7
湛江市	17058309	2766694	7451139	6840476	1.6	5.5	0.7	0.7
茂名市	18178571	3017663	7266077	7894831	1.6	5.9	2.4	−0.6
肇庆市	11681534	1571011	4920142	5190382	2.6	4.7	4.9	−0.1
清远市	9333120	1310279	3764936	4257905	0.9	8.4	0.3	−0.8
潮州市	6107656	583357	3031419	2492880	2.2	7.8	1.6	1.7
揭阳市	10334590	959220	3553043	5822326	−0.5	5.6	−5.4	1.6
云浮市	5151311	830504	1857201	2463606	1.8	5.7	1.4	0.9

（十二）2022年三季度："三待四有"

10月17日，省统计局召开2022年一至三季度全省地区生产总值统一核算视频培训会议，我指出各级统计部门要做到"三待四有"，将核算工作做得更细、更实，确保更科学、更准确地反映经济运行情况，为党委、政府科学决策提供优质统计服务保障。

一要正确看待，直面变化。今年以来，面对新一轮疫情多点散发、俄乌冲突等超预期因素冲击，广东经济承续"三重压力"。省委、省政府采取了一揽子减税降费、促消费、稳投资、促增长的政策措施，三季度经济呈现出恢复态势，部分指标企稳回升。但也要看到各项政策措施对经济产生作用是需要一定的时间和延续性的，恢复的动力仍然不强，反映在统计指标上就有的行业强，有的指标平，有的指标弱，恢复情况参差不齐，区域分化更加明显。统计部门要正确看待各基础指标的变化和核算结果，从产业结构、短期因素影响等多方面做好细致的分析解构，不搞简单的攀比，直面困难和问题，提出对策建议，增强恢复经济的信心。

二要认真对待，扎实核算。基础指标是核算的基石，是核算工作的生命线。核算是根据基础指标计算的结果，是经济运行过程的反映。从经济运行过程到形成核算结果，最根本的是要认真对待基础指标。各级统计部门要充分认识基础指标的重要性，从各专业、各部门基础的采集、整理、上报阶段开始就要认真对待，树立"全面实事求是数据观"，坚持"两防"，把企业、基层各项指标数据搞扎实、理明白，经得起检验；核算人员要条分缕析，将核算结果的解构逐项落实到各基础指标上来，确保核算结果充分反映地区经济走势。

三要耐心等待，统一规范。地区生产总值统一核算是我国三大核算改革的主要内容，各级统计机构要充分认识当前的季度核算成果来之不易。根据统一核算工作要求，省级核算在核算方法和流程上与国家保持一致，要确保总量、增速等指标实现基本衔接。三季度核算时间紧、要求高，希望大家按照统一核算工作部署，严格执行统一核算方法，积极配合做好资料提供、数据核对、确认等工作，耐心细致、有条不紊完成季度核算工作。

面对每个季度繁重的核算任务和越来越高的标准要求，要从"四有"出发，统一、科学、精准做好核算工作。

一是有基本点。核算基础指标涉及一系列专业统计指标，各个统计指标的变化和影响程度各不相同，核算要以41个基础指标为主体，用电量、税收、进出口等宏观指标不能代替基础数据，也不能依据计划、希望值作为衡量核算结果的标准。

二是有基准。季度统一核算专业指标、部门指标以及相关指标的核算方法是有基准的，这个基准就是统一核算方法。核算决不能背离方法，合意的就执行，不合意的就搞变通。要公正、科学地把核算方法和流程及影响因素弄懂弄通，将指标的变动解释清楚，确保核算结果客观、真实。

三是有限度。核算开始前，省统计局要求各市统计局上报了本地区特殊情况，是为了更好地反映各地"三新"经济发展变化情况和目前核算方法制度无法全面反映的现实经济存在。但特殊情况不是核算的基础数据，只是一种补充。特殊情况对基础指标的影响一定要有依据、有尺度。特殊情况至少有三种以上情形不能违背："不能突破核算逻辑，不能改变变化方向，不能多头获得"。

四是有信心。季度核算对核算人员的专业能力提出了更高的要求，专业能力、数据解构能力是核算的信心来源；多种核算力量共同应对，将核算的各个环节落实好，各专业协调配合是核算人员的信心底气；全省各级统计部门认真夯实"两基"，各项统计数据扎实是核算人员做好季度核算信心的重要保障。

表7-23　2022年前三季度广东省地区生产总值

	总量（亿元）		增长（%）
	本年	上年	本年
地区生产总值	91723.22	88171.70	2.3
农林牧渔业	3805.92	3545.31	5.4
工业	33743.24	31634.98	3.6
建筑业	3555.47	3458.48	0.8
批发和零售业	8929.15	8713.49	0.5
交通运输、仓储和邮政业	2574.71	2576.06	−3.4
住宿和餐饮业	1165.35	1172.06	−1.0
金融业	8851.76	8142.48	8.3
房地产业	7070.67	7476.29	−5.9
其他服务业	22026.94	21452.55	2.2
第一产业	3684.39	3437.86	5.2
第二产业	37229.55	35029.04	3.3
第三产业	50809.28	49704.80	1.3

表7-24　2022年前三季度广东省各市地区生产总值

	总量（万元）				增长（%）			
	生产总值	第一产业	第二产业	第三产业	生产总值	第一产业	第二产业	第三产业
广州市	207353989	2061075	56965761	148327153	2.3	3.2	4.1	1.6
深圳市	229250905	199377	83646425	145405102	3.3	−0.2	5.2	2.2
珠海市	28640728	385677	12732454	15522597	2.1	4.5	7.9	−2.1
汕头市	21672296	952867	10469492	10249937	0.1	4.5	−2.1	2.1
佛山市	88500970	1627877	48995144	37877949	2.9	5.7	3.9	1.5
韶关市	11310901	1611934	4227248	5471719	−0.5	5.0	−3.7	0.0
河源市	8720717	1009903	3128187	4582628	0.6	5.7	1.2	−0.9
梅州市	9429097	1760650	3066404	4602043	−0.2	4.5	−4.5	0.9

（续表）

	总量（万元）			增长（%）			
	生产总值	第一产业	第二产业	第三产业	生产总值	第一产业	第二产业	第三产业
惠州市	38007012	1860667	21191331	14955014	4.3	6.8	8.5	−1.0
汕尾市	9200492	1393553	3362556	4444383	2.0	7.1	−0.1	2.1
东莞市	80011818	272919	46318551	33420348	1.9	4.4	2.5	0.9
中山市	25948122	634246	12898351	12415525	1.2	6.2	1.2	0.9
江门市	26691176	2178918	12494549	12017709	3.3	8.0	4.2	1.6
阳江市	10934925	1843618	4336520	4754787	0.1	2.3	−2.1	1.1
湛江市	26269960	4407875	11287605	10574479	1.1	5.1	−0.2	0.5
茂名市	28223649	5432676	10457599	12333374	0.8	5.8	−1.0	−0.2
肇庆市	19080478	3033427	8212335	7834716	1.9	4.9	2.9	−0.3
清远市	14627430	2190628	5757936	6678867	0.3	6.4	−2.0	0.2
潮州市	9367697	932880	4585777	3849040	2.5	6.1	2.2	1.9
揭阳市	15813676	1534315	5423529	8855833	−1.2	5.5	−8.0	2.1
云浮市	8176148	1518775	2737753	3919620	2.0	4.8	2.0	0.8

（十三）2022年四季度："三个把握"

12月30日，省统计局召开2022年度地区生产总值统一核算视频培训班。我认为，在2022年经济收官关键时间窗口，全省统计系统要增强GDP核算主动性，第一时间组织力量抓紧做好数据采集报送与审核验收，确保各地各专业基础指标质量，全面准确反映全省经济基本面变化，千方百计应统尽统、颗粒归仓，全力以赴去争取最有可能的统计与核算结果。同时，各地统计部门要在这一关键节点，积极主动向当地市领导汇报，引起高度重视，切实抓好本地区统计数据纳统，确保在新年元月12日国家全部数据关网前完成各项指标数据统计上报。具体要把握好三个方面：

一是把握统计环境变化。2022年全年统计核算面临一个"早"字，春节来得早，两会召开早，工作安排早，且由于疫情原因，大量人员居家，一些地市和专业可能面临时间窗口短及人员不足的问题。但按时保质开展统计核算、准确反映经济变化的需求没有改变，不能因为有困难就停止报数、影响数据质量。统计环境的变化对全年统计工作提出了比以往更高的要求，各市各部门必须在有限时间、有限人员的前提下克服各种困难，突破惯性思维，加大统筹密度，保障工作力度，把握报送进度，确保有序开展统计核算各项工作。

二是把握统计工作主动。要做到"抓前面、抓过程、抓全部"。"抓前面"要求掌握先机。"求上先求下，求人先求己，求后先求前"，统计工作准备是否充分、统计对象是否全面，直接影响统计数据的质量，各专业要在开网前梳理报送流程，把握时间节点，创造统计条件，实现应统尽统。"抓过程"要求专业发力。核算结果不是一蹴而就的，而是由各专业的数据聚沙成塔、集腋成裘而来。全年核算不仅是核算一家的事，还与各专业息息相关。众人划桨开大船，众人拾柴火焰高，只有各专业主动作为、勇于担当，才能形成合力、统计到位。"抓全部"要求找准抓手。由于各专业统计报表时间各不相同，截至目前，部分指标数据已经成型，部分指标统计还未开网。各专业要进行全面梳理，以还未完成统计的指标为着力点，重点发力，力争在最后期限内快速提升数据质量。

三是把握核算指标影响。近期省统计局将反馈各市2021年地区生产总值最终核实数。对于年快报数据的变化，既有基础数据来源不同的因素，也有国家方法变化因素，还有省市衔接的因素，省统计局在国家顶层设计框架下，已对方法的科学性、合理性作出充分考虑，各地市要客观理性看待，共同维护统一核算权威。同时要通过本次年报分析核算指标影响，发现平时统计工作不到位、支撑偏弱的环节，做好后续的工作安排，在2022年全年核算和2023年经济普查中夯实基础，补齐短板，迎头赶上。

表7-25　2022年广东省地区生产总值

	总量（亿元）		增长（%）
	本年	上年	本年
地区生产总值	129118.58	124719.53	1.9
农林牧渔业	5531.56	5151.27	5.3
工业	47723.04	45510.34	2.6
建筑业	5247.57	5167.75	1.5
批发和零售业	12319.74	12102.12	0.6
交通运输、仓储和邮政业	4040.91	4054.91	−5.6
住宿和餐饮业	1765.19	1851.92	−7.1
金融业	11825.76	10937.34	7.8
房地产业	10450.56	11042.82	−5.9
其他服务业	30214.26	28901.06	3.0
第一产业	5340.36	4984.70	5.2
第二产业	52843.51	50555.79	2.5
第三产业	70934.71	69179.04	1.2

表7-26　2022年广东省各市地区生产总值

	总量（万元）				增长（%）			
	生产总值	第一产业	第二产业	第三产业	生产总值	第一产业	第二产业	第三产业
广州市	288389974	3183053	79092947	206113974	1.0	3.2	1.1	1.0
深圳市	323876819	256359	124058824	199561636	3.3	0.8	4.8	2.4
珠海市	40454537	605199	18080763	21768575	2.3	7.2	7.1	−1.4
汕头市	30174415	1369559	14464314	14340541	1.0	4.4	0.1	1.6
佛山市	126983936	2211320	71297994	53474622	2.1	6.3	2.8	1.0
韶关市	15639261	2245640	5566910	7826711	0.2	4.9	−2.5	0.7
河源市	12945678	1624076	4691481	6630121	1.0	4.7	0.5	0.5

（续表）

	总量（万元）				增长（%）			
	生产总值	第一产业	第二产业	第三产业	生产总值	第一产业	第二产业	第三产业
梅州市	13182085	2579127	4076920	6526038	0.5	4.7	−3.5	1.3
惠州市	54012358	2774544	30198686	21039128	4.2	6.9	7.2	0.0
汕尾市	13220187	1873973	4909030	6437184	1.5	7.2	−0.7	1.5
东莞市	112003154	364988	65136396	46501771	0.6	0.3	0.8	0.3
中山市	36312777	892044	17952463	17468270	0.5	5.9	0.0	0.8
江门市	37734053	3246070	17236412	17251571	3.3	7.0	4.6	1.3
阳江市	15350152	2514381	5963474	6872297	0.8	2.1	−0.5	1.4
湛江市	37125570	6827842	14577735	15719993	1.2	4.5	−0.9	1.4
茂名市	39046290	6990076	14211163	17845052	0.5	5.6	−1.4	−0.3
肇庆市	27050459	4864612	11269355	10916492	1.1	3.9	1.1	−0.3
清远市	20320213	3306096	7675862	9338255	1.0	7.2	−0.9	0.4
潮州市	13129836	1248777	6255185	5625874	2.3	5.4	2.4	1.6
揭阳市	22609792	2236769	7936057	12436966	−1.3	5.5	−8.7	2.7
云浮市	11624278	2189103	3783161	5652014	2.1	4.4	2.7	0.9

（十四）2023年一季度："三方四要"做好统一核算工作

4月18日，省统计局召开2023年一季度全省地区生产总值统一核算视频培训会议，我提出，面对数据需求的新问题、新挑战，要胸怀大局迎难而上，深入调查研究，科学精准核算，坚持"三方四要"做好统一核算工作。

核算来源增增减减方本色。基础指标是核算的底色，基础不扎实，结果就不确定，甚至地动山摇。要认真分析基础指标长短板，特别是对本地区核算结果影响较大的行业数据，抓住主要矛盾和矛盾的主要方面，正确看待41个基础数据变化及对核算结果的影响，紧盯基础数据质量，做到心中有数，才是核算的根本。

核算方法上上下下方笑间。核算就是要使结果不断接近实际，让方法更加接近科学。省级核算在方法上与国家基本保持一致的，必须严格遵循。同时也要看到，由于地区间行业结构存在差异、个别新商业模式新业态目前的方法制度还无法全面反映，核算时设置了特殊情况作为一种补充，各地只有深入领会、走进核算方法，深入调查研究，真实掌握方法制度之外的经济存在，才能从容全面科学反映经济现状。

核算过程来来去去方人生。从专业数据到核算数据，核算过程中会有方方面面的压力，专业数据的压力在前期数据采集、审核、汇总和报送中；核算压力在后期，既有基数、好与不好、高与低、排名变化的压力，又有如何查漏补缺、填平补齐的压力。正如人生跌宕起伏，只有执着前行、豁达面对，才能精彩纷呈。

核算内核要反映变化趋势。要坚守核算内核，压实基础数据，使核算结果真正能够客观准确真实地反映经济运行情况和发展变化趋势。

核算原则要遵循内在逻辑。统一核算的目的就是要实现地区生产总值汇总数和国内生产总值在总量、速度和结构上的基本衔接，必须遵循统一的核算方法和内在逻辑，专业要把好第一关口，从数据颗粒度抓起。当前，要确实抓好统计造假屡禁难绝专项治理，确保源头数据的真实可信，确保核算结果真实准确。

核算发布要保持解构定力。数据发布要严格遵循有关规定，并做好舆情监测和处置工作，面对不符合预期的情况，统计人要敢于用数据说话，会用数据说话，正确引导舆论，维护政府公信力。

核算结果要有舒缓压力的心态。各地都期待有好的核算结果，但基础数据有高有低，高的地区要镇静，低的不要悲观，要有居高思危意识，客观审慎把握，辩证处理好统一核算结果，前期数据高的看后面能否保持住，低的后面要着力补短板，以丰补歉。

表7-27　2023年一季度广东省地区生产总值

	总量（亿元）		增长（%）
	本年	上年	本年
地区生产总值	30178.23	28639.23	4.0
农林牧渔业	1079.21	1013.17	4.2
工业	10337.72	10196.26	1.8
建筑业	838.66	762.61	10.0
批发和零售业	2713.51	2621.11	1.9
交通运输、仓储和邮政业	907.27	799.49	0.6
住宿和餐饮业	395.65	338.44	13.9
金融业	3078.72	2811.99	8.2
房地产业	2716.87	2530.10	4.5
其他服务业	8110.62	7566.04	5.2
第一产业	1039.06	976.27	4.1
第二产业	11141.35	10928.78	2.4
第三产业	17997.83	16734.18	5.0

表7-28　2023年一季度广东省各市地区生产总值

	总量（万元）				增长（%）			
	生产总值	第一产业	第二产业	第三产业	生产总值	第一产业	第二产业	第三产业
广州市	69639179	504176	16541623	52593380	1.8	3.0	−4.0	3.7
深圳市	77721880	53547	25492357	52175976	6.5	0.1	4.6	7.6
珠海市	9681944	157397	4180154	5344392	4.1	5.6	5.7	2.9
汕头市	6956172	301916	3104471	3549786	4.8	2.7	6.4	3.6
佛山市	28729006	468226	15223409	13037370	4.1	4.7	5.5	2.4
韶关市	3704323	384554	1361230	1958539	4.8	3.5	4.2	5.5
河源市	3030857	295231	1086368	1649259	3.8	5.5	3.4	3.7

（续表）

	总量（万元）				增长（%）			
	生产总值	第一产业	第二产业	第三产业	生产总值	第一产业	第二产业	第三产业
梅州市	3021094	411942	988505	1620648	4.1	4.1	3.4	4.5
惠州市	12012150	651750	6251903	5108497	3.8	6.8	2.7	4.8
汕尾市	3200736	494966	1090827	1614943	7.0	6.6	7.5	6.8
东莞市	25449461	77013	13282696	12089752	2.2	5.5	−2.2	7.8
中山市	8579485	161152	3939000	4479334	5.9	7.7	5.3	6.4
江门市	8579159	588879	3673349	4316931	4.2	3.5	5.1	3.5
阳江市	3474324	572749	1348805	1552771	1.5	2.0	−2.7	4.8
湛江市	8305427	1268350	3305388	3731690	1.1	4.5	−4.8	5.1
茂名市	9133629	1339017	3247370	4547242	2.9	3.5	0.8	4.1
肇庆市	5551992	887941	2044666	2619385	4.0	4.6	3.4	4.3
清远市	4489901	596781	1557072	2336049	3.0	2.2	0.8	4.8
潮州市	2919779	301571	1257513	1360695	4.0	4.0	3.8	4.1
揭阳市	5121081	471917	1665652	2983512	6.5	4.1	10.1	5.0
云浮市	2480735	401494	771119	1308123	3.8	2.8	6.7	2.4

（十五）2023年二季度："三个两"和"两个注意点"

7月16日，省统计局召开2023年上半年全省地区生产总值统一核算视频培训会议。我认为，今年上半年，全省上下深入学习贯彻习近平总书记视察广东重要讲话、重要指示精神，认真落实省委"1310"工作部署，锚定高质量发展，踔厉奋发，勇毅前行，发展质量和效益不断提升。全省统计工作者共同努力，落实统计监测职能，用数据客观真实反映企业和市场的实际，面对指标变化，深入分析原因，把数据及数据背后的经济意义解构好、认识透，为省委、省政府科学决策提供数据支撑。如何看待和解读好上半年经济数据，要把握好"三个两"。

一是把握好主观研判和核算结果"两个逻辑"。各经济部门和各级党政领导把握经济工作的重点方向，根据部分指标对经济都有一个主观研判。地区生产总值统一核算是根据基础指标按照统一核算方案计算的结果，是经济运行过程的综合反映。如果只从某些方面的指标主观研判，可能会与核算结果出现偏差。主观研判逻辑不能代替核算逻辑，统一核算必须坚守核算逻辑，引导正确认识宏观数据与微观感受之间的差异。

二是算好非经普年份和经普年份"两本账"。非经普年份的地区生产总值核算结果用相关指标进行推算，因资料不够全面，不可避免存在不够准确的地方；经普年份数据是对全省经济更加细致、更加全面的反映，非经普年份和经普年份"两本账"会存在差异。第五次全国经济普查工作正有序展开，做好五年一次的经济普查工作，算全、算准、算实、算细广东经济账本，是对非经普年份数据的有效检验，也是对统计工作人员的一个重大挑战和考验。

三是反映好制度、专业"两个之外"的特殊情况。目前季度核算方案中存在未被纳入计算的部分市场主体及新经济形态，因此需充分考虑制度之外、专业之外的特殊因素。各地要深刻把握核算方法制度，积极主动提供特殊情况说明，同时避免将专业问题带入核算方法制度中。

面对挑战和压力，在把握好"三个两"的同时，要注意以下两点：

一是数据要想透。坚持统计思维的"心中有数"，谨慎对待基础指标和核算数据，辩证看待数据缺口，季度基础指标好的时候要思考下个季度能否保持，季度基础指标不好时，下个季度要补齐短板，迎头赶上。

二是方法要想透。打磨研究统计方法的"细腻功夫"，用心维护调查样本数据质量，把握样本均衡性，不以偏概全。核算工作要在增减之间找准问题，低时无需过度忧愁，高则要有"居高思危"的意识，不为一个季度的数据所困，要增强统计信心，透过现象看本质，把数据解构好。

表7-29　2023年上半年广东省地区生产总值

	总量（亿元）		增长（%）
	本年	上年	本年
地区生产总值	62909.80	59813.24	5.0
农林牧渔业	2360.87	2247.03	4.8
工业	22402.72	22161.05	3.1
建筑业	2331.67	2129.75	9.4
批发和零售业	6010.17	5746.35	3.8
交通运输、仓储和邮政业	1880.84	1675.27	6.9
住宿和餐饮业	829.63	720.24	10.3
金融业	6305.49	5701.97	7.8
房地产业	5016.76	4783.43	2.6
其他服务业	15771.65	14648.14	6.6
第一产业	2270.95	2168.89	4.6
第二产业	24661.44	24230.47	3.7
第三产业	35977.41	33413.87	5.9

表7-30　2023年上半年广东省各市地区生产总值

	总量（万元）				增长（%）			
	生产总值	第一产业	第二产业	第三产业	生产总值	第一产业	第二产业	第三产业
广州市	141306873	1286423	36870984	103149466	4.7	1.7	1.7	5.8
深圳市	162975958	110450	56819848	106045660	6.3	0.0	4.8	7.2
珠海市	20632930	270826	9156354	11205750	5.1	5.6	6.5	4.0
汕头市	14915591	618009	7155130	7142451	5.2	2.6	6.5	4.2
佛山市	60707677	964138	33060667	26682873	5.2	3.8	7.0	3.1
韶关市	7465093	881446	2739764	3843883	4.5	4.8	2.4	5.9
河源市	6125913	651847	2232510	3241557	5.0	5.9	6.1	4.1

（续表）

	总量（万元）				增长（%）			
	生产总值	第一产业	第二产业	第三产业	生产总值	第一产业	第二产业	第三产业
梅州市	6380212	999225	2162057	3218930	5.3	5.5	4.7	5.7
惠州市	25454542	1344189	13637784	10472569	5.1	6.4	4.6	5.6
汕尾市	6354239	938348	2199899	3215992	5.6	6.1	3.6	6.8
东莞市	52620967	181118	28895691	23544158	1.5	3.4	−2.5	7.1
中山市	18113842	408412	8940868	8764563	5.5	5.3	6.2	4.8
江门市	18266910	1280932	8447502	8538476	5.0	4.6	5.0	5.1
阳江市	7553075	1150908	3042432	3359735	3.9	2.3	2.4	5.8
湛江市	17450448	2918697	7275531	7256220	3.1	4.6	0.1	5.1
茂名市	18312301	3132741	6705814	8473746	2.9	4.9	−0.3	4.2
肇庆市	11946627	1661124	4738642	5546861	2.9	4.0	−0.3	5.5
清远市	9573625	1404766	3557092	4611768	3.6	6.1	0.8	5.0
潮州市	6383113	633245	3010754	2739114	4.4	5.0	4.3	4.4
揭阳市	11200167	1012124	4112671	6075372	7.6	4.3	13.3	4.6
云浮市	5357912	860561	1852391	2644960	4.3	4.7	4.8	3.8

（十六）2023年三季度：从"总开关、科学观、技术关、首席官、人生观"守正地方统一核算

10月18日，省统计局召开2023年前三季度全省地区生产总值统一核算视频培训会议。会上，我指出核算工作受到高度重视，经济心情与核算心情休戚相关，领导层和市场层高度贯通，复杂严峻的国际环境和艰巨繁重的国内改革发展稳定任务为核算工作带来更多挑战和工作要求，要以更强能力和更高水平完成地区统一核算工作。各核算人员、专业人员都是核算工作的重要组成部分，如何齐心协力把数据核算好，真实反映经济变化，

要从"总开关、科学观、技术关、首席官、人生观"入手，守正地方统一核算。

一是遵循总开关。核算的总开关在活水源头中，经济时刻处于变化流动的状态，这体现在经济产出的变动上。核算结果的小变化主要源于经济的变化，全国经济的一盘总数在总开关捏紧和拧松的状态之间调节，包括总量、增速在内的计算都有章法可循。当下经济不确定因素较多，不仅要做到心中有数，看清经济大局大势，还要做到心中有数据的变化，掌握数据的本质和经济的发展趋势，全面综合地研判经济形势，做好核算工作。

二是把握科学观。做好核算工作要秉持科学的态度，得出科学的领悟。41个指标是核算基础数据的源头，季度核算的过程是将价值量、实物量等各方面的指标转化为可取的GDP构成。要牢牢把握原始数据这一基本遵循，以不变应万变，避免将专业问题带入核算方法制度中。要把握科学观，以科学的方法和制度作为总指引，找准指标的发力点，从数据源头想到核算结果。

三是走进技术关。核算是一门技术活，每季度的GDP核算正如花季一样，因季节不同而开出不一样的花朵。面对新变化和不同诉求，核算必须满足技术条件，既抓牢基础指标，又参透转换系数和衔接系数。这就要求核算人员扑下身子做个"实力派"，走进田间、走入工厂、走近统计人员，在生动活泼的场景中得到启发，在讨论和交流中碰撞出思维的火花。在科学和技术的加持之下，增强对核算的驾驭力，遇到问题时"开山、搭桥"能力才能更强。

四是做好首席官。要做核算的"首席官"，每季度把脉经济，首当其冲的是统计部门，不要躲也不能躲，要敢于担当，把握核算的主动权，将核算结果研究透彻，春风化雨地从源头上解读数据，将核算结果的解构逐项落实到各基础指标、各专业上来，做到让数据会说话、数据有温度，确保核算结果充分反映地区经济高质量发展的总量、速度和结构，支撑经济发展逻辑。要把好核算的质量关，夯实统计基础，坚持落实"两防"要求不放松，做到数出有据，确保全面客观准确反映广东全省和各地经济走势。

五是守正人生观。走在统计、核算的道路上，要充满活力、能力、志气，保持前进的耐力和定力，孜孜不倦地恪守核算逻辑原则，坚持全面客观反映经济发展变化。要以开放包容的心态守正统计人生观，想透看透经济变化，既不以一时的高增速为喜，也不以一时的低增速为悲，过好核算人生，恪尽职守做好接下来的季报、年报、第五次经济普查三次重要的核算工作，为广东在推进中国式现代化建设中走在前列提供高质量的核算数据支撑。

表7-31　2023年前三季度广东省地区生产总值

	总量（亿元）		增长（%）
	本年	上年	本年
地区生产总值	96161.63	92190.16	4.5
农林牧渔业	3960.75	3814.73	5.0
工业	34344.33	33895.50	3.6
建筑业	3773.30	3484.64	8.5
批发和零售业	9311.38	8900.03	4.4
交通运输、仓储和邮政业	2950.19	2639.79	7.3
住宿和餐饮业	1334.27	1176.64	8.7
金融业	9489.96	8761.78	7.3
房地产业	7138.15	7044.07	−0.6
其他服务业	23859.31	22472.98	5.1
第一产业	3820.31	3690.25	4.8
第二产业	38008.92	37289.68	4.0
第三产业	54332.41	51210.23	4.8

表7-32 2023年前三季度广东省各市地区生产总值

	总量（万元）				增长（％）			
	生产总值	第一产业	第二产业	第三产业	生产总值	第一产业	第二产业	第三产业
广州市	217698399	2018563	55904251	159775585	4.2	4.1	1.7	5.1
深圳市	244682474	175104	88769721	155737649	5.4	−1.5	4.7	5.8
珠海市	30049017	405561	13359938	16283518	3.6	5.3	5.1	2.5
汕头市	22992623	1020901	11112581	10859141	5.0	3.4	6.4	3.6
佛山市	92705635	1660131	50837452	40208052	4.9	5.6	6.5	3.0
韶关市	11655369	1719765	4103029	5832575	4.0	5.4	2.3	4.8
河源市	9363977	1105436	3374443	4884098	4.5	5.8	6.3	3.0
梅州市	9903634	1780012	3240396	4883226	5.0	5.7	5.2	4.7
惠州市	40147206	2108820	22160372	15878014	5.3	6.4	5.9	4.3
汕尾市	9682627	1401546	3221256	5059826	4.9	6.4	−1.5	9.0
东莞市	81187247	278053	44885921	36023273	2.0	5.3	−0.3	5.1
中山市	27446322	619933	13679769	13146620	5.3	5.6	7.0	3.5
江门市	28102880	2349876	12949994	12803011	5.3	5.9	6.5	3.9
阳江市	11191116	1828574	4310452	5052091	3.5	1.2	2.9	5.0
湛江市	26963623	4626661	11288867	11048096	3.4	4.1	1.9	4.3
茂名市	28410079	5571539	9778046	13060494	3.4	4.8	1.5	3.9
肇庆市	19446152	3146400	8040836	8258916	3.1	4.8	0.9	4.7
清远市	14878722	2268652	5504235	7105835	3.2	6.1	1.6	3.5
潮州市	9638811	996629	4459719	4182463	3.3	4.8	2.5	3.8
揭阳市	17126983	1595573	6410585	9120825	8.0	4.6	15.7	3.9
云浮市	8343431	1525375	2697306	4120750	3.3	4.5	3.5	2.7

（十七）2023年四季度："与有荣焉"

1. "抓质量、看周期、强基础、真担当"破解当下统计之困

12月11日，茂名市委常委、常务副市长王长青一行来访座谈，汇报茂名市统计，交流探讨第五次全国经济普查、地区生产总值核算等重点统计工作，我提出统计人要对统计思维进行冷思考，强调"抓质量、看周期、强基础、真担当"，破解当下统计之困，推进统计重点工作。

座谈会上，我指出，当前党政领导对统计的要求高，提的问题多，对统计更加聚焦，统计部门要不怕问题，不回避问题，要敢于面对问题，思考问题，破解问题，最后达到解决问题。要具备冷思考的统计思维。一件事，一个指标，看起来是孤立的，但联系起来看，就会找到很多的方法、办法。当一个指标与实际脱节或有差异时，更要冷静下来思考。具体到当前的统计工作，要"抓质量、看周期、强基础、真担当"，破解当下之困。

一是抓经普要在抓单位数量基础上抓数据质量。看现阶段的清查单位总量，某个地市排位可能靠前，看增速，五经普比四经普也有一定的增长，但与全省平均增速比较看，马上就冷静下来了，因为该市增速落后于全省，就不会盲目乐观。单位多少不是最主要的，关键还是下一步每个企业的数据填报质量。企业规模大，数据质量好，一家顶三家。每个企业的填报质量取决于统计调查的"最后一米"，核心是处于统计工作末端的统计员业务水平。

二是看经济结果要看经济周期。经济发展有其自身的周期，看经济结果不能只盯着当年，要看好几年，辩证地看过去、现在和未来。GDP核算是流量概念，快报看增速，结果看总量，总量看年报、看五年一次的经济普查。目前应淡化2022年核算年报数据，把努力点放在当下的2023年，把统计工作抓好，在明年的快报、五经普时把经济的流量变化用数据真实反映出来，才是最好的结果。如同小孩高考一样，平时考试有起有落，到了高考临门一脚得高分上名校之时，便是最好的结果，谁也不会介意之前某次考试分数的高低，看经济结果也同理。

三是强统计要强基层基础。求人不如求己，求上不如求下。严格地说，省市县都是统计的"二传手"，统计要强，具体做报表的统计员必须要强，最后的力量要铆到填报人。要以基层统计"7个一"规范化建设为抓手，进一步加强统计基层基础建设，着力解决基层统计工作中存在的薄弱环节和突出问题，全面提高基层统计能力、统计数据质量和统计服务水平，引来"源头活水"，统计事业才能源源不断强起来。统计员、普查"两员"要选强配齐，业务培训指导要到位，统计普查经费、物资设备要保障，特别是五经普"两员"劳动报酬和费用补助不能拖欠、克扣，要按时足额拨付。

四是敢担当要以一颗安静的统计心真担当。有时候，统计部门也承担很多看不见的压力。经济形势不好时，个别人以点带面、以偏概全，自己工作没干好，就说没有统准统全。如果经济问题从统计角度上找问题，那一定是经济出了问题。这时候，能放低姿态，心平气和地看清事物的本质，非常难。需要统计人内心安静，以一颗安静的统计心，以对党的最大忠诚，去面对压力、误解、质疑甚至责难，真正做一个"弥勒佛"，好的、差的都要笑纳。统计的少漏，可能有主观不努力的原因，也可能是方法制度欠缺导致的。统计干部不能当"鸵鸟"，要坚持实事求是，要真正担当、付出、牺牲，甚至要把自己置换出来。信任、相信是统计行稳致远的根本。

2. "三既三又"增信心、算总账、看变化客观辩证研判全年经济形势

12月25日，潮州市副市长邱焕华一行来访省统计局，汇报潮州市统计工作，交流分析研判经济形势。我提出"三既三又"增信心、算总账、看

变化，客观辩证研判全年经济形势。潮州市统计局要站在全局高度客观辩证研判全年经济形势，既报喜又报忧，当好市委、市政府的参谋助手。

一是增信心既要看长板指标，又要看短板指标。信心比黄金还宝贵，经济信心在当下特别重要。GDP核算41个指标非常敏感，大家往往更多看到自己的长板指标，以点带面，有时却对短板指标"视而不见"，这样看问题、分析问题都是不客观、不全面的。统计工作就像"大肚竹"，好的、差的、长的短的都要笑纳。强经济信心，既要看长板指标，又要看短板指标；既要看到新的增长点，又要看到相对落后的薄弱点，长短结合，强弱兼顾，才能真实反映经济实际状况，才能推动各部门共同发力支撑整个经济大盘，否则单靠统计一家"独木难支"。特别是在与党政领导和各相关部门一起分析研判经济形势时，能够第一时间在现场做好长短板解释解构，比在事后解释效果好得多。时间节点不同，受众面不一样，效果自然不一样。

二是算总账既要看间接指标，又要看直接指标。构成经济的每个指标关联度不一样，对经济总量的影响和贡献也不一样，算总账既要看间接指标，又要看直接指标。比如，研判工业增加值增速，不能单看全社会用电量，还要深入一层看工业用电量、制造业用电量，甚至还要结合地方特色产业看某个行业的用电量。工业增加值是价值量指标，用电量是实物量指标，增速之间还有差异。同样是价值量指标，有的算现行价，有的算不变价。有些指标是同步反应，有些是滞后反应。如工业投资不能马上体现在当期工业增加值的增长上，要过一两年甚至三五年才见到效果。"横看成岭侧成峰"，所有这些关联指标都要多面看，相互佐证，才能看透经济，算清总账。

三是看变化既要看当期支撑，又要看前期累计支撑。全年来看，经济变化一个月的好，不一定是真的好，12个月平均后增速可能又下来了。要持续每个月向好，全年累计才会更好。总的来看，由于错月统计等原因，

2023年全年经济指标对应约三成的量已成定局，约七成的量还得看最后收官的统计联网直报和部门统计结果，需要统计部门和相关部门抓好数据报送统准统全。马上进入正式登记的五经普，既是对2023年经济的总盘点，也是对前五年统计工作的总检阅，统计工作和普查工作扎不扎实，很快就见分晓了。最好的结果，既有2023年的新成绩、新变化，也有前五年工作业绩的积累。

3. 与有荣焉 一个核算周期进出与常态

2024年1月18日，省统计局召开2023年度全省地区生产总值统一核算视频培训会议，传达国家统计局2023年全年地区生产总值统一核算工作会议精神，开展2023年度全省地区生产总值统一核算。会上，我作了题为《与有荣焉 一个核算周期进出与常态——对核算周期的冷思考》发言。我指出，一个核算完整周期包括前后五年，从四经普到五经普，即从2019年到2023年是一个周期，2024年将开启一个新的五年核算周期。由于核算结果牵系党政和社会，关系专业和能力，联系世界观和方法论，直系自我释压，维系数据说话和事实发声，因此要把握好核算周期的进出与常态。

一是一个核算周期的"进"，即如何走进周期。近年来，核算的基础指标越来越多、越来越细，同时更加全面复杂，在基础指标的支撑下，核算越来越科学。核算经济大盘要求客观全面，盯住指标长板的同时，也要关注指标的短板，做到好坏兼收、强弱兼顾，以内心的冷静思考形成精准及时的解构。面对季度基础指标和年报四项构成核算结果的差异，要沉淀核算思维，破解统计不到位、核算方法制度不足的问题，用数据真实客观反映经济变化。

二是一个核算周期的"出"，即如何走出周期。一要以系统核算的视角看待核算周期。一个核算周期中快报、年报和经济普查相互印证，形成一个完整的系统。2024年下半年将迎来经济普查的检验，要系统性做好2022年年报、2023年快报与经普结果的衔接。二要保持联系的思维。对经济实际、普查结果充分研判，科学把握总量与速度的联系，报告期和基期的联系，既立足当下，也放眼长远。三要有纵深的预见。核算是有严格底线的工作，要时刻遵循方向性、波动性和衔接性的原则，为党政提供更为全面准确的统计数据支撑。

三是一个核算周期的常态，即如何面对变化。常态之一是"三个决定"。经济成色决定核算底色，统计部门应做好经济的监测和反映，深入解构经济变化，不为位次的变换所困；基础指标变化决定GDP增速变化，要带着均值思维观察数据，提高核算的科学性、精准度；数据质量决定最终结果，要守正季报、年报核算，同时扎实做好五经普工作，夯实数据基础。常态之二是将基础性工作寓于常态。核算工作的基础在各个专业中，在全省广大一线统计调查员身上，要以基层统计"7个一"规范化建设为抓手，进一步提高基层统计能力和数据质量。常态之三是保持平常心态，面对核算结果的变化，不以物喜、不以己悲，做一个心平气和的"弥勒佛"，像"大肚竹"一样吸纳各方压力、消化吸收。

表7-33 2023年广东省地区生产总值

	总量（亿元）		增长（%）
	本年	上年	本年
地区生产总值	135673.16	129513.55	4.8
农林牧渔业	5753.60	5541.58	5.0
工业	48712.94	47356.89	4.4
建筑业	5892.49	5405.88	8.4
批发和零售业	13174.53	12498.16	4.9
交通运输、仓储和邮政业	4847.71	4246.41	9.9
住宿和餐饮业	2073.85	1797.10	10.1
金融业	12418.82	11557.10	7.1

（续表）

	总量（亿元）		增长（%）
	本年	上年	本年
房地产业	10545.72	10710.74	−1.6
其他服务业	32253.50	30399.69	4.9
第一产业	5540.70	5350.09	4.8
第二产业	54437.26	52620.72	4.8
第三产业	75695.21	71542.74	4.7

表7-34　2023年广东省各市地区生产总值

	总量（万元）				增长（%）			
	生产总值	第一产业	第二产业	第三产业	生产总值	第一产业	第二产业	第三产业
广州市	303557263	3177794	77757131	222622338	4.6	3.5	2.6	5.3
深圳市	346064028	247078	130153171	215663780	6.0	2.6	6.5	5.6
珠海市	42332202	697114	18721142	22913946	3.8	5.1	4.7	3.0
汕头市	31583193	1419792	15232608	14930793	4.2	3.4	4.7	3.7
佛山市	132761355	2287799	75137188	55336368	5.0	4.7	6.2	3.3
韶关市	16208326	2387109	5591555	8229662	4.6	6.1	3.2	4.9
河源市	13482166	1726293	4991196	6764676	4.0	6.2	4.7	2.9
梅州市	14084272	2660467	4441066	6982738	6.5	5.8	9.5	4.9
惠州市	56396832	2960632	30703501	22732699	5.6	6.6	6.0	4.8
汕尾市	14308427	1925024	5638899	6744504	5.0	3.0	5.7	4.9
东莞市	114381335	362463	64781755	49237117	2.6	5.0	1.4	4.1
中山市	38506467	941317	19659206	17905945	5.6	5.5	7.3	3.7
江门市	40222453	3470111	18551366	18200976	5.5	5.9	7.3	3.6

（续表）

	总量（万元）				增长（%）			
	生产总值	第一产业	第二产业	第三产业	生产总值	第一产业	第二产业	第三产业
阳江市	15817863	2558533	6020060	7239270	3.8	3.2	3.0	4.5
湛江市	37935867	7069123	14546124	16320620	3.0	3.8	0.5	4.5
茂名市	39872225	7252776	13460046	19159403	3.7	4.6	3.8	3.2
肇庆市	27925100	4989449	11545601	11390050	3.7	4.4	2.8	4.2
清远市	21201891	3430459	8090260	9681172	4.5	5.9	5.6	3.0
潮州市	13565916	1317181	6339922	5908813	3.0	4.9	2.0	3.5
揭阳市	24450281	2300943	9137901	13011436	7.5	4.8	14.4	3.7
云浮市	12074180	2225537	3872887	5975756	3.8	5.6	3.3	3.3

捌

2022年广东12.9万亿经济总量
构成与百名景气企业家建议

2022年，广东有力有效应对国际形势和国内疫情等多重超预期因素冲击，克服多年未有的困难和挑战，宏观经济大盘总体稳定，实属不易。

全省全年实现地区生产总值12.9万亿元，增长1.9%，占全国的比重10.7%，相比苏、鲁、浙、沪等东部主要省市领先优势减弱，差距缩小。

经国家统一核算，2022年广东实现地区生产总值129118.58亿元，同比增长1.9%。分季度看，全年四个季度累计增速分别为3.3%、2.0%、2.3%和1.9%，当季增速分别为3.3%、0.7%、2.8%和0.8%。

从主要指标看，2022年全省规上工业增加值39533.52亿元，同比增长1.6%；固定资产投资额43375.47亿元，下降2.6%；社会消费品零售总额44882.92亿元，增长1.6%；货物进出口总额83102.9亿元，增长0.5%；商品房销售面积10591.11万平方米，下降24.4%。全年CPI上涨2.2%，PPI上涨3.0%，IPI上涨4.1%；居民人均可支配收入47065元，扣除物价因素增长2.3%；城镇调查失业率5.3%。

表8-1　2022年广东主要经济指标情况

指标	2022年		前三季度
	数值	增长（%）	增长（%）
地区生产总值（亿元）	129118.58	1.9	2.3
规模以上工业增加值（亿元）	39533.52	1.6	3.4
全社会用电量（亿度）	7870.34	0.0	−0.9
工业用电量（亿度）	4566.59	−1.5	−2.3
固定资产投资（亿元）	43375.47	−2.6	−0.9
房地产开发投资（亿元）	14962.97	−14.3	−13.5
商品房销售面积（万平方米）	10591.11	−24.4	−23.3
社会消费品零售总额（亿元）	44882.92	1.6	2.2
进出口总额（亿元）	83102.9	0.5	1.3
其中：出口总额	53323.4	5.5	5.6

（续表）

指标	2022年		前三季度
	数值	增长（%）	增长（%）
进口总额	29779.5	−7.4	−5.6
地方一般公共预算收入（亿元）	13279.73	−5.8	−8.5
地方一般公共预算支出（亿元）	18509.93	1.6	4.9
中外资银行业机构本外币存款余额（亿元）	322357.66	10.0	10.2
中外资银行业机构本外币贷款余额（亿元）	245722.94	10.6	11.5
居民消费价格指数（上年同期为100）	102.2	2.2	2.3
工业生产者出厂价格指数（上年同期为100）	103.0	3.0	5.3
工业生产者购进价格指数（上年同期为100）	104.1	4.1	3.7
居民人均可支配收入（元）	47065	4.6	2.8
城镇调查失业率（%）	—	5.3	5.2

从三大需求方面看，2022年广东最终消费支出、资本形成总额、货物和服务净流出对GDP增长的贡献率分别为47.2%、−16.5%和69.3%，拉动率分别为0.9个、−0.3个和1.3个百分点。

表8-2　2022年广东支出法地区生产总值测算

	本年构成（%）		贡献率（%）		拉动率（%）	
	2022年	2021年	2022年	2021年	2022年	2021年
GDP	100.0	100.0	100.0	100.0	1.9	8.1
一、最终消费支出	49.7	49.9	47.2	56.4	0.9	4.6
二、资本形成总额	44.0	45.6	−16.5	41.7	−0.3	3.4
三、货物和服务净流出	6.3	4.5	69.3	1.9	1.3	0.2

消费慢于整体经济修复。省内疫情呈现多点散发、多地频发态势，但稳增长政策持续发力，支持消费继续改善，全年社会消费品零售总额同比上升1.6%，最终消费支出对全省经济增长贡献率为47.2%，比前三季度下降9.0个百分点，拉动率为0.9个百分点。

固定资产投资下降幅度扩大。2022年，全省固定资产投资总体呈下降态势，尤其是受房地产开发投资下降影响，第三产业投资维持低位运行，拖累了整体投资增长，全年固定资产投资同比下降2.6%，资本形成总额对全省经济增长贡献率为-16.5%，比前三季度下降5.8个百分点，拉动率为-0.3个百分点。

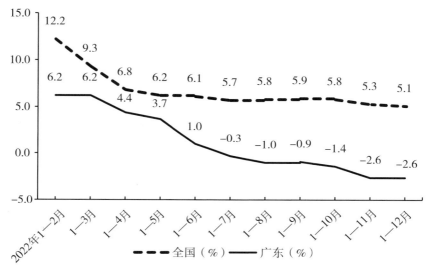

图8-1　2022年以来广东与全国固定资产投资增速

净出口表现良好。2022年，广东外贸出口保持增长，同比增长5.5%，比前三季度低0.1个百分点；进口下降7.4%，比前三季度低1.8个百分点；进出口相抵，净出口增速比前三季度加快2.8个百分点，货物和服务净流出对全省经济增长贡献率为69.3%，比前三季度提高14.9个百分点，拉动率为1.3个百分点。

一、从三次产业看构成变化：第一产业增长好于第二产业，第三产业贡献减弱

从三次产业看，一产的农、林、牧、渔业，二产的工业、建筑业，三

产的商业、金融业、房地产业、交通运输仓储邮政业、信息传输软件业、科教文卫业、租赁商务服务业、居民服务业、水利环境、公共管理业等，共同支撑起2022年广东12.9万亿元经济大盘。

其中，全省第一产业增加值5340.36亿元，增长5.2%，占GDP的4.1%，拉动GDP增长0.2个百分点；第二产业增加值52843.51亿元，增长2.5%，占GDP的40.9%，拉动GDP增长1.0个百分点；第三产业增加值70934.71亿元，增长1.2%，占GDP的54.9%，拉动GDP增长0.7个百分点。

表8-3　2019—2022年广东三次产业增长率

单位：%

	2019年	2020年	2021年	2022年
GDP	6.2	2.3	8.1	1.9
第一产业	3.8	3.7	7.8	5.2
第二产业	4.2	1.9	9.2	2.5
第三产业	7.9	2.5	7.4	1.2

从2019—2022年广东三次产业对全省经济增长的贡献率来看，第一产业和第二产业对经济增长的贡献率稳中有进；第三产业对经济增长的贡献率整体呈下降趋势。

表8-4　2019—2022年广东三次产业对经济增长的贡献率

单位：%

	2019年	2020年	2021年	2022年
GDP	100.0	100.0	100.0	100.0
第一产业	2.4	6.1	4.1	11.8
第二产业	30.4	36.1	44.8	52.9
第三产业	67.2	57.8	51.1	35.3

2019年，广东三次产业对经济增长的贡献率分别为2.4%、30.4%和67.2%，第三产业占据主导地位，对经济增长的贡献率远高于第一产业和

第二产业。2020年新冠肺炎疫情发生以后，第三产业对经济增长的贡献率逐年下降，2020年为57.8%，2021年回落至51.1%，2022年降幅较大，继续下降至35.3%。

第一产业增长好于第二产业，第三产业贡献减弱。其中，第一产业对经济增长的贡献率从2019年的2.4%提升至2022年的11.8%，第二产业对经济增长的贡献率从2019年的30.4%提升至52.9%，分别提高了9.4个和22.5个百分点。第一产业和第二产业的平稳增长弥补了偏弱的第三产业增长，整体经济表现为缓慢恢复性增长，一、二、三产此消彼长，共同稳定支撑起广东12.9万亿元经济大盘。

二、从全国看优势减弱：规上工业增速支撑偏弱导致广东增速低于全国和东部主要省份

与全国增速相比，2022年各季度广东地区生产总值增速一直较低，一季度、上半年、前三季度和全年分别低于全国1.5个、0.5个、0.7个和1.1个百分点，与全国差距呈先收窄后扩大趋势，占全国的比重为10.7%。

表8-5　2022年全国和广东分季增长情况

季度	广东GDP增长（%）		全国GDP增长（%）		与全国差（个百分点）	
	当季	累计	当季	累计	当季	累计
一季度	3.3	3.3	4.8	4.8	−1.5	−1.5
上半年	0.7	2.0	0.4	2.5	0.3	−0.5
前三季度	2.8	2.3	3.9	3.0	−1.1	−0.7
全年	0.8	1.9	2.9	3.0	−2.1	−1.1

注：国家未反馈2021年年报调整后的季度数，以上广东当季增速为省倒减推算数。

2022年，广东经济总量比江苏多6243亿元，与上年相比，领先优势缩小了1762亿元；增速分别比江苏、山东、浙江低0.9个、2.0个和1.2个百分点，比上海、北京高2.1个和1.2个百分点。相比苏、鲁、浙等东部主要省

份领先优势减弱，差距缩小。

规上工业增速支撑偏弱是广东落后于江苏、山东和浙江的主要原因。规上工业是广东GDP的大头，占到三成以上。近年数据显示，广东GDP增速与规上工业增速趋势基本一致。2019年，广东规上工业增长4.7%，地区生产总值增长6.2%，2020年随着规上工业增速回落至1.5%，地区生产总值也回落至2.3%，2021年规上工业提升至9.0%，支撑地区生产总值增长8.1%，2022年规上工业再次回落至1.6%，地区生产总值增速同步下降至1.9%。

横向比较来看，2022年，江苏、浙江和山东规上工业分别增长5.1%、4.2%和5.1%，广东规上工业增速比江苏、浙江、山东分别低3.5个、2.6个和3.5个百分点，规上工业增速较低，导致地区生产总值增速低于上述三个地区。

表8-6　2022年粤苏鲁浙沪京地区生产总值和规上工业增长情况

	总量（亿元）	GDP增速（%）				规上工业增速（%）			
	2022年	2022年	2021年	2020年	2019年	2022年	2021年	2020年	2019年
全国	1210207	3.0	8.1	2.2	6.0	3.6	9.6	2.8	5.7
广东	129119	1.9	8.1	2.3	6.2	1.6	9.0	1.5	4.7
江苏	122876	2.8	8.6	3.7	5.9	5.1	12.8	6.1	6.2
山东	87435	3.9	8.3	3.5	5.3	5.1	9.6	5.0	1.2
浙江	77715	3.1	8.5	3.6	6.8	4.2	12.9	5.4	6.6
上海	44653	−0.2	8.1	1.7	6.0	−0.6	11.0	1.7	0.4
北京	41611	0.7	8.5	1.1	6.1	−16.7	31.0	2.3	3.1

三、从行业看增长长短：正负增长交织，尤其房地产与交通运输业负拉影响明显

从国民经济构成的13个行业看，工业，金融业，信息传输、软件和信

息技术服务业是对经济增长贡献最大的三个行业，合计拉动经济增长2.0个百分点；房地产业与交通运输、仓储和邮政业仍是拖累经济增长的主要行业，分别拉低GDP增速0.5个和0.2个百分点。

表8-7　2022年全省GDP统一核算行业基础指标

行业类别	总量（亿元）	增速（%）	占GDP比重（%）	拉动率（%）	序号	41个基础指标	权重（%）	涉相关部门
1. 农业	5531.56	5.3	4.3	0.23	1	农林牧渔业总产值增速*	4.4	农业农村
2. 工业	47723.04	2.6	37.0	0.93	2	规上采矿业增加值增速*	0.6	工信
					3	规上制造业增加值增速*	28.0	
					4	规上电热水供应业增加值增速*	1.8	
					5	规下工业增加值增速*☆	5.6	
3. 建筑业	5247.57	1.5	4.1	0.06	6	注册地总专包企业增速	2.0	住建
					7	建安工程投资增速	2.0	
4. 商业	14084.93	−0.4	10.9	−0.05	8	批发业销售额增速	5.6	商务
					9	零售业销售额增速	4.3	
					10	住宿业营业额增速	0.2	
					11	餐饮业营业额增速	1.4	
5. 金融业	11825.76	7.8	9.2	0.68	12	存款增速	3.5	人民银行
					13	贷款增速	2.9	
					14	证券交易额增速	1.3	证监
					15	保费收入增速	1.1	银保监
6. 房地产业	10450.56	−5.9	8.1	−0.53	16	商品房销售面积增速	3.6	住建
					17	从业人员工资总额增速	2.0	

（续表）

行业类别	总量（亿元）	增速（％）	占GDP比重（％）	拉动率（％）	序号	41个基础指标	权重（％）	涉相关部门
7. 交通运输、仓储和邮政业	4040.91	−5.6	3.1	−0.18	18	铁路运输总周转量增速	0.1	交通
					19	公路运输总周转量增速	1.5	
					20	水路运输总周转量增速	0.2	
					21	航空运输总周转量增速	0.1	
					22	航空旅客和货邮吞吐量增速	0.1	
					23	邮政行业业务总量增速	0.4	邮政管理
					24	管道运输营收增速☆	0.0	交通
					25	多式联运及代理业营收增速☆	0.5	
					26	装卸搬运和仓储业营收增速☆	0.2	
8. 信息传输、软件和信息技术服务业	6925.49	6.7	5.4	0.34	27	电信业务总量增速	1.1	通信管理
					28	互联网及相关服务业营收增速☆	1.4	商务工信
					29	软件信息服务业营收增速☆	2.6	
9. 科教文卫业	11144.12	3.1	8.6	0.26	30	科研和技术服务业营收增速☆	1.1	科技
					31	科研和技术服务业工资总额增速	1.1	
					32	教育业工资总额增速	3.7	教育

（续表）

行业类别	总量（亿元）	增速（%）	占GDP比重（%）	拉动率（%）	序号	41个基础指标	权重（%）	涉相关部门
9. 科教文卫业	11144.12	3.1	8.6	0.26	33	文体娱业营收增速☆	0.2	文旅、体育、广电
					34	文体娱业工资总额增速	0.2	
					35	卫生业工资总额增速	2.2	卫健
10. 租赁商务服务业	5023.95	1.6	3.9	0.06	36	租赁商务服务业营收增速☆	1.9	商务
					37	从业人员工资总额增速	1.9	
11. 居民服务业	1710.87	0.7	1.3	0.01	38	居民服务等业营收增速☆	0.7	商务
					39	从业人员工资总额增速	0.7	
12. 水利环境	496.87	1.3	0.4	0.01	40	水利环境业工资总额增速	0.4	水利
13. 公共管理	4912.95	0.6	3.8	0.03	41	公共管理组织工资总额增速	4.0	各行政事业单位
第一产业	5340	5.2	4.1	0.22	—	—	—	—
第二产业	52844	2.5	40.9	0.98				
第三产业	70935	1.2	54.9	0.65				
合计	129119	1.9	100.0	1.9				

　　注：带"*"为不变价增速，带"☆"为错月指标；农业、工业中均有个别行业属于第三产业（农业约3%）。

　　从13个行业的41个基础指标看，9个指标增速高于前三季度，2个指标与前三季度持平，30个指标增速低于前三季度。从基础指标权重和数值看，对GDP的拉动作用较强的长板指标[①]有5个；对GDP的拉动作用较弱或者处于负拉动的短板指标[②]有36个。

长板指标5个，基础数据权重合计44.4%，合计拉动GDP增长1.2个百分点。主要是农林牧渔业可比价总产值增速5.4%、规模以上制造业增速1.3%、规模以下工业增加值增速3.5%、金融机构存款余额增速10.0%、金融机构贷款余额增速10.6%，各指标每增长1个百分点分别拉动GDP增长0.042个、0.249个、0.056个、0.031个和0.025个百分点。

表8-8　2022年全省主要长板基础指标

	指标增速 （%）	拉动GDP （%）	权重 （%）	每增长1个百分点 拉动GDP增长点数
农林牧渔业总产值增速*	5.4	0.23	4.4	0.042
规上制造业增加值增速*	1.3	0.32	28.0	0.249
规下工业增加值增速*☆	3.5	0.20	5.6	0.056
存款增速	10.0	0.23	3.5	0.031
贷款增速	10.6	0.20	2.9	0.025

36个短板指标中14个指标拉动作用为负数，指标权重合计17.7%，拉低GDP增长1.05个百分点。其中，影响较大的是商品房销售面积增速-24.4%、公路运输总周转量增速-9.6%、建筑安装工程投资增速-3.3%、餐饮业营业额增速-2.9%，此四项基础数据权重合计8.5%，拉低GDP 0.92个百分点；基础指标中负增长两位数以上的除上述的商品房销售面积以外，还有铁路运输总周转量增速-13.3%、航空运输总周转量增速-28.5%、航空旅客和货邮吞吐量增速-28.0%及文化体育和娱乐业营业收入增速-11.7%，四项合计拉低GDP 0.084个百分点。

---

① 全省长板指标按照基础指标增长情况和权重进行计算，指对全省GDP增长的拉动率在0.2个百分点以及以上的指标。

② 全省短板指标按照基础指标增长情况和权重进行计算，指对全省GDP增长的拉动率在0.2个百分点以下的指标。

表8-9　2022年全省主要短板基础指标

指标名称	增速（%）	拉动GDP（%）	权重（%）	每增长1个百分点拉动GDP增长点数
建安工程投资增速	−3.3	−0.068	2.0	0.018
批发业销售额增速	3.5	−0.002	5.6	0.042
住宿业营业额增速	−6.8	−0.008	0.2	0.001
餐饮业营业额增速	−2.9	−0.068	1.4	0.011
商品房销售面积增速	−24.4	−0.665	3.6	0.027
房地产从业人员工资总额增速	0.1	−0.010	2.0	0.015
铁路运输总周转量增速	−13.3	−0.015	0.1	0.001
公路运输总周转量增速	−9.6	−0.115	1.5	0.012
航空运输总周转量增速	−28.5	−0.027	0.1	0.001
航空旅客和货邮吞吐量增速	−28.0	−0.030	0.1	0.001
多式联运及代理业营收增速☆	1.2	−0.022	0.5	0.002
装卸搬运和仓储业营收增速☆	6.7	−0.005	0.2	0.001
文体娱业营收增速☆	−11.7	−0.013	0.2	0.001
文体娱业工资总额增速	−1.6	−0.003	0.2	0.001

第一，农业生产稳定，拉动GDP增长0.23个百分点。

2022年，广东农林牧渔业均衡发展，增长稳定，实现增加值5531.56亿元，同比增长5.3%，拉动GDP增长0.23个百分点；完成总产值8890.56亿元，同比增长5.4%，增速位居全国前列。

2022年，全省农业、林业、牧业、渔业、农林牧渔专业及辅助性活动产值增速较为均衡，分别增长4.2%、11.9%、4.5%、5.8%、10.8%。除林业和渔业外，各业增速均有所回落。其中，农业、牧业、农林牧渔专业及辅助性活动产值增速分别比前三季度回落0.5个、2.5个和0.9个百分点。

表8-10　2022年全省农林牧渔业产值情况

指标	现价产值（亿元）	增速（%）	全年增幅比前三季度提高（个百分点）
农林牧渔业	8890.56	5.4	-0.5
（一）农业	4302.70	4.2	-0.5
（二）林业	558.63	11.9	2.0
（三）牧业	1681.32	4.5	-2.5
（四）渔业	1892.21	5.8	0.4
（五）农林牧渔专业及辅助性活动	455.70	10.8	-0.9

"茶罐子""药篓子"等特色农产品高速增长。2022年，广东茶叶季末实有面积149.19万亩，增长11.4%，产量16.08万吨，增长15.3%；中草药材播种面积102.74万亩，增长21.5%，产量49.15万吨，增长18.3%；盆栽观赏植物产量7.24亿盆，增长15.6%。

粮食超额完成国家任务，产量实现"四连增"。2022年，全省粮食作物播种面积3345.43万亩，比上年增加25.87万亩，增长0.8%，超额完成国家下达广东省粮食播种面积3313.3万亩的约束性任务；粮食产量1291.54万吨，比上年增产11.67万吨，增长0.9%，实现"四连增"，为近10年来最高水平；粮食作物单产386.1公斤/亩，比上年增加0.5公斤，增长0.1%。粮食产量、面积、单产增幅均高于全国平均水平。

蔬菜、水果和水产品生产基本稳定。2022年，广东蔬菜及食用菌、园林水果和水产品产量分别增长3.7%、3.8%和3.0%，生产活动保持相对稳定。

畜禽产能基本稳定，产量稳中有增。2022年末，全省生猪存栏2195.86万头，同比增长5.8%。其中，能繁殖母猪存栏204.37万头，增长6.9%。家禽存栏3.88亿只，下降1.5%。2022年，全省猪肉产量279.81万吨，增长6.3%；禽肉产量189.48万吨，增长4.0%；禽蛋产量47.20万吨，增长8.1%；生牛奶产量19.81万吨，增长15.0%。

表8-11　2022年全省主要农产品生产情况

	面积		产量	
	本期 （万亩）	增速（%）	本期 （万吨）	增速（%）
种植业	—	—	—	—
粮食	3345.43	0.8	1291.54	0.9
蔬菜及食用菌	2146.00	2.8	3999.11	3.7
盆栽观赏植物（万盆）	60.76	11.0	72380.04	15.6
园林水果	1603.09	1.7	1896.27	3.8
#橘	163.75	−0.8	245.79	3.4
香蕉	165.95	−0.7	489.63	1.3
菠萝	58.73	−0.2	129.47	2.8
荔枝	406.84	3.3	146.74	−3.2
龙眼	172.64	0.1	96.05	−7.8
番石榴	22.25	6.7	54.94	12.5
火龙果	27.77	15.0	50.28	32.8
黄皮	22.69	25.7	25.30	77.7
李子	86.66	3.8	80.99	0.4
茶叶	149.19	11.4	16.08	15.3
中草药材	102.74	21.5	49.15	18.3
畜牧业	—	—	—	—
猪肉	—	—	279.81	6.3
禽肉	—	—	189.48	4.0
禽蛋	—	—	47.20	8.1
牛奶	—	—	19.81	15.0
渔业	—	—	911.34	3.0
海水产品	—	—	468.35	2.9
淡水产品	—	—	442.99	3.1

第二，工业生产明显回落，拉动GDP增长0.93个百分点。

2022年，广东工业实现增加值47723.04亿元，同比增长2.6%，比前三季度回落1.0个百分点，拉动GDP增长0.93个百分点，比前三季度回落0.34个百分点。

其中，规上工业完成增加值39533.52亿元，增长1.6%，增幅比前三季度、上半年和一季度分别回落1.8个、1.9个和4.2个百分点，呈回落态势，但回落幅度逐步稳定。四季度以来，受疫情防控政策深入调整、消费电子行业周期性下行、汽车市场竞争加剧和房地产市场持续低迷等影响，10月下降0.1%，11月下降3.9%，12月下降3.8%，四季度广东规上工业承压明显。

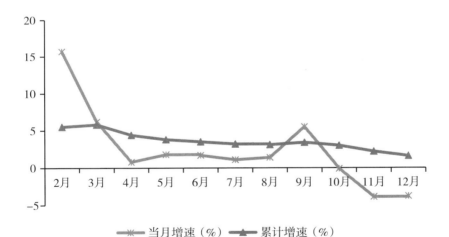

图8-2 2022年全省规模以上工业增加值增长情况

制造业增长放缓，采矿业和电力、热力、燃气及水生产和供应业增幅有所回升。2022年，全省采矿业完成增加值1129.82亿元，同比增长4.6%，增幅比前三季度提高2.0个百分点；制造业完成增加值35608.43亿元，增长1.3%，增幅回落2.1个百分点，影响全省规模以上工业增幅回落2.1个百分点；电力、热力、燃气及水生产和供应业完成增加值2795.27亿元，增长5.3%，增幅提高0.7个百分点。

表8-12　2022年全省规模以上工业分行业增加值情况

行业	全年增加值（亿元）	全年增速（%）	前三季度增速（%）	增速差（个百分点）
全省总计	39533.52	1.6	3.4	−1.8
采矿业	1129.82	4.6	2.6	2.0
煤炭开采和洗选业	—	—	—	—
石油和天然气开采业	969.90	4.6	1.1	3.5
黑色金属矿采选业	24.13	50.9	54.8	−3.9
有色金属矿采选业	37.41	9.9	5.3	4.6
非金属矿采选业	79.75	−13.6	−3.8	−9.8
开采专业及辅助性活动	18.62	65.8	52.6	13.2
其他采矿业	—	—	—	—
制造业	35608.43	1.3	3.4	−2.1
农副食品加工业	408.01	−0.7	0.6	−1.3
食品制造业	791.81	−0.7	1.0	−1.7
酒、饮料和精制茶制造业	340.81	0.7	5.0	−4.3
烟草制品业	649.71	44.2	36.5	7.8
纺织业	563.14	−6.9	−5.1	−1.8
纺织服装、服饰业	621.74	−11.4	−6.4	−5.0
皮革、毛皮、羽毛及其制品和制鞋业	377.66	2.1	7.1	−5.0
木材加工和木、竹、藤、棕、草制品业	90.31	−23.1	−20.5	−2.6
家具制造业	526.14	−5.3	−0.4	−4.9
造纸和纸制品业	572.67	−4.8	−3.9	−0.9
印刷和记录媒介复制业	338.06	−2.4	1.3	−3.7
文教、工美、体育和娱乐用品制造业	683.11	−1.6	3.8	−5.4
石油、煤炭及其他燃料加工业	1057.04	−18.5	−19.9	1.4
化学原料和化学制品制造业	1708.39	8.3	9.7	−1.4
医药制造业	790.70	15.1	19.3	−4.2
化学纤维制造业	52.87	−13.0	−16.0	3.0

（续表）

行业	全年增加值（亿元）	全年增速（％）	前三季度增速（％）	增速差（个百分点）
橡胶和塑料制品业	1452.10	−6.5	−3.9	−2.6
非金属矿物制品业	1523.25	−5.0	−6.2	1.2
黑色金属冶炼和压延加工业	533.58	−5.2	−10.1	4.9
有色金属冶炼和压延加工业	467.34	−2.8	−3.9	1.1
金属制品业	1896.19	−4.1	−2.3	−1.8
通用设备制造业	1460.14	−0.1	2.2	−2.3
专用设备制造业	1505.43	4.1	6.0	−1.9
汽车制造业	2442.27	20.8	26.5	−5.7
铁路、船舶、航空航天和其他运输设备制造业	214.38	−5.3	−3.8	−1.5
电气机械和器材制造业	4295.41	2.8	4.5	−1.7
计算机、通信和其他电子设备制造业	9470.34	1.1	3.5	−2.4
仪器仪表制造业	405.59	3.7	6.2	−2.5
其他制造业	155.93	4.9	10.5	−5.6
废弃资源综合利用业	114.24	−0.6	25.3	−25.9
金属制品、机械和设备修理业	100.09	11.3	11.9	−0.6
电力、热力、燃气及水生产和供应业	2795.27	5.3	4.6	0.7
电力、热力生产和供应业	2016.65	5.4	4.8	0.6
燃气生产和供应业	437.53	3.3	4.1	−0.8
水的生产和供应业	341.10	7.5	4.5	3.0

行业增长面低于五成，电子、汽车和医药等行业增幅明显回落。2022年，全省在产的39个行业大类中，19个行业增加值实现增长，行业增长面为48.7%，比前三季度收窄15.4个百分点。其中，消费电子周期性下行，计算机、通信和其他电子设备制造业同比增长1.1%，增幅比前三季度回落2.4个百分点，影响全省规模以上工业增速回落0.6个百分点；汽车制造业

增长20.8%，四季度以来疫情导致销售受阻，增幅回落5.7个百分点；疫情防控政策不断调整优化，核酸检测需求减少，医药制造业增长15.1%，增幅回落4.2个百分点；传统家电消费需求放缓，电气机械和器材制造业增长2.8%，增幅回落1.7个百分点；房地产市场景气度较低，相关行业普遍下降，其中，家具制造业下降5.3%，非金属矿物制品业下降5.0%，黑色金属冶炼和压延加工业下降5.2%，金属制品业下降4.1%，有色金属冶炼和压延加工业下降2.8%。

内需不足，销售产值增长明显放缓。2022年，广东规模以上工业企业完成销售产值17.37万亿元，同比增长3.0%，增幅比前三季度回落3.1个百分点。分行业看，全省有32个行业销售产值增幅放缓或降幅扩大。其中，计算机、通信和其他电子设备制造业增长0.7%，增幅回落2.4个百分点，影响较大；汽车制造业增长22.0%，增幅回落7.5个百分点；石油、煤炭及其他燃料加工业增长25.1%，增幅回落7.2个百分点；电气机械和器材制造业增长5.8%，增幅回落2.9个百分点；纺织服装、服饰业下降13.2%，降幅扩大8.5个百分点；家具制造业下降9.3%，降幅扩大5.1个百分点；金属制品业由前三季度增长3.0%转为全年下降1.1%。

珠三角增幅明显回落，粤东西北持续下降。分区域看，珠三角回落幅度较大，东翼降幅扩大，西翼和山区降幅小幅收窄。2022年，珠三角核心区规模以上工业增加值同比增长2.4%，增幅比前三季度回落2.2个百分点；东翼下降7.6%，降幅扩大0.2个百分点；西翼下降3.0%，降幅收窄0.3个百分点；北部生态发展区下降0.6%，降幅收窄0.6个百分点。

14个地市增幅回落或降幅扩大，7个地市增幅提高或降幅收窄。2022年，广州规模以上工业增加值同比增长0.8%，受汽车制造业头部企业生产放缓影响，增幅比前三季度回落3.6个百分点；深圳增长4.8%，受近期国内疫情或国际地缘政治冲突影响造成订单减少，增幅回落1.4个百分点；珠海增长6.9%，受同期基数较高且龙头企业格力增幅下滑影响，增幅回落

1.4个百分点；惠州增长6.3%，受供应链受阻、效益回落和部分企业经营策略调整等多方面影响，增幅回落2.7个百分点；受全球消费电子持续低迷影响，东莞华为终端、维沃和OPPO三大手机厂商产值大幅下降，东莞由前三季度增长1.1%转为全年下降1.3%；江门增长3.1%，出口订单需求转弱，增幅回落0.7个百分点；石化行业成本收益倒挂，茂名下降8.0%，降幅扩大2.0个百分点；肇庆增长1.5%，汽车等行业增幅放缓，增幅回落2.1个百分点；房地产市场不景气，家电、灯具、陶瓷、水泥、金属制品等家居建材行业需求不足，佛山增长1.6%，增幅回落2.4个百分点，中山由前三季度增长0.7%转为全年下降1.4%，潮州下降4.9%，降幅扩大2.1个百分点；揭阳下降17.5%，降幅扩大1.6个百分点。

表8-13　2022年全省及各地市规模以上工业增加值增长情况

地区	全年增加值 （亿元）	全年增速 （%）	前三季度增速 （%）	增速差 （个百分点）
全省	39533.52	1.6	3.4	−1.8
广州市	5144.53	0.8	4.4	−3.6
深圳市	10366.77	4.8	6.2	−1.4
珠海市	1480.82	6.9	8.3	−1.4
汕头市	752.51	−2.3	−4.0	1.7
佛山市	5761.84	1.6	4.0	−2.4
韶关市	377.93	−1.8	−2.9	1.1
河源市	363.51	2.4	4.7	−2.3
梅州市	262.59	−2.8	−4.6	1.8
惠州市	2424.82	6.3	9.0	−2.7
汕尾市	196.97	−6.3	−5.3	−1.0
东莞市	5267.39	−1.3	1.1	−2.4
中山市	1399.52	−1.4	0.7	−2.1
江门市	1359.35	3.1	3.8	−0.7
阳江市	405.00	1.1	−2.1	3.2

（续表）

地区	全年增加值 （亿元）	全年增速 （%）	前三季度增速 （%）	增速差 （个百分点）
湛江市	1006.74	−1.7	−2.2	0.5
茂名市	593.47	−8.0	−6.0	−2.0
肇庆市	836.38	1.5	3.6	−2.1
清远市	672.49	−0.8	−1.5	0.7
潮州市	272.53	−4.9	−2.8	−2.1
揭阳市	434.91	−17.5	−15.9	−1.6
云浮市	153.47	0.0	−1.9	1.9
分经济区域：		—		—
珠三角核心区	34041.42	2.4	4.6	−2.2
东翼	1656.91	−7.6	−7.4	−0.2
西翼	2005.21	−3.0	−3.3	0.3
北部生态发展区	1829.98	−0.6	−1.2	0.6

第三，建筑业增长平稳，拉动GDP增长0.06个百分点。

2022年，全省建筑业实现增加值5247.57亿元，同比增长1.5%，比前三季度提高0.7个百分点，拉动GDP增长0.06个百分点。全年完成建筑业总产值22956.50亿元，同比增长7.5%，增速仍位居东部地区前列。

表8-14　2022年全省建筑业生产主要指标情况

指标	单位	总量	同比增长 （%）	比前三季度增速变动百分比
建筑业总产值	亿元	22956.50	7.5	−0.7
其中：在外省完成的产值	亿元	5262.14	5.8	−1.9
其中：建筑工程产值	亿元	20398.87	7.7	−1.4
安装工程产值	亿元	1965.54	12.6	7.3
其他产值	亿元	592.10	−10.2	0.2

（续表）

指标	单位	总量	同比增长（%）	比前三季度增速变动百分比
建筑业签订的合同额	亿元	68133.79	13.1	−0.8
其中：上年结转合同额	亿元	35721.10	16.7	0.7
本年新签合同额	亿元	32412.69	9.3	−1.0
从事建筑业活动的平均人数	万人	397.61	1.2	7.1
房屋建筑施工面积	万平方米	107366.02	1.3	−9.6
其中：新开工面积	万平方米	30605.05	0.3	−10.5

建筑工程发挥主要作用，安装工程增速提高。2022年，全省建筑工程产值20398.87亿元，占全省总产值88.9%，增长7.7%，增速比前三季度回落1.4个百分点；安装工程产值1965.54亿元，增长12.6%，增速提高7.3个百分点；其他产值592.10亿元，下降10.2%，降幅收窄0.2个百分点。

土木工程建筑业总产值增长稳定，其中城市轨道交通工程建筑产值高速增长。2022年，在重大项目投资加速推进、基础设施投资增长带动下，全省完成土木工程建筑业总产值7314.23亿元，同比增长6.4%。其中，铁路、道路、隧道和桥梁工程建筑产值增长10.7%，市政道路工程建筑产值增长13.5%，城市轨道交通工程建筑产值增长111.1%，水利和水运工程建筑产值增长18.2%，生态保护工程施工建筑产值增长15.1%。

企业数量稳定增加，新增资质企业增长贡献大。2022年，全省总承包和专业承包资质企业10960家，增长13.3%，增速比前三季度提高0.8个百分点。2022年，全省新入库建筑业企业1589家，合计完成建筑业总产值1444.26亿元，拉动全省建筑业总产值增长6.8个百分点，增长贡献率为89.7%。新入库企业中，2022年全年完成建筑业产值10亿元以上企业有26家，合计共完成产值810.52亿元；有4家建筑业总产值超50亿元，其中2家进入全省产值前50强。

　　珠三角核心区是增长主引擎，八成地市产值增速回落。分区域看，珠三角核心区带动作用明显，粤东西北地区相对较弱。2022年，珠三角核心区总承包和专业承包企业完成建筑业总产值18723.48亿元（占全省总产值比重81.6%），增长11.2%，增速比前三季度回落0.4个百分点；粤东西北完成4233.02亿元，下降6.0%，降幅比前三季度扩大1.5个百分点。分地市看，有11个市建筑业总产值实现正增长，比前三季度减少2个，其中惠州、中山和江门增速居前三名，同比分别增长23.3%、23.2%和16.7%。与前三季度相比，韶关下降13.2%和汕头下降9.1%，降幅分别收窄5.9和0.4个百分点，深圳、河源持平，广州、佛山、茂名等17市增速回落。

表8-15　2022年全省及各市建筑业和建安投资情况

	建筑业总产值（%）		建安工程投资（%）	
	全年	前三季度	全年	前三季度
全省	7.5	8.2	−3.5	−2.2
广州市	6.6	6.8	−6.2	−0.9
深圳市	15.2	15.2	2.2	3.8
珠海市	10.0	10.1	16.8	12.6
汕头市	−9.1	−9.5	−10.3	−19.1
佛山市	12.0	12.7	−2.7	−3.4
韶关市	−13.2	−19.1	−14.2	−12.7
河源市	6.0	6.0	−24.1	−26.9
梅州市	−15.6	−8.3	−9.8	−15.3
惠州市	23.3	26.0	12.7	12.8
汕尾市	−14.7	−9.3	−6.5	−2.2
东莞市	14.2	18.0	1.9	5.3
中山市	23.2	25.9	−1.5	0.1
江门市	16.7	18.1	2.1	5.0
阳江市	−10.6	−9.4	−20.3	−26.7

（续表）

	建筑业总产值（%）		建安工程投资（%）	
	全年	前三季度	全年	前三季度
湛江市	−3.9	−2.7	−11.3	−3.2
茂名市	−0.9	0.2	0.9	2.8
肇庆市	−3.9	6.5	−17.1	−11.3
清远市	−11.5	−0.5	−21.2	−24.8
潮州市	6.5	12.0	6.7	7.5
揭阳市	−15.6	−9.6	−24.4	−19.8
云浮市	3.4	3.9	−6.9	−1.5

第四，商业运行较为低迷，拉动GDP下降0.05个百分点。

2022年以来，在疫情反复扰动影响下，商业全年实现增加值14084.93亿元，同比下降0.4%，拉动GDP下降0.05个百分点。社消零增速呈现前高后低波动起伏，全省全年实现社消零总额4.49万亿元，同比增长1.6%，增速比前三季度回落0.6个百分点，比上半年提高0.7个百分点。

从全年情况来看，一季度疫情散点发生，社消零增速由1—2月增长4.4%回落至1—3月增长1.7%；二季度在精准防控和促消费政策发力下，社消零增速由1—4月下降0.2%提高至1—6月增长0.9%；三季度各地促消费政策落地显效，社消零增速由1—7月增长1.4%提高至1—9月增长2.2%；四季度经历广州暴发疫情和全国优化调整防控措施，社消零增速由1—10月增长2.4%回落至1—12月增长1.6%。

受疫情防控需求影响，基本生活类和中西药品类保持稳定增长。受疫情反复冲击影响，备足粮油、备足应急药品成为居民防疫需求首选项，全省基本生活用品类和中西药品类消费保持稳步增长。2022年，全省限额以上单位粮油食品类、饮料类、烟酒类和中西药品类同比分别增长9.0%、5.6%、1.6%和12.1%，增速比前三季度分别提高1.8个、0.5个、−0.4个和2.9个百分点。

促消费政策效果显现，汽车类和家用电器类商品零售向好。汽车类成为21个商品类值中拉动作用最大的一个类值。随着二季度汽车产业链逐步恢复，促进汽车消费政策密集出台，充分释放汽车消费需求，全省限额以上单位汽车类商品实现零售额5693.93亿元，同比增长4.9%，增速比前三季度回落1.1个百分点，比上半年提高4.5个百分点，拉动限额以上单位商品零售额增长1.7个百分点。在家电下乡、以旧换新等家电类购物补贴刺激下，限额以上单位家用电器和音像器材类商品零售转好。全年微降0.3%，较未有补贴的一季度回升7.7个百分点，上半年和前三季度补贴力度大，分别实现正增长3.2%和3.1%。

住宿和餐饮业受疫情反复冲击，影响较大。今年以来，广东本地疫情不断散点发生，住宿和餐饮企业因其集聚性消费特点，受疫情精准防控影响相对明显。从限额以上单位经营情况看，2022年住宿和餐饮业营业额下降5.5%，增速比批发和零售业销售额低9.8个百分点，其中限额以上单位餐费收入下降7.5%，增速比商品零售低11.3个百分点。

房地产市场不景气，相关的家具类和建筑材料类下降较大。今年以来，广东房地产市场持续低位运行，家具类和建筑装潢材料类商品销售受此影响大幅下滑。2022年，全省限额以上单位家具类和建筑装潢材料类商品零售额分别下降14.0%和5.4%，合计拉低限额以上单位商品零售额增速0.2个百分点。

第五，金融业增长较快，拉动GDP增长0.68个百分点。

2022年，全省金融业增长较快，实现增加值11825.76亿元，占全省地区生产总值的9.2%；同比增长7.8%，拉动GDP增长0.68个百分点，对全省经济增长起到重要的稳定器作用。

货币金融服务方面，金融机构人民币存款余额同比增长9.96%，其中住户存款、非金融企业存款增长较快，分别为16.35%和9.64%；贷款余额同比增长10.57%，其中住户贷款增长5.34%，企（事）业单位中长期贷款、票据融资分别增长16.82%和33.21%。

表8-16　2022年全省金融机构人民币存款余额

资金来源项目	本月余额（亿元）	同比增减（%）	比重（%）
一、各项存款	322357.66	9.96	100.00
（一）境内存款	311848.67	10.35	96.74
1.住户存款	113554.76	16.35	35.23
（1）活期存款	54921.52	10.71	17.04
（2）定期及其他存款	58633.24	22.18	18.19
2.非金融企业存款	120746.78	9.64	37.46
（1）活期存款	29956.91	0.62	9.29
（2）定期及其他存款	90789.87	12.98	28.16
3.机关团体存款	39741.35	8.06	12.33
4.财政性存款	4389.18	−14.62	1.36
5.非银行业金融机构存款	33416.60	1.43	10.37
（二）境外存款	10509.00	−0.60	3.26

表8-17　2022年全省金融机构人民币贷款余额

资金运用项目	本月余额（亿元）	同比增减（%）	比重（%）
一、各项贷款	245722.94	10.57	100.0
（一）境内贷款	241522.58	10.69	98.3
1.住户贷款	98214.21	5.34	40.0
（1）短期贷款	14459.37	−2.11	5.9
消费贷款	8299.80	−5.94	3.4
经营贷款	6159.57	3.57	2.5
（2）中长期贷款	83754.84	6.74	34.1
消费贷款	66090.44	2.25	26.9
经营贷款	17664.40	27.70	7.2
2.非金融企业及机关团体贷款	143029.86	14.58	58.2
（1）短期贷款	34246.93	4.74	13.9
（2）中长期贷款	92867.50	16.82	37.8

（续表）

资金运用项目	本月余额（亿元）	同比增减（%）	比重（%）
（3）票据融资	12852.63	33.21	5.2
（4）融资租赁	2850.07	4.93	1.2
（5）各项垫款	212.74	−22.73	0.1
3. 非银行业金融机构贷款	278.51	120.73	0.1
（二）境外贷款	4200.36	4.12	1.7

资本市场服务方面，证券交易额增长43.7%，比上半年提升16.2个百分点。全年实现增加值1736.36亿元，同比增长16.5%。

保险方面，保费收入增长5.7%。其中，湛江保费收入增长达两位数，为16.3%，而珠海、河源、汕尾、清远的保费收入则有所下降。

表8-18　2022年全省及各地市保费收入及增速

	本年累计（亿元）	同比增长（%）
广东省	5893.9	5.7
广州市	1544.9	5.6
深圳市	1527.6	7.1
珠海市	172.2	−2.4
汕头市	127.8	3.9
佛山市	600.4	6.9
韶关市	64.0	2.3
河源市	38.6	−4.4
梅州市	62.1	1.7
惠州市	176.8	1.7
汕尾市	25.2	−4.0
东莞市	556.0	5.9
中山市	227.5	5.8
江门市	180.3	8.1
阳江市	51.6	5.0

（续表）

	本年累计（亿元）	同比增长（%）
湛江市	121.4	16.3
茂名市	97.4	1.9
肇庆市	82.0	5.9
清远市	74.0	−0.6
潮州市	53.0	7.3
揭阳市	73.7	5.0
云浮市	37.2	1.6

第六，房地产业低位运行，拉动GDP下降0.53个百分点。

2022年，全省房地产业实现增加值10450.56亿元，同比下降5.9%，拉动GDP下降0.53个百分点，比前三季度扩大0.02个百分点。全省商品房销售面积10591.11万平方米，同比下降24.4%，降幅比前三季度扩大1.1个百分点；商品房销售额15870.47亿元，同比下降28.9%，降幅扩大2.2个百分点。

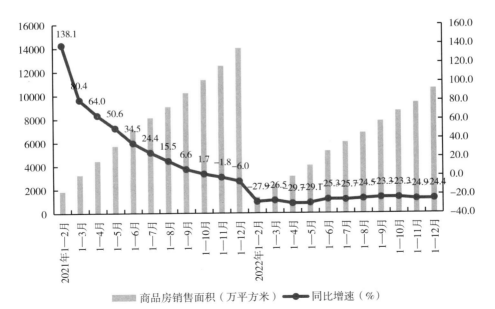

图8-3 2021年以来全省商品房销售面积走势

珠三角核心区降幅扩大，粤东西北地区销售降幅小幅收窄。2022年，珠三角核心区商品房销售面积下降23.3%，降幅比前三季度扩大2.3个百分点，拉低全省销售面积增速15.5个百分点；粤东西北地区下降26.5%，降幅缩小1.4个百分点，其中东翼地区和西翼地区降幅分别收窄5.3个和4.1个百分点。分地市看，10个市相比前三季度销售面积降幅收窄，其中汕头−19.9%和湛江−30.8%收窄幅度较大，分别收窄13.3个和7.1个百分点；四季度广州−20.9%，因遭遇三年来最复杂、最严峻的疫情冲击，叠加商品房销售市场预期减弱及居民收入预期下降等因素影响，销售面积降幅比前三季度扩大8.8个百分点。

房地产开发投资明显下降，全年降幅略有收窄。2022年，全省完成房地产开发投资14962.97亿元，同比下降14.3%，降幅呈逐季扩大态势，比一季度、上半年和前三季度分别扩大11.6个、6.2个和0.8个百分点，进入四季度，房地产开发投资下降势头有所减缓，全年降幅比1—11月收窄0.8个百分点。房地产开发投资占全部固定资产投资比重34.5%，比2021年全年回落5.4个百分点。

第七，交通运输、仓储和邮政业受疫情影响较大，拉动GDP下降0.18个百分点。

2022年，深圳、广州等地发生疫情，对交通运输、仓储和邮政业造成较大影响，实现增加值4040.91亿元，同比下降5.6%，降幅比前三季度扩大2.2个百分点，拉动全省GDP下降0.18个百分点，比前三季度扩大0.08个百分点。全年实现营业收入10109.41亿元，同比下降0.3%，比前三季度回落6.3个百分点。

货运市场全年低位运行，货物周转量实现正增长。2022年，广东完成货运量36.42亿吨，同比下降8.6%，降幅比前三季度扩大0.1个百分点；完成货物周转量28438.54亿吨公里，增长0.1%，增幅比前三季度提高0.2个百分点。铁路、水路货物周转量实现正增长，分别增长0.1%、1.3%。管道货运量在四季度拉动下实现正增长，全年增长4.3%。公路、民航降幅较大，完成货运量分别下降9.4%、8.2%，完成货物周转量分别下降9.1%、3.5%。

客运市场持续萎缩，不同客运方式分化明显。2022年，广东完成客运量4.75亿人，同比下降23.5%，降幅比前三季度扩大2.7个百分点；完成旅客周转量1621.35亿人公里，下降31.1%，降幅比前三季度扩大2.6个百分点。长距离出行严重受限，高铁、民航客运降幅大。其中，高铁、民航分别完成客运量1.51亿人、0.55亿人，分别下降25.8%、39.0%，降幅比前三季度分别扩大6.1个、2.3个百分点；分别完成旅客周转量408.17亿人公里、898.40亿人公里，下降18.0%、36.3%，降幅比前三季度分别扩大6.1个、1.8个百分点。

港口货运降幅持续收窄，四季度增势良好。2022年，广东完成港口货物吞吐量20.48亿吨，同比下降2.3%，降幅比前三季度收窄2.0个百分点；完成港口集装箱吞吐量7064.83万TEU，下降0.2%，降幅比前三季度收窄1.4个百分点。四季度港口货运增势良好，其中，10月、11月、12月当月港口货物吞吐量分别增长7.4%、0.3%、4.1%；11月、12月当月港口集装箱吞吐量分别增长1.7%、11.2%。

邮政行业增幅持续回落，快递业务量连续4个月负增长。2022年，广东完成邮政业务总量3112.87亿元（按2020年不变价计算，增速为可比口径，下同），同比增长3.0%，增幅比前三季度回落2.0个百分点。逐月看，10月、11月受疫情管控影响分别下降0.2%、6.2%，12月由负转正，增长0.9%。快递业务量增幅持续回落，连续4个月当月增速为负，其中10月、11月、12月分别下降5.2%、13.5%、7.2%。

电信业务总量增长稳定，互联网流量保持高速增长。2022年，广东完成电信业务总量1959.66亿元（按2021年不变价计算，增速为可比口径，下同），同比增长19.0%，增幅比前三季度回落0.2个百分点；实现电信业务收入1971.61亿元，增长6.7%，增幅比前三季度回落0.1个百分点。全省移动电话期末用户16650.78万户，增长2.4%。其中，5G移动电话用户数经过近两年的高速发展，规模日趋壮大，达6351.70万户，占全部移动电话用户比重38.1%；增长55.1%，增幅比前三季度回落11.3个百分点。

表8-19 2022年全省交通运输、仓储和邮政业运行情况

指标	总量	增长（%）	增幅比三季度（个百分点）	增幅比1—11月（个百分点）
货运量（万吨）	364189	−8.6	−0.1	0.3
铁路	9374	−4.5	−0.9	−0.3
公路	242474	−9.4	−0.6	−0.1
水路	97628	−8.9	0.6	0.1
民航	221	−8.2	−1.4	−0.9
管道	14492	4.3	3.4	9.7
货物周转量（亿吨公里）	28438.54	0.1	0.2	−0.1
铁路	362.74	0.1	−1.4	−0.2
公路	2710.33	−9.1	0.1	0.2
水路	25005.04	1.3	0.2	−0.2
民航	89.09	−3.5	−0.5	−0.8
管道	271.34	−1.0	0.4	8.0
客运量（万人）	47502	−23.5	−2.7	−0.5
铁路	17396	−27.4	−5.8	−1.1
#高铁	15069	−25.8	−6.1	−1.3
公路	23730	−13.9	−1.0	−0.5
水路	884	−44.1	6.1	0.7
民航	5492	−39.0	−2.3	0.2
中心城市客运量	648313	−21.8	−5.4	−2.3
旅客周转量（亿人公里）	1621.35	−31.1	−2.6	0.0
铁路	526.81	−21.4	−5.4	−0.9

（续表）

指标	总量	增长（％）	增幅比三季度（个百分点）	增幅比1—11月（个百分点）
#高铁	408.17	−18.0	−6.1	−1.3
公路	193.83	−27.1	−0.7	−0.4
水路	2.31	−48.7	4.9	0.8
民航	898.40	−36.3	−1.8	0.6
民航运输总周转量（亿吨公里）（核算专用）	168.13	−22.59	−0.8	0.2
民航机场旅客吞吐量（万人）	5824.75	−39.3	−2.5	−0.1
民航机场货邮吞吐量（万吨）	345.60	−6.6	−4.4	−1.6
港口货物吞吐量（万吨）	204802	−2.3	2.0	0.6
港口集装箱吞吐量（万TEU）	7064.83	−0.2	1.4	1.1
邮电业务总量（亿元）	5072.52	8.7	−1.4	−0.2
电信（2021年不变价）	1959.66	19.0	−0.2	−0.4
邮政（2020年不变价）	3112.87	3.0	−2.0	−0.3

第八，其他服务业中科教文卫业占比最大，信息传输、软件和信息技术服务业增长贡献最大。

2022年，广东其他服务业稳定增长，成为稳定广东经济大盘的重要支撑。广东其他服务业中占全省地区生产总值比重最大的是科教文卫业，实现增加值11144.12亿元，同比增长3.1%，比GDP增速高1.2个百分点，占全省GDP比重达到8.6%，拉动GDP增长0.26个百分点，比前三季度提高0.12个百分点。

其他服务业中对地区生产总值增长贡献最大的是信息传输、软件和信息技术服务业，实现增加值总量6925.49亿元，同比增长6.7%，比全省GDP增速高4.8个百分点，占全省GDP的比重为5.4%，拉动GDP增长0.34个百分点，比前三季度提高0.04个百分点。

表8-20　2022年全省其他服务业各行业增长情况

行业类别	增加值总量 （亿元）	增速（％）	占GDP比重 （％）	拉动率（％）
信息传输、软件和 信息技术服务业	6925.49	6.7	5.4	0.34
科教文卫业	11144.12	3.1	8.6	0.26
租赁商务服务业	5023.95	1.6	3.9	0.06
居民服务业	1710.87	0.7	1.3	0.01
水利环境	496.87	1.3	0.4	0.01
公共管理	4912.95	0.6	3.8	0.03

其他服务业中的租赁商务服务业、公共管理、居民服务业和水利环境业也均实现正增长，分别增长1.6％、0.6％、0.7％和1.3％，分别拉动GDP增长0.06个、0.03个、0.01个和0.01个百分点。

四、从区域看总体支撑：各市经济恢复程度不一，珠三角对全省支撑较大

2022年，受需求收缩、供给冲击、预期转弱等因素影响，各市经济恢复程度不一，此消彼长，从整体上看珠三角经济恢复态势好于粤东西北，对全省经济增长起到了重要支撑作用。

表8-21　2022年全省及分市分区域GDP情况

	2022年			2022年一至三季度			
	GDP （亿元）	增长 （％）	占广东比重（％）	GDP （亿元）	增长 （％）	占全国 GDP比重 （％）	占广东 GDP比重 （％）
全国	1210207	3.0	100.0	870269	3.0	100.0	—
广东	129118.58	1.9	10.7	91723.22	2.3	10.5	—
各市合计	129118.58	1.8	100.0	91723.22	2.3	10.5	100.0

（续表）

		2022年			2022年一至三季度			
		GDP（亿元）	增长（%）	占广东比重（%）	GDP（亿元）	增长（%）	占全国GDP比重（%）	占广东GDP比重（%）
珠三角核心区	广州市	28839.00	1.0	22.3	20735.40	2.3	2.4	22.6
	深圳市	32387.68	3.3	25.1	22925.09	3.3	2.6	25.0
	珠海市	4045.45	2.3	3.1	2864.07	2.1	0.3	3.1
	佛山市	12698.39	2.1	9.8	8850.10	2.9	1.0	9.6
	惠州市	5401.24	4.2	4.2	3800.70	4.3	0.4	4.1
	东莞市	11200.32	0.6	8.7	8001.18	1.9	0.9	8.7
	中山市	3631.28	0.5	2.8	2594.81	1.2	0.3	2.8
	江门市	3773.41	3.3	2.9	2669.12	3.3	0.3	2.9
	肇庆市	2705.05	1.1	2.1	1908.05	1.9	0.2	2.1
	九市合计	104681.81	2.1	81.1	74348.52	2.7	8.5	81.1
沿海经济带	汕头市	3017.44	1.0	2.3	2167.23	0.1	0.2	2.4
	汕尾市	1322.02	1.5	1.0	920.05	2.0	0.1	1.0
	潮州市	1312.98	2.3	1.0	936.77	2.5	0.1	1.0
	揭阳市	2260.98	−1.3	1.8	1581.37	−1.2	0.2	1.7
	阳江市	1535.02	0.8	1.2	1093.49	0.1	0.1	1.2
	湛江市	3712.56	1.2	2.9	2627.00	1.1	0.3	2.9
	茂名市	3904.63	0.5	3.0	2822.36	0.8	0.3	3.1
	七市合计	17065.62	0.7	13.2	12148.27	0.6	1.4	13.2
北部生态发展区	韶关市	1563.93	0.2	1.2	1131.09	−0.5	0.1	1.2
	河源市	1294.57	1.0	1.0	872.07	0.6	0.1	1.0
	梅州市	1318.21	0.5	1.0	942.91	−0.2	0.1	1.0
	清远市	2032.02	1.0	1.6	1462.74	0.3	0.2	1.6
	云浮市	1162.43	2.1	0.9	817.61	2.0	0.1	0.9
	五市合计	7371.15	0.9	5.7	5226.43	0.3	0.6	5.7

第一，"一核一带一区"经济恢复差异特征明显。

珠三角核心区增速有所放缓，但仍是全省经济基本盘的"压舱石"。2022年，珠三角核心区实现地区生产总值104681.81亿元，同比增长2.1%，高于全省增速0.2个百分点，低于前三季度0.6个百分点。占全省的比重为81.1%。对全省GDP增速的贡献率为91.7%，拉动全省GDP增长1.67%，是全省经济增长的主要引擎，区域内有5个市GDP增速高于全省经济增速，经济恢复势头较好。

沿海经济带增长乏力，对全省经济贡献度略有提升。2022年，沿海经济带实现地区生产总值17065.62亿元，同比增长0.7%，增幅比前三季度提高0.1个百分点，低于全省增速1.2个百分点。对全省GDP增速的贡献率为5.3%，比前三季度提高1.8个百分点。

北部生态发展区增速提升较多，对全省经济的贡献度提高2.2%。2022年，北部生态发展区实现地区生产总值7371.15亿元，同比增长0.9%，增幅比前三季度提高0.6个百分点，低于全省增速1.0个百分点。占全省的比重为5.7%。对全省经济增长的贡献率由前三季度的0.8%提高到3.0%。

第二，各市经济恢复表现不一。

今年以来，受超预期因素影响，全省经济总体低位运行。全年全省21个地市中增速高于全省的7个，低于全省的14个。增速高于全省的分别是深圳3.3%、珠海2.3%、佛山2.1%、惠州4.2%、江门3.3%、潮州2.3%和云浮2.1%，其中5个都在珠三角地区。与前三季度相比，10个地市增速出现不同程度的回落。其中，广州和东莞的增速回落较大，回落幅度在1个百分点以上。

第三，各市指标增长长短板情况。

整体来看，影响GDP增速的41个基础指标，由于各市产业结构、行业结构、发展重点不同，每个基础指标对各市经济增长影响各异。对比全省平均水平，各市基础指标的长短板指标个数及权重如下。

表8-22　2022年各市41个基础指标与全省水平比较情况

	长板指标（比全省水平高）		短板指标（比全省水平低）		与全省水平一致	
	个数（个）	权重（%）	个数（个）	权重（%）	个数（个）	权重（%）
广州市	17	30.3	22	65.5	2	1.24
深圳市	21	67.8	18	29.2	2	0.19
珠海市	13	57.3	27	40.1	1	0.03
汕头市	20	34.5	19	59.4	2	0.05
佛山市	31	45.2	7	10.4	3	41.93
韶关市	10	7.6	27	86.8	4	0.05
河源市	12	28.5	25	64.8	4	0.05
梅州市	10	23.1	27	70.3	4	0.98
惠州市	26	87.2	13	9.8	2	0.01
汕尾市	21	49.9	16	44.7	4	0.44
东莞市	18	30.4	19	65.7	4	0.36
中山市	17	27.8	20	69.7	4	0.00
江门市	24	79.0	13	14.7	4	2.80
阳江市	16	37.6	21	58.0	4	0.5
湛江市	16	25.9	22	68.0	3	0.70
茂名市	17	50.1	21	45.8	3	0.01
肇庆市	16	47.1	20	47.6	5	2.04
清远市	12	27.9	26	67.1	3	0.00
潮州市	16	43.5	19	50.5	6	1.49
揭阳市	14	25.7	24	65.9	3	1.53
云浮市	12	35.8	24	59.0	5	0.33

注：本表仅就基础指标个数统计，影响GDP增速的主要因素是基础指标具体数值和权重。

具体来看，将各市基础指标与全省水平进行对比，结合各指标权重和具体数值大小分析可以得出对各市GDP增速影响较大的指标因素。

广州：长板指标主要是商品房销售面积、房地产从业人员工资总额、公路运输总周转量和金融机构贷款余额等指标增速，这四项指标高于全省平均水平且影响较大，影响权重合计为14.1%，分别拉高本市经济增速0.12个、0.07个、0.06个和0.05个百分点。短板指标主要是规下工业不变价增加值、软件和信息服务业营业收入、批发业销售额与规上电力热力燃气及水生产和供应业不变价增加值等指标增速，同比增长−1.5%、6.1%、2%和−1.9%，分别低于全省平均水平5个、7.7个、1.5个和7.2个百分点，这四项指标对GDP增速的影响权重合计为18.2%，分别拉低本市经济增速0.18个、0.15个、0.11个和0.08个百分点。

深圳：长板指标主要是规上制造业不变价增加值、证券交易额、商品房销售面积和注册地总专包企业总产值等指标增速，这四项指标高于全省平均水平且影响较大，影响权重合计为37.3%，分别拉高本市经济增速0.71个、0.3个、0.26个和0.11个百分点。短板指标主要是金融机构贷款余额、教育业工资总额、公共管理、社会保障和社会组织工资总额与规下工业不变价增加值等指标增速，同比增长8%、−4.1%、−2%和1.9%，分别比全省平均水平低2.6个、6.9个、7个和1.6个百分点，这四项指标对GDP增速的影响权重合计为12.4%，分别拉低本市经济增速0.1个、0.07个、0.06个和0.06个百分点。

珠海：长板指标主要是规上制造业不变价增加值、建筑安装工程投资额、租赁和商务服务业工资总额和金融机构贷款余额等指标增速，这四项指标高于全省平均水平且影响较大，影响权重合计为40.4%，分别拉高本市经济增速1.73个、0.49个、0.41个和0.16个百分点。短板指标主要是批发业销售额、证券交易额、商品房销售面积与公共管理、社会保障和社会组织工资总额等指标增速，同比增长−15.8%、−6%、−31.5%和−2.1%，分别低于全省平均水平19.3个、14.5个、7.1个和7.1个百分点，这四项指标对GDP增速的影响权重合计为20.5%，分别拉低本市经济增速0.91个、0.33个、0.31个和0.14个百分点。

汕头：长板指标主要是规下工业不变价增加值、邮政行业业务总量、教育业工资总额和商品房销售面积等指标增速，这四项指标高于全省平均水平且影响较大，影响权重合计为20%，分别拉高本市经济增速0.71个、0.09个、0.07个和0.07个百分点。短板指标主要是规上制造业不变价增加值、注册地总专包企业总产值、建筑安装工程投资额与批发业销售额等指标增速，同比增长-2.8%、-9.1%、-10.3%和-2.9%，分别比全省平均水平低4.1个、16.6个、7个和6.4个百分点，这四项指标对GDP增速的影响权重合计为37.7%，分别拉低本市经济增速0.91个、0.57个、0.25个和0.23个百分点。

佛山：长板指标主要是规下工业不变价增加值，公共管理、社会保障和社会组织工资总额，金融机构存款余额和注册地总专包企业总产值等指标增速，这四项指标高于全省平均水平且影响较大，影响权重合计为17%，分别拉高本市经济增速0.21个、0.12个、0.12个和0.06个百分点。短板指标主要是商品房销售面积、科学研究和技术服务业工资总额、科学研究和技术服务业营业收入与零售业销售额等指标增速，同比增长-28.8%、-0.3%、1.7%和3.6%，分别低于全省平均水平4.4个、4.2个、3.8个和0.4个百分点，这四项指标对GDP增速的影响权重合计为7.8%，分别拉低本市经济增速0.11个、0.02个、0.02个和0.01个百分点。

韶关：长板指标主要是公路运输总周转量、规上采矿业不变价增加值、邮政行业业务总量和餐饮业营业额等指标增速，这四项指标高于全省平均水平且影响较大，影响权重合计为5.6%，分别拉高本市经济增速0.11个、0.09个、0.03个和0.02个百分点。短板指标主要是规上制造业不变价增加值、注册地总专包企业总产值、建筑安装工程投资额与公共管理、社会保障和社会组织工资总额等指标增速，同比增长-2.7%、-13.2%、-14.2%

和1%，分别比全省平均水平低4个、20.7个、10.9个和4个百分点，这四项指标对GDP增速的影响权重合计为38.9%，分别拉低本市经济增速0.75个、0.59个、0.31个和0.23个百分点。

河源：长板指标主要是规上电力热力燃气及水生产和供应业不变价增加值，公共管理、社会保障和社会组织工资总额，零售业销售额和教育业工资总额等指标增速，这四项指标高于全省平均水平且影响较大，影响权重合计为22.2%，分别拉高本市经济增速0.37个、0.22个、0.14个和0.06个百分点。短板指标主要是建筑安装工程投资额、规上制造业不变价增加值、批发业销售额与商品房销售面积等指标增速，同比增长–24.1%、–0.3%、–10.4%和–35.7%，分别低于全省平均水平20.8个、1.6个、13.9个和11.3个百分点，这四项指标对GDP增速的影响权重合计为32.1%，分别拉低本市经济增速0.64个、0.32个、0.31个和0.27个百分点。

梅州：长板指标主要是教育业工资总额、规下工业不变价增加值、公路运输总周转量和公共管理、社会保障和社会组织工资总额等指标增速，这四项指标高于全省平均水平且影响较大，影响权重合计为18.3%，分别拉高本市经济增速0.1个、0.1个、0.04个和0.04个百分点。短板指标主要是注册地总专包企业总产值、规上制造业不变价增加值、建筑安装工程投资额与批发业销售额等指标增速，同比增长–15.6%、–3.7%、–9.8%和–7.4%，分别比全省平均水平低23.1个、5个、6.5个和10.9个百分点，这四项指标对GDP增速的影响权重合计为27.4%，分别拉低本市经济增速0.9个、0.7个、0.26个和0.24个百分点。

惠州：长板指标主要是规上制造业不变价增加值、建筑安装工程投资额、注册地总专包企业总产值和商品房销售面积等指标增速，这四项指标高于全省平均水平且影响较大，影响权重合计为49%，分别拉高本市经济增速1.65个、0.37个、0.36个和0.27个百分点。短板指标主要是规上电力热力燃气及水生产和供应业不变价增加值、房地产从业人员工资总额、金融机构存款余额与租赁和商务服务业工资总额等指标增速，同比增长1.2%、−6.6%、7.5%和1%，分别低于全省平均水平4.1个、6.7个、2.5个和8.7个百分点，这四项指标对GDP增速的影响权重合计为6.9%，分别拉低本市经济增速0.08个、0.07个、0.05个和0.03个百分点。

汕尾：长板指标主要是规下工业不变价增加值、规上电力热力燃气及水生产和供应业不变价增加值、农林牧渔业可比价总产值和公共管理、社会保障和社会组织工资总额等指标增速，这四项指标高于全省平均水平且影响较大，影响权重合计为34.2%，分别拉高本市经济增速1.01个、0.39个、0.27个和0.25个百分点。短板指标主要是规上制造业不变价增加值、注册地总专包企业总产值、金融机构存款余额与商品房销售面积等指标增速，同比增长−12.6%、−14.7%、0.6%和−31.4%，分别比全省平均水平低13.9个、22.2个、9.4个和7个百分点，这四项指标对GDP增速的影响权重合计为25.7%，分别拉低本市经济增速2.21个、0.62个、0.16个和0.15个百分点。

东莞：长板指标主要是规下工业不变价增加值、软件和信息服务业营业收入、金融机构存款余额和注册地总专包企业总产值等指标增速，这四项指标高于全省平均水平且影响较大，影响权重合计为16.8%，分别拉高本市经济增速0.28个、0.25个、0.14个和0.07个百分点。短板指标主要是规上制造业不变价增加值、批发业销售额、商品房销售面积与公路运输总周转量等指标增速，同比增长−1.5%、−2.9%、−30.3%和−30.5%，分别低于全省平均水平2.8个、6.4个、5.9个和20.9个百分点，这四项指标对GDP增速的影响权重合计为49.8%，分别拉低本市经济增速1.05个、0.19个、0.14个和0.13个百分点。

中山：长板指标主要是商品房销售面积、注册地总专包企业总产值、零售业销售额和金融机构存款余额等指标增速，这四项指标高于全省平均水平且影响较大，影响权重合计为17.6%，分别拉高本市经济增速0.36

个、0.2个、0.15个和0.08个百分点。短板指标主要是规上制造业不变价增加值、规下工业不变价增加值、房地产从业人员工资总额与批发业销售额等指标增速，同比增长–1.7%、–2%、–9.5%和–1.1%，分别比全省平均水平低3个、5.5个、9.6个和4.6个百分点，这四项指标对GDP增速的影响权重合计为48.9%，分别拉低本市经济增速0.93个、0.52个、0.12个和0.11个百分点。

江门：长板指标主要是规上制造业不变价增加值、注册地总专包企业总产值、农林牧渔业可比价总产值和教育业工资总额等指标增速，这四项指标高于全省平均水平且影响较大，影响权重合计为43.6%，分别拉高本市经济增速0.56个、0.24个、0.19个和0.16个百分点。短板指标主要是批发业销售额、规上电力热力燃气及水生产和供应业不变价增加值、租赁和商务服务业工资总额与房地产从业人员工资总额等指标增速，同比增长–6.9%、–1%、–0.9%和–6.4%，分别低于全省平均水平10.4个、6.3个、10.6个和6.5个百分点，这四项指标对GDP增速的影响权重合计为8.5%，分别拉低本市经济增速0.19个、0.18个、0.1个和0.02个百分点。

阳江：长板指标主要是规上电力热力燃气及水生产和供应业不变价增加值、批发业销售额、邮政行业业务总量和零售业销售额等指标增速，这四项指标高于全省平均水平且影响较大，影响权重合计为21.3%，分别拉高本市经济增速0.54个、0.15个、0.12个和0.1个百分点。短板指标主要是规上制造业不变价增加值、农林牧渔业可比价总产值、规下工业不变价增加值与注册地总专包企业总产值等指标增速，同比增长–5.4%、2.8%、–3%和–10.6%，分别比全省平均水平低6.7个、2.6个、6.5个和18.1个百分点，这四项指标对GDP增速的影响权重合计为42.2%，分别拉低本市经济增速0.94个、0.45个、0.41个和0.34个百分点。

湛江：长板指标主要是金融机构贷款余额、教育业工资总额、批发业销售额和公共管理、社会保障和社会组织工资总额等指标增速，这四项指标高于全省平均水平且影响较大，影响权重合计为11.9%，分别拉高本市经济增速0.1个、0.07个、0.06个和0.06个百分点。短板指标主要是规上采矿业不变价增加值、注册地总专包企业总产值、建筑安装工程投资额与农林牧渔业可比价总产值等指标增速，同比增长-12.1%、-3.9%、-11.3%和4.7%，分别低于全省平均水平16.7个、11.4个、8个和0.7个百分点，这四项指标对GDP增速的影响权重合计为32.6%，分别拉低本市经济增速0.83个、0.37个、0.26个以及0.14个百分点。

茂名：长板指标主要是建筑安装工程投资额、教育业工资总额、规下工业不变价增加值和农林牧渔业可比价总产值等指标增速，这四项指标高于全省平均水平且影响较大，影响权重合计为35.9%，分别拉高本市经济增速0.16个、0.1个、0.09个和0.07个百分点。短板指标主要是规上制造业不变价增加值、注册地总专包企业总产值、零售业销售额与批发业销售额等指标增速，同比增长-9.6%、-0.9%、1.4%和-1.8%，分别比全省平均水平低10.9个、8.4个、2.6个和5.3个百分点，这四项指标对GDP增速的影响权重合计为30.6%，分别拉低本市经济增速1.39个、0.32个、0.17个和0.16个百分点。

肇庆：长板指标主要是规上制造业不变价增加值、批发业销售额、规下工业不变价增加值和教育业工资总额等指标增速，这四项指标高于全省平均水平且影响较大，影响权重合计为38.8%，分别拉高本市经济增速0.42个、0.29个、0.1个和0.05个百分点。短板指标主要是规上采矿业不变价增加值、零售业销售额、建筑安装工程投资额与注册地总专包企业总产值等指标增速，同比增长-58.6%、-1.8%、-17.1%和-3.9%，分别低于全省平均水平63.2个、5.8个、13.8个和11.4个百分点，这四项指标对GDP增速的影响权重合计为13.5%，分别拉低本市经济增速0.48个、0.36个、0.34个和0.28个百分点。

清远：长板指标主要是规上电力热力燃气及水生产和供应业不变价

增加值、农林牧渔业可比价总产值、教育业工资总额和电信业务总量等指标增速，这四项指标高于全省平均水平且影响较大，影响权重合计为26.1%，分别拉高本市经济增速0.41个、0.3个、0.09个和0.04个百分点。短板指标主要是规上制造业不变价增加值、注册地总专包企业总产值、建筑安装工程投资额与规下工业不变价增加值等指标增速，同比增长–3.1%、–11.5%、–21.2%和–1.8%，分别比全省平均水平低4.4个、19个、17.9个和5.3个百分点，这四项指标对GDP增速的影响权重合计为33.8%，分别拉低本市经济增速1.01个、0.37个、0.35个和0.19个百分点。

潮州：长板指标主要是规下工业不变价增加值、建筑安装工程投资额、商品房销售面积和邮政行业业务总量等指标增速，这四项指标高于全省平均水平且影响较大，影响权重合计为26.2%，分别拉高本市经济增速0.72个、0.16个、0.13个和0.11个百分点。短板指标主要是规上制造业不变价增加值、规上电力热力燃气及水生产和供应业不变价增加值、批发业销售额与教育业工资总额等指标增速，同比增长–5.2%、–4.2%、–3.9%和1.5%，分别低于全省平均水平6.5个、9.5个、7.4个和1.3个百分点，这四项指标对GDP增速的影响权重合计为28.5%，分别拉低本市经济增速0.97个、0.26个、0.18个和0.03个百分点。

揭阳：长板指标主要是规下工业不变价增加值，水路运输总周转量，公共管理、社会保障和社会组织工资总额和教育业工资总额等指标增速，这四项指标高于全省平均水平且影响较大，影响权重合计为21.8%，分别拉高本市经济增速0.26个、0.19个、0.08个和0.04个百分点。短板指标主要是规上制造业不变价增加值、批发业销售额、注册地总专包企业总产值与建筑安装工程投资额等指标增速，同比增长–19.7%、–5.4%、–15.6%和–24.4%，分别比全省平均水平低21个、8.9个、23.1个和21.1个百分点，这四项指标对GDP增速的影响权重合计为30.7%，分别拉低本市经济增速4.05个、0.37个、0.36个和0.34个百分点。

云浮：长板指标主要是规下工业不变价增加值、商品房销售面积、零售业销售额和公共管理、社会保障和社会组织工资总额等指标增速，这四项指标高于全省平均水平且影响较大，影响权重合计为24.4%，分别拉高本市经济增速0.47个、0.15个、0.08个和0.07个百分点。短板指标主要是批发业销售额、规上制造业不变价增加值、农林牧渔业可比价总产值与规上电力热力燃气及水生产和供应业不变价增加值等指标增速，同比增长–2.8%、0.1%、4.7%和–2.3%，分别低于全省平均水平6.3个、1.2个、0.7个和7.6个百分点，这四项指标对GDP增速的影响权重合计为40.7%，分别拉低本市经济增速0.22个、0.16个、0.13个和0.1个百分点。

五、从重点企业看经济活力：各个行业的重点企业体现经济增长的活力和动力

广东12.9万亿元经济大盘，是由一个个经济个体的经济行为和经济活动构成的。各个行业中重点企业、龙头企业、骨干企业体现了广东经济增长的活力和动力。

第一，工业百强企业增长分化，支撑作用有所减弱。

受工业整体生产环境影响，广东工业百强企业增长分化，2022年完成增加值12456.88亿元，同比增长7.7%，增幅比前三季度回落1.5个百分点，拉动全省规模以上工业增长2.2个百分点。

销售不畅、芯片结构性短缺、市场竞争加剧和动力电池原材料价格高位运行，汽车头部企业增幅整体放缓。2022年，比亚迪汽车工业有限公司增加值增长145.1%，增幅比前三季度回落8.3个百分点；肇庆小鹏新能源投资有限公司增长56.8%，增幅回落39.5个百分点；广汽本田汽车有限公司由前三季度增长6.0%转为全年的下降4.0%；广汽丰田汽车有限公司增长28.4%，增幅回落16.6个百分点；东风汽车有限公司东风日产乘用车公司下降19.4%，降幅扩大17.8个百分点。

消费需求不足，国产手机和液晶面板生产下滑，传统家电龙头企业增幅有所回落。国产手机消费市场不景气，龙头企业生产较弱。2022年，东莞华为终端有限公司增加值下降18.2%；荣耀终端有限公司下降0.6%；OPPO广东移动通信有限公司下降12.1%；维沃移动通信有限公司下降16.8%。液晶面板产品价格走低、订单减少和库存积压，企业生产动力不足。2022年，乐金显示（广州）有限公司增加值下降22.5%，乐金显示光电科技（中国）有限公司下降14.8%，深圳市华星光电半导体显示技术有限公司下降17.6%，TCL华星光电技术有限公司下降53.4%，东莞三星视界有限公司下降37.8%。需求增长放缓，龙头家电企业增速有所回落。2022年，美的集团股份有限公司增长13.1%，增幅回落1.3个百分点；珠海格力电器股份有限公司增长8.4%，增幅回落7.3个百分点。

需求萎靡叠加原材料成本价格较高挤压利润空间，电力、石化等企业生产动力不足。2022年，广东电网公司增长6.1%，用电需求减少，增幅比前三季度回落0.9个百分点。成品油价格较高、需求不足，中国石油化工股份有限公司茂名分公司下降9.3%；中海油惠州石化有限公司增长7.0%，增幅回落8.6个百分点；中海石油（中国）有限公司湛江分公司下降13.0%；中国石油化工股份有限公司广州分公司下降4.6%。

表8-23　2022年全省百强工业企业增加值情况

序号	单位详细名称	所在地	全年增加值（亿元）	全年增速（%）	前三季度增速（%）	增速差（个百分点）
	百强合计		12456.88	7.7	9.2	−1.5
1	华为技术有限公司	深圳	1249.31	6.4	5.9	0.5
2	美的集团股份有限公司	佛山	969.25	13.1	14.4	−1.3
3	广东电网公司	省直	756.09	6.1	7.0	−0.9
4	中海石油（中国）有限公司深圳分公司	深圳	614.07	16.4	10.8	5.6
5	中兴通讯股份有限公司	深圳	414.39	13.8	12.9	0.9

（续表）

序号	单位详细名称	所在地	全年增加值（亿元）	全年增速（%）	前三季度增速（%）	增速差（个百分点）
6	广东中烟工业有限责任公司	省直	368.67	4.8	4.2	0.6
7	中国石油化工股份有限公司茂名分公司	茂名	366.17	−9.3	−5.5	−3.8
8	比亚迪汽车工业有限公司	深圳	364.34	145.1	153.4	−8.3
9	富泰华工业（深圳）有限公司	深圳	315.97	21.1	21.7	−0.6
10	华为终端有限公司	东莞	308.77	−18.2	−22.2	4.0
11	中海油惠州石化有限公司	惠州	308.37	7.0	15.6	−8.6
12	广汽丰田汽车有限公司	广州	297.30	28.4	45.0	−16.6
13	中科（广东）炼化有限公司	湛江	259.75	−5.1	−8.5	3.4
14	中海石油（中国）有限公司湛江分公司	湛江	228.48	−13.0	−14.3	1.3
15	广汽本田汽车有限公司	广州	211.15	−4.0	6.0	−10.0
16	东风汽车有限公司东风日产乘用车公司	广州	210.53	−19.4	−1.6	−17.8
17	荣耀终端有限公司	深圳	202.99	−0.6	10.2	−10.8
18	OPPO广东移动通信有限公司	东莞	192.93	−12.1	−5.5	−6.6
19	中国石油化工股份有限公司广州分公司	广州	192.08	−4.6	−11.4	6.8
20	富联裕展科技（深圳）有限公司	深圳	157.38	15.8	4.3	11.5
21	维沃移动通信有限公司	东莞	155.32	−16.8	−12.1	−4.7
22	珠海格力电器股份有限公司	珠海	155.26	8.4	15.7	−7.3
23	中国南方电网有限责任公司	广州	149.22	1.2	−0.1	1.3
24	比亚迪精密制造有限公司	深圳	138.81	35.9	28.0	7.9
25	中海石油深海开发有限公司	珠海	127.34	−0.5	−1.1	0.6
26	深圳供电局有限公司	深圳	122.58	2.9	1.9	1.0
27	本田汽车零部件制造有限公司	佛山	103.99	34.0	34.3	−0.3
28	伯恩光学（惠州）有限公司	惠州	102.81	21.7	22.1	−0.4

（续表）

序号	单位详细名称	所在地	全年增加值（亿元）	全年增速（%）	前三季度增速（%）	增速差（个百分点）
29	深圳迈瑞生物医疗电子股份有限公司	深圳	102.54	21.2	28.0	−6.8
30	中海壳牌石油化工有限公司	惠州	99.55	0.0	−3.8	3.8
31	宝钢湛江钢铁有限公司	湛江	89.04	7.5	6.9	0.6
32	深圳富联富桂精密工业有限公司	深圳	85.77	19.3	36.5	−17.2
33	欣旺达电子股份有限公司	深圳	78.93	1.2	12.3	−11.1
34	广汽埃安新能源汽车有限公司	广州	77.65	—	—	—
35	东莞华贝电子科技有限公司	东莞	76.75	−10.5	20.4	−30.9
36	明阳智慧能源集团股份公司	中山	72.90	19.3	18.5	0.8
37	深圳烟草工业有限责任公司	深圳	68.44	0.3	4.7	−4.4
38	乐金显示（广州）有限公司	广州	67.93	−22.5	−11.9	−10.6
39	广汽乘用车有限公司	广州	64.59	−18.3	−16.6	−1.7
40	纬创资通（中山）有限公司	中山	63.60	8.3	20.5	−12.2
41	深圳富泰宏精密工业有限公司	深圳	62.59	77.2	115.5	−38.3
42	周大福珠宝金行（深圳）有限公司	深圳	61.77	18.1	11.8	6.3
43	佛山市海天（高明）调味食品有限公司	佛山	59.95	−6.7	1.7	−8.4
44	惠州比亚迪电子有限公司	惠州	59.24	10.0	14.1	−4.1
45	广州宝洁有限公司	广州	57.98	−6.3	−4.4	−1.9
46	阳江核电有限公司	阳江	57.89	−4.0	−5.3	1.3
47	广东广青金属压延有限公司	阳江	55.92	17.7	0.4	17.3
48	深圳市比亚迪锂电池有限公司	深圳	55.88	30.5	54.0	−23.5
49	瀚蓝环境股份有限公司	佛山	54.72	25.6	26.5	−0.9
50	捷普电子（广州）有限公司	广州	51.62	31.6	28.9	2.7
51	广东联塑科技实业有限公司	佛山	50.91	9.2	3.7	5.5
52	肇庆小鹏新能源投资有限公司	肇庆	50.63	56.8	96.3	−39.5
53	华为机器有限公司	东莞	50.43	50.4	50.7	−0.3

（续表）

序号	单位详细名称	所在地	全年增加值（亿元）	全年增速（％）	前三季度增速（％）	增速差（个百分点）
54	无限极（中国）有限公司	江门	49.53	2.3	0.3	2.0
55	广州达安基因股份有限公司	广州	47.40	44.7	57.1	−12.4
56	中国石油天然气销售广东分公司	广州	47.31	41.3	43.8	−2.5
57	广东一方制药有限公司	佛山	47.31	17.1	12.2	4.9
58	深圳市展祥通信科技有限公司	深圳	47.07	−3.3	6.4	−9.7
59	广东金湾高景太阳能科技有限公司	珠海	45.67	562.2	953.9	−391.7
60	联想信息产品（深圳）有限公司	深圳	45.65	−2.1	10.6	−12.7
61	广东中南钢铁股份有限公司	韶关	44.67	−19.5	−30.5	11.0
62	深圳市天珑移动技术有限公司	深圳	44.56	5.9	6.2	−0.3
63	中国石油天然气销售南方分公司	广州	44.55	3.8	10.2	−6.4
64	三赢科技（深圳）有限公司	深圳	44.19	20.1	26.3	−6.2
65	日立电梯（中国）有限公司	广州	43.92	−10.2	−11.4	1.2
66	深圳创维-RGB电子有限公司	深圳	42.14	−0.3	2.3	−2.6
67	深圳市大疆百旺科技有限公司	深圳	41.84	16.2	26.0	−9.8
68	广州江铜铜材有限公司	广州	41.23	7.4	2.3	5.1
69	广东康宝电器股份有限公司	佛山	40.99	46.7	43.5	3.2
70	恩斯迈电子（深圳）有限公司	深圳	40.85	−3.6	−3.7	0.1
71	信利光电股份有限公司	汕尾	40.77	13.5	7.2	6.3
72	玖龙纸业（东莞）有限公司	东莞	40.55	−10.5	−5.3	−5.2
73	国能粤电台山发电有限公司	江门	40.36	11.3	21.1	−9.8
74	广东广青金属科技有限公司	阳江	40.36	13.8	−2.1	15.9
75	乐金显示光电科技（中国）有限公司	广州	40.20	−14.8	−1.1	−13.7
76	东风本田发动机有限公司	广州	37.71	−2.5	7.9	−10.4
77	龙旗电子（惠州）有限公司	惠州	36.60	−7.7	−3.0	−4.7
78	华润怡宝饮料（中国）有限公司	深圳	35.39	−15.8	−14.8	−1.0
79	鹏鼎控股（深圳）股份有限公司	深圳	34.68	1.0	1.9	−0.9

（续表）

序号	单位详细名称	所在地	全年增加值（亿元）	全年增速（％）	前三季度增速（％）	增速差（个百分点）
80	深圳市华星光电半导体显示技术有限公司	深圳	34.61	−17.6	−11.4	−6.2
81	深圳麦克韦尔科技有限公司	深圳	34.13	4.7	−6.2	10.9
82	联想系统集成（深圳）有限公司	深圳	32.88	−5.8	−6.5	0.7
83	广东东菱凯琴集团有限公司	佛山	32.71	75.1	74.5	0.6
84	东莞创机电业制品有限公司	东莞	32.65	−19.1	−14.3	−4.8
85	TCL华星光电技术有限公司	深圳	31.07	−53.4	−52.2	−1.2
86	深圳市泰衡诺科技有限公司	深圳	30.63	5.7	−3.4	9.1
87	安利（中国）日用品有限公司	广州	30.55	8.8	17.1	−8.3
88	立讯精密工业股份有限公司	深圳	29.69	44.0	35.8	8.2
89	惠州市德赛电池有限公司	惠州	29.67	−1.3	9.5	−10.8
90	深圳传音制造有限公司	深圳	29.37	−0.7	4.8	−5.5
91	金发科技股份有限公司	广州	29.32	−0.6	7.2	−7.8
92	东莞三星视界有限公司	东莞	29.05	−37.8	−35.5	−2.3
93	华能（广东）能源海门电厂	汕头	28.99	4.4	0.3	4.1
94	阳西县海滨电力发展有限公司	阳江	28.60	4.9	8.4	−3.5
95	深圳市长盈精密技术股份有限公司	深圳	28.29	29.4	49.0	−19.6
96	广东格兰仕集团有限公司	佛山	28.09	3.6	25.7	−22.1
97	广州王老吉大健康产业有限公司	广州	27.86	27.7	33.6	−5.9
98	广州华凌制冷设备有限公司	广州	27.72	5.7	7.1	−1.4
99	深圳市点金贵金属精炼有限公司	深圳	27.62	364.9	291.9	73.0
100	伟创力制造（珠海）有限公司	珠海	27.29	18.9	3.9	15.0

第二，建筑业50强增长稳定，在粤央企带动作用突出。

2022年，全省建筑业总产值50强企业合计完成产值8128.48亿元，同比增长7.9％，增长稳定，占全省建筑业总产值比重的38.1％，拉动全省建筑业总产值增长2.8个百分点，增长贡献率达37.1％。

在粤央企实力强劲，对广东建筑业增长的带动作用十分突出。2022

年，在粤央企完成建筑业总产值7581.78亿元，增长21.6%，增速比前三季度提高1.7个百分点，高于全省建筑业总产值14.1个百分点，高于本土及其他在粤建筑业企业增速19.9个百分点，完成建筑业产值占全省总产值比重的33.0%。

表8-24　2022年全省建筑业总产值30强

序号	单位名称	企业注册地	建筑业总产值（亿元）	同比增速（％）
1	中国建筑第四工程局有限公司	广州	485.60	2.8
2	中铁隧道局集团有限公司	广州	475.07	9.2
3	富利建设集团有限公司	广州	386.58	3.1
4	中国铁建投资集团有限公司	珠海	374.16	0.3
5	中建科工集团有限公司	深圳	359.61	5.0
6	中铁广州工程局集团有限公司	广州	302.06	0.5
7	中建三局集团（深圳）有限公司	深圳	252.07	26.0
8	保利长大工程有限公司	广州	242.78	5.3
9	中建二局第二建筑工程有限公司	深圳	224.99	18.0
10	中建八局华南建设有限公司	广州	221.93	10.3
11	中建三局集团华南有限公司	广州	200.06	99.0
12	龙光工程建设有限公司	汕头	193.83	−1.7
13	中建科技集团有限公司	深圳	176.25	29.9
14	中建四局第一建设有限公司	广州	175.16	59.0
15	中国华西企业有限公司	深圳	174.55	24.6
16	中电建生态环境集团有限公司	深圳	160.73	0.6
17	深圳市建工集团股份有限公司	深圳	156.85	20.6
18	广东腾越建筑工程有限公司	佛山	154.02	−34.5
19	中铁隧道集团三处有限公司	深圳	150.50	36.5
20	广州中建三局第一建设工程公司	广州	150.02	112.1
21	中国铁建港航局集团有限公司	珠海	145.83	7.4
22	深圳市市政工程总公司	深圳	141.39	17.9

（续表）

序号	单位名称	企业注册地	建筑业总产值（亿元）	同比增速（%）
23	广东永和建设集团有限公司	茂名	138.71	8.9
24	广东电白建设集团有限公司	茂名	125.13	−11.7
25	广东吴川建筑安装工程有限公司	湛江	122.00	1.6
26	中铁建工集团第五建设有限公司	广州	120.96	18.0
27	中交路桥华南工程有限公司	中山	119.71	−15.2
28	中铁（广州）投资发展有限公司	广州	117.19	2.5
29	广东水电二局股份有限公司	广州	109.57	11.5
30	中建八局深圳科创发展有限公司	深圳	109.44	72.7

第三，零售百强企业充分发挥市场稳定器作用，增长贡献率达74.8%。

2022年，广东商业零售额百强企业合计实现零售额6119.46亿元，同比增长8.1%，增速比限额以上单位商品零售额快4.3个百分点，拉动限额以上单位商品零售额增长2.9个百分点，增长贡献率达74.8%，充分发挥在商业市场中的稳定器作用。

大型互联网平台公司增长良好，其中京东系的广州晶东贸易有限公司、东莞京东利昇贸易有限公司分别增长7.0%和6.3%，分别居全省零售额百强企业的前两位，广州京东旭春贸易有限公司增长43.7%，居全省第4位；阿里系的阿里健康大药房医药连锁有限公司增长20.6%，居全省第3位。新能源汽车销售市场火爆，特斯拉汽车销售服务（广州）有限公司，增长34.6%。

表8-25　2022年全省零售额百强企业增长情况

序号	单位详细名称	所在地	累计零售额（亿元）	同期零售额（亿元）	增速（%）
合计			6119.46	5661.42	8.1
1	广州晶东贸易有限公司	广州市	798.94	746.75	7.0
2	东莞京东利昇贸易有限公司	东莞市	303.45	285.53	6.3

（续表）

序号	单位详细名称	所在地	累计零售额（亿元）	同期零售额（亿元）	增速（%）
3	阿里健康大药房医药连锁有限公司	广州市	194.10	160.98	20.6
4	广州京东旭春贸易有限公司	广州市	166.90	116.12	43.7
5	唯品会（肇庆）电子商务有限公司	肇庆市	151.21	166.41	−9.1
6	中国石化销售股份有限公司广东广州石油分公司	广州市	147.52	138.55	6.5
7	中油碧辟石油有限公司	广州市	143.51	144.77	−0.9
8	深圳沃尔玛百货零售有限公司	深圳市	129.63	139.14	−6.8
9	深圳由你网络技术有限公司	深圳市	125.55	66.37	89.2
10	天虹数科商业股份有限公司	深圳市	115.56	129.02	−10.4
11	广州昊超电子商务有限公司	广州市	110.92	105.93	4.7
12	特斯拉汽车销售服务（广州）有限公司	广州市	110.88	82.38	34.6
13	中国石化销售股份有限公司广东惠州石油分公司	惠州市	106.43	92.08	15.6
14	中国石化销售股份有限公司广东深圳石油分公司	深圳市	103.08	90.79	13.5
15	安利（中国）电子商务有限公司	广州市	100.27	70.81	41.6
16	格力电子商务有限公司	珠海市	92	82.97	10.9
17	广州海珠区唯品会电子商务有限公司	广州市	84.78	38.27	121.6
18	延长壳牌（广东）石油有限公司	广州市	84.56	70.74	19.5
19	东莞市永盛通信科技有限公司	东莞市	81.03	86.27	−6.1
20	肇庆京东盛甲贸易有限公司	肇庆市	80.88	91.46	−11.6
21	深圳齐心集团股份有限公司	深圳市	80.71	68.77	17.4
22	特斯拉汽车销售服务（深圳）有限公司	深圳市	77.06	69.98	10.1
23	中国石化销售股份有限公司广东佛山石油分公司	佛山市	76.41	72.08	6
24	中国石化销售股份有限公司广东东莞石油分公司	东莞市	74.78	92.25	−18.9

（续表）

序号	单位详细名称	所在地	累计零售额（亿元）	同期零售额（亿元）	增速（%）
25	完美（中国）有限公司	中山市	67.46	76.94	−12.3
26	深圳春晓花开科技有限公司	深圳市	66.15	61.66	7.3
27	沃尔玛（深圳）百货有限公司	深圳市	65.49	56.62	15.7
28	周生生中国商业有限公司	广州市	62.99	55.43	13.6
29	广州市国美电器有限公司	广州市	61.07	62.75	−2.7
30	惠州酷友网络科技有限公司	惠州市	57.44	41.98	36.8
31	广州京东弘健贸易有限公司	广州市	56.99	32.93	73.1
32	中国石化销售股份有限公司广东中山石油分公司	中山市	56.53	49.64	13.9
33	中国石化销售股份有限公司广东清远石油分公司	清远市	51.63	45	14.7
34	中国石化销售股份有限公司广东湛江石油分公司	湛江市	50.19	39.39	27.4
35	深圳市朴朴网络科技有限公司	深圳市	50.01	33.4	49.7
36	广东永旺天河城商业有限公司	广州市	46.95	45.58	3
37	中国石化销售股份有限公司广东江门石油分公司	江门市	46.59	45.44	2.5
38	维达商贸有限公司	江门市	45.57	41.52	9.7
39	东莞京东旭弘贸易有限公司	东莞市	43.46	61.04	−28.8
40	深圳京东达新贸易有限公司	深圳市	40.82	21.76	87.6
41	中国石化销售股份有限公司广东茂名石油分公司	茂名市	39.26	34.23	14.7
42	深圳市亨吉利世界名表中心有限公司	深圳市	38.35	45.45	−15.6
43	广州市广百股份有限公司	广州市	37.67	48.19	−21.8
44	广东苏宁易购销售有限公司	广州市	37.4	34.23	9.2
45	中国石化销售股份有限公司广东珠海石油分公司	珠海市	37.37	33.37	12
46	广州市朴朴网络科技有限公司	广州市	36.52	16.26	124.6
47	迪阿股份有限公司	深圳市	35.88	44.9	−20.1

（续表）

序号	单位详细名称	所在地	累计零售额（亿元）	同期零售额（亿元）	增速（%）
48	美的集团电子商务有限公司	佛山市	35.42	34.84	1.7
49	华润万家有限公司	深圳市	35.15	41.79	−15.9
50	深圳盒马网络科技有限公司	深圳市	34.36	32.33	6.3
51	华润万家生活超市（广州）有限公司	广州市	34.32	41.02	−16.3
52	中国石化销售有限公司广东梅州石油分公司	梅州市	34.03	27.88	22.1
53	快尚时装（广州）有限公司	广州市	33.85	23.07	46.7
54	广州京东风尚贸易有限公司	广州市	33.48	74.99	−55.3
55	深圳象鲜科技有限公司	深圳市	32.97	16.95	94.6
56	深圳市国美电器有限公司	深圳市	32.78	42.72	−23.3
57	中国石化销售股份有限公司广东阳江石油分公司	阳江市	32.13	25.45	26.2
58	深圳华润万佳超级市场有限公司	深圳市	31.84	37.71	−15.6
59	广东周大福珠宝金行有限公司	广州市	31.73	36.22	−12.4
60	广东林氏家居股份有限公司	佛山市	31.69	30.35	4.4
61	深圳市澳康达二手名车经销有限公司	深圳市	31.17	0.74	4108.9
62	深圳市海王星辰健康药房连锁有限公司	深圳市	30.38	27.34	11.1
63	深圳市大兴宝德汽车销售服务有限公司	深圳市	30.37	29.84	1.8
64	深圳周大福在线传媒有限公司	深圳市	29.6	27.82	6.4
65	中国石化销售有限公司广东河源石油分公司	河源市	29.51	35.18	−16.1
66	广州友谊集团有限公司	广州市	29.51	36.01	−18.1
67	深圳市锦保汽车有限公司	深圳市	28.53	29.67	−3.8
68	深圳市苏宁易购销售有限公司	深圳市	28.31	89.35	−68.3
69	沃尔玛（广东）商业零售有限公司	广州市	28.12	30.67	−8.3
70	中山京东青石贸易有限公司	中山市	27.93	9.05	208.8
71	深圳市宝创汽车贸易有限公司	深圳市	27.64	34	−18.7

（续表）

序号	单位详细名称	所在地	累计零售额（亿元）	同期零售额（亿元）	增速（%）
72	望家欢农产品集团有限公司	深圳市	27.24	22.6	20.5
73	合创汽车科技有限公司	广州市	26.22	4.37	500.3
74	中国石油天然气股份有限公司广东惠州销售分公司	惠州市	26	23.36	11.3
75	深圳减字科技有限公司	深圳市	25.75	21.71	18.6
76	广东赛壹便利店有限公司	广州市	25.58	26.95	−5.1
77	中国石化销售有限公司广东肇庆石油分公司	肇庆市	25.51	22.45	13.6
78	深圳中升星辉汽车销售服务有限公司	深圳市	25.48	22.64	12.5
79	深圳市顺电连锁股份有限公司	深圳市	25.11	30.39	−17.4
80	广东壹加壹商业连锁有限公司	中山市	25	25.25	−1
81	大参林医药集团股份有限公司	广州市	24.9	22.93	8.6
82	广东壹号食品股份有限公司	湛江市	24.72	18.69	32.2
83	广州南沙唯品会电子商务有限公司	广州市	24.55	37.95	−35.3
84	中海油广东销售有限公司	广州市	24.55	15.19	61.6
85	理想智造汽车销售服务（深圳）有限公司	深圳市	24.2	21.3	13.6
86	广东通驿高速公路服务区有限公司	广州市	24.17	21.61	11.8
87	广东广安冠德石化有限公司	广州市	24.1	22.47	7.3
88	深圳市鹏峰汽车销售服务有限公司	深圳市	23.36	26.46	−11.7
89	京东大药房（广州）有限公司	广州市	22.83	16.97	34.5
90	中国石化销售股份有限公司广东汕头石油分公司	汕头市	22.68	17.78	27.5
91	广州沃尔玛百货有限公司	广州市	22.63	21.83	3.7
92	深圳分期乐贸易有限公司	深圳市	22.58	19.03	18.7
93	东莞东风南方汽车销售服务有限公司	东莞市	22.13	27.05	−18.2
94	敏华互联网零售（惠州）有限公司	惠州市	22.11	7.31	202.5
95	东莞中升之星汽车销售服务有限公司	东莞市	22.09	20.35	8.5

（续表）

序号	单位详细名称	所在地	累计零售额（亿元）	同期零售额（亿元）	增速（%）
96	广州盒马鲜生网络科技有限公司	广州市	22.06	21.84	1
97	广州市龙星行汽车销售服务有限公司	广州市	21.92	23.41	−6.4
98	中国石化销售股份有限公司广东揭阳石油分公司	揭阳市	21.86	17.24	26.8
99	广州象鲜科技有限公司	广州市	21.79	9.55	128.3
100	中国石化销售股份有限公司广东韶关石油分公司	韶关市	21.59	21.65	−0.3

第四，规上服务业重点企业受疫情影响分化明显，下行压力较大。

信息传输、软件和信息技术服务业企业全年实现营业收入14198亿元，同比增长8.4%，增幅比前三季度提高0.3个百分点，营业收入占规模以上服务业比重35.7%，拉动规模以上服务业全行业增长2.86个百分点。其中，腾讯科技（深圳）有限公司营业收入最高为1402.36亿元，同比增速达10.4%。今年新入库企业拉动作用比较明显，深圳市腾讯天游科技有限公司营收426.01亿元，增长近260倍；新成立企业花瓣云科技有限公司营收130.75亿元。此外，深圳市腾讯计算机系统有限公司、广州酷狗计算机科技有限公司、腾讯音乐娱乐（深圳）有限公司、深圳市分期乐网络有限公司营收分别下降18.6%、12.9%、11.5%、9.1%，值得关注。

表8-26　2022年全省信息传输、软件和信息技术服务业营收20强企业

序号	企业	营业收入（亿元）	同比增长（%）
1	腾讯科技（深圳）有限公司	1402.36	10.4
2	深圳市腾讯计算机系统有限公司	566.32	−18.6
3	深圳市腾讯天游科技有限公司	426.01	25917.5
4	深圳前海新之江信息技术有限公司	379.19	27.5
5	深圳美团优选科技有限公司	263.21	11.0
6	广州网易计算机系统有限公司	259.08	21.7

（续表）

序号	企业	营业收入（亿元）	同比增长（%）
7	中国移动通信集团广东有限公司深圳分公司	190.44	6.0
8	中国移动通信集团广东有限公司广州分公司	183.70	5.1
9	广州博冠信息科技有限公司	166.78	20.0
10	深圳市世纪腾华信息技术有限公司	144.14	5.7
11	广州腾讯科技有限公司	143.84	2.5
12	中国电信股份有限公司深圳分公司	136.07	5.2
13	花瓣云科技有限公司	130.75	——
14	中国电信股份有限公司广州分公司	127.61	6.6
15	广州酷狗计算机科技有限公司	113.36	−12.9
16	腾讯音乐娱乐（深圳）有限公司	109.20	−11.5
17	深圳市大疆创新科技有限公司	108.81	8.5
18	中国移动通信集团广东有限公司东莞分公司	108.37	7.5
19	广州小米信息服务有限公司	95.68	9.0
20	深圳市分期乐网络科技有限公司	90.06	−9.1

租赁和商务服务业企业实现营业收入6852.26亿元，增长2.4%，增幅比前三季度回落1.5个百分点，营业收入占规模以上服务业比重17.2%，拉动规模以上服务业全行业增长0.42个百分点。其中，龙头企业除万科企业股份有限公司、广东省广告集团股份有限公司、广东邮电人才服务有限公司、深圳市人力资本（集团）有限公司外均保持两位数以上增速，开域国际控股有限公司、广州辛选网络信息科技有限公司增长较快，分别增长101.5%、192.7%。营业收入最高的是深圳市腾讯文化传媒有限公司，实现营业收入262.89亿元，增长28.9%。

表8-27　2022年全省租赁和商务服务业营收20强企业

序号	企业	营业收入（亿元）	同比增长（%）
1	深圳市腾讯文化传媒有限公司	262.89	28.9
2	深圳今日头条科技有限公司	185.23	16.6

（续表）

序号	企业	营业收入（亿元）	同比增长（%）
3	开域国际控股有限公司	122.08	101.5
4	珠海万达商业管理集团股份有限公司	70.51	98.8
5	中智广州经济技术合作有限公司	68.03	79.3
6	广州南仕邦人力资源有限公司	68.02	13.1
7	深圳顺丰泰森控股（集团）有限公司	47.72	15.7
8	广东君润人力资源服务有限公司	47.27	78.6
9	广东省广告集团股份有限公司	43.70	−5.8
10	广东胜通和科技服务有限公司	39.01	45.2
11	光大环保（中国）有限公司	33.56	16.6
12	广州辛选网络信息科技有限公司	33.23	192.7
13	万科企业股份有限公司	30.91	−42.1
14	韵洪传播科技（广州）有限公司	30.78	81.7
15	广东邮电人才服务有限公司	30.72	0.0
16	深圳市人力资本（集团）有限公司	30.65	7.3
17	深圳市腾佳管理咨询有限公司	30.14	13.4
18	深圳市皇马劳务派遣有限公司	29.86	36.9
19	中铁建商业保理有限公司	28.33	19.0
20	深圳市橙信投资发展有限公司	28.01	20.4

科学研究和技术服务业企业实现营收3265.96亿元，同比增长5.5%，增幅比前三季度提高4.8个百分点。该行业门类中，中广核系企业影响较大，营业收入占整个行业门类的9.8%，增长13.2%，拉动整个行业门类增长1.2个百分点。另外，因业务拓展，中石化广州工程有限公司、广州小鹏汽车科技有限公司保持高速增长，分别增长131.8%、82.8%。

表8–28　2022年全省科学研究和技术服务业营收20强企业

序号	企业	营业收入（亿元）	同比增长（%）
1	中广核工程有限公司	253.18	8.2
2	中国能源建设集团广东省电力设计研究院有限公司	131.21	23.9

（续表）

序号	企业	营业收入（亿元）	同比增长（%）
3	中电建南方建设投资有限公司	71.29	3.2
4	深圳市中兴通讯技术服务有限责任公司	56.50	19.0
5	中交第四航务工程勘察设计院有限公司	44.07	−0.9
6	广州安茂铁路建设管理有限公司	35.35	56.2
7	广州华银医学检验中心有限公司	31.83	69.8
8	广州金域医学检验中心有限公司	29.53	4.2
9	中石化广州工程有限公司	27.70	131.8
10	中广核核电运营有限公司	26.57	30.0
11	珠海格力节能环保制冷技术研究中心有限公司	24.15	11.8
12	深圳市华阳国际工程设计股份有限公司	22.94	5.4
13	广东省电信规划设计院有限公司	21.69	5.0
14	广州小鹏汽车科技有限公司	21.61	82.8
15	中广核研究院有限公司	21.05	52.5
16	广州地铁设计研究院股份有限公司	20.79	−3.2
17	广东博意建筑设计院有限公司	20.09	−31.0
18	深圳中广核工程设计有限公司	19.59	33.4
19	广州市城市规划勘测设计研究院	18.11	6.7
20	深圳市建筑设计研究总院有限公司	17.34	10.0

居民服务、修理和其他服务业企业实现营收410.46亿元，同比增长4.9%，增幅比前三季度回落0.3个百分点。2022年全省居民服务、修理和其他服务业营收20强企业有5家营业收入为负增长，合计实现营收收入102.17亿元，增长27.0%，增幅比前三季度回落1.5个百分点，占居民服务、修理和其他服务业营业收入的24.9%，拉动居民服务、修理和其他服务业增长5.3个百分点。

表8-29　2022年全省居民服务、修理和其他服务业营收20强企业

序号	企业	营业收入（亿元）	同比增长（%）
1	深圳市宝创森那美汽车销售服务有限公司	11.35	462.8
2	深圳华侨城水电有限公司	8.85	8.7
3	深圳十分到家服务科技有限公司	8.56	7.5
4	深圳玉禾田智慧城市运营集团有限公司	8.34	1.1
5	广东宝悦汽车销售服务有限公司	7.11	129.9
6	深圳市升阳升人居环境服务有限公司	5.86	−5.6
7	深圳安时达电子服务有限公司	5.59	−3.4
8	广州市升辉清洁服务有限公司	5.26	5.0
9	广州图腾信息科技股份有限公司	4.47	17.5
10	深圳轻喜到家科技有限公司	4.35	87.8
11	广州市信诚环保科技有限公司	4.30	11.6
12	深圳我主良缘科技集团有限公司	4.27	−5.5
13	广东泰科物业管理有限公司	4.15	7.7
14	深圳市华富环境有限公司	3.35	7.1
15	深圳市博宝源实业有限公司	2.98	11.8
16	深圳市盛恒达机电设备有限公司	2.81	40.8
17	广州视嵘信息技术有限公司	2.69	—
18	奈瑞儿健康科技有限公司	2.65	−9.7
19	深圳市长城楼宇科技有限公司	2.63	−24.3
20	深圳市三瑞兴业科技有限公司	2.60	9.5

　　文化、体育和娱乐业企业实现营业收入432.49亿元，同比下降11.7%，降幅比前三季度扩大1.6个百分点。营收20强企业中，近半数企业营收为负增长，大部分属于接触性聚焦性服务业行业，如珠海长隆投资发展有限公司、广州长隆集团有限公司、广东大地影院建设有限公司、广东大地电影院线股份有限公司、广州金逸珠江电影院线有限公司、珠江影业传媒股份有限公司分别下降57.2%、43.2%、49.5%、46.8%、38.5%、

39.6%；但网络直播、短视频等新兴业态增长较快，如头部企业广州巴伽娱乐传媒有限公司增长96.5%，深圳市腾讯斐泰科技有限公司业务增长约70倍。

表8-30　2022年全省文化、体育和娱乐业营收20强企业

序号	企业	营业收入（亿元）	同比增长（%）
1	广州巴伽娱乐传媒有限公司	23.88	96.5
2	南方出版传媒股份有限公司	14.73	1.8
3	广州长隆集团有限公司	12.68	-43.2
4	广东南方新媒体股份有限公司	12.40	5.6
5	奥飞娱乐股份有限公司	12.03	42.4
6	华强方特（深圳）电影有限公司	9.64	34.8
7	广东教育出版社有限公司	9.63	6.4
8	广东大地电影院线股份有限公司	8.59	-46.8
9	深圳证券时报社有限公司	8.12	4.2
10	珠海长隆投资发展有限公司	7.75	-57.2
11	深圳市广播电影电视集团	7.33	-11.1
12	广州香港马会赛马训练有限公司	7.14	0.6
13	深圳报业集团	5.95	-4.9
14	广东大地影院建设有限公司	5.52	-49.5
15	深圳市腾讯斐泰科技有限公司	4.90	7019.3
16	广州金逸珠江电影院线有限公司	4.64	-38.5
17	南方日报社	4.11	4.1
18	华润深圳湾发展有限公司	3.93	-12.8
19	深圳西丽高尔夫球俱乐部有限公司	3.67	20.1
20	珠江影业传媒股份有限公司	3.26	-39.6

第五，"双十"产业企业增长稳定，同比增长4.3%。

2022年，全省十大战略性支柱产业集群和十大战略性新兴产业集群共有企业19.59万个，实现营业收入214701.96亿元，利润总额11796.12亿元，完成增加值51947.46亿元，同比增长2.1%，增加值占GDP比重40.2%。

表8-31　2022年全省"双十"战略性产业集群发展情况

产业集群	集群名称	企业数（个）	营业收入（亿元）	利润总额（亿元）	增加值（亿元）	增加值增速（％）	占GDP比重（％）
"双十"产业集群总计		195944	214701.96	11796.12	51947.46	2.1	40.2
十大战略性支柱产业集群	合计	75173	188109.07	9640.34	45462.75	1.5	35.2
	1. 新一代电子信息	9233	46564.87	2025.56	9470.34	1.1	7.3
	2. 绿色石化	9131	18809.98	709.15	4248.61	−4.1	3.3
	3. 智能家电	6424	16085.06	1143.49	3137.86	−2.6	2.4
	4. 汽车	1059	11987.44	666.64	2442.27	20.8	1.9
	5. 先进材料	14426	26669.02	962.88	5229.24	−3.4	4.0
	6. 现代轻工纺织	22687	27856.53	1284.33	6608.63	−5.5	5.1
	7. 软件与信息服务	4871	12091.59	1465.35	3925.69	9.4	3.0
	8. 超高清视频显示	3050	6063.45	205.53	1185.69	−1	0.9
	9. 生物医药与健康	1862	4112.83	655.43	1492.16	11.1	1.2
	10. 现代农业与食品	2430	17868.3	521.97	7722.27	6.6	6.0
十大战略性新兴产业集群	合计	120771	26592.89	2155.78	6484.71	6.6	5.0
	1. 半导体与集成电路	1356	2200.22	130.31	577.07	5.1	0.4
	2. 高端装备制造	10825	3044.75	174.45	718.8	0.8	0.6
	3. 智能机器人	171	616.4	−2.89	111.4	12.1	0.1
	4. 区块链与量子信息	27574	303.42	25.33	93.91	6.7	0.1
	5. 前沿新材料	29619	1011.09	83.84	272.92	25.8	0.2
	6. 新能源	9376	7106.53	530.57	1447.74	12.6	1.1
	7. 激光与增材制造	34025	1409.43	76.62	306.82	3	0.2
	8. 数字创意	4354	5728.02	617.12	1442.41	4.1	1.1
	9. 安全应急与环保	2185	3058.46	264.44	922.1	3.6	0.7
	10. 精密仪器设备	1286	2114.57	255.97	591.54	6.8	0.5

注：本表中工业、服务业数据为规模以上工业和服务业企业；批发零售业数据为限额以上批发零售企业；不包含金融业和公共管理业相关数据；企业数未进行比例折算，营业收入和增加值总量按照比例折算，增加值增速按可比价计算；全省GDP为快报数。

2022年，全省十大战略性支柱产业集群企业数7.52万个，实现增加值45462.75亿元，同比增长1.5%，增加值占GDP比重35.2%。

一是新一代电子信息产业，2022年共有企业9233个，实现增加值9470.34亿元，同比增长1.1%，增加值占GDP比重7.3%。本产业集群营业收入十强企业合计完成增加值3095.39亿元，增长4.0%。

表8-32　2022年全省新一代电子信息战略性支柱产业十强企业

序号	企业名称	所在地	营业收入（亿元）	增加值（亿元）	增加值增速（%）
	合计		14945.90	3095.39	4.0
1	华为技术有限公司	深圳市	5667.46	1249.31	6.4
2	华为终端有限公司	东莞市	1776.08	308.77	−18.2
3	OPPO广东移动通信有限公司	东莞市	1613.60	192.93	−12.1
4	富泰华工业（深圳）有限公司	深圳市	1420.92	315.97	21.1
5	中兴通讯股份有限公司	深圳市	1212.17	414.39	13.8
6	维沃移动通信有限公司	东莞市	987.01	155.32	−16.8
7	富联裕展科技（深圳）有限公司	深圳市	697.49	157.38	15.8
8	比亚迪精密制造有限公司	深圳市	605.97	138.81	35.9
9	东莞华贝电子科技有限公司	东莞市	507.73	76.75	−10.5
10	深圳富联富桂精密工业有限公司	深圳市	457.46	85.77	19.3

注：本表中企业营业收入和增加值根据其所在行业折算比例计算，下同。

二是绿色石化产业，2022年共有企业9131个，实现增加值4248.61亿元，同比下降4.1%，占GDP比重3.3%。本产业集群营业收入十强企业合计完成增加值1396.33亿元，下降2.2%。

表8-33　2022年全省绿色石化战略性支柱产业集群十强企业

序号	企业名称	所在地	营业收入（亿元）	增加值（亿元）	增加值增速（%）
	合计		6035.18	1396.33	−2.2
1	中国石油化工股份有限公司茂名分公司	茂名市	1453.64	366.17	−9.3

（续表）

序号	企业名称	所在地	营业收入（亿元）	增加值（亿元）	增加值增速（%）
2	中海油惠州石化有限公司	惠州市	1329.29	308.37	7.0
3	中科（广东）炼化有限公司	湛江市	993.01	259.75	−5.1
4	中国石油化工股份有限公司广州分公司	广州市	717.49	192.08	−4.6
5	中海壳牌石油化工有限公司	惠州市	521.82	99.55	0.0
6	广东联塑科技实业有限公司	佛山市	312.65	50.91	9.2
7	广州宝洁有限公司	广州市	259.17	57.98	−6.3
8	金发科技股份有限公司	广州市	170.35	29.32	−0.6
9	广东先导稀材股份有限公司	清远市	156.63	9.38	−2.6
10	珠海英力士化工有限公司	珠海市	121.14	22.80	20.5

三是智能家电产业，2022年共有企业6424个，完成增加值3137.86亿元，同比下降2.6%，占GDP比重2.4%。本产业集群营业收入十强企业合计完成增加值1358.36亿元，增长13.3%。

表8-34　2022年全省智能家电战略性支柱产业集群十强企业

序号	企业名称	所在地	营业收入（亿元）	增加值（亿元）	增加值增速（%）
合计			6113.56	1358.36	13.3
1	美的集团股份有限公司	佛山市	3629.44	969.25	13.1
2	珠海格力电器股份有限公司	珠海市	1174.28	155.26	8.4
3	TCL王牌电器（惠州）有限公司	惠州市	299.35	21.17	−14.7
4	深圳创维-RGB电子有限公司	深圳市	205.13	42.14	−0.3
5	广东康宝电器股份有限公司	佛山市	170.38	40.99	46.7
6	惠州市德赛西威汽车电子股份有限公司	惠州市	147.77	15.38	63.8
7	广州华凌制冷设备有限公司	广州市	126.50	27.72	5.7

（续表）

序号	企业名称	所在地	营业收入（亿元）	增加值（亿元）	增加值增速（%）
8	广东格兰仕集团有限公司	佛山市	126.20	28.09	3.6
9	广东东菱凯琴集团有限公司	佛山市	119.41	32.71	75.1
10	广东万和集团有限公司	佛山市	115.11	25.65	19.6

四是汽车产业，2022年汽车制造业战略性支柱产业集群企业1059个，实现增加值2442.27亿元，同比增长20.8%，占GDP比重1.9%。本产业集群营业收入十强企业合计完成增加值1434.05亿元，增长30.2%。

表8-35　2022年全省汽车战略性支柱产业集群十强企业

序号	企业名称	所在地	营业收入（亿元）	增加值（亿元）	增加值增速（%）
合计			7465.16	1434.05	30.2
1	比亚迪汽车工业有限公司	深圳市	2051.48	364.34	145.1
2	广汽丰田汽车有限公司	广州市	1537.90	297.30	28.4
3	广汽本田汽车有限公司	广州市	1078.76	211.15	−4.0
4	东风汽车有限公司东风日产乘用车公司	广州市	980.32	210.53	−19.4
5	本田汽车零部件制造有限公司	佛山市	455.99	103.99	34.0
6	广汽埃安新能源汽车有限公司	广州市	394.01	77.65	——
7	广汽乘用车有限公司	广州市	336.21	64.59	−18.3
8	肇庆小鹏新能源投资有限公司	肇庆市	265.38	50.63	56.8
9	东风本田发动机有限公司	广州市	247.18	37.71	−2.5
10	广东浦项汽车板有限公司	佛山市	117.93	16.14	33.9

五是先进材料产业，2022年全省先进材料战略性支柱产业集群企业14426个，实现增加值5229.24亿元，同比下降3.4%，占GDP比重4.0%。本产业集群营业收入十强企业合计完成增加值402.38亿元，增长1.6%。

表8-36　2022年全省先进材料战略性支柱产业集群十强企业

序号	企业名称	所在地	营业收入（亿元）	增加值（亿元）	增加值增速（％）
	合计		3435.43	402.38	1.6
1	宝钢湛江钢铁有限公司	湛江市	639.99	89.04	7.5
2	广州江铜铜材有限公司	广州市	632.21	41.23	7.4
3	广东广青金属压延有限公司	阳江市	427.20	55.92	17.7
4	广东广青金属科技有限公司	阳江市	392.35	40.36	13.8
5	广东中南钢铁股份有限公司	韶关市	388.45	44.67	−19.5
6	广东联塑科技实业有限公司	佛山市	312.65	50.91	9.2
7	珠海粤裕丰钢铁有限公司	珠海市	178.32	14.93	−25.1
8	金发科技股份有限公司	广州市	170.35	29.32	−0.6
9	阳春新钢铁有限责任公司	阳江市	148.88	19.00	−25.7
10	广东兴发铝业有限公司	佛山市	145.03	17.00	10.3

六是现代轻工纺织产业，2022年全省共有企业22687个，完成增加值6608.63亿元，同比下降5.5%，占GDP比重5.1%。本产业集群营业收入十强企业合计完成增加值334.38亿元，增长5.3%。

表8-37　2022年全省现代轻工纺织战略性支柱产业集群十强企业

序号	企业名称	所在地	营业收入（亿元）	增加值（亿元）	增加值增速（％）
	合计		2212.47	334.38	5.3
1	周大福珠宝金行（深圳）有限公司	深圳市	596.56	61.77	18.1
2	广东联塑科技实业有限公司	佛山市	312.65	50.91	9.2
3	广州宝洁有限公司	广州市	259.17	57.98	−6.3
4	广东顺德周大福珠宝制造有限公司	东莞市	206.07	19.17	−2.0
5	玖龙纸业（东莞）有限公司	佛山市	188.60	40.55	−10.5
6	金发科技股份有限公司	广州市	170.35	29.32	−0.6
7	深圳市翠绿黄金精炼有限公司	佛山市	136.34	12.65	102.5

（续表）

序号	企业名称	所在地	营业收入（亿元）	增加值（亿元）	增加值增速（％）
8	佛山市同心珠宝首饰有限公司	广州市	115.88	10.73	25.0
9	欧派家居集团股份有限公司	湛江市	115.11	26.93	14.3
10	湛江晨鸣浆纸有限公司	深圳市	111.74	24.37	3.3

七是软件与信息服务产业，2022年全省共有企业4871个，实现增加值3925.69亿元，同比增长9.4%，占GDP比重3.0%。本产业集群营业收入十强企业合计完成增加值667.89亿元，下降32.3%。

表8-38 2022年全省软件与信息服务战略性支柱产业十强企业

序号	企业名称	所在地	营业收入（亿元）	增加值（亿元）	增加值增速（％）
	合计		3864.28	667.89	−32.3
1	腾讯科技（深圳）有限公司	深圳	1402.36	669.11	−2.9
2	深圳市腾讯计算机系统有限公司	深圳	566.32	−147.49	−620.3
3	深圳市腾讯天游科技有限公司	深圳	426.01	−2.56	−2348.1
4	深圳前海新之江信息技术有限公司	深圳	379.19	−1.96	73.0
5	深圳美团优选科技有限公司	广州	263.21	−18.88	−256.6
6	广州网易计算机系统有限公司	广州	259.08	1.52	−9.3
7	广州博冠信息科技有限公司	广州	166.78	67.57	−42.6
8	深圳市世纪腾华信息技术有限公司	深圳	144.14	1.54	−73.0
9	广州腾讯科技有限公司	深圳	143.84	101.55	−21.3
10	广州酷狗计算机科技有限公司	广州	113.36	−2.53	−163.0

八是超高清视频显示产业，2022年全省共有企业3050个，实现增加值1185.69亿元，同比下降1.0%，占GDP比重0.9%。本产业集群营业收入十强企业合计完成增加值550.70亿元，增长1.6%。

表8-39　2022年全省超高清视频显示战略性支柱产业十强企业

序号	企业名称	所在地	营业收入（亿元）	增加值（亿元）	增加值增速（%）
	合计		2907.49	550.70	1.6
1	华为技术有限公司	深圳市	1133.49	249.86	6.4
2	华为终端有限公司	东莞市	355.22	61.75	−18.2
3	OPPO广东移动通信有限公司	东莞市	322.72	38.59	−12.1
4	富泰华工业（深圳）有限公司	深圳市	284.18	63.19	21.1
5	维沃移动通信有限公司	东莞市	197.40	31.06	−16.8
6	ＴＣＬ王牌电器（惠州）有限公司	惠州市	149.67	10.58	−14.7
7	富联裕展科技（深圳）有限公司	深圳市	139.50	31.48	15.8
8	比亚迪精密制造有限公司	深圳市	121.19	27.76	35.9
9	深圳创维–RGB电子有限公司	深圳市	102.56	21.07	−0.3
10	东莞华贝电子科技有限公司	东莞市	101.55	15.35	−10.5

九是生物医药与健康产业，2022年全省共有企业1862个，实现增加值1492.16亿元，同比增长11.1%，占GDP比重1.2%。本产业集群营业收入十强企业合计完成增加值370.47亿元，增长20.0%。

表8-40　2022年全省生物医药与健康战略性支柱产业十强企业

序号	企业名称	所在地	营业收入（亿元）	增加值（亿元）	增加值增速（%）
	合计		938.03	370.47	20.0
1	深圳迈瑞生物医疗电子股份有限公司	深圳市	254.11	102.54	21.2
2	广东一方制药有限公司	佛山市	144.96	47.31	17.1
3	广州达安基因股份有限公司	广州市	114.59	47.40	44.7
4	无限极（中国）有限公司	江门市	83.89	49.53	2.3
5	健合（中国）有限公司	广州市	71.91	26.59	−7.1
6	稳健医疗用品股份有限公司	深圳市	65.16	26.42	50.1
7	珠海联邦制药股份有限公司	珠海市	57.97	19.03	11.1

（续表）

序号	企业名称	所在地	营业收入（亿元）	增加值（亿元）	增加值增速（%）
8	广州万孚生物技术股份有限公司	广州市	50.76	24.71	79.4
9	陆逊梯卡华宏（东莞）眼镜有限公司	东莞市	49.84	18.19	6.6
10	国药集团广东环球制药有限公司	佛山市	44.84	8.75	−5.0

十是现代农业与食品产业，2022年全省共有企业2430个，实现增加值7722.27亿元，同比增长6.6%，占GDP比重6.0%。本产业集群营业收入十强企业合计完成增加值540.37亿元，增长0.8%。

表8-41　2022年全省现代农业与食品战略性支柱产业十强企业

序号	企业名称	所在地	营业收入（亿元）	增加值（亿元）	增加值增速（%）
合计			1628.52	540.37	0.8
1	广东中烟工业有限责任公司	省直	437.91	368.67	4.8
2	佛山市海天（高明）调味食品有限公司	佛山市	181.18	59.95	−6.7
3	安利（中国）日用品有限公司	广州市	163.22	30.55	8.8
4	南海油脂工业（赤湾）有限公司	深圳市	132.33	6.78	5.4
5	玛氏箭牌糖果（中国）有限公司	广州市	130.85	10.30	−19.1
6	东莞路易达孚饲料蛋白有限公司	东莞市	127.25	4.52	−31.8
7	华润怡宝饮料（中国）有限公司	深圳市	126.37	35.39	−15.8
8	中粮（东莞）粮油工业有限公司	东莞市	117.94	8.69	−1.0
9	益海（广州）粮油工业有限公司	广州市	109.11	10.77	−11.1
10	东莞益海嘉里粮油食品工业有限公司	东莞市	102.37	4.74	42.9

2022年，广东十大战略性新兴产业平稳较快发展，共有企业120771个，实现增加值6484.71亿元，同比增长6.6%；实现营业收入26592.89亿元，同比增长6.7%。

一是半导体与集成电路产业，2022年半导体与集成电路产业企业实现营业收入2200.22亿元，增长2.7%；增加值577.07亿元，增长5.1%。营业收入十强企业主要分布在深圳6家，合计实现营业收入443.17亿元，占该产业集群的20.1%。

表8-42　2022年全省半导体与集成电路产业集群十强企业

序号	企业名称	所在地	营业收入（亿元）	增加值（亿元）	增加值增速（%）
1	深圳市中兴微电子技术有限公司	深圳	75.99	14.46	10.1
2	比亚迪半导体股份有限公司	深圳	59.99	12.86	159.3
3	惠州市蓝微电子有限公司	惠州	50.62	9.91	−15.7
4	深圳市国微电子有限公司	深圳	47.25	12.77	46.5
5	深圳市德方纳米科技股份有限公司	深圳	39.62	5.41	308.0
6	中兴通讯（河源）有限公司	河源	35.98	9.06	8.9
7	深圳赛意法微电子有限公司	深圳	35.04	10.60	3.7
8	深圳佰维存储科技股份有限公司	深圳	33.96	7.14	20.9
9	安世半导体（中国）有限公司	东莞	33.69	7.10	8.7
10	江门市优美科长信新材料有限公司	江门	31.04	6.28	8.5

二是高端装备制造产业，2022年高端装备制造产业企业实现营业收入3044.75亿元，下降1.1%；增加值718.80亿元，增长0.8%。营业收入十强企业主要分布在深圳、珠海，合计实现营业收入300.41亿元，占该产业集群的9.9%。

表8-43　2022年全省高端装备制造产业集群十强企业

序号	企业名称	所在地	营业收入（亿元）	增加值（亿元）	增加值增速（%）
1	明阳智慧能源集团股份公司	中山	289.51	69.25	19.3
2	珠海保税区摩天宇航空发动机维修有限公司	珠海	90.31	26.37	18.9
3	大族激光科技产业集团股份有限公司	深圳	72.57	18.38	9.9

（续表）

序号	企业名称	所在地	营业收入（亿元）	增加值（亿元）	增加值增速（%）
4	深圳市创世纪机械有限公司	深圳	50.49	11.27	4.7
5	深圳市航盛电子股份有限公司	深圳	45.88	10.50	77.9
6	中海福陆重工有限公司	珠海	41.16	6.57	17.9
7	库卡机器人（广东）有限公司	佛山	38.85	10.80	62.3
8	广东拓斯达科技股份有限公司	东莞	32.23	7.54	−0.4
9	惠州华阳通用电子有限公司	惠州	31.98	4.13	27.6
10	广州广船海洋工程装备有限公司	广州	31.85	5.36	29.5

　　三是智能机器人产业，2022年全省智能机器人产业企业实现营业收入616.40亿元，增长14.4%；实现增加值111.40亿元，增长12.1%。营业收入十强企业主要分布在深圳7家、东莞2家，合计实现营业收入420.82亿元，占该产业集群的68.3%。

表8-44　2022年全省智能机器人产业集群十强企业

序号	企业名称	所在地	营业收入（亿元）	增加值（亿元）	增加值增速（%）
1	深圳市大疆百旺科技有限公司	深圳	316.04	41.84	16.2
2	库卡机器人（广东）有限公司	佛山	38.85	10.80	62.3
3	广东拓斯达科技股份有限公司	东莞	32.23	7.54	−0.4
4	深圳市杉川机器人有限公司	深圳	15.83	2.09	−9.4
5	云鲸智能科技（东莞）有限公司	东莞	13.75	2.14	−22.4
6	深圳吉阳智能科技有限公司	深圳	10.71	3.99	89.1
7	深圳市道通智能航空技术股份有限公司	深圳	8.87	1.18	107.7
8	深圳市轴心自控技术有限公司	深圳	8.74	2.18	−9.9
9	深圳市创客工场科技有限公司	深圳	8.43	0.97	238.7
10	深圳市海柔创新科技有限公司	深圳	6.22	0.99	145.7

　　四是区块链与量子信息产业，2022年全省区块链与量子信息产业企业

实现营业收入303.42亿元，增长7.3%；实现增加值93.91亿元，增长6.7%。其中，营业收入十强企业主要分布在深圳8家，合计实现营业收入35.24亿元，占该产业集群的11.6%。

表8-45　2022年全省区块链与量子信息产业集群十强企业

序号	企业名称	所在地	营业收入（亿元）	增加值（亿元）	增加值增速（%）
1	深圳前海新之江信息技术有限公司	深圳	9.48	−0.05	—
2	深圳市腾讯天游科技有限公司	深圳	6.39	−0.04	—
3	中兴通讯股份有限公司	深圳	6.18	2.11	13.8
4	深圳美团优选科技有限公司	深圳	5.26	−0.38	—
5	广州博冠信息科技有限公司	广州	4.17	1.69	−38.5
6	深圳市腾讯文化传媒有限公司	深圳	2.62	0.01	43.8
7	深圳富联富桂精密工业有限公司	深圳	2.33	0.44	19.3
8	西可通信技术设备（河源）有限公司	河源	1.86	0.39	−5.8
9	鹏鼎控股（深圳）股份有限公司	深圳	1.56	0.35	1.0
10	深圳市领略数控设备有限公司	深圳	1.42	0.26	21.7

五是前沿新材料产业，2022年全省前沿新材料产业企业实现营业收入1011.09亿元，增长17.5%；实现增加值272.92亿元，增长25.8%。营业收入十强企业主要分布在深圳5家，合计营业收入115.19亿元，占该产业集群的11.4%。

表8-46　2022年全省前沿新材料产业集群十强企业

序号	企业名称	所在地	营业收入（亿元）	增加值（亿元）	增加值增速（%）
1	贝特瑞新材料集团股份有限公司	深圳	41.32	8.53	95.5
2	深圳市德方纳米科技股份有限公司	深圳	22.84	3.12	308.0
3	中兴通讯（河源）有限公司	河源	20.74	5.22	8.9
4	深圳迈瑞生物医疗电子股份有限公司	深圳	20.33	8.20	21.2
5	广东凯金新能源科技股份有限公司	东莞	18.19	2.89	75.9

（续表）

序号	企业名称	所在地	营业收入（亿元）	增加值（亿元）	增加值增速（%）
6	江门市优美科长信新材料有限公司	江门	17.89	3.62	8.5
7	稳健医疗用品股份有限公司	深圳	16.29	6.61	50.1
8	深圳市比亚迪锂电池有限公司	深圳	14.41	2.79	30.5
9	广东嘉元科技股份有限公司	梅州	13.35	3.10	58.2
10	惠州市贝特瑞新材料科技有限公司	惠州	13.11	3.17	134.7

六是新能源产业，2022年全省新能源产业企业实现营业收入7106.53亿元，增长19.7%；实现增加值1447.74亿元，增长12.6%。营业收入十强企业主要分布在广州5家，合计实现营业收入1648.50亿元，占该产业集群的23.2%。

表8-47　2022年全省新能源产业集群十强企业

序号	企业名称	所在地	营业收入（亿元）	增加值（亿元）	增加值增速（%）
1	广东电网公司	广州	867.08	151.22	6.1
2	中国石油天然气销售广东分公司	广州	264.32	47.31	41.3
3	中国石油天然气销售南方分公司	广州	248.89	44.55	3.8
4	广东金湾高景太阳能科技有限公司	珠海	183.94	45.67	562.2
5	阳江核电有限公司	阳江	182.74	57.89	−4.0
6	中国南方电网有限责任公司	广州	171.87	29.84	1.2
7	深圳供电局有限公司	深圳	141.36	24.52	2.9
8	明阳智慧能源集团股份公司	中山	121.90	29.16	19.3
9	深圳市燃气集团股份有限公司	深圳	105.60	18.02	−5.8
10	中国石油天然气销售华南天然气销售中心	广州	96.34	17.24	−32.3

七是激光与增材制造产业，2022年全省激光与增材制造产业企业实现营业收入1409.43亿元，增长0.3%；实现增加值306.82亿元，增长3.0%。营业收入十强企业主要分布在深圳7家，合计实现营业收入147.24亿元，占该

产业集群的10.4%。

表8-48　2022年全省激光与增材制造产业集群十强企业

序号	企业名称	所在地	营业收入（亿元）	增加值（亿元）	增加值增速（％）
1	大族激光科技产业集团股份有限公司	深圳	37.41	9.47	9.9
2	华为技术有限公司	深圳	28.34	6.25	6.4
3	深圳市特发信息股份有限公司	深圳	23.99	0.96	6.2
4	深圳新澳科电缆有限公司	深圳	21.12	0.01	−92.2
5	深圳市创想三维科技股份有限公司	深圳	13.05	3.03	−10.3
6	深圳市联赢激光股份有限公司	深圳	12.77	3.32	37.4
7	珠海汉胜科技股份有限公司	珠海	12.39	1.63	9.8
8	佛山市星华精密机械有限公司	佛山	10.66	2.44	16.1
9	深圳市特发信息光网科技股份有限公司	深圳	10.56	0.90	−1.3
10	广东宏石激光技术股份有限公司	佛山	9.84	2.18	1.9

八是数字创意产业，2022年全省数字创意产业企业实现营业收入5728.02亿元，增长2.4%；实现增加值1442.41亿元，增长4.1%。其中，数字文化创意活动营业收入3793.55亿元，增长2.2%；增加值1114.39亿元，增长4.3%。营业收入十强企业主要分布在深圳7家，合计营业收入2360.9亿元，占该产业集群的41.2%。

表8-49　2022年全省数字创意产业集群十强企业

序号	企业名称	所在地	营业收入（亿元）	增加值（亿元）	增加值增速（％）
1	腾讯科技（深圳）有限公司	深圳	841.41	273.18	8.8
2	深圳市腾讯计算机系统有限公司	深圳	566.32	−93.28	—
3	深圳市腾讯文化传媒有限公司	深圳	262.89	4.40	97.2
4	广州网易计算机系统有限公司	广州	259.08	7.32	−60.7
5	深圳今日头条科技有限公司	深圳	185.23	22.55	325.5
6	深圳前海新之江信息技术有限公司	深圳	132.72	1.12	64.1

（续表）

序号	企业名称	所在地	营业收入（亿元）	增加值（亿元）	增加值增速（％）
7	开域国际控股有限公司	深圳	122.08	0.35	−68.5
8	广州酷狗计算机科技有限公司	广州	68.01	17.46	−37.3
9	腾讯音乐娱乐（深圳）有限公司	深圳	65.52	4.01	−36.4
10	广州博冠信息科技有限公司	广州	58.37	0.05	−95.0

　　九是安全应急与环保产业，2022年全省安全应急与环保产业企业实现营业收入3058.46亿元，增长2.5%；实现增加值922.10元，增长3.6%。营业收入十强企业主要分布在佛山5家、深圳3家，合计营业收入427.16亿元，占该产业集群的14.0%。

表8-50　2022年全省安全应急与环保产业集群十强企业

序号	企业名称	所在地	营业收入（亿元）	增加值（亿元）	增加值增速（％）
1	深圳市众恒隆实业有限公司	深圳	106.29	8.86	−9.6
2	深圳迈瑞生物医疗电子股份有限公司	深圳	76.23	30.76	21.2
3	广东飞南资源利用股份有限公司	肇庆	54.97	6.09	2.7
4	佛山市高明区浩辉水处理有限公司	佛山	53.17	19.15	21.6
5	广东美芝制冷设备有限公司	佛山	49.60	9.75	28.4
6	广东美芝精密制造有限公司	佛山	45.17	9.47	16.9
7	佛山市南海区昌鑫金属有限公司	佛山	38.88	7.86	37.9
8	广州市净水有限公司	广州	34.88	12.25	4.8
9	维谛技术有限公司	深圳	30.98	6.73	−14.9
10	安德里茨（中国）有限公司	佛山	26.84	5.60	18.5

　　十是精密仪器设备产业，2022年全省精密仪器设备产业企业实现营业收入2114.57亿元，增长0.3%；实现增加值591.54亿元，增长6.8%。其中，人体诊疗仪器增加值183.76亿元，增长17.4%。营业收入十强企业主要分布在深圳7家，合计营业收入323.76亿元，占该产业集群的15.3%。

表8-51　2022年全省精密仪器设备产业集群十强企业

序号	企业名称	所在地	营业收入（亿元）	增加值（亿元）	增加值增速（%）
1	深圳迈瑞生物医疗电子股份有限公司	深圳	177.87	71.78	21.2
2	明纬（广州）电子有限公司	广州	49.22	12.48	-6.2
3	西门子（深圳）磁共振有限公司	深圳	26.73	9.83	10.6
4	深圳日东光学有限公司	深圳	26.43	5.50	5.8
5	深圳市英威腾电气股份有限公司	深圳	26.36	7.32	14.9
6	深圳市亚辉龙生物科技股份有限公司	深圳	24.33	10.51	152.3
7	广州立景创新科技有限公司	广州	24.11	5.10	-24.0
8	深圳市新产业生物医学工程股份有限公司	深圳	21.43	9.70	21.3
9	深圳市科陆电子科技股份有限公司	深圳	20.61	2.28	-19.8
10	罗格朗智能电气（惠州）有限公司	惠州	20.21	4.73	-12.7

六、从"双百"调查看增长预期：百名企业家和百名统计学（专）家基于谨慎乐观经济前景提出意见和建议

依托广东省统计局开展的"百名景气企业家"和"百名统计学（专）家"信心景气调查，百名景气企业家和百名统计学（专）家对广东未来经济增长前景谨慎乐观，提出多条稳增长建议和措施。

（一）百名景气企业家行业预期信心指数高于即期信心指数，提出六方面意见建议

受2022年底疫情政策调整带来的阵痛影响，百名景气企业家信心调查数据显示，四季度景气企业家即期信心指数出现较大程度回落，跌至65.4，低于信心指数临界点100，为近三年来的底部。但行业预期信心指数为91.3，比即期信心指数高25.9个百分点，反映景气企业家对未来经济走势的好转仍有一定信心。

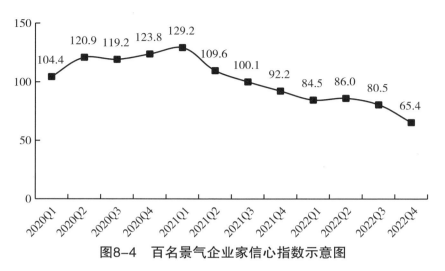

图8-4　百名景气企业家信心指数示意图

随着各地第一波疫情感染高峰逐渐结束，人们的生产生活有序恢复，住宿餐饮业、服务业等行业景气度逐步改善，市场"烟火气"日渐回归，多数企业家预期有所改善。但当前国内外经济环境依然存在诸多不确定因素，尤其是制造业的景气度下降较为明显，短期内经济仍面临下行压力，景气企业家预判2023年的下半年市场可能会逐步复苏。

针对当前广东经济增长中存在的困难，102位景气企业家提出101条意见建议，经归纳为下图"建议树"，主要为六个方面。

图8-5　百名景气企业家（广东）2022年四季度建议树

一是强信心，增就业。景气企业家认为市场整体消费信心不足，建议要尽快恢复消费信心；在后疫情阶段，政府应多宣传，提振市场信心，增加就业机会，保民生稳收入。

二是融资贷，缓压力。景气企业家建议出台融资政策缓解企业的资金压力，如放宽对国有企业的融资条件限制，在一定程度上降低企业的融资利息，提高企业的融资额度；延续对中小微企业扶持贷款保险补贴政策，出台接地气政策切实扶持到中小企业，加大对中小微企业的金融支持。

三是降成本，助追款。制造业、零售业等行业景气企业家建议在税务优惠、水电费、社保公积金等方面继续提供政策扶持，减轻企业生产经营成本；进一步加大力度处理企业应收账款回款难的问题，出台有关办法，落实相关规定，帮助企业完成拖欠账款清缴力度，确保企业现金流。

四是重支持，定帮扶。在部分领域要重点给予政策支持鼓励，定向帮扶。景气企业家建议优先对以下企业进行资源帮扶，如总部在省内的企业、中小微企业、农业企业、旅行社等。支持建设粤港澳大湾区，着力制定更为开放的金融和税收政策，使得粤港澳大湾区政策全面落地，真正实现和港澳在政策上的融合。

五是扩内需，促消费。景气企业家认为要应对需求收缩对经济恢复的制约，建议扶持实体经济，激活市场消费；受疫情影响，消费复苏较慢，政府消费券发放受众面没有涉及供应端，企业家希望有相关政策支持；房地产消费方面，企业家认为目前政策导向在供给侧发力，需求端需要进一步释放活力，形成市场闭环。

六是督复产，引人才。在疫情防控新阶段，密切关注企业的动态，支持市场加快复工复产，确保企业生产经营的常态化和有序化。在智能制造升级过程中，企业对人力资源需求已逐步从普通蓝领转向大专以上的技能人才，后疫情时代要协助解决人才错位的问题，为就业者牵线搭桥，为企业吸引人才、留住人才提供政策支持。

（二）百名统计学（专）家信心指数提升，提六方面建议促经济向好发展

百名统计学（专）家比百名景气企业家对经济走势判断更为积极乐观。2022年四季度百名统计学（专）家信心调查回收186份有效问卷，调查结果显示，统计学（专）家宏观信心指数为125.3，较三季度提高1.4个点，处于"较景气"区间。

表8-52　2021年以来百名统计学（专）家信心指数

统计学（专）家	宏观信心指数	投资指数	消费指数	出口指数	就业指数
2021一季度	128.0	127.4	125.3	123.5	120.4
2021二季度	119.2	116.9	121.2	117.7	112.6
2021三季度	107.3	108.0	119.7	116.2	104.5
2021四季度	107.2	105.2	120.2	104.0	102.6
2022一季度	123.9	125.5	120.7	119.1	112.5
2022二季度	132.5	132.3	130.4	123.8	113.8
2022三季度	123.9	122.3	125.8	114.3	107.1
2022四季度	125.3	121.2	131.5	119.6	119.9

百名统计学（专）家认为广东省经济运行过程要注意和化解的突出问题主要是消费市场欠活力、地方财政收入较为困难和经济增速下滑等。针对这些突出问题，186位统计学（专）家给出六方面意见建议。

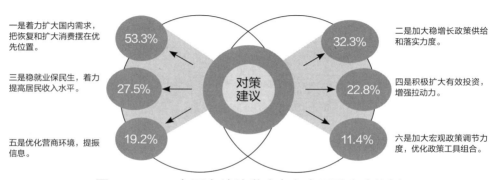

图8-6　2022年百名统计学（专）家四季度建议树

一是着力扩大国内需求，把恢复和扩大消费摆在优先位置。53.3%的建议是着力扩大内需，增强消费对经济发展的基础性作用。日前召开的中央经济工作会议也提出：着力扩大国内需求，要把恢复和扩大消费摆在优先位置，进一步强调了消费复苏对于中国经济持续恢复的重要作用。深化改革开放，增强内需发展动力。用足用好改革这个关键一招，实行更高水平开放，能够为深挖国内需求潜力、拓展扩大最终需求提供强大动力。

二是加大稳增长政策供给和落实力度。32.3%的建议是加大稳增长政策供给和落实力度。加强各行业经济运行的监测调度、形势研判和政策储备，适时推出更多政策措施，充分激发市场活力，促进经济加速恢复。落实落细已出台的各项政策和接续措施，充分释放政策累积效应。同时，加大对中小企业的扶持力度，提升政策效能，完善税费优惠政策，增强精准性和针对性，着力助企纾困。

三是稳就业保民生，着力提高居民收入水平。27.5%的建议是贯彻落实中央经济工作会议关于突出做好稳增长、稳就业、稳物价的工作要求，坚持稳字当头、稳中求进，稳存量、扩增量、提质量、兜底线，全力确保就业局势总体稳定。抓好青年特别是高校毕业生就业，稳定就业水平。促进农民工等重点群体就业，兜牢民生底线。保障劳动者合法权益，提升就业质量，着力提高居民收入水平。

四是积极扩大有效投资，增强拉动力。22.8%的建议是积极扩大有效投资，增强发展内生动力。尤其是工业、制造业和基础建设投资，增强投资对优化供给结构的关键作用。用好中长期贷款、地方政府专项债和政策性开发性金融工具等，持续形成投资拉动力。

五是优化营商环境，提振信心。19.2%的建议是继续优化营商环境，保障要素供给，不断提升政府服务效能。贯彻落实中央经济工作会议精神，坚持扩大内需，激发市场主体活力，稳定市场主体预期，提振居民消费以及各类市场主体的信心。

　　六是加大宏观政策调节力度，优化政策工具组合。11.4%的建议是实施积极财政政策，加大财政宏观政策调节力度。适度加大财政政策扩张力度，在财政支出强度、专项债投资拉动和推动财力下沉上加力。优化财政支出结构，有效带动扩大全社会投资，促进消费。同时，货币政策加大向民营企业的倾斜力度，在进一步做好制造业民营小微企业金融服务基础上，加大对服务行业民营企业、个体工商户的信贷和保险保障力度。

　　大道至简，实干为要。2023年新历第一个工作日，广东省委经济工作会议召开，锚定高质量发展首要任务；农历第一个工作日，即将召开高质量发展大会，多举措巩固广东在高质量发展道路上比学赶超、赛龙夺锦的良好态势。全省统计系统将认真落实省委、省政府工作部署要求，脚踏实地，埋头苦干，加强监测预警，以高质量统计数据服务广东高质量发展。

玖

国际视野下粤港澳大湾区
PPP方法测度及ICP应用研究

一、引言

全球化是当今世界的关键特征之一，它已经成为国际经济合作的核心动力。在不断深入的全球化进程中，国家和地区之间的经济联系变得越来越紧密，竞争也逐渐升级。在这个背景下，区域经济一体化已成为国家和地区实现可持续增长、提高竞争力以及应对全球挑战的重要战略。粤港澳大湾区，在国家发展大局中具有重要的战略地位，以其独特的地理位置和资源优势，成为推动国家经济发展的关键引擎。该区域汇聚了珠江三角洲9个城市（广州市、深圳市、珠海市、佛山市、惠州市、东莞市、中山市、江门市、肇庆市）、香港和澳门三地的优势资源，拥有多元化的产业基础，包括制造业、金融业、科技创新和旅游业等。这些城市之间的协同作用，使粤港澳大湾区具备了成为全球经济重要一体化区域的巨大潜力。在此背景下，购买力平价（Purchasing Power Parity，简称PPP）成为进行国际和国内不同地区经济差异比较的重要指标，它能帮助决策者更好地理解物价水平、生活成本和经济活动。然而，粤港澳大湾区的独特性使得传统的PPP方法在这一地区的应用变得复杂。不同城市拥有不同的法律制度、货币体系和文化背景，这些因素都可能导致PPP方法存在局限性。因此，研究粤港澳大湾区的PPP方法及其国际比较项目（International Comparison Program，简称ICP）的应用，对于深入了解区域经济实际水平、推动经济一体化以及优化政策决策具有重要意义。

（一）研究背景与意义

ICP是联合国统计委员会、世界银行等国际组织组织实施的一项全球性统计活动，该项目通过组织收集各国价格数据和国内生产总值（GDP）支出基本分类数据来测算PPP，并以PPP作为货币转换系数，将各国以本国价格水平核算的且以本币表示的GDP转换为用相同价格水平核算且以统一货币单位（通常为美元）表示的GDP，用来比较和评价各国实际经济规模。ICP的比较结果通常应用于经济总量、世界经济增长率、国际贫困测算、跨国工资调整、人文发展指数等领域的研究分析和行政决策中。

ICP首次提出可以追溯到20世纪初，目前ICP的发展主要基于20世纪后半叶的发展。1968年，联合国发起了第一个ICP，标志着ICP的现代阶段开始，旨在进行各国GDP的比较。1970年，第一轮ICP正式启动，有10个国家（哥伦比亚、法国、西德、匈牙利、印度、意大利、日本、肯尼亚、英国和美国）参与，目的是比较不同国家的物价水平，从而计算各国的GDP。第一轮ICP的结果于1975年发布，为国际经济和社会研究提供了重要的数据。第二轮ICP于1985年启动，目的是更新和扩展前一轮的比较，有64个国家参与其中[1]。第二轮ICP的结果于1993年发布[2]，继续为国际经济和社会研究提供重要的数据。自1968年ICP开始分阶段实施以来，迄今共完成了9轮全球性ICP活动，目前正在实施2021年轮ICP。

随着科技、通信和交通的迅速发展，各国将联系得更加紧密。在全球化的大背景下，国家间的经济联系尤为紧密。各国关注本国在国际体系中的经济地位，这不仅涉及国家在国际舞台上的影响力，更关乎其在国际社会中承担的责任。每年，各国都会对国民经济进行核算，比如GDP，然而，由于不同国家使用不同的货币计量单位，这使得直接比较变得困难。为了解决这一问题，ICP应运而生。ICP始于1968年，得到联合国统计委员会的资助，通过货币转换因子的使用，实现了各国经济水平的可比性。这一项目至今已经有50年的发展历史。在这一过程中，货币转换因子逐渐从市场汇率转向了PPP，使得比较更为准确和科学。在ICP中，PPP是一个重要的评价指标，其目的在于消除不同国家或地区之间的物价差异的影响，从而更加准确地比较不同地区的经济实力和生活水平。通过PPP的测算，

---

① 数据源于国际比较方案手册F辑26册。
② 结果发布于https://www.worldbank.org/en/programs/icp/brief/reports

可以更好地了解各个经济体的真实实力，而不会受到价格水平的干扰。

粤港澳大湾区在全国新发展格局中具有重要的战略地位。它由珠三角9个城市与香港和澳门两个特别行政区共同构成。这个区域地处中国东南沿海，拥有丰富的产业资源和人才优势，具备广阔的经济合作和发展潜力。随着中国对外开放的步伐不断加快，粤港澳大湾区旨在实现经济融合、创新驱动和可持续发展，逐步成为与国际接轨的重要经济合作区域。PPP测度对于了解该地区的经济发展、消费水平以及与世界其他三大湾区的比较具有重要意义。

总的来说，全球化是一个复杂而多层次的现象，对世界各国的经济、政治、社会等各方面产生深远的影响。ICP以及其中的PPP概念，为我们更好地理解各国间的经济差异提供了重要工具。同时，粤港澳大湾区作为中国经济发展的前沿地区，其在国际经济合作中的地位也备受瞩目。PPP测度不仅对粤港澳大湾区自身的发展具有重要意义，也为其在全球范围内的经济合作提供了有力的支持和参考。

（二）研究目的

在全球化的背景下，粤港澳大湾区的PPP与世界其他三大湾区的ICP比较是一个备受关注的领域，对于促进区域经济合作、支持政府决策、提高粤港澳大湾区与世界其他三大湾区的国际竞争力具有重要意义。

1. 促进区域经济合作

ICP是全球经济合作的组成部分，通过比较各国和地区的购买力水平，促进资源的优化配置和互利共赢。粤港澳大湾区作为世界四大湾区之一，其参与的ICP，将有助于加强大湾区与其他国际城市之间的经济联系，为促进跨区域经济合作提供科学依据。通过PPP和ICP的方法，还可为粤港澳大湾区提供国际合作机会——可以识别与其他国际经济中心的潜在合作机会。这有助于建立国际合作框架，共同应对全球性挑战，如气候变化、创新、人才流动等。

2. 支持政府决策

PPP测度在政府制定经济政策和产业布局方面具有重要参考价值。通过研究PPP方法，政府可以更准确地了解大湾区与其他国际城市之间的经济差异，从而更好地优化产业结构、推动经济转型升级，还可以根据PPP测度的结果来制定更具针对性的政策，推动粤港澳大湾区的经济发展和创新，实现可持续增长。

3. 提高粤港澳大湾区的国际竞争力

粤港澳大湾区是中国对外开放的重要窗口，其在国际经济舞台上的竞争力直接影响着中国的国际地位。采用PPP方法进行经济测度可以更准确地反映粤港澳大湾区的实际经济实力，而不受价格水平的干扰。这有助于政府、企业和研究机构更好地了解该区域在国际竞争中的地位，制定更具针对性的政策和战略。PPP测度和ICP应用有利于准确地说明粤港澳大湾区的购买力和实际经济水平，为提高粤港澳大湾区的国际比较提供科学依据。

综上所述，粤港澳大湾区PPP方法的测度及ICP的应用研究具有重要的现实意义。这些研究可以促进区域经济合作、支持政府决策、提高国际竞争力，为大湾区的可持续发展和国际地位提升提供有力支持。通过深入研究PPP和ICP的应用，我们可以更好地理解大湾区的经济实力，为未来的政策制定和国际合作提供更为准确和有力的依据。

（三）创新之处

随着时间的推移，ICP的影响日益扩大，全球和区域参与比较的经济体数量日益增多，PPP数据结果的应用范围日益广泛，对数据时效性和准确性方面的要求也越来越高。ICP手册中所介绍的PPP测算方法众多，其中，基本类（Basic Heading，BH）层面的测算方法有G-EKS法（Gini-Elteto-Koves-Szulc）、CPD法（Country Product Dummy，国家产品虚拟法），但这些方法的实施以6年为周期的调查体系，存在基准年调查负担过重、比较周期过长（数据滞后）、辅助信息利用偏少等诸多问题。为适应新形势和新需求，一方面，本研究采用的是"滚动调查法"，这样可以缩短工作周期，提高调查频率，而调查方式由基准年集中调查改为3年滚动分散调查，如此滚动分组设计既满足了推算误差较小，又满足了操作简便和工作量均衡的原则。另一方面，"滚动调查法"通常运用于国与国之间相关数据的研究分析，本研究将"滚动调查法"运用于湾区与湾区之间的比较分析，拓宽了"滚动调查法"的运用场景。

二、PPP测度与ICP的实践经验及文献综述

（一）PPP测度

PPP理论最早由瑞典经济学家古斯塔夫卡塞尔在《1914年以后的货币与外汇》一书中提出，其作用是根据各国（或地区）不同的价格水平计算货币之间的等值系数，所以，PPP被广泛应用于将国民生产总值转化为共同货币。在现有文献中，所论及的PPP指数基本由两大途径测度得到：一是先测算两个地区间的价格指数，然后经由各种方法使这些指数获得传递性；或构造虚拟的群组平均地区，各地区与该平均地区比较即可得到一组具有传递性的PPP指数。二是用随机方法通过回归方程得到一组具有传递性的PPP指数。

由上可见，传递性是PPP指数最重要、最应具备的性质之一，也是PPP方法测度的关键。该性质要求对于直接比较的两个国家的PPP应与以任何中间国作为桥梁而进行间接比较的结果相同。假定有A、B、C三地，传递性要求：A基于C的PPP指数A/C和C基于B的PPP指数C/B的乘积与A基于B的PPP指数A/B相等，即满足。接下来，我们从指数法的角度对PPP指数测度方法进行讨论。

1. PPP测算常用指数法

指数法通常是先测算所有可能的各对地区间的双边指数[1]，然后得到多边PPP[2]。在测算双边PPP时，只使用作为比较对象的两地区的数据，学界通常认为其是对两地PPP的最佳估计。由于在实践过程中基本分类以下无权重信息，仅使用了价格数据而没有使用支出权数，因此，基本分类一级所用双边PPP是基本价格指数。基本价格指数的测算方法较多，学者们通常认为Jevons指数是最理想的基本指数。目前，PPP测算所用Jevons指数已在原指数基础上发展出了Jevons*和Jevons-S指数。

（1）三种Jevons指数。Jevons指数、Jevons*和Jevons-S指数是用于衡量价格水平变动和通货膨胀的指数方法，以英国经济学家威廉·斯坦利·杰文斯（William Stanley Jevons）的名字命名。这些指数方法在经济学和统计学中用于分析价格变动和通货膨胀的影响。Jevons指数，也称为几何平均指数，是一种用于计算价格水平变动的方法。它通过计算不同时间段的商品价格几何平均数来测量通货膨胀或通货紧缩的程度。Jevons*指数和Jevons-S指数均是对Jevons指数的改进。Jevons*指数旨在考虑商品的数量变化。在计算Jevons*指数时，不仅考虑了商品价格的变化，还考虑了不同时间点的商品数量，这使得Jevons*指数能更全面地反映通货膨胀或通货紧缩的影响。Jevons-S指数则引入了权重以更好地反映不同商品在市场中的重要性。通常，不同商品对人们生活的重要程度不同，因此在计算价格指数时，为不同商品分配适当的权重可以更准确地反映通货膨胀或通货紧缩的影响。Jevons-S指数引入了这种权重概念，以提高指数的准确性。

---

[1] 双边价格指数（bilateral price indices），即假设同时对两个国家或地区的相同的n种商品价格和数量进行比较研究，其宗旨是将一个主体的整体价格水平与另一主体的整体价格水平进行比较。

[2] 多边价格指数（mutilateral price indices），是当参比主体在 3 个或以上时，通过两两之间进行比较而计算得到的价格指数。

如果两地对某一基本分类下n种产品都上报了平均价格，简单Jevons PPP就是这些产品在两地价格比率的几何均值。皮特·希尔（Peter Hill）在1982年指出，如果产品目录不平衡，简单Jevons PPP常常有偏，并介绍了考虑产品代表性的Jevons*指数，该指数是两个独立简单Jevons指数的几何平均，其中一个包含了A地的代表性产品，另一个包含了B地的代表性产品。再进一步将产品分为三组：第一、第三组分别在A、B两地具有代表性，第二组则在两地都具有代表性。理论上第二组PPP几何均值应是目标PPP的无偏估计，第一、第三组则有向上或向下的偏差。谢尔盖耶夫（Sergeev）在2003年指出，Jevons*指数并非每次都赋予第一、第三组相同权重，通常不是无偏估计，可将第二组每个PPP都算两次，然后把第一、第三组的权重调到相同，最后作加权几何平均，即得到Jevons-S指数。

（2）Laspeyres指数、Paasche指数、Fisher指数及Tornqvist指数等。其中，Laspeyres指数和Paasche指数都是用来衡量物价变动的指数，Laspeyres指数基于固定权重，而Paasche指数基于可变权重。Fisher指数则是Laspeyres指数和Paasche指数的几何平均，它综合了两种指数的优点。Fisher指数能够消除Laspeyres指数和Paasche指数的偏差，从而更准确地衡量物价变动。Tornqvist指数是一种基于边际贡献的指数，它考虑了不同商品的边际贡献和价格变动。Tornqvist指数能够更准确地反映消费者的选择变化和价格变动对总体物价的影响。

在指数法的实践中，三种Jevons指数应用最为广泛和常见，Jevons指数能通过所有的检验[①]，从指数经济方法的角度来看，Jevons指数是较好的基本价格指数计算公式，而上述其他方法在实施过程中对基础数据的要求都比较高，不便进行，因此，本研究使用Jevons指数。

[①]　所有检验包括恒等检验、比例性检验、对规模变动的不变性检验、同度量性检验、时间互换检验、单调性检验、平均值检验、循环检验、排列检验。

2. 使这些指数获得传递性的方法

上文所述的3种Jevons指数和一些高级汇总双边指数通常都不具有传递性，这对于多边比较结果而言是难以接受的，所以指数法的演进过程基本是沿着获得传递性的思想前进的。获得可传递性的思想通常可分为三大类：早期的EKS（Elteto-Koves-Szulc）、后来的加权EKS法及后来的最小间隔树法。

这些思想均同等对待了参与比较的每个地区，考虑了所有可能的每对地区间PPP。EKS法最初由基尼（Gini）于1931年提出用于构造具有传递性的时间价格指数，后被埃替妥（Iteto）和凯威斯（Kves）（1964）、肖尔茨（Szulc）（1964）应用到20世纪60年代东欧计划经济体的国际比较中，并于1973年被德雷克斯勒（Drechsler）正式命名为EKS法，EKS公式的基本原理是使原有不可传递PPP和可传递PPP间的对数离差平方和最小。假设组内有C个地区，地区k基于j的可传递EKS PPP如下所示：

$$PPP_{EKS}^{jk} = \left\{\prod_{l=1}^{C} \frac{PPP^{jl}}{PPP^{kl}}\right\}^{\frac{1}{C}} = \left\{\prod_{l=1}^{C} l_{PPP^{jk}}\right\}^{\frac{1}{C}}$$

其中，PPP_{EKS}^{jk}为经EKS公式处理后的k、k两地间PPP；l_{pppjk}是经由地区l桥接后得到的地区k相对于地区j的间接PPP，PPP^{jk}、PPP^{jl}、PPP^{kl}是各自两地间直接PPP。EKS赋予直接PPP的权重是每个间接PPP的两倍，而各间接PPP则有一样的权重，故而普拉萨达·拉奥（Prasada Rao）和马克斯·埃默尔（Marcel Timmer）认为在实践中有可能判定一些PPP相较于其他PPP更可靠，于是利用线性规划的思想提出了加权EKS法。两个EKS法的主要目的都是使所得可传递性结果与原结果的差异最小。

"间隔树"则要求有且仅有一条路径来连接每对地区，这样，连接C个地区的间隔树仅有C-1个边，每条边代表一个双边指数，最小间隔树法则希望从所有可能的个汇总双边指数中确定出一组整体最强的C-1个可传递的双边指数来连接C个地区。由于间隔树的一部分可能是链的形式和星形的形式，所以间隔树又可细分为链式法与星形法。链式法与星形法只使用了人为限定的C-1对地区间PPP获得可传递性，前者主要把地区排序然后为连续的每对地区计算出C-1个双边PPP，后者则是人为选定具体的中心国。显而易见的是，这两种方法没有同等对待参与比较的每个地区。

（二）ICP方法的实践经验

ICP是联合国统计委员会、世界银行等国际组织开展的一项全球统计项目，自1968年开始实施，迄今共展开10轮次，计划今后每3年开展一次。我国分别于1993年、1999年、2005年、2009年、2011年、2017年和2021年参加了7次ICP调查活动。历次ICP调查活动中，参与的经济体数目逐轮增加，采价对象范围也逐渐趋向完备，调查比较的方法也得到了不断的完善和创新。ICP项目成果被广泛应用于学术研究、数据编制、政策制定。联合国2030年可持续发展目标（SDG）、世界银行国际贫困监测和评估、国际货币基金组织份额确定、世界经济增长率计算、联合国开发计划署人文发展指数（HDI）等都使用了PPP数据。

为了得到用同一种货币表示的、可比的实际经济规模数据，国际组织（联合国、世界银行等）先后尝试过采用生产法GDP和支出法GDP结构来计算各经济体PPP值。现在，世界银行采用支出法GDP框架计算PPP值，并且绝大部分经济体按照2008年《国民账户体系》（SNA2008）或1993年《国民账户体系》（SNA1993）来编制其国民核算数据，共有6个主要总量、28个大类、63个中类、126个小类以及155个基本分类。基本分类有支出额数据的最低的一个层级，其中，居民消费110类，固定资本形成总额21类，政府消费18类，存货变化4类，净出口2类。基本分类以下为规格品，不同的基本分类下的规格品数量多少不一。规格品以下为具体的商品，包括货物和服务，这些商品有确切的价格数据。历轮ICP调查活动中，计算PPP的通常步骤是：

（1）先计算各国每一基本分类层级的PPP（以区域内基准货币为基准）；

（2）计算区域间链接因子，即各区域PPP；

（3）最后计算总量以至GDP层级的PPP。

但实际情况是，不可能每个国家都对所有的规格品进行采价，要求选择一篮子具备可比性和代表性的规格品，并通过比较这些规格品在不同经济体所需要花费的本币支出计算PPP。以最简单的巨无霸指数为例，这一篮子规格品仅仅包括巨无霸汉堡这一种商品，所以在计算各经济体货币的PPP时，只需要搜集各经济体相同规格的巨无霸汉堡即可。例如，假设2023年5月中国的麦当劳销售一个巨无霸汉堡为20元人民币，而同时段美国的麦当劳销售一个巨无霸汉堡为5美元，以美国为基准经济体，以美元为基准货币，那么中美间的PPP就为20元人民币/5美元=4元人民币/美元。

表9-1　巨无霸与猪肉价格

	巨无霸价格（2023年7月）	猪肉价格（2023年10月）
珠江三角洲	3.5（美元/个）	3.01（美元/公斤）
中国香港	2.95（美元/个）	2.96（美元/公斤）
美国	5.58（美元/个）	2.43（美元/公斤）
日本	3.17（美元/个）	13.20（美元/公斤）

说明：因澳门数据无法收集，故仅列出珠江三角洲、中国香港、美国、日本的巨无霸价格与猪肉价格，其中中国香港的猪肉价格为生猪价格，汇率转换使用2023年10月18日数据。

ICP按地理分布特征、消费习惯、经济发展程度，将全球180多个国家和地区划分为6个区域：欧盟和经济合作与发展组织（OECD）成员国、亚太地区、非洲地区、独联体国家、拉美和加勒比海地区和西亚地区。先进行区域内的比较，然后连结成全球性比较结果。历轮ICP调查活动中，主要问题：一是各区域之间PPP汇总方法不统一。在前几轮比较中，OECD和欧盟采用EKS法，其他区域采用CPD法。考虑到各区域所使用的PPP汇总方法比较成熟，2011年轮ICP延续这一做法，区域一级PPP汇总方法不作统一。全球ICP办公室建议各区域采用CPD方法测算基本分类一级的PPP，采用G-EKS汇总基本分类以上一级的PPP。各区域同时应该考虑应用具有可加性的PPP汇总方法，为经济结构分析提供有用信息。二是区域间PPP连结方法问题。2005年轮ICP项目中，采用环国法即在每一区域选择若干个国家或地区作为桥梁，将各区域的PPP结果连接成全球性的结果。此轮居民消费的区域间PPP是基于18个国家采集的价格数据而计算的，其中包括6个非洲国家、4个亚太国家、4个欧盟和OECD国家、2个西亚国家以及2个南美洲国家。

表9-2　2005年轮ICP环国法选取的国家

区域	环形国
非洲地区	喀麦隆　埃及　肯尼亚　塞内加尔　南非　赞比亚
亚太地区	中国香港　马来西亚　菲律宾　斯里兰卡
南美洲地区	智利　巴西
西亚地区	约旦　阿曼
OECD和欧盟	爱沙尼亚　日本　斯洛文尼亚　英国

　　每个环国均提供了各基本分类下的环国清单规格品价格数据，还有以区域货币表示的区域内PPP。将各国的环国清单规格品价格除以区域PPP，得到以区域基准货币表示的各国"环"价格。CPD模型将各区域的价格视为国家价格，提供了一组反映各区域不同基本分类相对价格的PPP数据（链接因子），这些链接因子具备传递性和基国不变性。但是，后续分析表明：这种连接方法受环国的支出结构和价格水平影响较大，各个汇总层级的链接因子不具备基国不变性，在一定程度上扭曲全球性的结果，导致PPP结果在区域间的不匹配，形成区域间比较结果的系统性偏差。

2011年轮ICP项目改用全球核心产品目录法连接区域PPP结果，利用各国提供的全球核心采价目录价格数据和GDP支出基本分类数据以及区域组织提供的基本分类一级PPP数据，采用加权的CPD法把区域的PPP结果连结成全球性结果，把以地区货币表示的区域PPP调整为统一以美元表示。

ICP调查活动自1968年开展以来，在理论创新和改革中不断向前推进，认真总结和吸收每一轮的经验教训，以完善ICP项目的理论方法和实践操作过程，提高数据质量，增强比较结果的可靠性。有关国际组织一直鼓励各国把ICP活动和国内CPI工作结合起来，在现有统计资料基础上，充分利用ICP专业知识为各国政府决策提供更多有益的统计信息。

（三）文献综述

（1）关于PPP方法的发展。PPP理论打破了原有的金本位制下的汇率理论，使汇率理论达到了一个新的高度。由艾伦·泰勒（Alan M.Taylor）在1976年所著的 "*Purchasing Power Parity：A Fundamental Study*" 中，回顾了PPP理论的发展，包括绝对和相对购买力平价，以及不同的测度方法。作者还讨论了PPP的限制和挑战，为后续研究提供了坚实的理论基础。"*Purchasing Power Parity：Three Stakes Through the Heart of the Unit Root Null*"（1987）这篇文献在时间序列分析领域探讨了PPP的可行性。迈克·泰勒（Mark P.Taylor）关注了单位根检验，并提出了一种更严格的方法来测试PPP的有效性。陈国平在2014年发表的一篇文章《中国经济改革与购买力平价理论的演进》中，回顾了中国改革开放以来的经济演进，特别关注了购买力平价理论在中国的应用。作者分析了中国如何使用PPP来评估汇率水平、货币政策和国际贸易。

（2）关于PPP方法的应用。拉姆克申·雷简（Ramkishen S. Rajan）在1998年提出的案例研究——"*Exchange Rate Determination and the Role of PPP for a Small Open Economy：The Case of Singapore*" 中，关注了新加坡这

个小型开放经济体，如何应用PPP理论来分析其汇率制度。研究指出了新加坡的汇率管理策略与PPP之间的关系。文献 "*Purchasing Power Parity：A Time-Series Analysis*"（彼特·卢校，Peter L. Rousseau，2023）利用时间序列数据，对PPP的长期趋势进行了详细分析，从历史角度评估了不同国家之间货币汇率的趋势。在论文《中国购买力平价研究：方法和应用》（2010）中，作者杨霞详细介绍了在中国测量购买力平价时使用的方法和应用，探讨了中国与其他国家的价格水平差异，并讨论了购买力平价如何影响中国的经济政策。

（3）关于ICP的方法和应用。ICP首次提出可以追溯到20世纪初，由国际劳工组织（International Labour Organization，ILO）和国际劳工办公室（International Labour Office）发起，旨在比较不同国家的工资水平。这个早期项目为后来的ICP项目奠定了基础。"*International Comparison Program：A Statistical Overview*"（联合国统计司合著，1993年）：这是ICP项目的一份早期报告，介绍了ICP的历史、方法和数据结果，对ICP的应用和限制进行了讨论。"*Evaluating the Success of the International Comparison Program*"［欧文·戴文特（Erwin Diewert）和艾伦·赫斯顿（Alan Heston），2010］这篇文献，回顾了ICP的成功与挑战，评估了ICP在国际比较中的作用。作者探讨了ICP的方法学问题和数据质量，为ICP的未来发展提供了建议。而我国由于2011年才首次全面参与ICP，所以这方面研究者较少，其中国际统计中心处长余芳东博士做出了系统性的总结和概括介绍，主要研究当前全球ICP的进展及基本方法，文章着重介绍了当前一轮全球国际比较项目活动的进展和变化，介绍了全球购买力平价测算的基本方法，分析了2011年轮ICP对我国统计工作的启示，便于人们更清晰地了解全球比较项目的背景。另外，在2005年轮ICP后余芳东也曾发表过文章——对这一活动进行介绍以及我国参加国际比较项目的过程、方法和结果。在2005年轮还发表了对世界银行2005年PPP结果及问题分析，以世界银行的最终数据为基础，比较世界各国价格水平，基于PPP的GDP规模和人均GDP等指标，剖析与之前公布的PPP结果不同的原因，着重分析和强调了ICP的计算方法较CPI更合理，即使目前仍存在一些缺陷。东北财经大学副教授张迎春于2009年2月出版了专著《探究中国与全球ICP的差距》，针对我国参与全球ICP提出一些差距性建议，同时张迎春也对参与ICP的热潮进行了争论，对ICP方法进行了质疑。《中国的国际比较项目：经验与启示》（张家骏，2009）这篇文章回顾了中国参与ICP项目的经验，并提供了一些对其他国家有启示意义的教训。它强调了ICP数据如何有助于评估中国的经济规模和国际竞争力。《中国的经济测度和国际比较》（陈华、王明扬，2020）一书提供了广泛的关于中国在ICP中的参与和应用的综合信息。它涵盖了国际比较的理论基础、数据方法和政策应用。此外，书中还深入探讨了中国经济的测量方法，包括使用PPP方法来比较价格水平。

（4）关于ICP项目的重要性。世界银行的"*The International Comparison Program（ICP）：A Worldwide Enterprise*"（2003）这篇文章详细介绍了ICP项目的历史、组成以及全球范围内的应用。它强调了ICP在国际经济研究和政策制定中的关键作用，以及如何通过比较不同国家的经济数据来促进国际合作和发展。世界银行在2015年发布的文献"*The International Comparison Program：Current Status and Challenges*"中回顾了ICP项目的当前状态，并探讨了其在不断变化的全球经济环境中所面临的挑战。它强调了ICP在评估全球贫困、不平等和可持续发展方面的关键作用。《中国价格水平与国际比较项目》（吴家明，2016）这篇论文探讨了中国的价格水平研究和国际比较项目，详细介绍了PPP方法的应用和ICP的历史。该论文还强调了ICP数据在中国政府政策制定和宏观经济研究中的作用。

综上所述，PPP方法和ICP项目在国际经济研究和政策制定中发挥着重要作用，它们不仅帮助我们理解货币汇率和价格水平之间的关系，还为国际合作和发展提供了有力的工具。这些文献提供了深入研究PPP方法和ICP项目的框架，以及它们如何影响全球经济领域的见解。国内对于ICP研究仍面临若干问题，还需进一步优化ICP调查框架和理论依据，使ICP比较结果更能反映中国的实际经济规模和价格水平。

三、ICP、PPP与CPI对应关系的构建

（一）ICP、PPP与CPI对应关系构建的逻辑

ICP、PPP和CPI是国际经济学中的重要概念，它们之间存在一定的逻辑关系。

ICP是通过货币转换因子实现各国经济水平的可比性，通过采集一系列商品和服务的价格数据，计算各国的实际购买力，从而更准确地评估国际间的经济差异。

PPP是一种汇率理论，它表明不同国家之间的货币汇率应该以能够购买相同商品和服务数量的基准来确定，可用于将一篮子商品（指一种或多种商品的组合，包括食品、住房、服装、交通、医疗、娱乐等）和服务的成本转换为共同货币，同时消除各国（或地区）之间的价格水平差异。由于各经济体的价格水平存在巨大差异，市场汇率转换后的GDP并不能准确衡量经济体的相对规模和物质福利水平，所以，PPP被广泛用于将国民生产总值转化为共同货币，以比较不同经济体的发展水平。

CPI是在特定时段内度量一组代表性消费商品及服务项目的价格水平随时间而变动的相对数，用来反映居民购买的生活消费品和服务价格水平的变动情况，是重要的宏观经济指标。CPI通常用于国内，反映了消费者在一定时期内购买一定数量的商品和服务需求成本的变化，用于观测通货膨胀和购买力的变化。

可以看出，ICP和PPP都涉及国际间经济的比较和分析，而CPI则更关

注国内消费者购买力的变化。

它们之间的逻辑关系如表9-3所示：

表9-3　ICP、PPP与CPI的联系与区别

	联系	区别
ICP与PPP	ICP的数据可以用来验证PPP指数的有效性	ICP用于国际范围内比较不同国家或地区的购买力水平，而PPP是一个指数，用于解释货币汇率与商品价格之间的关系
ICP与CPI	CPI的调查对象、调查内容、调查方法、分类结构与ICP有相似之处	项目分类上存在差异（详见本章第二部分CPI与ICP调查目录的差异）
PPP与CPI	都关注价格水平对购买力的影响	CPI关注国内消费者购买力的变化，而PPP关注不同国家之间的货币汇率与商品价格之间的平衡

总的来说，ICP、CPI和PPP是国际经济学中用于比较购买力和货币汇率的重要工具和指标，它们共同帮助我们了解不同国家或地区的经济差异和通货膨胀等。

（二）CPI与ICP调查目录的差异

CPI数据，调查项目多、调查频率高，其调查对象、组织方法、调查实践、分类结构与ICP有相似之处，这是将CPI调查与ICP调查进行整合协调的基础和前提。不过，两项调查也存在分类和调查目标的差别，需要进行匹配衔接。

1. 支出大类和基本分类有所不同

我国在居民消费价格调查第四轮基期轮换（以2015年为基期）中，按照国家统计局《居民消费支出分类（2013）》[①]对CPI调查目录进行了

[①] 《居民消费支出分类（2013）》充分借鉴了联合国制定的《按目的划分的个人消费分类》（COICOP），并按照以支出目的为划分原则、全面性原则和可操作性原则进行编制，是中国消费领域分类的"国标"。

调整，涵盖8个大类和262个基本分类，大类分别是：（1）食品烟酒；（2）衣着；（3）居住；（4）生活用品及服务；（5）交通和通信；（6）教育文化和娱乐；（7）医疗保健；（8）其他用品和服务。

而ICP居民消费价格调查遵循联合国《按目的划分的个人消费分类》（COICOP）标准，包括12个大类和90个基本分类，大类分别是：（1）食品和非酒精饮料；（2）酒精饮料和香烟；（3）服装和鞋；（4）住房水电燃气和其他燃料；（5）家庭用品和家庭日常保养；（6）医疗卫生；（7）交通运输；（8）通信；（9）文化娱乐；（10）教育；（11）餐饮和住宿；（12）其他货物和服务。

本研究以《居民消费支出分类（2013）》中的8个大类为依据，选取其中可获得的6个大类（食品、住房、服装、交通、医疗保健、娱乐）数据进行分类计算。

虽然CPI调查目录与国际标准《按目的划分的个人消费分类》比较接近，但各层级分类仍然与ICP居民消费价格调查目录分类有差异，部分ICP居民消费基本分类无法与CPI基本分类或上级分类相匹配。比如，基本分类1101115面条和其他粮食制品，其包含的规格品分别对应CPI中的4个基本分类（粮食制品、方便食品、淀粉及制品、糕点），这4个基本分类又分属3个不同的小类（粮食、糖果糕点类、其他食品类），需要上升到中类级别（食品）才能把其中的规格品均涵盖在内（见图9–1）。又如基本分类1101142奶制品，其包含的规格品分别对应CPI中的3个基本分类，分属2个不同的中类，需要上升到大类级别（食品烟酒）才能涵盖。可见两项调查的大类和基本分类并不完全相同，需要在规格品和基本分类层面进行匹配衔接。

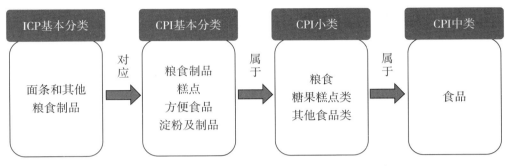

图9-1　ICP基本分类与CPI调查目录匹配示例

2．CPI最细只能反映基本分类的价格变动指数，而ICP则需反映规格品的价格水平

CPI调查主要反映居民消费项目大类、中类、小类和基本分类的价格变动指数，并不公布具体规格品的价格水平，而ICP调查则重点采集规格品的价格水平。因此，滚动调查中，只能利用非调查年的CPI调查基本分类或小类层级的价格指数作为辅助信息来对基准年未调查的ICP规格品价格进行推算。这就需要将ICP的规格品与CPI的基本分类或小类进行匹配衔接。

（三）ICP规格品与CPI基本分类的匹配

从前文可以看到，由于CPI的中类甚至大类所覆盖的范围过于广泛，若利用该指数对基本分类一级PPP进行调整，准确性较低，无法很好地反映基本分类一级的价格变化。因此，考虑在规格品层级利用CPI基本分类指数作调整，尝试构建ICP居民消费规格品与CPI基本分类的对应关系。这样做的优点是：一方面，规格品一级与CPI基本分类的对应关系构建相对简单，而且直观，绝大多数规格品都能映射到唯一的一个CPI基本分类；另一方面，建立对应关系后的CPI基本分类涵盖了对应规格品及其同类产品，利用基本分类指数对规格品价格作调整，准确性更高。

通过全面梳理ICP居民消费和CPI调查目录，我们对2017年轮ICP居民消费价格调查规格品目录与2015年基期（2016—2020年）的CPI调查目录进行逐项比对，构建对应关系，形成匹配结果。呈现如表9-4所示的几种情况：

1. 有1099个ICP规格品与CPI基本分类一一对应

在1114个ICP规格品中，1099个ICP规格品与CPI唯一一个基本分类对应，可使用CPI对应基本分类价格指数来推算相应ICP规格品的基准年未采价价格。

2. 有2项ICP规格品与2个CPI基本分类对应

ICP中有2项规格品（妇科诊疗费、内科/心脏病诊疗费）分别与CPI中2个基本分类对应，此时可用对应2个CPI基本分类指数的几何平均值作为时间调整系数来推算对应规格品的基准年未采价价格。也可以考虑将这些规格品安排在基准年进行采价。

3. 有1个ICP规格品与CPI小类对应

有1个规格品（拖鞋）与CPI小类对应，此时可利用CPI小类价格指数作为时间调整系数来推算对应规格品的基准年未采价价格。也可以考虑将该规格品安排在基准年进行采价。

4. 有6个ICP规格品无法匹配CPI基本分类

ICP中有6个规格品在CPI中无法匹配到基本分类，具体为大米粉，袋装玉米粉，散装玉米粉，发酵粉，婴儿食品、水果或蔬菜泥和联合货运。对这些规格品价格进行推算时，可以考虑使用CPI中近似基本分类的价格指数或几个近似基本分类价格指数的几何平均值来推算基准年未采价价格。也可以考虑将这些规格品安排在基准年进行采价。

5. 有6个ICP规格品在我国无销售，可以剔除

孟恩豆、沙丽服面料、男士库尔塔（长袖长衫）、布裙或腰布、女士库尔塔（长袖长衫）和纱丽服等6个规格品在我国无销售，可做剔除处理。

表9-4 ICP与CPI目录匹配情况分类统计

匹配情况分类	名称	频率	CPI对应/近似基本分类名称	数量（个）	推算可用指数
情况1：ICP规格品与CPI基本分类一一对应				1099	用CPI对应基本分类涨跌幅
情况2：与2个CPI基本分类对应	妇科诊疗费	半年度	一般医疗服务病理学诊断	2	用对应2个CPI基本分类指数的几何平均值
	内科/心脏病诊疗费	半年度	一般医疗服务临床诊断		
情况3：与1个CPI小类对应	拖鞋	季度	鞋	1	用CPI对应小类涨跌幅
情况4：CPI分类目录无包含相应ICP规格品	大米粉	月度	大米	6	用CPI中近似基本分类涨跌幅或几个近似基本分类指数的几何平均值
	袋装玉米粉	月度	其他粮食		
	散装玉米粉	月度	其他粮食		
	发酵粉	月度	其他调味品		
	婴儿食品、水果或蔬菜泥	月度	干菜及菜制品瓜果制品		
	联合货运	半年度	快递服务		
情况5：我国无销售的规格品	盂恩豆	月度	无	6	剔除规格品
	沙丽服面料	季度			
	男士库尔塔（长袖长衫）	季度			
	布裙或腰布	季度			
	女士库尔塔（长袖长衫）	季度			
	纱丽服	季度			

四、基准年与非基准年规格品价格的推算方法

（一）ICP调查的采价频率说明

以2017年轮ICP调查为例，该调查将2017年作为基准年（t年），分为三种采价频率：340个规格品进行月度调查，安排在每月月中进行；219个

规格品进行季度调查，安排在每季度的季中进行；555个规格品进行半年度调查，分别在5月和11月进行。需要特别指出的是，由于每轮ICP季度和半年度调查实施的具体月份或有所不同，故公式的参数表示会略有不同，但不影响最终结果。例如，2017年轮的季度调查分别安排在2017年8月和11月、2018年2月和5月，半年度调查分别安排在2017年11月和2018年5月，其中2018年为非基准年〔（t+1）年〕。而2021年轮〔以2021年为基准年（t年）〕ICP的季度调查分别在2021年3、6、9、12月进行，半年度调查分别在6月和12月进行。

根据第三部分构建的ICP规格品与CPI基本分类对应关系，利用与各规格品相对应的CPI基本分类指数，采用非基准年规格品的月度/季度/半年度调查价格与CPI基本分类指数连乘/连除的方式，外推/回推至基准年的规格品价格。不同采价频率的规格品的基准年平均价格推算公式有所不同。

（二）非基准年月度采价规格品的基准年价格外推/回推公式

针对在非基准年〔（t–1）年或（t+1）年〕进行月度采价的规格品，需要运用基准年（t年）的CPI基本分类月环比指数连乘/连除进行外推/回推，得到其t年各月价格推算值，进而平均得到t年年度平均价格。具体推算步骤如下：

第一步：求该规格品在t年第n个月价格的第m个预测值。

外推：用（t–1）年该规格品第m个月采集的价格$P_{(t-1)\cdot m}$（$m=1$，…，12）与对应CPI基本分类（或小类）指数$I_{(t-1)\cdot j}$（$j=m+1$，…，12）和$I_{t\cdot k}=$（$k=1$，…，n)连乘，推算出t年该规格品第n个月的价格预测值$\hat{P}_{t\cdot n\cdot m}$：

$$\hat{P}_{t\cdot n\cdot m}=P_{(t-1)\cdot m}\prod_{j=m+1}^{12}I_{(t-1)\cdot j}\cdot\prod_{k=1}^{n}I_{t\cdot k} \qquad (9\text{–}1)$$

回推：用（t+1）年该规格品第m个月采集的价格$P_{(t+1)\cdot m}$（$m=1$，…，12）与对应CPI基本分类（或小类）指数$I_{(t+1)\cdot j}$（$j=1$，…，m）和$I_{t\cdot k}=$（$k=n+1$，…，12)连除，推算出t年该规格品第n个月的价格预测值$\hat{P}_{t\cdot n\cdot m}$：

$$\hat{P}_{t \cdot n \cdot m} = \frac{P_{(t+1) \cdot m}}{\prod_{j=1}^{m} I_{(t+1) \cdot j} \cdot \prod_{k=n+1}^{12} I_{t \cdot k}} \tag{9-2}$$

第二步：求t年第n个月价格推算值的均值。

此处有两种平均方式，第一种为简单算术平均，第二种为加权算术平均，使用"近大远小"的原则对利用非基准年12个月价格推算出来的基准年月度价格进行赋权α_m（$0 \leqslant \alpha_m \leqslant 1$，$\Sigma \alpha_m = 1$，$m = 1$，$\cdots$，12），时间越近包含信息越多，赋权越高。两种方式的推算公式如下：

$$\overline{\hat{P}}_{t \cdot n} = \frac{\sum_{m=1}^{12} \hat{P}_{t \cdot n \cdot m}}{12} \tag{9-3}$$

$$\overline{\hat{P}}_{t \cdot n} = \sum_{m=1}^{12} \alpha_m \hat{P}_{t \cdot n \cdot m} \tag{9-4}$$

第三步：计算规格品在t年的年度平均价格推算值。

$$\hat{\overline{P}}_t = \frac{\sum_{n=1}^{12} \overline{\hat{P}}_{t \cdot n}}{12} \tag{9-5}$$

（三）非基准年季度采价规格品的基准年价格外推/回推公式

针对在非基准年［（t-1）年或（t+1）年］进行季度采价的规格品，需要运用基准年（t年）的CPI基本分类月环比指数连乘/连除进行外推/回推，得到其t年各季价格推算值，进而平均得到t年年度平均价格。具体推算步骤如下：

第一步：求该规格品在t年第n个季度价格的第m个预测值。

外推：用（t-1）年该规格品第m个季度采集的价格$P_{(t-1) \cdot m}$（$m = 1$，$\cdots$，4）与对应CPI基本分类（或小类）月度价格指数$I_{(t-1) \cdot j}$（$j = 3m$，$\cdots$，12）和$I_{t \cdot k} = (k = 1$，$\cdots$，3n-1)$连乘，推算出t年第n个季度季中价格的第m个预测值$\hat{P}_{t \cdot n \cdot m}$：

$$\hat{P}_{t \cdot n \cdot m} = P_{(t-1) \cdot m} \prod_{j=3m}^{12} I_{(t-1) \cdot j} \cdot \prod_{k=1}^{3n-1} I_{t \cdot k} \tag{9-6}$$

回推：用（t+1）年该规格品第m个季度采集的价格$P_{(t+1) \cdot m}$（$m = 1$，$\cdots$，4）与对应CPI基本分类（或小类）月度价格指数$I_{(t+1) \cdot j}$（$j =$

1，$\cdots$，$3m-1$）和$I_{t \cdot k}=(k=3n$，$\cdots$，$12)$连除，推算出t年第n个季度季中价格的第m个预测值$\hat{P}_{t \cdot n \cdot m}$：

$$\hat{P}_{t \cdot n \cdot m}=\frac{P_{(t+1) \cdot m}}{\prod_{j=1}^{3m-1} I_{(t+1) \cdot j} \cdot \prod_{k=3n}^{12} I_{t \cdot k}} \qquad （9-7）$$

第二步：求t年第n个季度季中价格推算值的均值。

此处有两种平均方式，第一种为简单算术平均，第二种为加权算术平均，使用"近大远小"的原则对利用非基准年4次季度价格推算出来的基准年季度价格进行赋权$\alpha_m（0 \leqslant \alpha_m \leqslant 1$，$\sum \alpha_m=1$，$m=1$，$\cdots$，$4）$，时间越近的包含的信息越多，赋予的权重越高。两种方式的推算公式如下：

$$\overline{\hat{P}}_{t \cdot n}=\frac{\sum_{m=1}^{4} \hat{P}_{t \cdot n \cdot m}}{4} \qquad （9-8）$$

$$\overline{\hat{P}}_{t \cdot n}=\sum_{m=1}^{4} \alpha_m \hat{P}_{t \cdot n \cdot m} \qquad （9-9）$$

第三步：计算t年的年度平均价格预测值。

$$\hat{\overline{P}}_t=\frac{\sum_{n=1}^{4} \overline{\hat{P}}_{t \cdot n}}{4} \qquad （9-10）$$

（四）非基准年半年度采价规格品的基准年价格外推/回推公式

针对在非基准年［（t-1）年或（t+1）年］进行半年度采价的规格品需要运用基准年（t年）的CPI基本分类月环比指数连乘/连除进行外推/回推，得到其t年各半年度价格推算值，进而平均得到t年年度平均价格。具体推算步骤如下：

第一步：求该规格品在t年第n次采价的第m个预测值。

外推：用（t-1）年该规格品第m个半年度采集的价格$P_{(t-1) \cdot m}$（$m=1$，$\cdots$，$6）$与对应CPI基本分类（或小类）月度指数$I_{(t-1) \cdot j}$（$j=6m$，$\cdots$，12）和$I_{t \cdot k}=(k=1$，$\cdots$，$6n-1)$连乘，推算出t年第n（n=1，2）次采价的第m个预测值$\hat{P}_{t \cdot n \cdot m}$：

$$\hat{P}_{t \cdot n \cdot m}=P_{(t-1) \cdot m} \prod_{j=6m}^{12} I_{(t-1) \cdot j} \cdot \prod_{k=1}^{6n-1} I_{t \cdot k} \qquad （9-11）$$

回推：用（t+1）年该规格品第m个半年度采集的价格$P_{(t+1)\cdot m}$（$m=1$，2）与对应CPI基本分类（或小类）月度价格指数$I_{(t+1)\cdot j}$（$j=1$，$\cdots$，$6m-1$）和$I_{t\cdot k}=(k=6n,\cdots,12)$连除，推算出t年第n（n=1，2）次采价价格的第m个预测值$\hat{P}_{t\cdot n\cdot m}$：

$$\hat{P}_{t\cdot n\cdot m}=\frac{P_{(t+1)\cdot m}}{\prod_{j=1}^{6m-1}I_{(t+1)\cdot j}\cdot\prod_{k=6n}^{12}I_{t\cdot k}} \tag{9-12}$$

第二步：求t年第n次采价价格推算值的均值。

此处也可采用两种平均方式，第一种为简单算术平均，第二种为加权算术平均，使用"近大远小"的原则对利用非基准年2次半年度价格推算出来的基准年半年度价格进行赋权，时间越近赋权越高，$\alpha_m(0\leq\alpha_m\leq1$，$\Sigma\alpha_m=1$，$m=1$，2）。两种方式的推算公式如下：

$$\overline{\hat{P}}_{t\cdot n}=\frac{\sum_{m=1}^{2}\hat{P}_{t\cdot n\cdot m}}{2} \tag{9-13}$$

$$\overline{\hat{P}}_{t\cdot n}=\sum_{m=1}^{2}\alpha_m\hat{P}_{t\cdot n\cdot m} \tag{9-14}$$

第三步：计算t年的年度平均价格预测值。

$$\overline{\hat{P}}_{t}=\frac{\sum_{n=1}^{2}\overline{\hat{P}}_{t\cdot n}}{2} \tag{9-15}$$

五、世界四大湾区简介与粤港澳大湾区"9+2"数据的测算[①]

（一）世界四大湾区简介

1. 粤港澳大湾区

粤港澳大湾区于2015年首次在国家发展改革委、外交部、商务部联合

---

① 1. 总体运行特征：企稳恢复，回升仍面临压力；2. "四象限"看增长逻辑：经济大盘逐步筑底企稳（第一象限：从三次产业和分行业看；第二象限：从地市区域板块看；第三象限：从"三驾马车"看；第四象限：从重点企业看）；3. 聚焦点：景气度、发力点与完成全年目标测算。

发布的关于"一带一路"的文件中提出，2017年被国务院总理李克强纳入政府工作报告中，2019年由中共中央和国务院公布《粤港澳大湾区发展规划纲要》。粤港澳大湾区是由围绕中国珠江三角洲地区伶仃洋组成的城市群，其中，包括广州、深圳两个副省级市和珠海、佛山、东莞、中山、江门、惠州、肇庆七个地级市，以及香港与澳门两个特别行政区，即"9+2城市群"。该湾区的代表产业有金融、航运、制造业、互联网。由于上述11个城市在地域上相连、在文化上同源，历史上也一直是一个密切联系的区域。与此同时，粤港澳大湾区又是一个拥有多样性制度安排的区域，香港、澳门两个城市和珠三角九市实行不同的政治制度、法律制度、行政体制，且粤港澳三地分属不同的关税区，这一点跟纽约湾区、旧金山湾区、东京湾区存在明显的区别。

最近几年，发展粤港澳大湾区、打造中国人自己的硅谷，越来越成为各方的共识。粤港澳大湾区在我国的国家政策文件中多次被提及，在国家发展战略中的地位也愈加重要。首先，粤港澳大湾区是国家战略的重要组成部分。其次，粤港澳地区的科技创新资源丰富，是世界重要的科技产业、金融服务业、航运物流和制造业中心，拥有比较完备的创新链、产业链和供应链，可以实现理念、筹资、研发、制造、产业化等"一条龙"的创新全过程。其中，香港高等教育发达，高端人才储备丰富，科技金融、知识产权等现代服务业发达；深圳综合创新生态体系完善，创新创业氛围浓厚；珠三角制造业发达，转型升级步伐加快；澳门积极谋求适度多元发展，在中医药、对葡语系国家合作等领域具有独特优势。最后，粤港澳大湾区的发展潜力仍有待挖掘和释放。世界级湾区发展大致经历了港口经济、工业经济、服务经济和创新经济这四个阶段。经过多年发展，粤港澳大湾区正处于从港口、工业和服务经济向创新经济跨越的关键阶段，科技和产业引领的作用尚未完全发挥。

2. 纽约湾区

纽约湾区在地理概念上就是通常所说的美国纽约大都会区，覆盖美国人口最稠密的纽约市、长岛和纽约州哈德逊河中下游的河谷地区，以及新泽西州和宾夕法尼亚州的一部分。纽约湾区以金融业著称，代表行业有金融、航运、电子。而20世纪以前的纽约主要还是以贸易运输和制造业为主。但是第二次世界大战以后，美国的制造业就逐渐衰退下来，这有许多原因。1960年之后，日本和德国的制造业飞速崛起。同时，第二次世界大战后逐渐崛起的信息技术革命使得许多传统生产方式的企业失去了竞争力，技术进步加速了产业的更替。1978年底的第二次石油危机更是导致了美国的经济衰退，提高了失业率，进而也加速了制造业的衰退。但是，纽约的金融保险业和房地产业却日益兴盛了起来。这是因为，纽约有得天独厚的地理优势，除了拥有伊利运河，纽约湾又是欧洲商人入境的第一个港口。20世纪90年代，金融业开始繁荣发展起来，无数衍生品层出不穷，纽约成了"金钱永不眠"的世界金融心脏。

为便于获取统计数据，如无特别说明，本报告采用纽约—纽瓦克—泽西市都会区来界定纽约湾区的范围，具体包括新泽西州12个县、纽约州12个县、宾夕法尼亚州1个县，共25个县，国土面积2.1478万平方公里，占美国国土面积的0.2%。

3. 旧金山湾区

旧金山湾区是美国加利福尼亚州北部的大都会区，位于萨克拉门托河下游出海口的旧金山湾和圣帕布罗湾。传统上，旧金山湾区包括旧金山、圣马特奥、圣克拉拉、阿拉米达、康特拉科斯塔、索拉诺、马林、纳帕和索诺马等9个县。旧金山被称为世界上最重要的高科技研发中心，其代表产业有电子、互联网、生物科技，如果视其为一个经济体，在全球可排名第21位。谷歌、苹果、脸书、惠普、特斯拉等知名企业是旧金山湾区科技力量的代表。湾区内有加州大学伯克利分校等34所公立大学和斯坦福大学等49所私立大学。高校在校学生60多万人，25岁以上人口中，受过高等教育的比例为42%，远高于美国28%的平均水平，是名副其实的科教创新重地。旧金山湾区优良的气候也是吸引年轻人才汇聚于此的原因。

为便于获取统计数据，本报告中旧金山湾区的范围是旧金山—奥克兰—海沃德、圣何塞—桑尼维尔—圣克拉拉、纳帕、圣罗莎和瓦列霍—费尔菲尔德等5个都会统计区，即传统9县加圣贝尼托县，国土面积2.1486万平方公里，占美国国土面积的0.2%。

4. 东京湾区

东京湾区是指以日本首都东京为中心的大都会区，也称首都圈，东京都市圈位于日本中东部沿太平洋的出海口。东京湾区是以产业而闻名的，代表产业有装备制造、钢铁、化工、物流、金融。东京湾区的发展始于江户时代。17世纪初，日本政治中心从关西地区向关东地区转移，江户（东京的旧称，明治维新之后才改江户为东京）逐渐成为日本的新经济中心。到了18世纪，江户已成为全日本最大的消费市场，由于地理位置优越，每天都有来自全国各地的商船在东京港口停泊。明治维新之后，东京湾区开始发展现代产业，工业沿着东京湾西岸东京和横滨之间发展，成为京滨工业地带。第二次世界大战后，日本战后经济迅速恢复，城市化加速，这个工业区更沿岸向东、向北扩展，成为京叶工业地域，更成为日本发展加工贸易的心脏地带。

为便于获取统计数据，本报告中东京湾区的范围为"一都三县"，即东京都、埼玉县、神奈川县和千叶县，国土面积约1.36万平方公里，占日本全国总面积的3.6%[①]。其中，东京都国土面积为2194平方公里，占东京湾区总面积的16.2%。

---

① Statistics BureauMinistry of Internal Affairs and Communications, Japan. Statistical Handbook of Japan 2018.

基于国家统计局和美国经济分析局（U.S. Bureau of Economic Analysis）数据来源分析，见表9-5：

表9-5　世界四大湾区基本情况

	面积（万平方公里）	人口（万人）	人口密度（人/平方公里）	名义GDP（亿美元）	人均GDP（万美元）
粤港澳大湾区	5.65	7000	1252	14800	2.2
纽约湾区	2.15	2000	931	14445	7.2
旧金山湾区	2.15	781	364	8375	10.0
东京湾区	1.36	3644	2686	15700	4.3

说明：表格中数据除东京湾区名义GDP、人均GDP为2014年数据外，其他均为2017年数据。

2017年，粤港澳大湾区名义GDP约为14800亿美元，占同期中国GDP的12.2%，其经济总量可在2017年世界经济体中排第18名[①]。2013—2017年，香港、澳门、珠三角地区的GDP年均增长率分别达2.9%、-0.6%和8.4%，经济增长态势持续向好，已经具备成为世界一流湾区的坚实基础和条件。2017年，粤港澳大湾区人均GDP约2.2万美元，明显高于同期中国人均GDP（8759美元），经济发展水平在中国处于领先地位。

2017年，纽约湾区名义GDP达14445亿美元，约占同期美国GDP的7.4%，是美国乃至全球的经济和金融中心。2017年，纽约湾区人均GDP约7.2万美元，高于美国人均GDP（5.9万美元）[②]，是全美和全球高收入地区之一。

2017年，旧金山湾区名义GDP为8375亿美元，约占同期美国名义GDP的4.3%。2013—2017年，旧金山湾区实质GDP增长率达4.4%，是全美最具

---

① 世界银行数据库http://data.worldbank.org

② 如无特别说明，本文中美国、日本、中国等相关国家GDP和人均GDP均来自世界银行数据，https://www.data.worldbank.org

增长活力的地区。2017年，旧金山湾区人均GDP约10万美元，明显高于美国同期水平，是全球收入水平最高的区域。

2014年，东京湾区名义GDP约为15700亿美元，占同期日本经济总量的32.3%，每平方公里产出约为1.2亿美元，是全球经济密度最高的区域。如果将东京湾区视为单一经济体，其经济总量可在2017年世界经济体中排第12位。其中，2014年东京都GDP约为8966亿美元，占整个东京湾区经济总量的57%，每平方公里产出4.1亿美元。2014年，东京湾区人均GDP约为4.3万美元，略高于同期日本人均GDP（3.8万美元），是日本和全球高收入地区之一。

（二）基于ICP粤港澳大湾区9+2数据的测算

前文从理论层面构建了利用CPI基本分类月环比指数推算ICP基准年未采价规格品价格的计算公式，这也同时表明在ICP实践中推广应用滚动价格调查法具有可行性。然而，正如前文所述，实施滚动价格调查法的另一关键是如何对调查项目进行滚动分组，以确保在非基准年采价的规格品向基准年推算时的误差更小，这就需要利用实际数据对不同规格品的外推和回推误差进行测算比较。通过推算误差测算结果，可以将外推误差较小的规格品或类别放在（t−1）年采价，而将回推误差较小的规格品或类别放在（t+1）年采价；将推算误差很大，或无CPI基本分类与之匹配的规格品放在基准年t年进行调查。由于本研究对粤港澳大湾区城市层面小规格品价格数据的掌握不全面，仅珠江三角洲九个城市的价格数据较为完整，故本研究将先利用2017年轮珠江三角洲ICP调查数据进行测算，再利用现有粤港澳大湾区"9+2"的数据进行PPP计算，为下文的四大湾区比较提供数据支持。

1. 测算数据说明

为模拟实际进行滚动价格调查的数据结构，将2017年轮ICP珠江三角洲九个城市月度、季度、半年度采价规格品价格数据和2017年6月至2018年5月①珠江三角洲九个城市CPI基本分类月环比指数以每半年为界对数据进行切割：前半部分调查周期为2017年6月到2017年11月，记为Ⅰ部分；后半部分调查周期为2017年12月到2018年5月，记为Ⅱ部分。测算时，用Ⅰ部分价格对Ⅱ部分价格进行推算的误差记为外推误差，用Ⅱ部分价格对Ⅰ部分价格进行推算的误差记为回推误差。

2. 测算公式

（1）外推测算公式。

①月度采价规格品价格的外推测算。

月度采价规格品使用Ⅰ部分第m个月（m=1，…，6）采集的价格与后续各月CPI环比指数连乘，推算出Ⅱ部分第n个月（n=1，…，6）的价格预测值，外推公式为：

$$\hat{P}_{\text{II}\cdot n\cdot m}=P_{\text{I}\cdot m}\prod_{j=m+1}^{6}I_{\text{I}\cdot j}\cdot\prod_{k=1}^{n}I_{\text{II}\cdot k} \tag{9--16}$$

从而得出Ⅱ部分第n个月的6个价格预测值，则Ⅱ部分第n个月价格推算值的简单算术平均和加权算术平均计算公式分别为：

$$\overline{\hat{P}}_{\text{II}\cdot n}=\frac{\sum_{m=1}^{6}\hat{P}_{\text{II}\cdot n\cdot m}}{6} \tag{9--17}$$

$$\overline{\hat{P}}_{\text{II}\cdot n}=\sum_{m=1}^{6}\alpha_{m}\hat{P}_{\text{II}\cdot n\cdot m} \tag{9--18}$$

其中，测算时的取值依次赋为：$\alpha_1=0.04$，$\alpha_2=0.08$，$\alpha_3=0.10$，$\alpha_4=0.13$，$\alpha_5=0.15$，$\alpha_6=0.50$。需要注意的是，测算中月度数据和季度数据的外推及回推权重是按照"近大远小"的原则进行的主观赋值，时间越近的价格赋权越高，据此得到的加权算术平均结果的优化效果可以进一步测算比较。

最后得出该规格品在Ⅱ部分的平均价格预测值，公式为：

---

① 2017年轮ICP调查实施时间为2017年6月至2018年5月。

$$\hat{P}_{\mathrm{II}}=\frac{\sum_{n=1}^{6}\overline{\hat{P}}_{\mathrm{II}\cdot n}}{6} \qquad （9-19）$$

②季度采价规格品价格的外推测算。

季度采价规格品使用Ⅰ部分第m（m=1，2）次采价数据与CPI各月环比指数连乘，推算出Ⅱ部分第n（n=1，2）次采价的预测值，外推公式为：

$$\hat{P}_{\mathrm{II}\cdot n\cdot m}=P_{\mathrm{I}\cdot m}\prod_{j=3m}^{6}I_{\mathrm{I}\cdot j}\cdot\prod_{k=1}^{3n-1}I_{\mathrm{II}\cdot k} \qquad （9-20）$$

在得到Ⅱ部分规格品第n次采集的季度季中价格的2个预测值后，对其求简单算术平均和加权算术平均，计算公式为：

$$\overline{\hat{P}}_{\mathrm{II}\cdot n}=\frac{\sum_{m=1}^{2}\hat{P}_{\mathrm{II}\cdot n\cdot m}}{2} \qquad （9-21）$$

$$\overline{\hat{P}}_{\mathrm{II}\cdot n}=\sum_{m=1}^{2}\alpha_{m}\hat{P}_{\mathrm{II}\cdot n\cdot m} \qquad （9-22）$$

其中的取值依次为：$\alpha_{1}=0.25$，$\alpha_{2}=0.75$。

同时算出Ⅱ部分的平均价格预测值，测算公式为：

$$\hat{P}_{\mathrm{II}}=\frac{\sum_{n=1}^{2}\overline{\hat{P}}_{\mathrm{II}\cdot n}}{2} \qquad （9-23）$$

③半年度采价规格品价格的外推测算。

半年度规格品的测算由于数据少（每部分仅有一次采集数据），测算公式较为简单。具体而言，使用Ⅰ部分第6个月采集的半年度价格数据与CPI各月环比指数连乘，推算出Ⅱ部分第6个月采集的半年度价格的预测值，测算公式为：

$$\hat{P}_{\mathrm{II}}=P_{\mathrm{I}\cdot m}\prod_{j=1}^{6}I_{\mathrm{II}\cdot j} \qquad （9-24）$$

（2）回推测算公式。

①月度采价规格品价格的回推测算。

月度采价规格品使用Ⅱ部分第m（m=1，…，6）个月的采价数据与CPI各月环比指数连除，推算出Ⅰ部分第n（n=1，…，6）个月的价格估计值，回推公式为：

$$\hat{P}_{\mathrm{I} \cdot n \cdot m} = \frac{P_{\mathrm{II} \cdot m}}{\prod_{j=1}^{m} I_{\mathrm{II} \cdot j} \cdot \prod_{k=n+1}^{6} I_{\mathrm{I} \cdot k}} \tag{9-25}$$

从而得出Ⅰ部分第n个月的6个价格推算值，则Ⅰ部分第n个月价格估计值的简单算术平均和加权算术平均分别为：

$$\overline{\hat{P}}_{\mathrm{I} \cdot n} = \frac{\sum_{m=1}^{6} \hat{P}_{\mathrm{I} \cdot n \cdot m}}{6} \tag{9-26}$$

$$\overline{\hat{P}}_{\mathrm{I} \cdot n} = \sum_{m=1}^{6} \alpha_m \hat{P}_{\mathrm{I} \cdot n \cdot m} \tag{9-27}$$

其中的取值依次为：$\alpha_1 = 0.04$，$\alpha_2 = 0.08$，$\alpha_3 = 0.10$，$\alpha_4 = 0.13$，$\alpha_5 = 0.15$，$\alpha_6 = 0.50$。

然后算出Ⅰ部分的平均价格估计值，公式为：

$$\hat{P}_{\mathrm{I}} = \frac{\sum_{n=1}^{6} \overline{\hat{P}}_{\mathrm{I} \cdot n}}{6} \tag{9-28}$$

②季度采价规格品价格的回推测算。

季度采价规格品使用Ⅱ部分第m（m=1，2）次采价数据与对应CPI月环比指数连除，推算出Ⅰ部分第n（n=1，2）次采价的价格估计值，公式为：

$$\hat{P}_{\mathrm{I} \cdot n \cdot m} = \frac{P_{\mathrm{II} \cdot m}}{\prod_{j=1}^{3m} I_{\mathrm{II} \cdot j} \cdot \prod_{k=3n+1}^{6} I_{\mathrm{I} \cdot k}} \tag{9-29}$$

在得到Ⅰ部分第n次采价的2种估计值后，对其求简单算术平均和加权算术平均，公式为：

$$\overline{\hat{P}}_{\mathrm{I} \cdot n} = \frac{\sum_{m=1}^{2} \hat{P}_{\mathrm{I} \cdot n \cdot m}}{2} \tag{9-30}$$

$$\overline{\hat{P}}_{\mathrm{I} \cdot n} = \sum_{m=1}^{2} \alpha_m \hat{P}_{\mathrm{I} \cdot n \cdot m} \tag{9-31}$$

其中的取值依次为：$\alpha_1 = 0.25$，$\alpha_2 = 0.75$。

最后算出该规格品在Ⅰ部分的平均价格估计值，公式为：

$$\hat{P}_{\mathrm{I}} = \frac{\sum_{n=1}^{2} \overline{\hat{P}}_{\mathrm{I} \cdot n}}{2} \tag{9-32}$$

③半年度采价规格品价格的回推测算。

半年度规格品的回推测算使用Ⅱ部分第6个月的采价数据与CPI各月环比指数连除，推算出Ⅰ部分第6个月的采价价格的估计值，公式为：

$$\hat{P}_{\mathrm{I}}=\frac{P_{\mathrm{II}}}{\prod_{j=1}^{6m}I_{\mathrm{II}\cdot j}} \tag{9-33}$$

（3）误差评估公式。

①规格品推算误差。

规格品价格推算的绝对百分误差（相对误差）：

$$MAPE_{\mathrm{product}}=\frac{|\hat{\overline{P}}_t-\overline{P}_t|}{\overline{P}_t}*100 \tag{9-34}$$

规格品价格推算的百分误差（相对误差）：

$$MPE_{\mathrm{product}}=\frac{|\hat{\overline{P}}_t-\overline{P}_t|}{\overline{P}_t}*100 \tag{9-35}$$

②基本分类的推算误差。

在ICP比较中，基本分类PPP是以规格品PPP的简单几何平均为计算依据。对基本分类下的各规格品PPP进行简单几何平均计算可以得到基本分类的双边PPP。实际计算中通常计算的是多边PPP。由于计算基本分类PPP时，各规格品被同等对待，故对基本分类推算误差进行计算时，其推算的价格水平为其下属各规格品（假设有N个）推算价格的简单几何平均，实际价格水平也做类似计算。具体公式分别如下：

$$\hat{\overline{P}}_{group}=\left(\prod_{k=1}^{N}\hat{\overline{P}}_{t\cdot k}\right)^{1/N} \tag{9-36}$$

$$\overline{P}_{group}=\left(\prod_{k=1}^{N}\overline{P}_{t\cdot k}\right)^{1/N} \tag{9-37}$$

由此得到基本分类价格水平推算的绝对百分误差（相对误差）：

$$MAPE_{\mathrm{group}}=\frac{|\hat{\overline{P}}_{group}-\overline{P}_{group}|}{\overline{P}_{group}}*100 \tag{9-38}$$

基本分类价格水平推算的百分误差（相对误差）：

$$MPE_{\text{group}} = \frac{|\hat{\overline{P}}_{group} - \overline{P}_{group}|}{\overline{P}_{group}} * 100 \qquad （9\text{--}39）$$

3. 数据的来源及处理

本研究测算数据包括2017年轮ICP珠江三角洲月度、季度、半年度采价数据和2017年6月至2018年5月珠江三角洲CPI环比指数，共1114个规格品，其中有142个规格品没有采价数据，无法进入推算过程，予以剔除。剔除处理后得到月度规格品291个，季度规格品198个，半年度规格品483个。此外，另有38个规格品部分采价数据缺失，包含月饼、其他红茶和鲜桃3个月度采价规格品，以及31个季度采价规格品和4个半年度采价规格品。整理之后，共有967个规格品的采价数据进入测算过程，其中934个具有完整采价数据的规格品利用Python程序进行测算，33个部分采价数据缺失的规格品进行手动测算。

4. 测算结果

967个规格品中包含479个半年度规格品和488个月度、季度规格品，分别使用简单算术平均和加权算术平均对各规格品误差进行了计算，其中半年度数据由于测算时每部分只有一次采价数据，故不存在两种计算方法之间的误差比较。

在488个月度、季度规格品中，291个规格品使用加权算术平均计算出来的回推MAPE小于使用简单算术平均计算的回推MAPE，占比为59.6%；有280个规格品使用加权算术平均计算出来的外推MAPE小于使用简单算术平均计算的外推MAPE，占比为57.4%。可见，使用加权算术平均凸显时间远近的重要度后比单纯使用简单算术平均将各非基准年的采价数据均等看待推算的价格略更精准。

（1）规格品层面的推算误差。

①约九成规格品推算误差MAPE在6%以内，推算效果较好。

规格品的推算误差MAPE中，月度采价规格品价格推算误差最大的是紫茄子，外推误差为24%，回推误差为31.8%；季度采价规格品价格推算误差最大的是男士背心，外推误差为24.2%，回推误差为31.9%；半年度采价规格品中推算误差最大的是安定，外推误差为32.9%，回推误差为49.1%。整体来看，约90%的规格品推算误差$MAPE$在6%以下，约85%的规格品推算误差$MAPE$在5%以下。

②季节性较强及与CPI样本重合性较低的规格品其价格推算误差较大。

对外推和回推误差$MAPE$均超过10%的规格品进行分析发现，它们主要集中在旅游、鲜菜、新鲜水果、羊肉和药品这几个基本分类之中。其中，旅游受季节性因素的影响，其CPI环比指数极差为30.3%，变动较大，而旅游的采价频率为半年度，因此利用波动较大的CPI指数进行推算时会造成推算数据和真实数据偏差较大；新鲜水果中西瓜、甜瓜和鲜桃的误差较大，这几种规格品属于时令性较强的水果，其价格随季节波动较其他瓜果更大，用鲜瓜果的CPI波动难以完全刻画；鲜菜中菠菜、中国菠菜、紫茄子和空心菜误差较大，对比这些规格品的价格波动与鲜菜的CPI数据发现：这些规格品的价格波动均大于鲜菜CPI的价格波动，且部分月份存在相反的情况，羊肉中的去骨绵羊肉和羔羊排骨亦是如此；药品误差较大推测是因为ICP规格品与CPI调查规格品差异较大、重合性较低，以至于利用CPI调查规格品价格计算的CPI基本分类指数无法很好地反映ICP规格品的价格变动情况，从而产生较大的推算误差。综上而言，季节性因素和与CPI样本的重合程度是影响利用CPI环比指数进行推算产生较大误差的主要原因。

（2）基本分类层面的推算误差。

对基本分类下属各规格品推算价格进行简单几何平均，计算90个基本分类的推算误差。表9-6为基于规格品价格简单算术平均值计算得到的基本分类的外推误差及回推误差，推算误差绝对值（$MAPE$）整体范围都控制在9%以内，除美容美发洗浴、燃气、内科、羊肉外，其余基本分类误差均小于5%，推算精度较高。

表9-6 基于规格品价格简单算术平均值计算的基本分类误差

名称	外推				回推			
	预测价格	实际价格	*MPE*	*MAPE*	预测价格	实际价格	*MPE*	*MAPE*
美容美发洗浴	97.75	90.04	8.56	8.56	83.42	90.36	−7.68	7.68
燃气	105.74	112.73	−6.20	6.20	115.33	108.18	6.61	6.61
内科	228.17	243.00	−6.10	6.10	238.91	224.33	6.50	6.50
羊肉	81.01	76.57	5.81	5.81	70.68	74.73	−5.43	5.43
酒店服务	303.47	291.28	4.18	4.18	278.75	290.30	−3.98	3.98
其他服务	170.32	164.33	3.65	3.65	161.40	167.28	−3.52	3.52
服装面料和配件	96.49	100.03	−3.53	3.53	100.94	97.36	3.67	3.67
新鲜水果	14.88	15.39	−3.35	3.35	14.92	14.40	3.61	3.61
机票	2458.94	2382.93	3.19	3.19	2462.44	2540.98	−3.09	3.09
黄油及人造奶油	29.27	30.18	−3.01	3.01	30.26	29.35	3.11	3.11
新鲜、冷鲜及冷冻水产品	57.54	55.88	2.96	2.96	53.18	54.67	−2.72	2.72
鲜菜	5.35	5.50	−2.80	2.80	5.64	5.47	3.17	3.17
服装清洗加工	25.05	24.40	2.67	2.67	23.83	24.47	−2.61	2.61
影音和多媒体设备维修	111.00	108.26	2.52	2.52	104.86	107.51	−2.46	2.46
旅游	4370.96	4264.99	2.48	2.48	4240.53	4345.89	−2.42	2.42
禽肉	27.64	27.02	2.29	2.29	25.81	26.40	−2.22	2.22
其他医疗用品	25.75	26.35	−2.26	2.26	26.39	25.79	2.31	2.31
水费	37.67	36.93	2.00	2.00	36.21	36.93	−1.96	1.96
主要设备	1581.99	1613.72	−1.97	1.97	1615.37	1583.60	2.01	2.01

（续表）

名称	外推				回推			
	预测价格	实际价格	*MPE*	*MAPE*	预测价格	实际价格	*MPE*	*MAPE*
薯类	7.98	7.83	1.97	1.97	7.62	7.77	−1.96	1.96
蛋类及蛋制品	4.96	5.06	−1.93	1.93	4.85	4.76	1.96	1.96
家用器皿	55.54	56.56	−1.81	1.81	56.30	55.28	1.85	1.85
车辆配件和维修服务	479.76	471.90	1.67	1.67	465.36	473.11	−1.64	1.64
其他食用油	43.69	44.41	−1.62	1.62	44.39	43.67	1.65	1.65
餐饮服务	12.78	12.58	1.56	1.56	12.25	12.44	−1.52	1.52
医疗器具	229.76	233.34	−1.53	1.53	234.23	230.64	1.56	1.56
修鞋和服装加工	49.49	48.77	1.48	1.48	46.97	47.62	−1.37	1.37
纺织品	164.82	167.22	−1.44	1.44	168.49	166.07	1.46	1.46
家用工具	795.74	784.58	1.42	1.42	779.92	791.01	−1.40	1.40
船票	19.24	18.97	1.40	1.40	18.71	18.97	−1.38	1.38
腌制和加工水产品	33.43	32.97	1.40	1.40	31.94	32.38	−1.36	1.36
饮用水、软饮及果蔬汁	8.32	8.44	−1.40	1.40	8.38	8.26	1.42	1.42
存储介质	28.19	27.80	1.37	1.37	27.89	28.27	−1.35	1.35
水果制品及坚果	13.25	13.44	−1.36	1.36	13.40	13.22	1.38	1.38
其他肉类及肉制品	22.72	22.42	1.34	1.34	22.29	22.57	−1.27	1.27
体育服务	250.88	247.57	1.34	1.34	247.53	250.85	−1.32	1.32
家庭服务	32.79	33.22	−1.30	1.30	32.08	31.66	1.32	1.32
面包	6.90	6.81	1.27	1.27	6.69	6.78	−1.25	1.25
家具	845.55	835.56	1.20	1.20	829.30	839.22	−1.18	1.18
啤酒	7.82	7.74	1.14	1.14	7.57	7.66	−1.12	1.12

（续表）

名称	外推				回推			
	预测价格	实际价格	*MPE*	*MAPE*	预测价格	实际价格	*MPE*	*MAPE*
烈酒	180.55	178.57	1.11	1.11	175.49	177.43	−1.09	1.09
珠宝手表	1753.56	1772.15	−1.05	1.05	1780.04	1761.32	1.06	1.06
服装	235.54	233.30	0.96	0.96	230.26	232.37	−0.91	0.91
其他谷物和谷物制品	12.46	12.58	−0.94	0.94	12.48	12.36	0.96	0.96
药品	22.86	22.65	0.91	0.91	22.06	22.26	−0.90	0.90
其他燃料	13.56	13.44	0.87	0.87	13.24	13.35	−0.86	0.86
电话传真设备	673.06	667.61	0.82	0.82	674.95	680.46	−0.81	0.81
自行车	1417.29	1428.15	−0.76	0.76	1436.61	1425.68	0.77	0.77
食糖	13.35	13.45	−0.76	0.76	13.37	13.27	0.76	0.76
果酱和蜂蜜	18.15	18.02	0.74	0.74	17.84	17.97	−0.73	0.73
辅助医疗服务	66.38	66.85	−0.70	0.70	66.01	65.55	0.71	0.71
鲜奶	14.52	14.42	0.69	0.69	14.39	14.49	−0.68	0.68
小工具和其他配件	22.68	22.53	0.64	0.64	22.45	22.59	−0.64	0.64
花园宠物用品	43.02	42.75	0.61	0.61	42.19	42.45	−0.61	0.61
宠物服务	154.33	155.23	−0.58	0.58	155.22	154.32	0.58	0.58
猪肉	33.94	34.12	−0.53	0.53	34.60	34.40	0.57	0.57
其他烘焙制品	9.55	9.50	0.50	0.50	9.35	9.40	−0.50	0.50
豆类、干菜及菜制品	16.96	17.04	−0.44	0.44	16.97	16.90	0.45	0.45
医疗保健用品	36.43	36.59	−0.43	0.43	36.55	36.39	0.44	0.44
电费	0.62	0.63	−0.43	0.43	0.63	0.63	0.43	0.43
葡萄酒及清酒	112.53	112.06	0.42	0.42	111.67	112.13	−0.41	0.41
文化服务	94.04	93.65	0.42	0.42	93.18	93.57	−0.42	0.42
其他运输	167.76	167.08	0.41	0.41	166.94	167.62	−0.40	0.40

（续表）

名称	外推				回推			
	预测价格	实际价格	*MPE*	*MAPE*	预测价格	实际价格	*MPE*	*MAPE*
汽车	180023.59	180757.00	−0.41	0.41	181248.60	180513.20	0.41	0.41
奶制品	25.93	26.03	−0.38	0.38	25.75	25.65	0.38	0.38
报纸、书籍及文具	10.19	10.16	0.37	0.37	10.09	10.12	−0.37	0.37
燃料和机油	42.44	42.29	0.37	0.37	40.55	40.71	−0.37	0.37
面条和其他粮食制品	10.27	10.31	−0.36	0.36	10.22	10.18	0.36	0.36
大米	36.93	36.80	0.36	0.36	36.08	36.21	−0.36	0.36
地毯	159.42	158.87	0.35	0.35	159.13	159.68	−0.35	0.35
车费	15.73	15.67	0.35	0.35	15.49	15.54	−0.35	0.35
咖啡、茶及可可	44.47	44.62	−0.33	0.33	44.57	44.42	0.33	0.33
影音和多媒体设备	2478.35	2470.59	0.31	0.31	2503.99	2511.84	−0.31	0.31
教育	3404.33	3394.07	0.30	0.30	3345.49	3355.60	−0.30	0.30
牙科	133.63	133.28	0.26	0.26	133.19	133.54	−0.26	0.26
其他文娱设备	397.14	398.17	−0.26	0.26	400.11	399.07	0.26	0.26
摩托车	8782.21	8804.45	−0.25	0.25	8909.53	8887.03	0.25	0.25
牛肉	87.10	86.90	0.23	0.23	85.33	85.52	−0.23	0.23
其他随身物品	343.70	344.45	−0.22	0.22	345.72	344.97	0.22	0.22
奶酪	16.20	16.23	−0.18	0.18	16.02	15.99	0.19	0.19
其他食品	12.73	12.75	−0.14	0.14	12.66	12.65	0.15	0.15
车票	37.57	37.53	0.11	0.11	37.49	37.53	−0.11	0.11
烟草	19.90	19.88	0.08	0.08	19.84	19.86	−0.08	0.08
易耗品	8.96	8.97	−0.08	0.08	8.91	8.90	0.08	0.08
鞋	292.07	291.85	0.08	0.08	286.63	286.64	0.00	0.00

（续表）

名称	外推				回推			
	预测价格	实际价格	*MPE*	*MAPE*	预测价格	实际价格	*MPE*	*MAPE*
电话费和上网费	27.40	27.42	−0.06	0.06	27.59	27.57	0.06	0.06
糖果、巧克力及冰激凌	9.08	9.08	0.04	0.04	9.02	9.03	−0.03	0.03
房屋维护	209.35	209.43	−0.03	0.03	207.51	207.44	0.03	0.03
小家电	474.96	474.99	−0.01	0.01	480.85	480.82	0.01	0.01
邮寄	4.54	4.54	0.00	0.00	4.54	4.54	0.00	0.00

5. 粤港澳大湾区"9+2"的PPP计算

经过上面对滚动调查法的测算，发现滚动调查法具有工作周期更短、对未来估计的准确性更高的优点，选用滚动调查法得到的结果指导性更强。但滚动调查法计算采用的是小规格品的价格，而本研究仅能掌握大类规格品的价格，所以在下文PPP指数计算中采用的是大类规格品价格数据，无法使用滚动调查法，改为选用Jevons指数法。

由于粤港澳大湾区"9+2"城市群是一个拥有多样性制度安排的区域，香港、澳门两个城市和珠三角九市实行不同的政治制度、法律制度、行政体制，且粤港澳三地分属不同的关税区，所以将"9+2"城市群分为三个部分：珠江三角洲九个城市、香港和澳门。对收集到的规格品价格数据整理之后，共有52个规格品的采价数据进入计算过程，计算的基本思路：将52个规格品的价格数据转换为统一的货币单位（本研究采用美元），然后计算52类规格品的价格指数（价格指数是将每个区域的商品和服务价格与基准区域的价格进行比较得出），并以ICP居民消费分类，向上汇总成6大类价格指数。最后根据价格指数，计算香港和澳门相对于珠江三角洲的PPP指数。计算结果见表9-7：

表9-7　粤港澳大湾区"9+2"城市群的PPP指数

	珠江三角洲	香港	澳门
食品	1.00	2.36（17.19%）	1.61（14.70%）
住房	1.00	4.51（32.85%）	2.39（21.83%）
服装	1.00	1.44（10.49%）	1.40（12.79%）
交通	1.00	2.55（18.57%）	2.02（18.45%）
医疗保健	1.00	1.72（12.53%）	1.46（13.33%）
娱乐	1.00	1.15（8.38%）	2.07（18.90%）
总数	1.00	2.15	1.82

注：数据源于城市生活指数平台（https://www.expatistan.com），这是一个用于比较全球各地城市生活成本的网站，提供了商品价格、租金、交通等数据。本研究使用2023年1月各区域的大类规格品价格数据进行PPP指数计算。

六个方面的比较都以珠江三角洲九个城市的PPP为基准，从表9-7得出以下结论：

（1）在食品方面，香港和澳门的食品支出的PPP分别为2.36和1.61，这表明在香港购买相同数量和质量的食品所需的成本要高于珠江三角洲。香港、澳门的食品支出比珠江三角洲略高，这种差异的原因是，香港是国际金融中心，澳门是国际自由港，香港和澳门的经济相对发达，消费水平相对较高。

（2）在住房方面，香港和澳门的住房支出的PPP分别为4.51和2.39，远高于珠江三角洲。这种差异的原因是，首先是香港和澳门地理位置狭小，土地资源有限，导致住房供应紧张，从而推高了房价；其次是香港和澳门的经济相对发达，人口流动较大；最后是香港和澳门的住房市场受到政府政策和规定的影响，例如土地供应限制、外国购房限制等。

（3）在服装方面，香港和澳门的服装支出的PPP分别为1.44和1.40，这表明在香港或澳门购买相同类型和质量的服装所需的成本略高于珠江三角洲。这种差异的原因是，香港和澳门作为旅游热点，吸引了大量国际品牌和高端服装，并且香港和澳门的服装市场较为多元化，包括了大量国际品牌和设计师品牌，这些品牌和设计师品牌通常定位高端市场，价格相对较高；另外在进口依赖程度方面，香港和澳门的服装供应主要依赖进口，而珠江三角洲则更多依靠本地生产和供应，本地供应的运输成本更低。

（4）在交通方面，香港和澳门的交通支出的PPP分别为2.55和2.02，说明在香港或澳门乘坐公共交通或使用私人交通工具所需的成本高于珠江三角洲。造成这种差异的原因是，首先香港和澳门地理位置狭小，土地资源有限，导致交通供应紧张，从而推高了交通费用；其次是香港和澳门作为旅游热点，人口密集，交通需求大；此外，香港和澳门的交通市场受到政府政策和规定的影响，例如车辆限制、停车费用等，这些因素也可能导致交通费用上涨。

（5）在医疗保健方面，香港和澳门的医疗保健支出的PPP相对较高，分别为1.72和1.46。这可能是因为香港和澳门的医疗保健市场较为多元化，包括了大量国际品牌和高端产品，导致价格相对较高；其他原因可能在于香港和澳门的医疗保健产品供应主要依赖进口，而珠江三角洲则更多依靠本地生产和供应，本地供应的运输成本更低。

（6）在娱乐方面，香港的娱乐支出的PPP为1.15，略高于珠江三角洲；澳门的娱乐支出的PPP为2.07，远高于珠江三角洲。这种差异的原因可能是因为香港和澳门作为国际金融中心和旅游热点，吸引了大量高端娱乐设施和活动，因此也导致娱乐活动价格相对较高，且香港和澳门的娱乐市场以高端、奢华为主，拥有众多豪华酒店、赌场和娱乐设施，这些高档次和高品质的品牌和设施通常价格较高。

综上所述，香港和澳门相对于珠三角九个城市的平均水平而言，生活成本较高，价格水平较高，是由地理、政策、经济和人口特点等多种因素的综合影响所致。这些结果的分析有助于我们更好地理解和比较不同地区的生活成本和价格水平，为政府制定粤港澳大湾区发展计划和方针时提供依据。

六、从PPP看四大湾区的优劣

本研究用粤港澳大湾区的发展对标纽约湾区、旧金山湾区和东京湾区这三个世界著名湾区，根据《四大湾区影响力报告（2018）：纽约旧金山东京粤港澳》测评结果表示，粤港澳大湾区的经济影响力位列四大湾区之首，整体影响力指数排名第三，高于东京湾区。

（一）基于PPP测算结果的四大湾区比较分析

本研究主要选取世界四大湾区在食品、住房、服装、交通、医疗保健、娱乐等六个方面的多组有代表性的商品和服务价格的数据，利用指数法计算出以粤港澳大湾区为基准的四大湾区PPP。计算的基本思路：将每个湾区内的价格数据转换为统一的货币单位（本研究采用美元），然后计算每个湾区的价格指数（价格指数是将每个湾区的商品和服务价格与基准湾区的价格进行比较得出）。最后根据价格指数，计算每个湾区相对于基准湾区的PPP。计算结果见表9-8，以下将从这六个方面进行比较分析。

表9-8　世界四大湾区PPP比较

	粤港澳大湾区	东京湾区	旧金山湾区	纽约湾区
食品	1.00	1.15（16.57%）	1.88（18.49%）	1.78（17.50%）
住房	1.00	1.41（20.32%）	2.23（21.93%）	2.28（22.42%）
服装	1.00	0.81（11.67%）	1.20（11.80%）	1.23（12.09%）
交通	1.00	1.64（23.63%）	1.84（18.09%）	1.86（18.29%）
医疗保健	1.00	1.25（18.01%）	1.91（17.99%）	1.83（17.99%）
娱乐	1.00	0.68（9.80%）	1.11（10.91%）	1.19（11.70%）
总体	1.00	1.09	1.69	1.69

注：同表9-7数据来源。

从表9-8得出以下结论：

（1）在食品方面，旧金山湾区和纽约湾区的PPP分别是1.88和1.78，粤港澳大湾区和东京湾区的PPP分别是1和1.15，显然，前后者PPP数值相差较大。由于旧金山湾区是美国经济最发达的地区，拥有众多高科技公司和创新企业，居民的平均收入相对较高，他们更愿意在高品质和特色食品上花费更多的钱。并且，旧金山湾区的物价相对较高，包括房地产和生活成本，这都会影响食品价格和食品支出。同样的，纽约湾区是美国的经济中心，该地区的居民也有相对较高的收入水平，对各种类型的食品都有较高的需求，这正与所得数据相符。而粤港澳大湾区和东京湾区的农业生产和供应链发展水平，与其他两个湾区相比较低导致食品价格相对较低，故而在食品方面PPP水平较低。

（2）在住房方面，旧金山湾区和纽约湾区的PPP分别为2.23和2.28，东京湾区的PPP为1.41，即旧金山湾区和纽约湾区在住房方面的消费支出水平为粤港澳大湾区的2倍以上，东京湾区的住房消费支出水平为粤港澳大湾区的1.41倍，差距较大。

结合数据以及查阅资料可知，旧金山湾区的住房消费支出非常高，是全美最昂贵的地区之一。这是因为该地区的房地产市场供需不平衡，且土地稀缺，加之科技公司的高薪就业人员和移民潮的涌入，导致房价不断攀升。纽约湾区的住房消费支出也很高，因为它是美国东海岸的一个重要经济中心，拥有纽约、华盛顿、波士顿等大都市，地理位置优越，吸引了大量的人口和企业，导致住房需求的增加，且纽约湾区土地供应相对有限，导致住房供应不足，从而推高了房价和租金。东京湾区的住房消费支出也略高于粤港澳大湾区，原因在于东京湾区的土地资源稀缺，而且该地区的经济发展和人口增长速度较快，导致房价不断上涨。此外，日本的住房市场也存在一些特殊因素，如需求量大但供应不足、土地所有权制度等，都对房价的上涨产生了影响。而粤港澳大湾区，建筑密度更高，土地开发更为灵活，政府对于住房问题有更为积极的政策支持，因此房屋供应更为充足，房价相对较低。

根据表9-8，利用2017年数据推算，粤港澳大湾区"9+2"中的九个市GDP构成中"70"大类增加值列表如下：

表9-9　按PPP计算的珠三角九市住房增加值

单位：亿元

	2017年按人民币计算的住房增加值	按东京湾区PPP计算的住房增加值	按旧金山湾区PPP计算的住房增加值	按纽约湾区PPP计算的住房增加值
广州市	1995	2812	4448	4548
深圳市	1937	2732	4320	4417
珠海市	290	409	646	661
佛山市	789	1113	1760	1800
惠州市	379	535	845	864
东莞市	858	1209	1912	1955
中山市	237	333	527	539
江门市	224	315	499	510
肇庆市	119	168	266	272
九市占全省比重（%）	83.5	89.5	93.1	93.2

注：按东京湾区、旧金山湾区和纽约湾区计算的九市住房增加值占全省比重根据2017年全省及地市实际住房增加值占比进行推算。大体而言，粤东西北住房方面的PPP应小于粤港澳大湾区的PPP，即小于1。

2017年按人民币计算的珠三角九市住房增加值为6827亿元，根据表9-8中四大湾区PPP结果，按东京湾区PPP计算出的珠三角九市住房增加值增加到9626亿元，增加了2799亿元；按旧金山湾区PPP和纽约湾区PPP计算珠三角九市的住房增加值分别为15224亿元和15566亿元，分别增加8397亿元和8739亿元。由此可见，在进行国际比较时，传统的方法存在低估。

（3）在服装方面，旧金山湾区和纽约湾区的PPP分别为1.20和1.23，东京湾区的PPP为0.81，略低于粤港澳大湾区。首先，不同湾区的文化差异，会影响人们的服装消费需求和支出水平。纽约湾区和旧金山湾区的时尚文化比较发达，人们对时尚服装的需求和支出水平自然相对较高。再者，不同湾区的服装品牌和市场定位也不同，高端品牌和时尚品牌在价格和消费支出上相对较高，而中低端品牌则相对较低。纽约湾区和旧金山湾区的时尚品牌和高端品牌较多，消费支出也相对较高。粤港澳大湾区和东京湾区的消费者则更注重耐用性和实用性，故支出水平相对较低。特别是东京湾区的服装市场竞争程度更高，市场上有更多的服装品牌和种类，消费者的价格敏感度也更高，因此，购买服装的支出更低。

（4）在交通方面，通过计算，旧金山湾区、纽约湾区、东京湾区和粤港澳大湾区的PPP分别是1.84、1.86、1.64和1，可见其他三大湾区在交通方面的消费支出都高于粤港澳大湾区。总体而言，东京湾区、旧金山湾区和纽约湾区的物价水平高于粤港澳大湾区，因此交通成本即车辆购买和维护、汽油价格等方面也更高。另外，旧金山湾区和纽约湾区的汽车保有量较低，人们更多地依赖公共交通工具和共享出行服务，而这些服务的成本相对较高。东京湾区的公共交通系统非常发达，但由于人口密度大，地铁拥堵情况较为严重，从而增加了交通支出。相较之下，粤港澳大湾区的公共交通系统更为发达和完善，因此人们更倾向于使用公共交通出行，降低了交通运输的成本。

（5）在医疗保健方面，通过PPP数据对比，我们发现东京湾区和粤港澳大湾区在医疗保健方面的支出要远小于旧金山湾区和纽约湾区，其中旧金山湾区在医疗保健方面的支出最高，PPP为1.91，纽约湾区次之，为1.83。此结果与各湾区的经济水平、消费习惯及服务质量等联系紧密。旧金山湾区和纽约湾区的经济发展水平相对较高，人们的收入水平也相对较高，而且旧金山湾区和纽约湾区的医疗保健服务市场竞争程度较高，技能和服务也更加精细和专业，水平更高，因此医疗保健服务的价格相应更高。对旧金山湾区人民而言，他们更注重健康和环保，对于天然有机的医疗保健产品的需求更高，因此在医疗保健方面的支出位居四大湾区之首。

而粤港澳大湾区和东京湾区的医疗保健市场竞争程度相对较低，价格也相对较低。此外，美国的医疗保障制度相对较为复杂也是导致旧金山湾区和纽约湾区在医疗保健方面支出较高的一大原因。

（6）在娱乐方面，旧金山湾区的PPP是1.11，纽约湾区的PPP是1.19，粤港澳大湾区的PPP是1，这三大湾区所差无几，值得注意的是，东京湾区的PPP仅为0.68，低于其他三大湾区。纽约湾区和旧金山湾区的物价水平相对较高，娱乐设施更加丰富和多样化，包括电影院、剧院、音乐会、博物馆等，文化氛围更加开放和自由，因此娱乐消费也更高。由于消费习惯差异，粤港澳大湾区、旧金山湾区和纽约湾区的人们更倾向于外出消费，如去酒吧、夜店、购物中心等。日本的消费文化相对较为节制，所以东京湾区的人们更加传统和保守，注重节俭和积蓄，相对来说不太倾向于大规模的娱乐消费，而是倾向于在家中进行娱乐活动，如看电影、玩游戏等，因此娱乐支出相对较低。

综上，我们发现旧金山湾区和纽约湾区的总体PPP水平相当，远高于粤港澳大湾区和东京湾区，粤港澳大湾区作为新形成的四大湾区之一，相比之下，虽比其他三大湾区的PPP较低，但是与东京湾区相差较小，展现出其强劲的发展态势。

在表9-8的基础上，将粤港澳大湾区分为珠江三角洲、香港、澳门三个部分，计算出以珠江三角洲为基准的PPP，结果见表9-10：

表9-10　香港和澳门与其他三大湾区PPP的比较

	珠江三角洲	香港	澳门	东京湾区	旧金山湾区	纽约湾区
食品	1.00	2.36	1.61	1.39	2.27	2.14
住房	1.00	4.51	2.39	2.11	3.35	3.43
服装	1.00	1.44	1.40	0.86	1.27	1.30
交通	1.00	2.55	2.02	1.97	2.21	2.23
医疗保健	1.00	1.72	1.46	1.37	2.09	2.00

（续表）

	珠江三角洲	香港	澳门	东京湾区	旧金山湾区	纽约湾区
娱乐	1.00	1.15	2.07	0.82	1.35	1.44
总体	1.00	2.15	1.82	1.34	2.07	2.08

注：同表9-7数据来源。

从表9-9可以看出粤港澳大湾区内部城市与其他三大湾区在不同方面的价格水平和购买力差异情况。以珠三角九个城市的平均支出水平为基准，总体上，香港的PPP高于其他三大湾区，澳门的PPP高于东京湾区，略低于旧金山湾区和纽约湾区。首先在食品、住房、服装、交通等四个方面，香港的PPP比其他三大湾区都高，说明香港在这些方面的支出高于其他三大湾区的平均水平；在医疗保健和娱乐方面，香港的PPP比东京湾区高，与旧金山湾区和纽约湾区差距较小。其次在上述六个方面，澳门的PPP比东京湾区高，在服装和娱乐方面领先于旧金山湾区和纽约湾区，说明澳门在这六个方面的支出高于东京湾区，与旧金山湾区和纽约湾区的平均支出差距很小。

综上所述，香港在各方面的支出高于其他三大湾区的平均水平，澳门与旧金山湾区和纽约湾区的平均消费支出相近，差距不大。造成这种差异的原因有经济发展水平、消费水平、地理位置等因素。同时可以看出，在粤港澳大湾区的城市中，香港和澳门的消费支出水平与旧金山湾区和纽约湾区的消费支出水平是相近的。而珠三角九个城市的平均消费支出水平与其他湾区存在着明显的差距。

（二）四大湾区优势分析

（1）湾区的经济实力。纽约湾区是全球最大的湾区经济体之一，拥有强大的金融和贸易产业。旧金山湾区是美国西海岸的经济中心，拥有强大的科技和创新产业。东京湾区也在经济上有强大的实力，是日本的经济中心，拥有先进的制造业和技术产业。粤港澳大湾区则是中国经济发展的重要引擎，拥有强大的制造业和科技创新实力。

（2）湾区的科技实力。纽约湾区是全球最重要的金融科技中心之一，同时也是全球最重要的科技中心之一，这个湾区拥有全球最顶尖的大学和研究机构，如哥伦比亚大学和纽约大学等，这些机构为纽约湾区提供了丰富的人才资源。旧金山湾区则是因为硅谷的存在而成为全球最重要的科技创新中心之一，这里集中了全球最顶尖的科技公司和研究机构，如苹果、谷歌、斯坦福大学等。东京湾区也正在努力发展成为日本的科技创新中心，拥有一些重要的科技公司和研发机构。粤港澳大湾区虽然起步较晚，但也正在迅速发展成为中国的科技创新中心，拥有强大的制造业基础和科技创新潜力。

（3）湾区的创新能力。创新是推动经济发展和科技进步的关键。纽约湾区是全球最具有创新力的城市之一，它拥有开放多元的文化环境，鼓励创新和创业。旧金山湾区则是美国最具有创新力的地区之一，这里的企业家精神和开放的环境推动了无数的科技创新。东京湾区则以高效的创新能力而著名，日本的很多科技创新都是在这个湾区诞生的。粤港澳大湾区是中国最具有创新力的地区之一，这里的企业家精神和创新的环境推动着无数的创新和发展。

尽管粤港澳大湾区的人均GDP相对于其他三大湾区稍有不足，但近年来，纽约湾区、旧金山湾区经济增速基本稳定在低速水平，虽然粤港澳大湾区总体经济增速略有回调，但依然在7%以上，2017年经济增速分别是纽约湾区、旧金山湾区、东京湾区的2.26倍、2.93倍和2.19倍。现在粤港澳大湾区已初具规模，"9+2"城市群分工明确、优势互补，合力打造国际一流湾区和世界级城市群，湾区之间资金、资源、人才、技术的相互流动实现了更高水平的开放。除面积更大、交通更便利之外，粤港澳大湾区与其他三大湾区相比还有一个更大的优势，那就是未来会吸引更多的人口。

人口无疑是经济和科技的重要支撑。原来的旧金山湾区和东京湾区都是靠吸纳高端人才来带动科技发展的。依托其发达的制造业和先进的基础设施，粤港澳大湾区在未来的发展中也必将展现出更加强劲的发展态势。

综上，四大湾区各具特色。纽约湾区在经济和科技方面表现出色，但创新方面稍显不足；旧金山湾区在科技和创新方面表现出色，但在经济方面稍显不足；东京湾区在经济和创新能力方面表现不俗，但在科技方面还有提升空间；粤港澳大湾区在科技和经济方面表现良好，但在创新能力方面还有提升空间。粤港澳大湾区具有巨大的发展潜力和成为全球最强湾区的可能性，为了实现这一目标，粤港澳大湾区需要在产业升级、科技创新、人才集聚和合作深化等方面进行持续的努力。

七、结论与探讨

（一）结论

本研究根据ICP的改革方向结合现有的滚动价格调查法执行方案，探讨研究滚动价格调查法在我国ICP调查工作中的应用及其与CPI协调整合的可行路径。一方面，建立ICP居民消费规格品与CPI基本分类之间的对应关系，从理论层面构建了利用CPI推算非基准年采价规格品的基准年价格的方法；另一方面，利用2017年轮ICP粤港澳大湾区调查数据和对应各月份粤港澳大湾区CPI环比指数，测算ICP居民消费规格品和基本分类价格的外推和回推误差（*MAPE*）最后通过计算PPP进行了四大湾区的比较，了解到PPP测度不仅在ICP中广泛应用，也对国际贸易、投资和合作具有指导作用。对于粤港澳大湾区而言，PPP的应用为政府和企业战略决策提供了有力的支持，有助于深化大湾区与其他国际城市的经济联系，推动区域的开放和发展。本研究使用Jevons指数进行PPP的测度，首先，得出了粤港澳大湾区内部的PPP水平，这个水平反映了大湾区居民在全球市场上购买商品和服务的能力，对于评估该地区的经济实力、生活水平和国际竞争力具有重要意义。其次，通过将粤港澳大湾区的PPP与其他国际城市进行比较，我们可以发现大湾区在某些方面可能存在的优势和劣势，主要发现和研究结果如下：

（1）使用非基准年规格品不同频率采价数据与对应CPI基本分类月环比指数连乘和连除的方式，可以外推和回推得到该规格品的基准年价格估计值。

本研究构建了不同采价频率下规格品价格的外推和回推计算公式。其中，根据数据实际测算结果，基于外推/回推间隔越短赋权越大的加权算术平均推算值误差相对更小，但需要对权重确定设定一般标准。本研究主要以简单算术平均推算值误差为基础展开研究。

（2）考虑到工作方案的简便性，以基本分类为主要分组单位，进行了大类、中类和基本分类的混合滚动分组设计。

ICP基本分类共为90个，仅依据基本分类的误差大小情况对调查安排进行划分，可能会造成调查安排冗杂、调查工作量增加的问题。在依据基本分类误差大小确定调查安排之后，考虑中类所包含的基本分类的情况：如果所有基本分类都在同一调查年份，此时就将基本分类合并到中类层面；若中类所包含基本分类的情况大体一致，仅有少数基本分类的调查时间有所不同，此时参考基本分类的外推/回推误差和下属规格品数，在保证每个时间点分配数量均匀和整体误差增加不大的前提下，对基本分类的调查年份进行置换，从而使该中类在同一年份进行调查，在一定程度上减少调查工作量。以此类推，大类考虑下属中类的情况，进行相应的合并，但如果出现包含中类调查年份不一致的情况，此时不再对中类调查年份进行相应的调整。因为此时中类包含数量大，并且在确定中类调查年份时已经进行了相应的基本分类调查时点的调整，多次重复调整可能会造成较大误差。

（3）粤港澳大湾区与其他湾区的比较。将粤港澳大湾区与全球其他三大湾区进行对比和分析得到，粤港澳大湾区有着独特的发展优势和潜力。首先，粤港澳大湾区具有丰富的资源和广阔的市场，这是其他湾区所无法比拟的。其次，粤港澳大湾区在科技创新、产业升级和人才集聚等方面的发展速度较快，这使得其具有强大的竞争力。同时，凭借产业+金融+科技的整合优势，粤港澳大湾区将逐渐成为中国最顶级的城市群，更具有人才吸引力，而人才无疑是经济和科技的重要支撑。原来的旧金山湾区和东京湾区都是靠吸纳高端人才来带动科技发展的。然而，与一些发达的国际湾区相比，粤港澳大湾区存在差距，但仍具有巨大的发展潜力和成为全球最强湾区的可能性，为了实现这一目标，粤港澳大湾区需要进行多方面的努力。

（4）ICP的应用意义。PPP测度结果对粤港澳大湾区的区域发展战略和政策具有重要意义，它可以为政府决策提供可靠的数据支持，并帮助制定符合实际情况的政策措施。此外，PPP测度结果还可以为企业的国际化战略和市场定位提供参考，促进区域内的经济合作和贸易发展。

然而，本研究也存在一些局限性。例如，由于缺乏最新的ICP数据，因此，这需要进一步完善和更新数据，以提高研究结果的准确性和可靠性。PPP的测度会受到许多因素的影响，包括汇率、通货率等，这些因素需要在未来的研究中纳入考虑范围。

（二）探讨

本研究主要针对粤港澳大湾区的PPP方法进行了深入研究，并探讨了其在ICP中的应用。通过对PPP理论的简化和不同测度的比较方法，我们选择了适合粤港澳大湾区的测度方法，并运用该方法进行了PPP的测算。在未来的研究中，我们可以继续深入研究以下方面：

（1）使用2017年轮ICP数据进行测算的局限性。本研究使用2017年轮

ICP广东调查数据和对应CPI环比指数进行测算，样本数据仅限于一地一年，并不能代表全国的数据推算情况，也不代表此后ICP调查在中国实施的价格数据结构。依此测算结果进行的滚动分组设计的具体效果，还有赖于在全国执行之后的实践检验和评估。

（2）GDP支出数据的缺失导致无法进行小类及以上类别的推算误差测算。由于缺少GDP支出数据及多个经济体价格数据，故无法对小类及以上的汇总层级进行赋权，无法计算小类及以上类别的非基准年推算误差，因此也无法计算居民消费PPP来进行比较。若后续可获得更详细的数据，可对汇总层级的误差进行测算，并计算居民消费PPP，可以更科学地评估滚动分组设计的效果。

（3）可以优化部分规格品的采价频率。目前ICP居民消费价格调查的采价频率分为三种：月度、季度和半年度。在测算结果中，使用同样的推算方法，半年度采价规格品价格推算误差相对更大，因此在滚动分组分摊工作量的情况下，可以通过提高部分半年度采价规格品采价频率的方式来提升推算精度。

（4）开展和完善空间调整系数。我国目前尚未编制地区间价格差异指数。我国采用指数法编制全国CPI，对各地区CPI分类指数层层加权平均值，并未就此形成完善的空间调整系数。后续可结合全国CPI数据与ICP价格调查数据进行全国各地区间价格差异指数的编制，从而降低ICP采价时的实地调查工作量。

（5）PPP的动态研究。PPP水平受多种因素的影响，例如宏观经济政策、汇率波动、物价波动等。因此，未来的研究可以采用更多的数据和模型，关注更多维度的数据收集和分析，进行PPP的动态研究，以更准确地了解粤港澳大湾区的PPP水平的变化趋势。

综上所述，粤港澳大湾区"9+2"城市群已初具规模，"9+2"城市群分工明确、优势互补，合力打造国际一流湾区和世界级城市群，湾区之间资金、资源、人才、技术的相互流动实现了更高水平的开放，在国际视野下对粤港澳大湾区PPP方法的测度及ICP的应用研究具有重要意义。通过深入研究PPP方法的测度，可以更好地评估粤港澳大湾区的经济实力同时，也为政府决策提供科学依据，推动粤港澳大湾区的经济发展和国际影响力的提升。希望本研究的成果能够为促进粤港澳大湾区的经济繁荣和国际影响力的提升做出积极贡献。

企稳恢复　回升承压

——2023年前三季度广东经济"四象限"

2023年前三季度，广东经济运行总体稳定。一季度实现良好开局，二季度好于一季度，三季度面临同期较高基数实现平稳增长。但外部不稳定、不确定因素依然较多，各项措施仍需持续发力，确保经济企稳并恢复持续增长。

根据国家统一核算，2023年前三季度广东实现地区生产总值96161.63亿元，同比增长4.5%。其中，第一产业增加值3820.31亿元，增长4.8%，增速比全国高0.8个百分点；第二产业增加值38008.92亿元，增长4.0%；第三产业增加值54332.41亿元，增长4.8%。

一、总体运行特征：企稳恢复，回升仍面临压力

总的来看，前三季度广东经济运行呈现"企稳恢复、回升承压"的增长态势，运行基本稳定，但从各项指标和内外部环境来看仍面临不少压力。

（一）主要指标稳定增长

前三季度，农业、工业、进出口、货运量等指标回升向好，消费、投资增速放缓，财政、金融运行平稳，物价总体稳定，发展质量稳步提升。

一是供给端方面。农业、工业生产持续向好，服务业增速稳中趋缓。农业生产增加值加快，前三季度，广东农林牧渔业总产值同比增长5.0%，比上半年提高0.2个百分点。工业连续5个月回升，前三季度，广东规模以上工业增加值增长3.1%，增速比上半年加快0.6个百分点，比1—8月加快0.2个百分点。规上服务业营业收入增速放缓，1—8月，广东规模以上服务业营业收入同比增长7.8%，增幅比1—5月回落1.5个百分点。

二是需求端方面。消费、投资增速放缓，进出口略有好转。前三季度，广东社会消费品零售总额同比增长5.4%，增幅比上半年回落2.0个百分点；两年平均增长3.8%，增速比上半年回落0.3个百分点。固定资产投

资增长3.1%，增速比上半年回落1.3个百分点。前三季度，广东进出口总额下降0.1%，降幅收窄1.2个百分点，其中，出口增长3.9%，增速加快0.3个百分点，进口下降7.2%，降幅收窄2.4个百分点。

三是实物量指标稳步回升。前三季度，广东工业用电量增长5.8%，增速比上半年加快0.8个百分点，制造业用电量增速自5月份转正以来增速进一步加快，增长4.4%，比上半年加快1.3个百分点；货运量增长3.8%，增速提高0.2个百分点；港口货物吞吐量增长8.2%，增速提高0.7个百分点。

四是财政、金融增速平稳。前三季度，广东地方一般公共预算收入同比增长4.5%，比上半年回落1.4个百分点，地方一般公共预算支出下降0.7%，回落0.9个百分点；金融机构存贷款余额分别增长10.2%和10.1%，比上半年分别回落1.4个和0.5个百分点。

五是物价运行总体稳定。9月份，广东居民消费价格指数（CPI）同比上涨0.4%，涨幅与上月持平；前三季度平均，广东CPI同比上涨0.6%，涨幅较上半年回落0.2个百分点。9月份，广东工业生产者出厂价格（PPI）同比下降1.1%，降幅比上月收窄0.3个百分点；工业生产者购进价格（IPI）同比下降2.6%，降幅比上月收窄0.1个百分点；前三季度平均，广东PPI下降1.2%，IPI下降2.1%，分别比上半年扩大0.1个和0.4个百分点。

六是高质量指标增长势头良好。前三季度，广东实现新经济增加值24048.42亿元，其中，先进制造业增加值增长4.5%，增速提高1.2个百分点，高技术制造业增加值增长1.3%，增速提高1.8个百分点。9月份，广东城镇调查失业率为5.2%，前三季度均值为5.4%，与上半年持平。前三季度，广东居民人均可支配收入39325元，同比名义增长4.8%，实际增长4.2%，实际增速比上半年加快0.1个百分点。城镇、农村居民人均可支配收入分别增长4.2%、6.2%，农村居民收入增速高于城镇居民2.0个百分点，城乡居民收入比为2.38，差距进一步缩小。企业利润增长改善，1—8月，全省规模以上工业企业实现利润总额6469.10亿元，同比增长10.7%，增幅比1—7月和上半年分别提高5.9个和7.0个百分点。

表10-1　2023年前三季度全省主要经济指标情况

指标	前三季度		上半年增长（%）	前三季度比上半年变动（个百分点）
	数值	增长（%）		
地区生产总值（亿元）	96161.63	4.5	5.0	−0.5
规模以上工业增加值（亿元）	29870.63	3.1	2.5	0.6
采矿业	745.81	−0.1	−5.9	5.8
制造业	26733.33	2.6	2.1	0.5
电力、热力、燃气及水的生产和供应业	2391.49	10.4	12.2	−1.8
全社会用电量（亿度）	6404.71	7.2	7.5	−0.3
工业用电量	3601.64	5.8	5.0	0.8
制造业用电量	2919.94	4.4	3.1	1.3
固定资产投资（亿元）	31986.10	3.1	4.4	−1.3
房地产开发投资（亿元）	10283.91	−8.4	−7.4	−1.0
商品房销售面积（万平方米）	7299.86	−6.9	−0.2	−6.7
社会消费品零售总额（亿元）	35137.05	5.4	7.4	−2.0
进出口总额（亿元）	60947.4	−0.1	−1.3	1.2
出口总额	40403.4	3.9	3.6	0.3
进口总额	20544.1	−7.2	−9.6	2.4
地方一般公共预算收入（亿元）	10301.06	4.5	5.9	−1.4
地方一般公共预算支出（亿元）	13871.98	−0.7	0.2	−0.9
中外资银行业机构本外币存款余额（亿元）	348062.93	10.2	11.6	−1.4
中外资银行业机构本外币贷款余额（亿元）	269273.36	10.1	10.6	−0.5
城镇调查失业率（%）	5.4	—	5.4	0.0
城镇居民人均可支配收入（元）	47390	4.2	4.3	−0.1
农村居民人均可支配收入（元）	19886	6.2	6.6	−0.4

（二）主要指标与全国和东部主要省份相比有喜有忧

与全国及东部主要省份相比，前三季度，广东GDP增速落后全国0.7个百分点，差距较上半年扩大0.2个百分点，分别低于江苏、山东、浙江1.3个、1.5个、1.8个百分点；与江苏的差距较上半年缩小0.3个百分点，与浙江的差距不变，与山东的差距扩大0.3个百分点。

表10-2　2022年以来全国及粤苏鲁浙地区生产总值增速

地区	2022年一季度（%）	2022年上半年（%）	2022年前三季度（%）	2022年（%）	2023年一季度（%）	2023年上半年（%）	2023年前三季度（%）
全国	4.8	2.5	3.0	3.0	4.5	5.5	5.2
广东	3.3	2.0	2.3	1.9	4.0	5.0	4.5
江苏	4.6	1.6	2.3	2.8	4.7	6.6	5.8
山东	5.2	3.6	4.0	3.9	4.7	6.2	6.0
浙江	5.1	2.5	3.1	3.1	4.9	6.8	6.3

一是规模以上工业增加值增速落后全国0.9个百分点，差距较上半年缩小0.4个百分点，分别低于江苏、山东、浙江4.1个、4.0个、2.4个百分点，与江苏、山东的差距较上半年缩小1.7个、0.4个百分点，与浙江的差距扩大0.2个百分点。

二是固定资产投资增速与全国一致，领先优势消失，继5月被江苏反超0.1个百分点后，又被山东反超，分别低于江苏、山东2.6个、2.4个百分点，与浙江的差距由上半年的4.6个百分点扩大到5.4个百分点。

三是社会消费品零售总额增速低于全国1.4个百分点，差距较上半年扩大0.6个百分点，也分别落后于江苏、山东、浙江1.7个、2.8个、1.3个百分点，与江苏、浙江的差距分别缩小0.9个、0.4个百分点，但与山东的差距扩大1.1个百分点。

四是进出口总额增速由上半年的低于全国3.4个百分点变为高于全国

0.1个百分点，相对江苏的领先优势由上半年的4.0个百分点扩大到6.4个百分点，与山东的差距由一季度的3.1个百分点收窄至2.6个百分点，与浙江的差距从6.0个百分点收窄至5.1个百分点。

表10-3　2023年前三季度全国与粤苏鲁浙主要经济指标增速

指标	全国	广东	江苏	山东	浙江
地区生产总值（%）	5.2	4.5	5.8	6.0	6.3
规模以上工业增加值（%）	4.0	3.1	7.2	7.1	5.5
固定资产投资（%）	3.1	3.1	5.7	5.5	8.5
房地产开发投资（%）	−9.1	−8.4	−3.4	−7.4	1.7
商品房销售面积（%）	−7.5	−6.9	−8.9	−1.5	−5.8
社会消费品零售总额（%）	6.8	5.4	7.1	8.2	6.7
进出口总额（%）	−0.2	−0.1	−6.5	2.5	5.0
出口总额（%）	0.6	3.9	−5.4	2.5	4.4
进口总额（%）	−1.2	−7.2	−8.3	2.5	6.8
地方一般公共预算收入（%）	9.1	4.5	12.8	5.8	7.9
地方一般公共预算支出（%）	3.5	−0.7	0.9	1.8	2.8

（三）新经济占比有所提升

前三季度，广东完成新经济增加值24048.42亿元，同比增长3.5%，比GDP增速低1个百分点，与GDP增速差距较上半年收窄0.9个百分点，占GDP比重为25.0%，比上半年提升0.1个百分点。

表10-4　2023年前三季度全省"三新"经济增加值测算情况

	现价			同比增长（%）
	绝对额（亿元）	占GDP比重（%）	占新经济比重（%）	
新经济增加值	24048.42	25.0	100.0	3.5
第一产业	476.41	0.5	2.0	4.8

（续表）

	现价			同比增长（%）
	绝对额（亿元）	占GDP比重（%）	占新经济比重（%）	
第二产业	12058.90	12.5	50.1	2.3
第三产业	11513.10	12.0	47.9	4.8

一是第二产业新经济平稳恢复。第二产业新经济前三季度实现增加值12058.90亿元，同比增长2.3%，增速比上半年提升1.1个百分点。工业战略性新兴产业（含研发）实现增加值8012.70亿元，同比增长2.7%，增速较上半年提升0.9个百分点。其中，新能源汽车、新能源产业、节能环保相关产业延续上半年增长态势，增加值以两位数快速增长，三者共拉动工业战略性新兴产业（含研发）增加值增长3.6个百分点。高技术制造业（含研发）实现增加值10134.15亿元，同比增长1.7%，增速较上半年提升1.4个百分点。随着通信设备与智能消费新产品推出，以及上游电子元器件产业回暖，高技术制造业（含研发）增加值中占比接近80%的电子及通信设备制造业以4%以上的速度加速恢复，增速较上半年提升1.8%；计算机及办公设备制造业受产品创新力不足、需求疲软等因素影响，增加值以10%以上速度下降。

二是第三产业新经济稳步发展。第三产业新经济前三季度实现增加值11513.10亿元，同比增长4.8%，对新经济增加值的贡献率为64.7%。其中新服务的软件和信息技术服务业、研究和试验发展保持快速发展势头，增加值以两位数的速度发展，增速较上半年有所提升，为三产新经济发展提供持续动能。受地缘冲突加剧、国际贸易放缓、油价提升等因素影响，多式联运和运输代理业、邮政业、现代贸易物流服务业增加值呈下降趋势。

三是先进制造业和现代服务业持续增长。前三季度全省规模以上工业中先进制造业累计实现增加值16444.22亿元，同比增长4.5%，高于全省制造业增加值增速1.2个百分点，占GDP比重17.1%。现代服务业（预计）实现增加值35955.47亿元，同比增长5.1%，占第三产业比重66.2%，比去年提高0.4个百分点。

表10-5　2023年前三季度全省先进制造业、现代服务业指标情况

指标	现价（亿元）		增速（%）		占GDP比重（%）	
	本年	上年	本年	上年	本年	上年
GDP	96161.63	92190.16	4.5	2.3	100.0	100.0
#先进制造业增加值	16444.22	15799.77	4.5	4.7	17.1	17.2
#现代服务业增加值（预计）	35955.47	33695.95	5.1	1.6	66.2	65.8

（四）对标全年目标任务仍有差距

从全省看，前三季度，地区生产总值距年度目标相差0.5个百分点；规模以上工业增加值相差2.4个百分点；固定资产投资相差4.9个百分点；社会消费品零售总额相差0.6个百分点。从分市看，社会消费品零售总额有5个市超年度目标，固定资产投资有4个市超年度目标，地区生产总值、规模以上工业增加值各有2个市达到或超年度目标。

表10-6　2023年各市主要指标表态目标[①]及前三季度增速

市别	GDP（%）		规模以上工业增加值（%）		固定资产投资（%）		社会消费品零售总额（%）	
	年度目标	前三季度增速	年度目标	前三季度增速	年度目标	前三季度增速	年度目标	前三季度增速
全省	5以上	4.5	5.5以上	3.1	8	3.1	6	5.4
广州	6以上	4.2	8	−1.0	8	3.3	6	6.4
深圳	6以上	5.4	6	4.2	20以上	13.9	7	7.9
珠海	6	3.6	8.5	5.6	8	−11.5	6	3.3

---

①　各市主要指标全年目标源于省政府办公厅提供的全省高质量发展大会表态目标，部分地市后期对表态目标进行动态调整，本表仍以表态目标为准。

（续表）

市别	GDP（%）		规模以上工业增加值（%）		固定资产投资（%）		社会消费品零售总额（%）	
	年度目标	前三季度增速	年度目标	前三季度增速	年度目标	前三季度增速	年度目标	前三季度增速
汕头	5	5.0	6	8.7	5	8.1	2	3.5
佛山	6	4.9	6.5	6.3	7	−8.5	6	2.6
韶关	6	4.0	8.5	2.9	10	0.1	6	2.1
河源	6以上	4.5	7以上	5.4	10以上	10.1	6以上	2.1
梅州	6	5.0	8.5	6.3	11	3.0	5	4.0
惠州	7以上	5.3	9	4.0	15以上	5.8	6	4.4
汕尾	7以上	4.9	7以上	−9.3	10以上	3.7	7以上	3.4
东莞	6	2.0	6	−3.6	12	4.1	7	2.7
中山	6	5.3	6.5	5.6	8	−4.3	6.5	2.4
江门	6以上	5.3	6.5	5.4	6	2.6	6	2.2
阳江	5.5	3.5	6	2.5	12	47.5	4	1.1
湛江	6	3.4	4	1.2	20	0.1	5.5	6.1
茂名	6以上	3.4	7.5	4.1	8.5以上	8.1	8	4.8
肇庆	5.5以上	3.1	8	1.1	6	−8.5	2	4.2
清远	6	3.2	6	2.9	8	−4.1	6	2.5
潮州	6左右	3.3	7	−2.7	7.5	−3.3	6	3.6
揭阳	5.5	8.0	10以上	24.7	6	−18.2	4以上	3.2
云浮	7以上	3.3	8	1.9	8	10.0	6	2.8

一是地区生产总值。与年度目标比，仅2个市GDP达到或超过年度任务目标，其中，汕头达到年度目标，揭阳超过年度任务目标2.5个百分点；其他19个市仍有差距，其中，东莞、湛江、茂名、清远、潮州、云浮与年度任务目标增速差距为4.0个、2.6个、2.6个、2.8个、2.7个、3.7个百分点，差距较大。

二是规模以上工业增加值。与年度目标比，仅2个市超过年度任务目标，其中，汕头、揭阳分别超过年度目标任务2.7个、14.7个百分点；其他19

个市均与年度目标任务存在一定差距，其中，广州、汕尾、东莞、潮州与年度目标任务差距在7个百分点以上，分别相差9.0个、16.3个、9.6个、9.7个百分点。

三是固定资产投资。与年度目标比，仅4个市超过年度任务目标，其中，汕头、河源、阳江、云浮分别超年度目标任务3.1个、0.1个、35.5个和2.0个百分点；其他17个市均未达年度目标任务，其中，珠海、佛山、中山、湛江、肇庆、清远、潮州、揭阳等8个地市与年度目标任务差距在10个百分点以上，分别相差19.5个、15.5个、12.3个、19.1个、14.5个、12.1个、10.8个、24.2个百分点。

四是社会消费品零售总额。与年度目标比，仅5个市超过年度任务目标，其中，广州、深圳、汕头、湛江、肇庆分别超年度任务目标0.4个、0.9个、1.5个、0.6个、2.2个百分点；其他16个市未达到年度目标任务，其中，韶关、河源、汕尾、东莞、中山、江门、清远与年度目标任务差距为3.9个、3.9个、3.6个、4.3个、4.1个、3.8个、3.5个百分点。

二、"四象限"看增长逻辑：经济大盘逐步筑底企稳

后疫情时代，广东经济保持韧性，增长存在内在逻辑，全省经济大盘筑底企稳，高质量增长的基础持续夯实，逐步向上恢复。

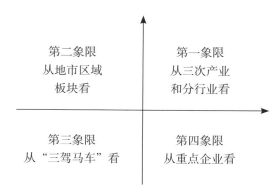

图10-1 2023年前三季度广东经济"四象限"

（一）第一象限：从三次产业和分行业看，一产稳、二产增、三产落，13个行业中"5升8降"

前三季度，受上年同期较高基数影响，广东地区生产总值增速比上半年回落0.5个百分点；两年平均增长3.4%，增速比上半年两年平均增速略回落0.1个百分点，一二产增速分别比上半年提高0.2个、0.3个百分点，三产增速回落1.1个百分点。

第二产业拉动率提高。前三季度，第一产业对地区生产总值的贡献率为4.5%，拉动地区生产总值增长0.2个百分点，与上半年持平；第二产业贡献率为35.9%，拉动地区生产总值增长1.6个百分点，比上半年提高0.2个百分点；第三产业贡献率为59.6%，拉动地区生产总值增长2.7个百分点，比上半年回落0.7个百分点。

表10-7　2022年以来三次产业对经济增长的贡献率和拉动率

单位：%

指标	分产业	2022年一季度	2022年上半年	2022年前三季度	2022年	2023年一季度	2023年上半年	2023年前三季度
贡献率（%）	第一产业	7.2	11.3	9.4	11.8	3.7	3.6	4.5
	第二产业	54.4	57.4	57.2	52.9	22.2	29.0	35.9
	第三产业	38.5	31.3	33.4	35.3	74.1	67.5	59.6
拉动率（%）	第一产业	0.2	0.2	0.2	0.2	0.1	0.2	0.2
	第二产业	1.8	1.1	1.3	1.0	0.9	1.4	1.6
	第三产业	1.3	0.6	0.8	0.7	3.0	3.4	2.7

用于核算GDP的41个基础指标中，与上半年相比，有13个基础指标增速有所提高，28个基础指标增速回落，支撑偏弱。

与上半年相比，对GDP的拉动作用提升较快的指标有规上制造业不变价增加值，增长2.6%，比上半年提高0.5个百分点，拉动GDP增长0.68个百分点，比上半年提高0.132个百分点；采矿业不变价增加值下降0.1%，降幅比上半年收窄5.8个百分点，对GDP的拉动作用比上半年提高0.033个百分点；租赁和商务服务业营业收入增长8.4%，比上半年提高2.1个百分点，拉动GDP提高0.027个百分点；从业人员工资总额增长8.5%，比上半年提高1.2个百分点，对GDP的拉动作用比上半年提高0.016个百分点；批发业销售额增长6.0%，比上半年提高0.6个百分点，对GDP的拉动作用比上半年提高0.026个百分点。此五项基础数据权重合计39.4%，合计拉动GDP增速比上半年提高0.23个百分点。

表10-8 2023年前三季度全省主要长板基础指标①

基础指标	增速（%）	比上半年提高（个百分点）	拉动GDP（个百分点）	拉高（低）GDP个百分点
规上制造业不变价增加值	2.6	0.5	0.68	0.132
规上采矿业不变价增加值	−0.1	5.8	0.00	0.033
租赁和商务服务业营业收入	8.4	2.1	0.09	0.027
批发业销售额	6.0	0.6	0.23	0.026
租赁和商务服务业工资总额	8.5	1.2	0.09	0.016

基础指标中相对稳定的有19个，合计权重25.2%，拉动GDP增长1.48个百分点，基本与上半年持平。从权重较大的几个指标看，增长都较为平稳。其中，农林牧渔业可比价总产值增长5.0%，比上半年略提高0.2个百分点，对GDP的拉动作用比上半年提高0.007个百分点；规下工业不变价增加值增长4.2%，比上半年提高0.1个百分点，拉动GDP增长0.20个百分点，比上半年提高0.006个百分点；金融业贷款余额增长10.6%，比上半年下降0.4个百分点，拉动GDP增长0.27个百分点，比上半年下降0.007个百分点；零售业销售额增长5.3%，比上半年略降0.1个百分点，对GDP的拉动作用比上半年降低0.004个百分点。

---

① 长板基础指标是根据本季度和上季度基础指标增长情况和权重进行计算，指拉动率比上季度提高0.01个百分点以上的指标。

表10-9 2023年前三季度全省主要企稳基础指标①

基础指标	增速（%）	比上半年提高（个百分点）	拉动GDP（个百分点）	拉高（低）GDP个百分点
电信业务总量	15.1	−1.4	0.08	−0.008
金融机构贷款余额	10.6	−0.4	0.27	−0.007
水利、环境和公共设施管理业工资总额	8.5	−2.4	0.02	−0.006
建筑业注册地总专包企业总产值	9.6	−0.3	0.19	−0.005
邮政行业业务总量	15.0	−1.6	0.05	−0.005
零售业销售额	5.3	−0.1	0.18	−0.004
航空旅客和货邮吞吐量	69.4	−4.5	0.05	−0.003
文化体育和娱乐业工资总额	1.4	−2.1	0.00	−0.003
铁路运输总周转量	51.6	−2.0	0.05	−0.002
水路运输总周转量	4.5	−0.4	0.01	−0.001
管道运输营业收入	10.2	−2.2	0.00	0.000
互联网及相关服务业营业收入	13.9	0.1	0.10	0.001
装卸搬运和仓储业营业收入	7.9	0.9	0.00	0.002
公路运输总周转量	3.9	0.2	0.04	0.002
居民服务、修理和其他服务业工资总额	11.7	1.2	0.04	0.005
规下工业不变价增加值	4.2	0.1	0.20	0.006
农林牧渔业可比价总产值	5.0	0.2	0.22	0.007
多式联运和运输代理业营业收入	−25.7	3.4	−0.08	0.008
文化体育和娱乐业营业收入	41.7	6.4	0.06	0.009

从13个行业看，农业、建筑业、商业、金融业、交通运输仓储和邮政业、信息传输软件和信息技术服务业、租赁和商务服务业、居民服务业8个行业的增速高于地区生产总值增速。其中，增长最快的是信息传输软件

① 企稳基础指标根据本季度和上季度基础指标增长情况和权重进行计算，指拉动率与上季度相比，在正负0.01个百分点以内的指标。

和信息技术服务业，同比增长9.2%；其次是建筑业，增长8.5%；金融业、交通运输仓储和邮政业均增长7.3%。工业、房地产业、科教文卫业、水利环境、公共管理5个行业增速低于地区生产总值增速。其中，房地产业下降0.6%，公共管理业、科教文卫业、工业分别增长0.8%、3.4%和3.6%。

与上半年相比，5个行业增速有所提升，租赁和商务服务业提升幅度最大，达1.2个百分点；其次是工业，提升0.5个百分点；交通运输仓储和邮政业、商业、农业也分别比上半年提升0.4个、0.3个、0.2个百分点。8个行业增速比上半年回落，其中，房地产业、信息传输软件和信息技术服务业、公共管理业回落幅度较大，分别为3.2个、2.7个、2.4个百分点。总体来看，提升的行业数量少于回落的行业，提升幅度也小于回落幅度。

表10-10　2023年前三季度全省GDP增加值统一核算行业基础指标表[①]

行业类别	总量（亿元）	增速（%）	占比（%）	拉动率（%）	序号	41个基础指标（增速）	不变价影响权重（%）	涉相关部门
一、农业	3961	5.0	4.1	0.22	1	农林牧渔业总产值*	4.3	农业农村
二、工业	34344	3.6	35.7	1.31	2	规上采矿业增加值*	0.6	工信
					3	规上制造业增加值*	29.2	
					4	规上电热水供应业增加值*	1.8	
					5	规下工业增加值*☆	4.8	
三、建筑业	3773	8.5	3.9	0.31	6	注册地总专包企业	1.8	住建
					7	建安工程投资	1.8	

①　带"*"为不变价增速，带"☆"为错月指标。

（续表）

行业类别	总量（亿元）	增速（%）	占比（%）	拉动率（%）	序号	41个基础指标（增速）	不变价影响权重（%）	涉相关部门
四、商业	10646	4.9	11.1	0.55	8	批发业销售额	5.6	商务
					9	零售业销售额	4.3	
					10	住宿业营业额	0.2	
					11	餐饮业营业额	1.2	
五、金融业	9490	7.3	9.9	0.71	12	存款	4.0	人民银行
					13	贷款	3.3	
					14	证券交易额	1.3	证监
					15	保费收入	1.1	银保监
六、房地产业	7138	−0.6	7.4	−0.05	16	商品房销售面积	2.8	住建
					17	从业人员工资总额	1.7	
七、交通运输仓储和邮政业	2950	7.3	3.1	0.21	18	铁路运输总周转量	0.1	交通
					19	公路运输总周转量	1.1	
					20	水路运输总周转量	0.2	
					21	航空运输总周转量	0.1	
					22	航空旅客和货邮吞吐量	0.1	
					23	邮政行业业务总量	0.3	邮政
					24	管道运输营收☆	0.0	交通
					25	多式联运及代理业营收☆	0.5	
					26	装卸搬运和仓储业营收☆	0.3	

（续表）

行业类别	总量（亿元）	增速（%）	占比（%）	拉动率（%）	序号	41个基础指标（增速）	不变价影响权重（%）	涉相关部门
八、信息传输软件和信息技术服务业	5733	9.2	6.0	0.51	27	电信业务总量	1.0	通信
					28	互联网及相关服务业营收☆	1.5	商务工信
					29	软件信息服务业营收☆	3.1	
九、科教文卫业	8640	3.4	9.0	0.30	30	科研和技术服务业营收☆	1.1	科技
					31	科研和技术服务业工资总额	1.1	
					32	教育业工资总额	3.8	教育
					33	文体娱业营收☆	0.2	文旅、体育、广电
					34	文体娱业工资总额	0.2	
					35	卫生业工资总额	2.3	卫健
十、租赁和商务服务业	3979	7.2	4.1	0.29	36	租赁商务服务业营收☆	2.0	商务
					37	从业人员工资总额	2.0	—
十一、居民服务业	1289	6.5	1.3	0.09	38	居民服务等业营收☆	0.7	商务
					39	从业人员工资总额	0.7	
十二、水利环境	444	4.1	0.5	0.02	40	水利环境业工资总额	0.4	水利
十三、公共管理	3775	0.8	3.9	0.03	41	公共管理组织工资总额	4.0	各行政事业单位

（续表）

行业类别	总量（亿元）	增速（%）	占比（%）	拉动率（%）	序号	41个基础指标（增速）	不变价影响权重（%）	涉相关部门
第一产业	3820	4.8	4.0	0.20				
第二产业	38009	4.0	39.5	1.61	—	—	—	—
第三产业	54332	4.8	56.5	2.67				
合计	96162	4.5	100.0	4.5	—	—	—	—

第一，农业生产稳中向好。

全省农林牧渔业总产值增速逐季提高，前三季度实现增加值3961亿元，增长5.0%，拉动GDP增长0.22个百分点；实现总产值6387.28亿元，同比增长5.0%，增幅比上半年提高0.2个百分点，增速高于全国平均水平，也高于山东、江苏、浙江、福建等东部省份。

分行业看，全省农业、林业、牧业、渔业和农林牧渔专业及辅助性活动产值分别增长4.2%、11.4%、4.0%、4.7%和10.6%。其中，牧业和渔业产值增幅分别比上半年提高0.9个和0.5个百分点。

表10-11　2023年前三季度广东农林牧渔业总产值情况

指标	现价产值（亿元）	增速（%）	前三季度增幅比上半年增幅提高（个百分点）
农林牧渔业	6387.28	5.0	0.2
一、农业	2988.30	4.2	0.0
二、林业	369.17	11.4	−2.6
三、牧业	1287.34	4.0	0.9
四、渔业	1390.50	4.7	0.5
五、农林牧渔专业及辅助性活动	351.97	10.6	−1.1

分区域看，粤北、珠三角和粤东地区农林牧渔业增长动力较足，总产值增速分别比全省高0.6个、0.4个和0.2个百分点；粤西地区农林牧渔业总产值增长4.2%。

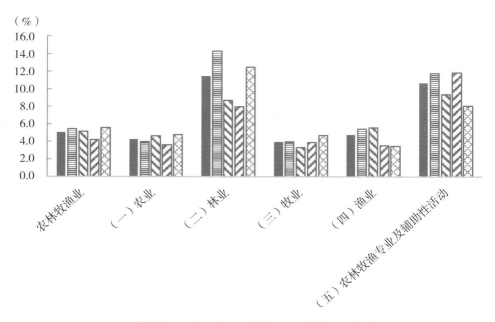

图10-2　2023年前三季度全省农林牧渔业总产值增速情况

　　早稻丰收，播种面积、亩产、产量实现三增，增速均高于全国平均水平。2023年，全省早稻播种面积为1298.93万亩，比2022年增加2.59万亩，增长0.2%；单产407.8公斤/亩，比上年增加6.6公斤/亩，增长1.6%；总产量529.70万吨，比2022年增产9.61万吨，同比增长1.8%。广东早稻播种面积、亩产、产量增速分别比全国高0.7个、0.4个、1.1个百分点。

　　蔬菜和园林水果生产基本稳定，热带水果喜获丰收。前三季度，全省蔬菜及食用菌和园林水果产量分别增长2.2%和5.9%。其中，荔枝产量163.41万吨，增长11.4%；龙眼产量106.19万吨，增长10.6%；番石榴产量44.22万吨，增长10.5%；火龙果产量42.47万吨，增长24.0%。

　　茶叶、园艺作物高速发展，中草药材产量略有回落。前三季度，全省茶叶产量13.05万吨，同比增长9.8%。盆栽观赏植物产量5.50亿盆，增长8.4%。观赏苗木2.08亿株，增长6.8%。中草药材夏收产量16.70万吨，下降6.9%。

生猪和家禽加速出栏，畜禽产品稳中有增。前三季度，生猪出栏2848.75万头，增长5.3%，增幅比上半年提高0.8个百分点。家禽出栏10.04亿只，增长2.7%，增幅比上半年提高1.5个百分点。猪肉产量229.65万吨，增长5.6%。禽肉产量144.34万吨，增长1.5%。禽蛋产量37.12万吨，增长3.1%。生牛奶产量16.51万吨，增长6.9%。三季度末，全省生猪存栏2074.98万头，同比下降0.6%；其中，能繁殖母猪存栏209.16万头，增长2.8%。家禽存栏4.05亿只，增长8.1%；其中，肉鸡存栏2.45亿只，增长9.8%。

现代化海洋牧场加速推进，渔业稳步发展。前三季度，全省渔业产值1390.50亿元，同比增长4.7%，增幅比上半年提高0.5个百分点。水产品产量644.67万吨，增长2.7%。其中，海水产品产量323.91万吨，增长2.3%；淡水产品产量320.76万吨，增长3.1%。水产养殖占比86.5%，比上年同期提高0.3个百分点。

表10-12 2023年前三季度广东主要农产品生产情况

	面积		产量	
	本期（万亩）	增速（%）	本期（万吨）	增速（%）
种植业	—	—	—	—
早稻	1298.93	0.2	529.70	1.8
蔬菜及食用菌	1594.69	1.5	2949.82	2.2
盆栽观赏植物（万盆）	47.48	0.9	55007.58	8.4
观赏苗木（万株）	48.85	3.3	20784.08	6.8
园林水果	1630.63	2.2	1297.59	5.9
#柑	92.36	1.9	32.34	2.2
橘	162.26	−0.5	48.03	3.7
柚子	87.17	5.8	62.07	8.9
香蕉	159.76	−3.8	342.67	−1.5
菠萝	60.71	2.9	113.03	1.7

（续表）

	面积		产量	
	本期（万亩）	增速（%）	本期（万吨）	增速（%）
荔枝	418.29	2.5	163.41	11.4
龙眼	172.78	0.8	106.19	10.6
番石榴	23.25	6.2	44.22	10.5
火龙果	31.25	13.5	42.47	24.0
黄皮	25.69	13.3	28.05	10.9
李子	87.58	0.9	86.13	7.2
茶叶	164.52	11.2	13.05	9.8
中草药材（夏收）	43.43	−0.8	16.70	−6.9
畜牧业	—	—	—	—
猪肉	—	—	229.65	5.6
禽肉	—	—	144.34	1.5
禽蛋	—	—	37.12	3.1

第二，工业运行情况明显回升

前三季度，全省工业完成增加值34344亿元，增长3.6%，拉动GDP增长1.31个百分点。其中，规模以上工业企业完成增加值29870.63亿元，同比增长3.1%，增幅比上半年提高0.6个百分点，比1—7月提高0.5个百分点，比1—8月提高0.2个百分点，呈现稳步回升态势。

分门类看，制造业稳步增长，采矿业降幅收窄，电力、热力、燃气及水生产和供应业增幅回落。1—9月，制造业完成增加值26733.33亿元，增长2.6%，增幅比上半年提高0.5个百分点，拉动全省规模以上工业增加值增长2.4个百分点；国际原油价格提高，采矿业完成增加值745.81亿元，下降0.1%，降幅收窄5.8个百分点；需求回落，电力、热力、燃气及水生产和供应业完成增加值2391.49亿元，增长10.4%，增幅回落1.8个百分点。

行业增长面重回六成，1—9月，全省在产的39个行业大类中，有24个实现增长，增长面达61.5%，比上半年提高7.7个百分点。电子和石油开采行业增速转正，石化加工行业增长加快。其中，手机新机型需求较大，计算机、通信和其他电子设备制造业增长由上半年下降1.5%转为增长1.0%，带动全省规模以上工业增加值增速比上半年提高0.5个百分点；原油、化工产品价格提高，石化重点项目贡献，石油和天然气开采业由上半年下降6.8%转为增长0.3%，石油、煤炭及其他燃料加工业增长20.5%，化学原料和化学制品制造业增长4.2%，增幅比上半年分别提高13.6个和0.4个百分点，以上三个行业合计带动全省规模以上工业增加值增速比上半年提高0.6个百分点。电气、汽车、电力等重点行业保持较快增长。其中，风力、光伏新动能产品增长势头较足，家电促销政策发力，电气机械和器材制造业增长8.1%；新能源企业渗透率提高，汽车制造业增长7.4%；成本回落、需求增加，电力、热力生产和供应业增长9.1%；在国产替代加快的带动下，电子和机械设备需求较大，专用设备制造业增长9.7%；烟草制品业增长20.5%；天然气价格回落，燃气生产和供应业增长21.4%。

分区域看，四大区域均实现增长，珠三角核心区和北部生态发展区增幅提高，东翼增幅回落，西翼增速由负转正。其中，珠三角核心区增长2.6%，北部生态发展区增长3.8%，增幅分别比上半年提高0.5个和0.3个百分点；东翼增长9.2%，增幅回落0.6个百分点；西翼由上半年下降1.0%转为增长2.3%。

分地市看，八成地市增长，六成地市回升。全省21个地市中，17个增加值实现增长，13个增幅提高或降幅扩大。其中，燃油车市场低迷，广州下降1.0%，降幅扩大0.1个百分点；新能源汽车发展较快，深圳增长4.2%；得益于新能源产业的优势布局与快速发展，珠海增长5.6%；金属、油价、化工产品价格回升，韶关市增长2.9%，湛江增长1.2%，茂名增长4.1%，清远增长2.9%，分别比上半年提高1.0个、4.0个、3.6个和0.9个百分点；在家电龙头企业的带动下，佛山增长6.3%；新增企业恒力石化贡献，叠加电子行业下游需求好转，惠州增长4.0%；火力发电受绿色能源发电冲击较大，汕尾下降9.3%，比上半年回落9.9个百分点；以手机为代表的消费电子行业有所好转，东莞下降3.6%，降幅收窄2.3个百分点；电气行业基数低，叠加家电和电机出口增加，中山增长5.6%；食品制造业生产加快，江门增长5.4%，增幅提高2.0个百分点；风力发电进入发电黄金期，阳江增长2.5%，增幅提高1.4个百分点；水泥、陶瓷市场仍显低迷，潮州下降2.7%，云浮增长1.9%，分别比上半年下降1.0个和1.9个百分点。

表10-13 2023年前三季度全省规模以上工业分市增加值情况

地区	前三季度累计增加值（亿元）	前三季度增长（%）	上半年增长（%）	增速差（个百分点）
全省	29870.63	3.1	2.5	0.6
广州市	3776.98	−1.0	−0.9	−0.1
深圳市	7752.93	4.2	3.9	0.3
珠海市	1153.65	5.6	5.8	−0.2
汕头市	604.07	8.7	9.2	−0.5
佛山市	4562.46	6.3	7.2	−0.9
韶关市	291.7	2.9	1.9	1.0
河源市	276.95	5.4	5.0	0.4
梅州市	217.86	6.3	7.2	−0.9
惠州市	1848.34	4.0	2.1	1.9
汕尾市	123.09	−9.3	0.6	−9.9
东莞市	3769.87	−3.6	−5.9	2.3
中山市	1108.91	5.6	4.3	1.3
江门市	1076.77	5.4	3.4	2.0
阳江市	306.71	2.5	1.1	1.4
湛江市	716.07	1.2	−2.8	4.0
茂名市	433.61	4.1	0.5	3.6
肇庆市	631.71	1.1	0.5	0.6
清远市	499.98	2.9	2.0	0.9

（续表）

地区	前三季度累计增加值（亿元）	前三季度增长（%）	上半年增长（%）	增速差（个百分点）
潮州市	198.06	−2.7	−1.7	−1.0
揭阳市	406.58	24.7	21.1	3.6
云浮市	114.34	1.9	3.8	−1.9

第三，建筑业增长稳中趋缓。

前三季度，全省总承包和专业分包建筑业企业共完成总产值16656.71亿元，同比增长9.6%，增速比上年同期提高1.4个百分点，比上半年回落0.3个百分点。与东部地区主要省份相比，广东建筑业总产值增速位居东部地区前列，分别比浙江、江苏、山东高4.5个、2.8个和3.1个百分点。

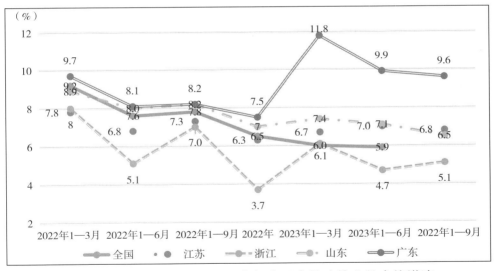

图10-3　2022年以来全国及东部主要省份建筑业总产值增速

建筑工程带动总产值增长。前三季度，全省实现建筑工程产值14977.33亿元，同比增长10.1%，增幅比上年同期回升1.0个百分点，比上半年回落0.1个百分点，占全省建筑业总产值比重89.9%，拉动全省总产值增长9.0个百分点；安装工程产值1309.48亿元，增长6.2%，增幅同比提升0.9个百分点，比上半年回落0.5个百分点；其他产值369.90亿元，增长

3.3%，增幅同比提升13.7个百分点，比上半年回落8.7个百分点。

土木工程建筑业增长较快。前三季度，土木工程建筑业实现总产值5652.01亿元，同比增长19.1%，增幅同比提高10.6个百分点，比上半年提高9.9个百分点，拉动全省建筑业总产值增长6.0个百分点，比上半年提升3.0个百分点。投资项目加快落地实施，带动相关行业较快增长，铁路、公路工程建筑业同比增长30.1%和13.1%，分别比上半年提高12.4个和18.0个百分点；水利和水运工程建筑业同比增长25.7%，增幅比上半年提高15.2个百分点；在旧城改造、城市美化环境建设稳步推进、城市基础设施行业投资增长带动下，市政道路工程建筑业、城市轨道交通工程建筑业产值分别增长18.2%和86.0%。

建筑装饰装修行业逐步恢复。前三季度共完成产值1743.35亿元，占建筑业总产值的10.5%，增长21.8%，增幅同比提升32.3个百分点，比上半年提升21.2个百分点，拉动建筑业总产值增长2.1个百分点，比上半年提升2.0个百分点，其中建筑物拆除和场地准备活动产值增长22.6%，增幅比上半年提升12.2个百分点。

房屋建筑及建筑安装行业对总产值支撑作用下降。前三季度，房屋建筑业、建筑安装业总产值同比分别增长2.2%和6.6%，增幅分别回落9.9个和2.6个百分点，比上半年回落9.1个和13.4个百分点，两者合计占全省建筑业总产值的55.6%，拉动总产值增长1.6个百分点，比上半年减弱5.1个百分点。

珠三角核心区持续向好。前三季度，珠三角核心区总承包和专业承包企业完成建筑业总产值13957.67亿元，同比增长12.8%，增速同比提高1.2个百分点，占全省总产值比重83.8%，同比提高2.4个百分点，比上半年提高0.1个百分点；其中，广州、深圳合计占总产值的61.5%，比上半年提高0.3个百分点。粤东西北地区完成建筑业总产值2699.03亿元，下降4.4%，降幅比上半年扩大1.4个百分点。粤东西北12个地市中，有5个市建筑业总产值负增长，其中，茂名下降11.5%，汕头下降7.8%，合计拉低粤东西北增速4.9个百分点。

表10-14　2023年前三季度全省建筑业总产值分市完成情况

地区	总产值（亿元）	同比增长（%）	比上半年增减（个百分点）	比上年同期增减（个百分点）
全省	16656.71	9.6	−0.3	1.4
广州	5680.07	9.8	1.3	2.9
深圳	4569.41	15.7	−1.8	0.6
珠海	924.61	7.1	−3.0	−3.1
汕头	479.48	−7.8	−3.3	1.8
佛山	741.42	12.3	0.3	−0.4
韶关	151.44	−0.9	−6.0	18.2
河源	109.46	10.1	0.1	4.0
梅州	250.43	1.4	2.6	9.7
惠州	427.35	29.0	0.8	3.0
汕尾	36.27	11.1	1.7	20.4
东莞	714.49	12.8	1.4	−5.2
中山	451.98	26.3	−0.6	0.4
江门	292.96	18.3	1.5	0.2
阳江	77.48	0.0	−0.8	9.3
湛江	548.37	−1.5	−5.0	1.2
茂名	744.56	−11.5	2.5	−11.7
肇庆	155.39	−1.0	10.7	−7.5
清远	131.06	−1.1	−3.1	−0.6
潮州	41.82	5.8	−7.4	−6.3
揭阳	62.39	1.7	−0.2	11.3
云浮	66.26	7.9	−11.1	3.9

第四，其他服务业持续恢复增长。

三季度，受暑假游、国产影片密集上映、游戏产品常态化供应等因素加持，服务消费持续回暖，广东服务业主要经济指标稳步增长。但受外部不稳定、不确定因素扰动，增幅出现小幅波动。前三季度，广东规模以上服务业企业实现营业收入31593.52亿元，同比增长7.8%，增幅比上年同期提高3.1个百分点，比今年上半年回落1.5个百分点。其中，重点行业企业实现营业收入21146.61亿元，增长6.0%，增幅比上半年回落1.0个百分点。

全省规模以上服务业10个行业门类中，仅卫生和社会工作行业负增长，其余9个行业均实现正增长。文化、体育和娱乐业延续高速增长态势，水利、环境和公共设施管理业，信息传输、软件和信息技术服务业增速回调，但保持较高增速，居民服务、修理和其他服务业，租赁和商务服务业，教育等行业稳步复苏，科学研究和技术服务业增幅回落，交通运输、仓储和邮政业小幅回升。

表10-15　2023年前三季度全省规模以上服务业分门类营业收入情况

门类	营业收入（亿元）	同比增长（%）	增幅比上半年增减（个百分点）	拉动GDP（个百分点）
总计	31593.52	7.8	−1.5	—
交通运输、仓储和邮政业	7904.94	0.4	0.3	0.11
信息传输、软件和信息技术服务业	11559.07	13.4	−4.2	4.66
房地产业（不含房地产开发）	2529.70	8.4	−2.2	0.67
租赁和商务服务业	5466.47	8.4	2.1	1.44
科学研究和技术服务业	2252.93	3.9	−2.5	0.29
水利、环境和公共设施管理业	379.18	15.0	−17.5	0.17
居民服务、修理和其他服务业	313.68	8.5	−2.8	0.08
教育	275.73	5.2	2.8	0.05
卫生和社会工作	460.66	−7.7	−2.6	−0.13
文化、体育和娱乐业	451.15	41.7	6.4	0.45

第五，交通运输业快速增长。

货运市场稳步恢复至2019年同期水平。前三季度，全省完成货运量

27.77亿吨，同比增长3.8%，增幅比上半年提高0.3个百分点，恢复至2019年同期水平的98.6%。完成货物周转量20576.53亿吨公里，增长4.4%，增幅比上半年回落0.3个百分点，为2019年同期水平的111.5%。

水路货运拉动作用凸显。前三季度，水路货运量7.67亿吨，货物周转量17951.93亿吨公里，分别增长7.7%、4.5%，增幅比上半年回落0.5个、0.4个百分点，拉动全省货运量、货物周转量增速2.1个、3.9个百分点。

铁路货运超过2019年同期水平。前三季度，铁路货运量7132.42万吨，增长3.1%；货物周转量272.72亿吨公里，增长2.7%，分别是2019年同期水平的1.36倍、1.45倍。

民航货运持续增长。前三季度，民航货运量185.37万吨，货物周转量72.04亿吨公里，分别增长11.3%、8.2%，增幅比上半年提高3.1个、2.9个百分点。

公路货运接近恢复2019年同期水平。前三季度，公路货运量18.31亿吨，货物周转量2067.10亿吨公里，分别增长2.3%、3.6%，增幅比上半年提高0.4个、0.2个百分点。公路货运量、货物周转量接近恢复到2019年同期水平，分别是2019年同期水平的91.0%、81.9%。

表10-16　2023年前三季度全省货物运输情况

指标	总量	总量为2019年同期水平（%）	同比增速（%）	增幅比上半年（个百分点）
货运量（万吨）	277695.52	98.6	3.8	0.3
铁路	7132.42	136.2	3.1	-0.1
公路	183078.54	91.0	2.3	0.4
水路	76677.26	111.7	7.7	-0.5
民航	185.37	124.4	11.3	3.1
管道	10621.93	160.9	4.4	3.2
货物周转量（亿吨公里）	20576.53	111.5	4.4	-0.3
铁路	272.72	144.9	2.7	0.8

（续表）

指标	总量	总量为2019年同期水平（%）	同比增速（%）	增幅比上半年（个百分点）
公路	2067.10	81.9	3.6	0.2
水路	17951.93	115.5	4.5	−0.4
民航	72.04	137.2	8.2	2.9
管道	212.74	138.9	5.3	1.0

客运需求持续释放结构优化。前三季度，客运需求持续释放，全省客运量6.16亿人，旅客周转量2629.72亿人公里，同比分别增长65.6%、100.4%。其中，铁路、航空恢复态势显著，客运量恢复至2019年同期水平。

铁路客运需求大幅增长。前三季度，铁路完成客运量、旅客周转量27426.53万人、788.05亿人公里，分别增长91.5%、81.5%，恢复至2019年同期的1.03倍、1.09倍。其中，高铁完成客运量、旅客周转量24089.51万人、610.05亿人公里，分别增长95.3%、82.4%，为2019年同期的1.11倍、1.27倍。

公路客运被分流，规模持续缩小。随着人民生活水平不断提高、城乡一体化快速推进等多重因素影响，自驾出行规模显著增加，营业性客运持续分流。前三季度，公路客运量、旅客周转量22393.29万人、184.06亿人公里，为2019年同期水平的33.3%、25.1%，分别增长25.9%、24.8%，增幅比全省平均水平低39.7个、75.6个百分点。

表10-17　2023年前三季度全省旅客运输情况

指标	总量	为2019年同期水平（%）	同比增速（%）	增幅比上半年（个百分点）
客运量（万人）	61578.38	58.7	65.6	−2.9
铁路	27426.53	103.7	91.5	−4.5
#高铁	24089.51	110.9	95.3	−5.3
公路	22393.29	33.3	25.9	−1.4

（续表）

指标	总量	为2019年同期水平（%）	同比增速（%）	增幅比上半年（个百分点）
水路	2148.98	123.0	260.5	−71.0
民航	9609.58	103.4	114.5	−15.2
旅客周转量（亿人公里）	2629.72	81.5	100.4	−7.0
铁路	788.05	109.2	81.5	−7.3
#高铁	610.05	126.7	82.4	−8.5
公路	184.06	25.1	24.8	0.9
水路	6.55	98.4	310.8	−69.7
民航	1651.06	93.6	126.5	−10.5

港口货运增势较好。前三季度，全省港口货物吞吐量16.32亿吨，增长8.2%，增幅比上半年提高0.7个百分点。其中，广州港、湛江港、深圳港分别完成货物吞吐量4.77亿吨、2.14亿吨、2.13亿吨，增长1.8%、13.1%、6.6%。

港口集装箱吞吐量实现正增长。前三季度，港口集装箱吞吐量5252.58万TEU，增长1.3%，比上半年提高2.7个百分点。其中，外贸集装箱吞吐量3223.29万TEU，下降1.3%，降幅比上半年收窄4.0个百分点；内贸集装箱吞吐量2029.30万TEU，增长5.5%，增幅比上半年提高0.3个百分点。从主要港口看，四大主要港口集装箱吞吐量增速分化，其中湛江港增长最快，增速5.3%，广州港增长2.7%，深圳港、汕头港分别下降1.0%、3.1%。

第六，金融业持续稳定增长。

前三季度，金融业实现增加值9489.96亿元，增长7.3%，对地区生产总值的贡献率达15.8%，拉动地区生产总值增长0.7个百分点。

货币金融服务方面，9月末金融机构本外币存款余额同比增长10.2%，比上半年回落1.4个百分点。增长最快的是住户存款，增速达14.5%，其中定期及其他存款增长23.8%，其次是非金融企业存款，增长9.8%，机关团体存款增长9.7%，财政性存款增长7.4%，比上半年提高37.5个百分点，提升幅度最大。贷款余额同比增长10.1%，比上半年回落0.5个百分点，其中企（事）业单位贷款增长13.5%，住户贷款增长5.8%，但非银行业金融机构贷款下降10.4%。

表10-18　2023年前三季度全省金融机构本外币存款余额

资金来源项目	本月余额（亿元）	同比增减（％）	上季同比增减（％）	比上季提高（个百分点）
各项存款	348062.93	10.2	11.6	−1.4
（一）境内存款	337409.56	10.4	11.7	−1.3
1.住户存款	125600.09	14.5	16.2	−1.7
（1）活期存款	55345.53	4.6	7.1	−2.5
（2）定期及其他存款	70254.56	23.8	24.9	−1.1
2.非金融企业存款	130737.10	9.8	11.7	−1.9
（1）活期存款	27510.52	−4.7	−2.3	−2.4
（2）定期及其他存款	103226.58	14.4	16.5	−2.1
3.机关团体存款	43521.38	9.7	10.6	−0.9
4.财政性存款	4248.14	7.4	−30.1	37.5
5.非银行业金融机构存款	33302.85	0.6	4.8	−4.2
（二）境外存款	10653.37	1.9	9.4	−7.5

表10-19　2023年前三季度全省金融机构本外币贷款余额

资金运用项目	本月余额（亿元）	同比增减（％）	上季同比增减（％）	比上季提高（个百分点）
各项贷款	269273.36	10.1	10.6	−0.5
（一）境内贷款	264844.54	10.2	10.8	−0.6
1.住户贷款	105353.24	5.8	6.0	−0.2
（1）短期贷款	16155.96	2.6	1.8	0.8
消费贷款	9558.80	0.7	−0.6	1.3
经营贷款	6597.16	5.5	5.5	0.0

（续表）

资金运用项目	本月余额（亿元）	同比增减（%）	上季同比增减（%）	比上季提高（个百分点）
（2）中长期贷款	89197.28	6.4	6.8	-0.4
消费贷款	67686.60	0.9	1.3	-0.4
经营贷款	21510.67	28.1	30.4	-2.3
2. 企（事）业单位贷款	159252.71	13.5	14.2	-0.7
（1）短期贷款	38627.98	9.5	8.6	0.9
（2）中长期贷款	104890.58	16.7	18.7	-2.0
（3）票据融资	12594.70	3.9	0.7	3.2
（4）融资租赁	2949.27	5.6	8.1	-2.5
（5）各项垫款	190.18	-37.4	-30.8	-6.6
3. 非银行业金融机构贷款	238.59	-10.4	-6.7	-3.7
（二）境外贷款	4428.82	1.0	-1.1	2.1

资本市场服务方面，前三季度，证券交易额增长4.1%，其中股票下降12.4%，比上半年低4.0个百分点；基金增长30.4%，比上半年回落17.0个百分点；债券增长10.6%，比上半年回落0.7个百分点。

表10-20　2023年前三季度全省证券交易额分类情况表

	增长（%）			比重（%）
	本季	上季	提高	本季
合计	4.1	6.0	-1.9	100.0
股票	-12.4	-8.4	-4.0	25.6
基金	30.4	47.4	-17.0	3.1
债券	10.6	11.3	-0.7	71.4

保险方面，前三季度，全省保费收入增长13.2%，比上半年回落2.8个百分点，珠三角、粤东、粤西、山区分别增长13.7%、11.1%、12.8%和7.1%，其中山区比上半年回落10.4个百分点，回落幅度较大。

表10-21　2023年前三季度全省保费收入及增速

	保费收入（亿元）	增长（%）	上季增长（%）	比上季提高
全省	5318.76	13.2	16.0	−2.8
珠三角	4571.76	13.7	15.5	−1.8
粤东	254.37	11.1	16.5	−5.4
粤西	246.92	12.8	18.2	−5.4
山区	245.71	7.1	17.5	−10.4

（二）第二象限：从地市区域板块看，"一核一带一区"呈现"一低一高一平"增长变化

分区域看，多数地市经济增速低于上半年，各经济板块此消彼长共同支撑全省GDP4.5%增长。

珠三角核心区对全省拉动作用降低。前三季度，珠三角核心区实现地区生产总值78146.53亿元，同比增长4.5%，与全省增速持平，比上半年回落0.5个百分点。占全省的比重为81.3%，对全省GDP增速贡献率为81.9%，低于上半年1.0个百分点；拉动全省GDP增长3.64个百分点，比上半年回落0.36个百分点。区域内有4个市GDP增速高于上半年。

沿海经济带发展稳中向好。上半年，沿海经济带实现地区生产总值12600.59亿元，同比增长4.4%，与上半年持平，仅低于全省增速0.1个百分点，对全省GDP增速的贡献率为13.0%，高于上半年1.1个百分点；拉动全省GDP增长0.58个百分点。

北部生态发展区对全省的贡献保持稳定。上半年，北部生态发展区实现地区生产总值5414.51亿元，同比增长4.0%，增幅比上半年回落0.5个百分点，低于全省增速0.5个百分点，占全省的比重为5.6%，对全省经济增长的贡献率为5.1%，略低于上半年0.1个百分点。

表10-22 2023年前三季度分市分区域GDP情况表

		2023年前三季度				2023年上半年			
		GDP（亿元）	增长（%）	占全国比重（%）	占广东比重（%）	GDP（亿元）	增长（%）	占全国比重（%）	占广东比重（%）
	全国	913027	5.2	100.0	—	593034	5.5	100.0	—
	广东	96161.63	4.5	10.5	—	62909.80	5.0	10.6	—
	各市合计	96161.63	4.4	10.5	100.0	62909.80	4.9	10.6	100.0
珠三角核心区	广州市	21769.84	4.2	2.4	22.6	14130.69	4.7	2.4	22.5
	深圳市	24468.25	5.4	2.7	25.4	16297.60	6.3	2.7	25.9
	珠海市	3004.90	3.6	0.3	3.1	2063.29	5.1	0.3	3.3
	佛山市	9270.56	4.9	1.0	9.6	6070.77	5.2	1.0	9.6
	惠州市	4014.72	5.3	0.4	4.2	2545.45	5.1	0.4	4.0
	东莞市	8118.72	2.0	0.9	8.4	5262.10	1.5	0.9	8.4
	中山市	2744.63	5.3	0.3	2.9	1811.38	5.5	0.3	2.9
	江门市	2810.29	5.3	0.3	2.9	1826.69	5.0	0.3	2.9
	肇庆市	1944.62	3.1	0.2	2.0	1194.66	2.9	0.2	1.9
	九市合计	78146.53	4.5	8.6	81.3	51202.63	5.0	8.6	81.4
沿海经济带	汕头市	2299.26	5.0	0.3	2.4	1491.56	5.2	0.3	2.4
	汕尾市	968.26	4.9	0.1	1.0	635.42	5.6	0.1	1.0
	潮州市	963.88	3.3	0.1	1.0	638.31	4.4	0.1	1.0
	揭阳市	1712.70	8.0	0.2	1.8	1120.02	7.6	0.2	1.8
	阳江市	1119.11	3.5	0.1	1.2	755.31	3.9	0.1	1.2
	湛江市	2696.36	3.4	0.3	2.8	1745.04	3.1	0.3	2.8
	茂名市	2841.01	3.4	0.3	3.0	1831.23	2.9	0.3	2.9
	七市合计	12600.59	4.4	1.4	13.1	8216.89	4.4	1.4	13.1
北部生态发展区	韶关市	1165.54	4.0	0.1	1.2	746.51	4.5	0.1	1.2
	河源市	936.40	4.5	0.1	1.0	612.59	5.0	0.1	1.0
	梅州市	990.36	5.0	0.1	1.0	638.02	5.3	0.1	1.0
	清远市	1487.87	3.2	0.2	1.5	957.36	3.6	0.2	1.5
	云浮市	834.34	3.3	0.1	0.9	535.79	4.3	0.1	0.9
	五市合计	5414.51	4.0	0.6	5.6	3490.28	4.5	0.6	5.5

对比全省平均水平，各市基础指标的长短板指标个数及权重如下。

表10-23　2023年前三季度各市41个基础指标与全省水平比较表[①]

地市	长板指标（比全省水平高）		短板指标（比全省水平低）		与全省水平一致	
	个数（个）	权重（%）	个数（个）	权重（%）	个数（个）	权重（%）
广州市	19	46.3	20	48.8	2	1.9
深圳市	21	59.8	19	37.5	1	0.0
珠海市	18	50.6	21	45.9	2	0.8
汕头市	14	51.0	25	42.9	2	0.0
佛山市	21	76.3	18	21.3	2	0.0
韶关市	11	61.2	27	33.1	3	0.1
河源市	15	61.1	22	31.8	4	0.0
梅州市	13	55.6	25	38.7	3	0.0
惠州市	21	77.0	17	17.1	3	2.9
汕尾市	23	65.4	15	29.4	3	0.0
东莞市	15	16.6	23	79.9	3	0.0
中山市	24	74.1	13	23.4	4	0.0
江门市	22	78.8	16	17.7	3	0.0
阳江市	16	23.4	21	72.3	4	0.1
湛江市	12	22.6	27	71.8	2	0.0
茂名市	13	23.5	23	42.9	5	29.5
肇庆市	13	18.1	24	78.6	4	0.0
清远市	9	20.4	29	74.5	3	0.0
潮州市	14	42.9	21	41.6	6	11.0
揭阳市	9	41.5	30	51.3	2	0.0
云浮市	10	26.5	27	68.5	4	0.0

① 本表仅就基础指标个数统计，影响GDP增速的主要因素是基础指标具体数值和权重。

以下将各市基础指标与全省水平进行对比，结合各指标权重和具体数值大小分析对各市GDP增速影响较大的指标因素。

广州：长板指标主要是批发业销售额、商品房销售面积、房地产从业人员工资总额、租赁和商务服务业工资总额等指标增速，这四项指标高于全省平均水平且影响较大，影响权重合计为19.2%，分别拉高本市经济增速0.39个、0.2个、0.09个和0.05个百分点。短板指标主要是规上制造业不变价增加值，信息传输、软件和信息技术服务业营业收入，金融机构存款余额和航空运输总周转量等指标增速，同比增长-1.8%、1.5%、9.9%和57.8%，分别低于全省平均水平4.4个、14.6个、1.9个和21个百分点，这四项指标对GDP增速的影响权重合计为27.6%，分别拉低本市经济增速0.76个、0.32个、0.07个和0.05个百分点。

深圳：长板指标主要是商品房销售面积，规上制造业不变价增加值，信息传输、软件和信息技术服务业营业收入和建筑安装工程投资额等指标增速，这四项指标高于全省平均水平且影响较大，影响权重合计为40.5%，分别拉高本市经济增速0.45个、0.24个、0.2个和0.13个百分点。短板指标主要是金融机构贷款余额、证券交易额、金融机构存款余额、科学研究和技术服务业营业收入等指标增速，同比增长9.1%、0.6%、10.8%和-1.5%，分别比全省平均水平低1.5个、3.5个、1个和5.4个百分点，这四项指标对GDP增速的影响权重合计为15.8%，分别拉低本市经济增速0.07个、0.06个、0.06个和0.04个百分点。

珠海：长板指标主要是规上制造业不变价增加值，金融机构贷款余额，科学研究和技术服务业工资总额和文化、体育和娱乐业营业收入等指标增速，这四项指标高于全省平均水平且影响较大，影响权重合计为39.3%，分别拉高本市经济增速1.24个、0.2个、0.13个和0.11个百分点。短板指标主要是商品房销售面积、建筑安装工程投资额、规下工业不变价增加值、批发业销售额等指标增速，同比增长-25.4%、-3.5%、-7.6%和

1.7%，分别低于全省平均水平18.5个、8.1个、11.8个和4.3个百分点，这四项指标对GDP增速的影响权重合计为13.8%，分别拉低本市经济增速0.6个、0.2个、0.19个和0.18个百分点。

汕头：长板指标主要是规上制造业不变价增加值、建筑安装工程投资额、邮政行业业务总量以及水利、环境和公共设施管理业工资总额等指标增速，这四项指标高于全省平均水平且影响较大，影响权重合计为31.6%，分别拉高本市经济增速1.31个、0.22个、0.07个和0.05个百分点。短板指标主要是注册地总专包企业总产值、批发业销售额、农林牧渔业可比价总产值、金融机构贷款余额等指标增速，同比增长-7.8%、0.9%、3.6%和7.6%，分别比全省平均水平低17.4个、5.1个、1.4个和3个百分点，这四项指标对GDP增速的影响权重合计为13.9%，分别拉低本市经济增速0.55个、0.18个、0.06个和0.03个百分点。

佛山：长板指标主要是规上制造业不变价增加值，金融机构存款余额，公共管理、社会保障和社会组织工资总额，卫生和社会工作工资总额等指标增速，这四项指标高于全省平均水平且影响较大，影响权重合计为52.6%，分别拉高本市经济增速1.35个、0.19个、0.04个和0.03个百分点。短板指标主要是商品房销售面积、批发业销售额、零售业销售额、电信业务总量等指标增速，同比增长-27.6%、1.9%、1.5%和6.4%，分别低于全省平均水平20.7个、4.1个、3.8个和8.7个百分点，这四项指标对GDP增速的影响权重合计为11.6%，分别拉低本市经济增速0.42个、0.17个、0.09个和0.05个百分点。

韶关：长板指标主要是互联网和相关服务业营业收入，规上制造业不变价增加值，卫生和社会工作工资总额，公共管理、社会保障和社会组织工资总额等指标增速，这四项指标高于全省平均水平且影响较大，影响权重合计为37.2%，分别拉高本市经济增速0.25个、0.19个、0.15个和0.15个百分点。短板指标主要是注册地总专包企业总产值、建筑安装工程投资额、规上采矿业不变价增加值、规下工业不变价增加值等指标增速，同比增长-0.9%、-4.1%、-8.5%和-1.9%，分别比全省平均水平低10.5个、8.7个、8.4个和6.1个百分点，这四项指标对GDP增速的影响权重合计为9.8%，分别拉低本市经济增速0.25个、0.22个、0.17个和0.14个百分点。

河源：长板指标主要是规上制造业不变价增加值，规上采矿业不变价增加值，建筑安装工程投资额，公共管理、社会保障和社会组织工资总额等指标增速，这四项指标高于全省平均水平且影响较大，影响权重合计为36%，分别拉高本市经济增速0.5个、0.29个、0.13个和0.1个百分点。短板指标主要是零售业销售额、金融机构贷款余额、批发业销售额、规上电力热力燃气及水的生产和供应业不变价增加值等指标增速，同比增长1%、4.9%、-0.9%和2.5%，分别低于全省平均水平4.3个、5.7个、6.9个和7.9个百分点，这四项指标对GDP增速的影响权重合计为15.8%，分别拉低本市经济增速0.31个、0.15个、0.15个和0.15个百分点。

梅州：长板指标主要是规上制造业不变价增加值，农林牧渔业可比价总产值，商品房销售面积，公共管理、社会保障和社会组织工资总额等指标增速，这四项指标高于全省平均水平且影响较大，影响权重合计为45.5%，分别拉高本市经济增速0.5个、0.17个、0.13个和0.11个百分点。短板指标主要是注册地总专包企业总产值、批发业销售额、规下工业不变价增加值、证券交易额等指标增速，同比增长1.4%、1.6%、1.9%和-21.8%，分别比全省平均水平低8.2个、4.4个、2.3个和25.9个百分点，这四项指标对GDP增速的影响权重合计为10.7%，分别拉低本市经济增速0.29个、0.1个、0.08个和0.06个百分点。

惠州：长板指标主要是注册地总专包企业总产值、批发业销售额、规上制造业不变价增加值、科学研究和技术服务业营业收入等指标增速，这四项指标高于全省平均水平且影响较大，影响权重合计为45.9%，分别拉高本市经济增速0.47个、0.43个、0.22个和0.15个百分点。短板指标主要是房地产从业人员工资总额、零售业销售额、租赁和商务服务业工资总额、租赁和商务服务业营业收入等指标增速，同比增长-11.4%、3.5%、5.9%和6%，分别低于全省平均水平11.2个、1.8个、2.6个和2.4个百分点，这四项指标对GDP增速的影响权重合计为6.7%，分别拉低本市经济增速0.09个、0.06个、0.02个和0.01个百分点。

汕尾： 长板指标主要是水路运输总周转量、规下工业不变价增加值、农林牧渔业可比价总产值、金融机构贷款余额等指标增速，这四项指标高于全省平均水平且影响较大，影响权重合计为28.3%，分别拉高本市经济增速1.88个、0.71个、0.23个和0.21个百分点。短板指标主要是规上制造业不变价增加值、规上电力热力燃气及水的生产和供应业不变价增加值、建筑安装工程投资额、金融机构存款余额等指标增速，同比增长-14.1%、0.6%、0.5%和6.8%，分别比全省平均水平低16.7个、9.8个、4.1个和5个百分点，这四项指标对GDP增速的影响权重合计为24.4%，分别拉低本市经济增速2.51个、0.22个、0.11个和0.1个百分点。

东莞： 长板指标主要是信息传输、软件和信息技术服务业营业收入，金融机构存款余额，金融机构贷款余额，注册地总专包企业总产值等指标增速，这四项指标高于全省平均水平且影响较大，影响权重合计为8.6%，分别拉高本市经济增速0.34个、0.17个、0.04个和0.03个百分点。短板指标主要是规上制造业不变价增加值、批发业销售额、商品房销售面积、零售业销售额等指标增速，同比增长-4.2%、-6.5%、-17.5%和2.2%，分别低于全省平均水平6.8个、12.5个、10.6个和3.1个百分点，这四项指标对GDP增速的影响权重合计为53%，分别拉低本市经济增速2.66个、0.37个、0.18个和0.1个百分点。

中山： 长板指标主要是规上制造业不变价增加值、规下工业不变价增加值、注册地总专包企业总产值、金融机构存款余额等指标增速，这四项指标高于全省平均水平且影响较大，影响权重合计为49.7%，分别拉高本市经济增速0.97个、0.46个、0.23个和0.08个百分点。短板指标主要是零售业销售额、商品房销售面积、规上电力热力燃气及水的生产和供应业不变价增加值、租赁和商务服务业营业收入等指标增速，同比增长1.5%、-9.7%、6.3%和5.1%，分别比全省平均水平低3.8个、2.8个、4.1个和3.3个百分点，这四项指标对GDP增速的影响权重合计为15%，分别拉低本市经济增速0.25个、0.1个、0.07个和0.03个百分点。

江门：长板指标主要是规上制造业不变价增加值、规下工业不变价增加值、注册地总专包企业总产值、农林牧渔业可比价总产值等指标增速，这四项指标高于全省平均水平且影响较大，影响权重合计为48%，分别拉高本市经济增速0.55个、0.24个、0.23个和0.12个百分点。短板指标主要是批发业销售额、零售业销售额、金融机构贷款余额、租赁和商务服务业工资总额等指标增速，同比增长-11.1%、0.3%、8.8%和7%，分别低于全省平均水平17.1个、5个、1.8个和1.5个百分点，这四项指标对GDP增速的影响权重合计为11%，分别拉低本市经济增速0.3个、0.15个、0.05个和0.02个百分点。

阳江：长板指标主要是建筑安装工程投资额、邮政行业业务总量、公路运输总周转量、保费收入等指标增速，这四项指标高于全省平均水平且影响较大，影响权重合计为4.6%，分别拉高本市经济增速0.22个、0.15个、0.1个和0.08个百分点。短板指标主要是规上电力热力燃气及水的生产和供应业不变价增加值、农林牧渔业可比价总产值、规下工业不变价增加值、零售业销售额等指标增速，同比增长2.7%、1.5%、-2.1%和1.1%，分别比全省平均水平低7.7个、3.5个、6.3个和4.2个百分点，这四项指标对GDP增速的影响权重合计为43%，分别拉低本市经济增速0.8个、0.64个、0.37个和0.27个百分点。

湛江：长板指标主要是商品房销售面积、金融机构贷款余额、教育业工资总额、零售业销售额等指标增速，这四项指标高于全省平均水平且影响较大，影响权重合计为14.4%，分别拉高本市经济增速0.14个、0.1个、0.05个和0.05个百分点。短板指标主要是规上制造业不变价增加值、注册地总专包企业总产值、公路运输总周转量、金融机构存款余额等指标增速，同比增长0.7%、−1.5%、−6.1%和6.1%，分别低于全省平均水平1.9个、11.1个、10个和5.7个百分点，这四项指标对GDP增速的影响权重合计为27%，分别拉低本市经济增速0.32个、0.32个、0.17个和0.14个百分点。

茂名：长板指标主要是规上制造业不变价增加值、商品房销售面积、租赁和商务服务业工资总额、居民服务修理和其他服务业营业收入等指标增速，这四项指标高于全省平均水平且影响较大，影响权重合计为17%，分别拉高本市经济增速0.18个、0.05个、0.03个和0.03个百分点。短板指标主要是注册地总专包企业总产值、批发业销售额、建筑安装工程投资额、金融机构存款余额等指标增速，同比增长−11.5%、−10.2%、−2.2%和8.6%，分别比全省平均水平低21.1个、16.2个、6.8个和3.2个百分点，这四项指标对GDP增速的影响权重合计为14.2%，分别拉低本市经济增速0.77个、0.57个、0.26个和0.05个百分点。

肇庆：长板指标主要是批发业销售额，公共管理、社会保障和社会组织工资总额，邮政行业业务总量，装卸搬运和仓储业营业收入等指标增速，这四项指标高于全省平均水平且影响较大，影响权重合计为10.3%，分别拉高本市经济增速0.2个、0.03个、0.03个和0.03个百分点。短板指标主要是规上制造业不变价增加值、建筑安装工程投资额、规下工业不变价增加值、注册地总专包企业总产值等指标增速，同比增长1%、−12%、−0.3%和−1%，分别低于全省平均水平1.6个、16.6个、4.5个和10.6个百分点，这四项指标对GDP增速的影响权重合计为39.6%，分别拉低本市经济增速0.42个、0.37个、0.26个和0.23个百分点。

清远：长板指标主要是农林牧渔业可比价总产值、规上采矿业不变价增加值、租赁和商务服务业工资总额、科学研究和技术服务业工资总额等指标增速，这四项指标高于全省平均水平且影响较大，影响权重合计为18.1%，分别拉高本市经济增速0.15个、0.08个、0.03个和0.02个百分点。短板指标主要是规下工业不变价增加值、零售业销售额、规上电力热力燃气及水的生产和供应业不变价增加值、注册地总专包企业总产值等指标增速，同比增长-12.1%、-0.3%、4.4%和-1%，分别比全省平均水平低16.3个、5.6个、6个和10.6个百分点，这四项指标对GDP增速的影响权重合计为13.7%，分别拉低本市经济增速0.57个、0.23个、0.2个和0.18个百分点。

潮州： 长板指标主要是规下工业不变价增加值、零售业销售额、邮政行业业务总量、商品房销售面积等指标增速，这四项指标高于全省平均水平且影响较大，影响权重合计为29.8%，分别拉高本市经济增速0.81个、0.17个、0.08个和0.08个百分点。短板指标主要是规上制造业不变价增加值、批发业销售额、建筑安装工程投资额、教育业工资总额等指标增速，同比增长-6.8%、-4.7%、-5%和-0.7%，分别低于全省平均水平9.4个、10.7个、9.6个和4.8个百分点，这四项指标对GDP增速的影响权重合计为28.9%，分别拉低本市经济增速1.59个、0.27个、0.14个和0.13个百分点。

揭阳： 长板指标主要是规上制造业不变价增加值，公共管理、社会保障和社会组织工资总额，商品房销售面积，水路运输总周转量等指标增速，这四项指标高于全省平均水平且影响较大，影响权重合计为29.3%，分别拉高本市经济增速4.72个、0.07个、0.03个和0.02个百分点。短板指标主要是规下工业不变价增加值、建筑安装工程投资额、批发业销售额、注册地总专包企业总产值等指标增速，同比增长0.7%、-16.9%、2.8%和1.7%，分别比全省平均水平低3.5个、21.5个、3.2个和7.9个百分点，这四项指标对GDP增速的影响权重合计为16.6%，分别拉低本市经济增速0.28个、0.28个、0.14个和0.1个百分点。

云浮： 长板指标主要是水利、环境和公共设施管理业工资总额，规下工业不变价增加值，规上电力热力燃气及水的生产和供应业不变价增加值，教育业工资总额等指标增速，这四项指标高于全省平均水平且影响较大，影响权重合计为16.6%，分别拉高本市经济增速0.06个、0.05个、0.05个和0.03个百分点。短板指标主要是规上采矿业不变价增加值、公路运输总周转量、商品房销售面积、零售业销售额等指标增速，同比增长-19.8%、-6.6%、-14.6%和3.1%，分别低于全省平均水平19.7个、10.5个、7.7个和2.2个百分点，这四项指标对GDP增速的影响权重合计为11%，分别拉低本市经济增速0.26个、0.17个、0.12个和0.11个百分点。

（三）第三象限：从"三驾马车"看，消费、投资和进出口贡献为48：28：24

前三季度，测算广东最终消费支出、资本形成总额、货物和服务净流出对GDP增长的贡献率分别为48.1%、28.2%和23.7%，拉动GDP增长2.2个、1.3个和1.0个百分点。

表10-24　2023年前三季度广东"三驾马车"对GDP贡献率和拉动率

	本年构成（%）			贡献率（%）			拉动率（%）		
	2023年		2022年	2023年		2022年	2023年		2022年
	前三季度	上半年	前三季度	前三季度	上半年	前三季度	前三季度	上半年	前三季度
GDP	100.0	100.0	100.0	100.0	100.0	100.0	4.5	5.0	2.3
一、最终消费支出	52.0	52.8	52.1	48.1	54.7	57.0	2.2	2.7	1.3
二、资本形成总额	42.6	43.1	43.2	28.2	32.5	-9.2	1.3	1.6	-0.2
三、货物和服务净流出	5.4	4.1	4.7	23.7	12.7	52.2	1.0	0.6	1.2

第一，消费市场稳中趋缓。

广东社会消费品零售总额增速在二季度实现较快增长，三季度以来，随着上年同期基数逐渐抬升，增速稳中趋缓，总体呈前高后稳态势。测算最终消费支出贡献率为48.1%，相比上半年和上年同期均有所下降，降幅分别为6.7个、8.9个百分点，拉动率为2.2%。前三季度，全省实现社会消费品零售总额35137.05亿元，同比增长5.4%，较上半年回落2.0个百分点，较一季度月提高0.3个百分点。从月度数据看，9月当月，全省社会消费品零售总额4101.83亿元，增长3.2%，增速较8月提高2.0个百分点，增速连续两个月回升，回升势头明显。

按消费形态分，全省商品零售额30916.34亿元，增长3.4%，增速较上半年回落1.6个百分点，较一季度加快1.0个百分点；餐饮收入4220.71亿元，增长23.7%，回落5.1个、7.7个百分点。餐饮收入增速较商品零售额增速高20.3个百分点。

前三季度，全省限额以上单位18类主要零售商品类别中，13类商品零售额同比保持增长，5类商品零售额增速高于上半年，9类商品零售额增速高于一季度。

表10-25　2023年前三季度全省主要商品类值零售增速变动表

类别	前三季度		上半年增速（%）	增速与上半年比较（个百分点）
	零售额（亿元）	增速（%）		
商品零售	30916.34	3.4	5.0	1.6
其中：限额以上单位商品零售	12576.21	1.3	2.9	−1.6
1. 粮油、食品类	1201.32	10.4	10.8	−0.4
2. 饮料类	214.27	2.1	−1.2	3.3
3. 烟酒类	313.66	13.7	14.7	−1.0
4. 服装、鞋帽、针纺织品类	685.12	8.6	10.0	−1.4
其中：服装类	502.44	11.0	13.3	−2.3
5. 化妆品类	334.99	14.3	14.3	0.0

（续表）

类别	前三季度		上半年增速（%）	增速与上半年比较（个百分点）
	零售额（亿元）	增速（%）		
6. 金银珠宝类	281.05	1.5	5.9	−4.4
7. 日用品类	688.33	2.5	4.9	−2.4
8. 体育、娱乐用品类	124.38	9.0	5.9	3.1
9. 书报杂志类	60.69	2.9	6.6	−3.7
10. 家用电器和音像器材类	729.19	1.4	0.2	1.2
11. 中西药品类	619.22	5.2	7.8	−2.6
12. 文化办公用品类	382.71	−4.3	−4.8	0.5
13. 家具类	117.26	5.3	6.9	−1.6
14. 通讯器材类	793.31	14.9	14.8	0.1
15. 石油及制品类	1773.29	−1.9	0.0	−1.9
16. 建筑及装潢材料类	41.18	−13.3	−12.0	−1.3
17. 汽车类	3973.79	−5.7	−2.9	−2.8
其中：新能源汽车	1250.73	27.6	41.3	−13.7
18. 五金、电料类	19.64	−25.8	−25.7	−0.1

优势方面：

一是基本生活类商品零售保持快速增长。前三季度，全省限额以上粮油、食品类，饮料类，烟酒类，服装、鞋帽、针纺织品类商品零售额同比分别增长10.4%、2.1%、13.7%、8.6%，增速分别较1—8月提高0.7个、2.7个、1.7个、0.4个百分点，共拉动全省限额以上单位商品零售额增长1.7个百分点，拉动作用较1—8月提升0.2个百分点，其中饮料类零售额增速较上半年加快3.3个百分点。

二是通讯器材类商品增势良好，家用电器和音像器材类商品小幅提升。三季度以来，随着苹果iPhone15、华为Mate60、荣耀V Purse等新机上市，叠加消费补贴带动作用，通讯器材类和家用电器类商品需求持续释放。前三季度，全省限额以上单位通讯器材类商品实现零售额793.31亿元，同比增长14.9%，增幅较1—8月提高1.1个百分点，较上半年提高0.1个百分点，拉动限额以上单位零售额增长0.8个百分点。家用电器和音像器材类零售额同比增长1.4%，较上半年加快1.2个百分点，拉动限额以上单位零售额增长0.1个百分点，拉动作用比上半年提高0.1个百分点。

三是住宿餐饮业保持较高增速。今年以来，商务活动迅速恢复，居民旅游出行热情高涨，文旅热点层出不穷，住宿餐饮业营业额保持较高增速，但进入三季度以来受同期基数走高影响，增速有所放缓。前三季度，全省餐饮业实现营业额3465.88亿元，同比增长12.9%，较上半年回落1.0个百分点；住宿业营业额576.42亿元，增长18.1%，回落9.3个百分点。前三季度，餐饮收入增长23.7%，拉动社会消费品零售总额增长2.4个百分点。

四是线上消费保持两位数增长。前三季度，在各大电商平台促销活动的影响下，全省限额以上单位通过公共网络实现商品零售同比增长14.8%，增速比限额以上单位商品零售快13.5个百分点，拉动限额以上单位商品零售额增长4.7个百分点。通过公共网络实现商品零售额占限额以上单位商品零售额总量的36.0%，较上年同期提高4.3个百分点。网上零售继续发挥着较强的消费拉动作用。

劣势方面：

一是汽车类商品零售同比下降，拉低社会消费品零售总额增速。前三季度，全省限额以上单位汽车类商品零售额3973.79亿元，同比下降5.7%，降幅较1—8月、上半年分别扩大0.3个、2.8个百分点；拉低全省限额以上单位商品零售额增速1.9个百分点，拉低作用扩大0.1个、1.0个百分点。新能源汽车增速回落明显。前三季度，新能源汽车增长27.6%，增速较1—8月、上半年分别回落5.2个、13.7个百分点，拉动全省限额以上单位商品零售额增长2.2个百分点，拉动作用分别减弱0.2个、0.7个百分点。

从当月数据看，新能源汽车增速自5月以来持续回落，9月当月增速降至1.4%，创今年来新低。燃油车降幅继续扩大，前三季度，燃油汽车下降15.7%，降幅较上半年扩大0.7个百分点，拉低全省限额以上单位商品零售额增速4.1个百分点，拉低作用较上半年扩大0.2个百分点。

二是石油及其制品类商品增速回落明显。前三季度，全省限额以上单位石油及其制品类商品实现零售额1773.29亿元，同比下降1.9%，增速较1—8月、上半年分别回落0.3个、1.9个百分点，拉低全省限额以上单位商品零售额增速0.3个百分点，拉低作用分别扩大0.1个、0.3个百分点。9月当月，全省石油及其制品类商品零售额下降4.0%，降幅较上月扩大1.7个百分点，拉低当月全省限额以上单位商品零售额增速0.6个百分点，拉低作用较上月扩大0.2个百分点。

三是超六成主要商品类别增速有所回落。前三季度，受上年基数影响，全省限额以上单位18类主要零售商品类别中，12类商品零售增速低于上半年。限额以上单位金银珠宝类，日用品类，书报杂志类，中西药品类，家具类，建筑及装潢材料类，五金、电料类商品零售额增速分别为1.5%、2.5%、2.9%、5.2%、5.3%、-13.3%和-25.8%，较上半年分别回落4.4个、2.4个、3.7个、2.6个、1.6个、1.3个和0.1个百分点，合计拉动限额以上单位商品零售额增速0.4个百分点，拉动作用较上半年减弱0.4个百分点。

分市方面：

21个地市社会消费品零售总额同比增长，但增速回落。前三季度，21个地市社会消费品零售额同比均实现增长，深圳（7.9%）、广州（6.4%）、湛江（6.1%）三市增速高于全省，其中湛江市增速今年首次高于全省平均水平。与上半年相比，各地市增速均有不同程度回落。其中，深圳、中山、广州、珠海、韶关分别回落3.6个、2.8个、2.3个、2.2个、2.1个百分点，回落幅度大于全省。

表10-26　2023年前三季度全省各市社会消费品零售总额及增速情况

地市	前三季度		上半年增速（％）	增速与上半年比较（个百分点）
	社会消费品零售总额（亿元）	增速（％）		
全省总计	35137.05	5.4	7.4	−2.0
广州市	8237.54	6.4	8.7	−2.3
深圳市	7646.98	7.9	11.5	−3.6
珠海市	814.96	3.3	5.5	−2.2
汕头市	1168.27	3.5	3.8	−0.3
佛山市	2817.64	2.6	3.5	−0.9
韶关市	366.81	2.1	4.2	−2.1
河源市	289.86	2.1	3.8	−1.7
梅州市	495.53	4.0	4.8	−0.8
惠州市	1578.81	4.4	6.2	−1.8
汕尾市	364.54	3.4	4.9	−1.5
东莞市	3211.70	2.7	3.5	−0.8
中山市	1240.04	2.4	5.2	−2.8
江门市	1009.22	2.2	3.9	−1.7
阳江市	373.59	1.1	2.6	−1.5
湛江市	1422.58	6.1	6.2	−0.1
茂名市	1176.98	4.8	5.5	−0.7
肇庆市	879.85	4.2	5.0	−0.8
清远市	446.47	2.5	3.1	−0.6
潮州市	373.78	3.6	4.2	−0.6
揭阳市	787.20	3.2	5.0	−1.8
云浮市	287.75	2.8	3.8	−1.0

第二，固定资产投资增速回落。

前三季度，全省固定资产投资31986.10亿元，比上年同期增长3.1%，增速比上半年回落1.3个百分点，比7月、8月累计增速分别回落0.8个、0.3

个百分点，回落幅度逐步减小。经测算，资本形成总额对一至三季度GDP增长的贡献率为28.2%，比上半年低4.3个百分点，拉动率为1.3%。其中，项目投资21702.19亿元，增长9.4%，拉动全部投资增长6.1个百分点。与东部主要省份相比，广东固定资产投资增速分别低于江苏、浙江、山东2.6个、5.4个、2.4个百分点。

表10-27　2023年前三季度粤苏鲁浙投资增速情况

地区	固定资产投资增速			房地产开发投资增速		
	三季度增速（%）	上半年增速（%）	增减变化（个百分点）	三季度增速（%）	上半年增速（%）	增减变化（个百分点）
广东	3.1	4.4	−1.3	−8.4	−7.4	−1.0
江苏	5.7	5.5	0.2	−3.4	−2.3	−1.1
山东	5.5	5.5	0.0	−7.4	−4.9	−2.5
浙江	8.5	9.0	−0.5	1.7	1.6	0.1

分领域看，制造业投资保持两位数增长，拉动作用最为显著。全省制造业投资增长20.0%，增速比上半年加快1.8个百分点，拉动全部投资增长4.2个百分点，拉动力比上半年提高0.4个百分点；基础设施投资增长6.0%，增速回落4.8个百分点，拉动全部投资增长1.6个百分点，拉动力下降1.1个百分点；房地产开发投资下降8.4%，降幅扩大1.0个百分点，拉低全部投资增速3.0个百分点。

分产业看，二产投资规模持续扩大，投资结构不断优化。全省第一产业投资175.29亿元，增速由升转降，下降0.4%；第二产业投资10475.37亿元，增长24.0%，拉动全部投资增长6.5个百分点，拉动力比上半年提高0.3个百分点；第三产业投资21335.44亿元，下降4.9%，拉低全部投资增速3.4个百分点，拉低幅度比上半年扩大1.6个百分点。三次产业投资结构由上年同期的0.5∶26.7∶72.8优化为0.5∶32.7∶66.7，第二产业投资比重提高6.0个百分点。

表10-28　2023年前三季度全省分产业分领域投资情况

分类	投资额（亿元）	同比增速（％）	增速比上半年增减（个百分点）	占全省投资比重（％）	拉动全省投资增长（个百分点）
固定资产投资	31986.10	3.1	−1.3	100.0	3.1
分产业					
第一产业	175.29	−0.4	−8.7	0.5	0.0
第二产业	10475.37	24.0	0.8	32.7	6.5
第三产业	21335.44	−4.9	−2.2	66.7	−3.4
分领域					
制造业投资	7784.17	20.0	1.8	24.3	4.2
基础设施投资	8562.72	6.0	−4.8	26.8	1.6
房地产开发投资	10283.91	−8.4	−1.0	32.2	−3.0
社会领域投资	1705.01	−3.1	0.3	5.3	−0.2

实物工作量支撑整体投资增长。分构成看，反映实物工作量的建筑安装工程（占比六成）和设备工器具购置（占比仅一成）投资分别增长4.6%和8.5%，分别拉动全部投资增长2.8个、0.9个百分点。其他费用投资（占比近三成）下降2.2%，拉低全部投资增速0.6个百分点，其中，建设用地费投资下降4.4%，降幅扩大1.8个百分点，拉低全部投资增速1.0个百分点。若剔除房地产开发项目，建安工程、设备工器具购置和其他费用投资均保持增长，分别增长10.6%、9.0%和5.9%。

重大项目稳步推进。前三季度，全省计划总投资10亿元及以上在建项目（不含房地产开发，下同）3114个，比上年同期增加407个；投资同比增长10.9%，增速比上半年加快0.1个百分点，拉动全部项目投资增长5.4个百分点，对全省投资增长的贡献率达115.3%，比上半年提高35.9个百分点。分领域看，重大制造业项目投资增长28.3%，增速加快7.8个百分点，一批大型炼化项目正在加速建设，包括投资679亿元的巴斯夫（广东）一体化基地项目、投资521亿元的中海壳牌惠州三期乙烯项目、投资338亿元的埃克森美孚惠州乙烯一期项目等；重大基础设施项目投资增长5.6%，比全部基础设施投资增速略慢0.4个百分点。重大水利工程加快实施，投资606亿元的环北部湾广东水资源配置工程启动盾构施工，投资354亿元的珠江三角洲水资源配置工程进入冲刺阶段，预计年底通水。

分门类看，采矿业投资增长88.1%，拉动工业投资增长2.5个百分点。其中，石油和天然气开采业投资增长12.2%，中海石油本年新入库7个开发项目，完成投资合计近120亿元；恩平15-1及10-2及15-2及20-4油田群联合开发项目中部分油田投产，本年完成投资减少30亿元；非金属矿采选业投资增长234.9%，拉动采矿业投资增长79.6个百分点，中电建集团在建矿采项目7个，包括5个花岗岩矿和2个海沙采矿项目，本年完成投资合计157亿元，占全部非金属矿采选业投资比重66.8%。制造业投资拉动工业投资增长15.4个百分点，拉动力比上半年提升1.3个百分点。投资体量排前20位的行业中，13个行业投资增速比上半年加快，其中，纺织服装服饰业投资增长12.4%，加快12.2个百分点；造纸和纸制品业投资增长8.7%，加快12.8个百分点。三大支柱行业中，汽车制造业、电气机械和器材制造业投资增速均加快，计算机通信和其他电子设备制造业投资增速略有回落。汽车制造业、电气机械和器材制造业投资分别增长38.1%和24.9%，分别加快3.1个和4.1个百分点；计算机通信和其他电子设备制造业投资增长20.0%，回落0.2个百分点。三大支柱行业合计完成投资占全部制造业投资的42.7%，拉动制造业投资增长9.6个百分点，拉动力比上半年增加0.6个百分点。其他拉动较大的行业有通用设备制造业增长42.9%，拉动制造业投资增长1.9个百分点；专用设备制造业增长27.4%，拉动制造业投资增长1.9个百分点；化学原料和化学制品制造业增长22.5%，拉动制造业投资增长1.6个百分点。深圳市鹏芯微集成电路制造有限公司集成电路制造线本年完成投资近120亿元，巴斯夫（广东）一体化项目本年完成投资近96亿元，埃克森美孚惠州乙烯一期项目本年完成投资77亿元。

表10-29　2023年前三季度全省拉动较大的工业行业投资情况

行业	同比增长（%）			拉动工业增长（%）	占工业投资比重（%）
	前三季度	上半年	增速变动（个百分点）		
工业	23.9	23.2	0.7	23.9	100.0
采矿业	88.1	121.6	−33.5	2.5	4.4
石油和天然气开采业	12.2	26.5	−14.3	0.2	1.7
非金属矿采选业	234.9	331.9	−97.0	2.3	2.6
制造业	20.0	18.2	1.8	15.4	74.4
石油、煤炭及其他燃料加工业	−73.4	−75.5	2.1	−1.7	0.5
化学原料和化学制品制造业	22.5	30.5	−8.0	1.3	5.6
通用设备制造业	42.9	41.8	1.1	1.4	3.9
专用设备制造业	27.4	30.3	−2.9	1.4	5.4
汽车制造业	38.1	35.0	3.1	1.3	3.9
电气机械和器材制造业	24.9	20.8	4.1	1.9	7.9
计算机通信和其他电子设备制造业	20.0	20.2	−0.2	4.1	19.9
电力、热力、燃气及水的生产和供应业	29.2	29.5	−0.3	5.9	21.2
电力、热力生产和供应业	31.8	30.9	0.9	4.7	15.6
水的生产和供应业	14.1	16.3	−2.2	0.6	4.1

房地产开发投资持续下降。前三季度，全省房地产开发投资10283.91亿元，同比下降8.4%，降幅比上半年扩大1.0个百分点，比1—7月、1—8月分别扩大0.6个、0.3个百分点，与历史同期数对比，前三季度完成投资额为近六年最低值。

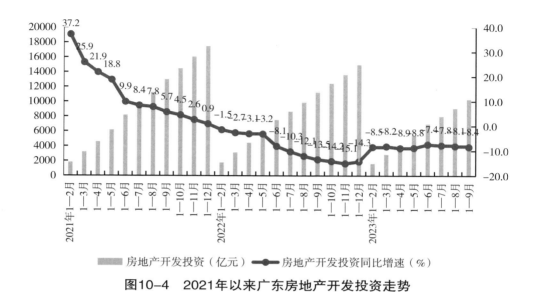

图10-4　2021年以来广东房地产开发投资走势

基础设施投资保持增长。前三季度，全省基础设施投资8562.72亿元，同比增长6.0%，增速比上半年回落4.8个百分点，比全部投资增速高2.9个百分点，拉动全部投资增长1.6个百分点。

分行业看，电力、热力生产和供应业投资持续强劲，铁路运输业投资支撑稳定。今年以来，广东牢牢把握碳达峰、碳中和战略机遇，大力发展清洁能源。前三季度，电力、热力生产和供应业投资增长31.8%，增速比上半年加快0.9个百分点，拉动基础设施投资增长4.9个百分点，拉动力提高0.1个百分点。其中，清洁能源投资增长37.6%。风力发电投资增长29.9%，加快21.5个百分点，拉动清洁能源投资增长10.0个百分点，粤东、粤西两个千万千瓦级海上风电基地加速形成，粤电阳江青洲一、二、四海上风电场项目本年完成投资合计113亿元。太阳能发电投资增长57.7%，拉动清洁能源投资增长21.3个百分点，广东华电福新四会2吉瓦（GW）新能源示范基地项目，本年完成投资近14亿元；核力发电投资增长58.5%，拉动清洁能源投资增长10.5个百分点，廉江核电项目一期、太平岭核电厂一期、陆丰核电56号机组等工程进展顺利。铁路运输业投资增长10.6%，比上半年略微回落0.1个百分点，拉动基础设施投资增长0.6个百分点。深圳至江门铁路、广州东至花都天贵城际等工程加速推进，本年完成投资分别增长667.4%和117.4%，合计拉动全部铁路运输业投资增长9.9个百分点。但同时，广州至湛江铁路较去年同期减少投资近45亿元，广州至汕尾高铁通车，本年完成投资减少3亿元，合计拉低全部铁路运输业投资增速10.1个百分点。

表10-30　2023年前三季度全省按行业分基础设施投资情况

行业	同比增长（%）			拉动基础设施投资增长（个百分点）	占基础设施投资比重（%）
	前三季度	上半年	增速变动（个百分点）		
基础设施	6.0	10.8	−4.8	6.0	100.0
电力、热力生产和供应业	31.8	30.9	0.9	4.9	19.1
燃气生产和供应业	53.4	61.4	−8.0	0.7	1.8
水的生产和供应业	14.1	16.3	−2.2	0.7	5.0
铁路运输业	10.6	10.7	−0.1	0.6	6.2
道路运输业	−5.8	−1.1	−4.7	−1.5	22.7
航空运输业	11.7	33.1	−21.4	0.3	2.5
水利管理业	3.8	12.0	−8.2	0.1	3.3
公共设施管理业	1.2	8.4	−7.2	0.4	32.6

新动能投资增速良好。高技术、先进制造业投资保持快速增长。前三季度，全省高技术制造业投资同比增长21.4%，比上半年加快0.1个百分点。其中，电子及通信设备制造业投资增长18.7%，医药制造业投资增长34.5%，医疗仪器设备及仪器仪表制造业投资增长17.9%。先进制造业投资增长18.8%，其中，装备制造业投资增长23.9%，象山科技园完成投资近80亿元，深圳鹏新旭集成电路生产基地完成投资68亿元。

区域投资增速差距扩大。前三季度，珠三角、粤北地区分别完成投资25257.06亿元和2221.52亿元，同比分别增长2.9%和3.0%，分别比上半年回落1.5个和1.3个百分点，分别拉动全省投资增长2.3个和0.2个百分点。粤西地区完成投资1876.00亿元，增长10.8%，加快0.5个百分点，拉动全省投资增长0.6个百分点。粤东地区完成投资2631.51亿元，下降0.6%，拉低全省投资增速0.1个百分点。分地市看，珠海（−11.5%）、佛山（−8.5%）、中山（−4.3%）、肇庆（−8.5%）、清远（−4.1%）、潮州（−3.3%）、揭阳（−18.2%）等7个市投资下降；14个市投资实现增长，其中，深圳（13.9%）、河源（10.1%）、阳江（47.5%）、云浮（10.0%）4个市增速在10%以上。

表10−31　2023年前三季度全省分市固定资产投资情况

	投资额（亿元）	同比增长（%）	增速比上半年增减（个百分点）	拉动全省投资增长（个百分点）
广东省	31986.10	3.1	−1.3	3.1
广州市	6384.30	3.3	−2.8	0.7
深圳市	6674.65	13.9	0.8	2.6
珠海市	1305.49	−11.5	−6.6	−0.5
汕头市	1129.40	8.1	0.1	0.3
佛山市	2789.39	−8.5	−3.3	−0.8
韶关市	405.09	0.1	−2.6	0.0
河源市	516.90	10.1	−2.3	0.2
梅州市	335.28	3.0	1.1	0.0
惠州市	2560.96	5.8	−2.4	0.5
汕尾市	696.26	3.7	−1.4	0.1
东莞市	1945.03	4.1	−4.4	0.2
中山市	908.53	−4.3	1.7	−0.1
江门市	1553.09	2.6	−1.2	0.1
阳江市	407.99	47.5	4.8	0.4
湛江市	870.82	0.9	−3.8	0.0
茂名市	597.19	8.1	6.6	0.1
肇庆市	1135.63	−8.5	6.4	−0.3

（续表）

	投资额（亿元）	同比增长（%）	增速比上半年增减（个百分点）	拉动全省投资增长（个百分点）
清远市	595.74	−4.1	−2.5	−0.1
潮州市	285.68	−3.3	0.0	0.0
揭阳市	520.18	−18.2	−2.5	−0.4
云浮市	368.51	10.0	1.9	0.1

民间投资持续低位徘徊。前三季度，占全省投资比重为46.4%的民间投资同比下降5.6%，自2022年5月以来一直处于负增长区间，降幅比今年上半年略微收窄0.5个百分点，但仍比一季度扩大1.4个百分点。民间投资需关注三个问题：一是房地产开发民间投资下行压力较大。全省超六成的房地产开发投资为民间投资，在全国楼市不景气大环境下，房地产开发持续低迷，房地产开发民间投资增速维持在−20%上下，是民间投资增速下滑的主要拖累因素。二是民间投资活力在地区间差异明显。各地对民间资本的吸引力呈两极分化态势。前三季度，粤西、粤东地区民间投资分别增长10.5%和2.7%，高于全省平均水平，但珠三角、粤北地区民间投资分别下降7.3%和6.4%。三是资金筹措来源较为单一。民间投资的资金来源主要依赖于企业的自身积累，因此自筹资金比重明显偏高。前三季度，全省民间投资的本年到位资金中自筹资金占比达54.1%，比全部投资的本年到位资金中自筹资金占比高8.2个百分点，民间投资融资渠道仍然不广、资金来源较为单一。

第三，全省进出口增速重新转负。

面对复杂严峻的外部环境和国内多重困难挑战，广东外贸顶住压力，平稳向好发展。前三季度，季度货物出口总额同比增长3.9%，比上半年提高0.3个百分点，高于全国水平3.3个百分点；进口总额下降7.2%，降幅较上半年收窄2.4个百分点。经测算，前三季度广东货物和服务净流出的贡献率为23.7%，比上半年提高10.9个百分点，拉动率为1.0%。

前三季度，全省外贸进出口6.09万亿元人民币，比去年同期（下同）下降0.1%（总体表现好于全国，同期全国下降0.2%、江苏下降6.5%，浙江、上海、山东分别增长5%、2.7%、2.5%），占同期我国进出口总值的19.8%（较同期提高0.2个百分点）。其中，出口4.04万亿元，增长3.9%（全国增长0.6%，浙江、上海、山东分别增长4.4%、3.9%、2.5%）；进口2.05万亿元，下降7.2%（全国下降1.2%，江苏下降8.3%，浙江、上海、山东分别增长6.8%、1.8%、2.5%）。

单是9月，进出口8098.4亿元，受上年9月高基数（8293.3亿元，为全年最高）的影响，同比下降2%（全国下降0.7%），分别低于8月、7月12.2个、1.9个百分点。其中，出口5495.4亿元，增长0.9%（全国下降0.6%）；进口2603亿元，下降7.7%（全国下降0.8%）。

（四）第四象限：从重点企业看，支撑强弱不一，亟待重视加强

在整体经济恢复企稳的过程中，工业、零售业、建筑业和其他服务业重点企业增长相对平稳，支撑强弱不一，亟待重视加强。

（一）工业百强企业增长加快，支撑作用较强

前三季度，全省百强工业企业完成增加值9620.05亿元，增长9.3%，增幅比上半年提高1.5个百分点，拉动全省规模以上工业增加值增长2.8个百分点。其中有50个企业增幅扩大或降幅收窄，有2家新入库投产企业拉动作用较大。

具体来看，美的集团股份有限公司增长11.5%，不断完善产品布局、优化渠道，增幅提高0.6个百分点；用电需求提高，广东电网公司增长9.6%，增幅提高4.0个百分点；国际油价持续提升，中海石油（中国）有限公司深圳分公司增长2.6%，中海石油（中国）有限公司湛江分公司下降0.1%，分别比上半年提高6.3个和7.3个百分点；受基数影响，中国石油化工股份有限公司茂名分公司下降0.3%，降幅收窄3.8个百分点；新产品市

场热度高，需求加大，华为终端有限公司增长11.8%，荣耀终端有限公司下降0.5%，分别比上半年提高4.0个和15.6个百分点；中海油惠州石化有限公司新增设备，下降14.4%，降幅收窄6.0个百分点；石化产品价格回升，中科（广东）炼化有限公司增长3.3%，中国石油化工股份有限公司广州分公司下降2.4%，分别比上半年提高6.4个和4.6个百分点；钢材产品价格回升，宝钢湛江钢铁有限公司下降4.5%，广东广青金属压延有限公司增长1.3%，分别比上半年提高0.4个和6.5个百分点；订单增加，深圳市捷佳伟创新能源装备股份有限公司增长305.7%，增速提高160.7个百分点；显示器制造整体好转，深圳市华星光电半导体显示技术有限公司增长26.9%，乐金显示（广州）有限公司下降43.1%，比上半年提高23.3个和8.0个百分点。

表10-32　2023年前三季度全省工业百强企业增加值情况

序号	单位详细名称	所在地	前三季度增加值（亿元）	前三季度增长（%）	上半年增长（%）	增速差（个百分点）
	合计		9620.05	9.3	7.8	1.5
1	华为技术有限公司	深圳	884.76	4.4	6.5	−2.1
2	美的集团股份有限公司	佛山	811.82	11.5	10.9	0.6
3	广东电网公司	省直	664.15	9.6	5.6	4.0
4	比亚迪汽车工业有限公司	深圳	431.40	95.1	126.4	−31.3
5	中海石油（中国）有限公司深圳分公司	深圳	401.07	2.6	−3.7	6.3
6	广东中烟工业有限责任公司	省直	326.06	6.3	7.5	−1.2
7	中兴通讯股份有限公司	深圳	302.97	8.1	7.9	0.2
8	中国石油化工股份有限公司茂名分公司	茂名	250.85	−0.3	−4.1	3.8
9	华为终端有限公司	东莞	244.93	11.8	7.8	4.0
10	广汽丰田汽车有限公司	广州	203.00	−8.2	−6.5	−1.7
11	中海油惠州石化有限公司	惠州	186.94	−14.4	−20.4	6.0

（续表）

序号	单位详细名称	所在地	前三季度增加值（亿元）	前三季度增长（%）	上半年增长（%）	增速差（个百分点）
12	中科（广东）炼化有限公司	湛江	181.70	3.3	−3.1	6.4
13	中国石油天然气股份有限公司广东石化分公司	揭阳	175.33	—	—	—
14	富泰华工业（深圳）有限公司	深圳	165.91	−10.1	−8.2	−1.9
15	珠海格力电器股份有限公司	珠海	151.85	24.6	29.0	−4.4
16	中海石油（中国）有限公司湛江分公司	湛江	150.56	−0.1	−7.4	7.3
17	OPPO广东移动通信有限公司	东莞	148.28	−2.7	−7.6	4.9
18	荣耀终端有限公司	深圳	138.99	−0.5	−16.1	15.6
19	广汽本田汽车有限公司	广州	130.30	−15.6	1.9	−17.5
20	中国石油化工股份有限公司广州分公司	广州	130.15	−2.4	−7.0	4.6
21	东风汽车有限公司东风日产乘用车公司	广州	128.45	−28.4	−28.6	0.2
22	中国南方电网有限责任公司	广州	114.27	−7.0	−19.2	12.2
23	维沃移动通信有限公司	东莞	113.26	−3.4	−8.8	5.4
24	比亚迪精密制造有限公司	深圳	106.52	25.3	35.2	−9.9
25	深圳供电局有限公司	深圳	102.08	4.3	4.7	−0.4
26	富联裕展科技（深圳）有限公司	深圳	88.16	−4.9	−12.0	7.1
27	深圳迈瑞生物医疗电子股份有限公司	深圳	85.94	13.6	21.4	−7.8
28	中海石油深海开发有限公司	珠海	83.01	−11.2	−20.9	9.7
29	伯恩光学（惠州）有限公司	惠州	81.86	15.0	14.7	0.3
30	本田汽车零部件制造有限公司	佛山	80.05	12.3	5.5	6.8
31	广汽埃安新能源汽车股份有限公司	广州	78.60	50.9	64.6	−13.7
32	东莞华贝电子科技有限公司	东莞	69.54	18.8	13.4	5.4

（续表）

序号	单位详细名称	所在地	前三季度增加值（亿元）	前三季度增长（%）	上半年增长（%）	增速差（个百分点）
33	中海壳牌石油化工有限公司	惠州	66.60	−4.8	−5.9	1.1
34	宝钢湛江钢铁有限公司	湛江	63.84	−4.5	−4.9	0.4
35	广汽乘用车有限公司	广州	62.33	44.7	42.7	2.0
36	明阳智慧能源集团股份公司	中山	59.18	27.3	18.2	9.1
37	深圳富联富桂精密工业有限公司	深圳	57.54	−9.3	−9.2	−0.1
38	深圳烟草工业有限责任公司	深圳	56.66	2.8	12.1	−9.3
39	深圳市比亚迪锂电池有限公司	深圳	54.19	39.5	54.5	−15.0
40	深圳市点金贵金属精炼有限公司	深圳	48.76	190.2	294.6	−104.4
41	捷普电子（广州）有限公司	广州	47.75	34.5	45.0	−10.5
42	惠州比亚迪电子有限公司	惠州	47.06	6.5	6.6	−0.1
43	欣旺达电子股份有限公司	深圳	45.03	−12.2	−1.0	−11.2
44	深圳创维光伏科技有限公司	深圳	43.65	248.4	316.2	−67.8
45	广东联塑科技实业有限公司	佛山	42.69	29.2	19.9	9.3
46	无限极（中国）有限公司	江门	42.39	15.7	8.5	7.2
47	阳江核电有限公司	阳江	42.34	−4.6	−3.1	−1.5
48	一汽—大众汽车有限公司佛山分公司	佛山	42.02	−23.7	−14.4	−9.3
49	中国石油天然气股份有限公司天然气销售广东分公司	广州	41.60	21.7	31.0	−9.3
50	广州宝洁有限公司	广州	41.18	−5.0	−2.7	−2.3
51	深圳富泰宏精密工业有限公司	深圳	40.91	0.1	−6.5	6.6
52	瀚蓝环境股份有限公司	佛山	40.52	5.1	18.4	−13.3
53	广东广青金属压延有限公司	阳江	40.42	1.3	−5.2	6.5
54	周大福珠宝金行（深圳）有限公司	深圳	39.84	−23.0	−13.0	−10.0
55	华为机器有限公司	东莞	39.21	9.5	23.0	−13.5

（续表）

序号	单位详细名称	所在地	前三季度增加值（亿元）	前三季度增长（%）	上半年增长（%）	增速差（个百分点）
56	广东一方制药有限公司	佛山	38.47	15.0	17.9	−2.9
57	佛山市海天（高明）调味食品有限公司	佛山	38.12	−15.9	−19.3	3.4
58	中国石油天然气股份有限公司天然气销售南方分公司	广州	37.45	18.7	13.7	5.0
59	广州江铜铜材有限公司	广州	35.69	16.6	25.3	−8.7
60	深圳市捷佳伟创新能源装备股份有限公司	深圳	35.60	305.7	145.0	160.7
61	广东中南钢铁股份有限公司	韶关	34.77	18.2	17.4	0.8
62	深圳创维-RGB电子有限公司	深圳	34.72	19.8	26.9	−7.1
63	纬创资通（中山）有限公司	中山	34.11	−28.5	−32.9	4.4
64	广东康宝电器股份有限公司	佛山	33.35	44.8	58.4	−13.6
65	深圳市华星光电半导体显示技术有限公司	深圳	33.34	26.9	3.6	23.3
66	广东东菱凯琴集团有限公司	佛山	33.01	58.5	68.2	−9.7
67	乐金显示（广州）有限公司	广州	32.76	−43.1	−51.1	8.0
68	日立电梯（中国）有限公司	广州	32.52	1.4	1.6	−0.2
69	国能粤电台山发电有限公司	江门	32.14	−0.6	8.3	−8.9
70	广东金湾高景太阳能科技有限公司	珠海	31.86	2.8	42.2	−39.4
71	深圳市大疆百旺科技有限公司	深圳	31.83	21.7	16.6	5.1
72	深圳市展祥通信科技有限公司	深圳	31.70	−5.0	−6.7	1.7
73	三赢科技（深圳）有限公司	深圳	31.64	1.8	−18.0	19.8
74	华润怡宝饮料（中国）有限公司	深圳	31.57	3.5	−18.0	21.5
75	恩斯迈电子（深圳）有限公司	深圳	31.27	9.1	−6.0	15.1
76	广东广青金属科技有限公司	阳江	30.65	9.4	7.2	2.2
77	深圳市天珑移动技术有限公司	深圳	30.43	21.6	23.8	−2.2

（续表）

序号	单位详细名称	所在地	前三季度增加值（亿元）	前三季度增长（％）	上半年增长（％）	增速差（个百分点）
78	广东瑞庆时代新能源科技有限公司	肇庆	29.72	403.3	—	—
79	深圳市泰衡诺科技有限公司	深圳	29.19	62.3	75.7	−13.4
80	联想信息产品（深圳）有限公司	深圳	27.51	−21.9	−28.9	7.0
81	惠州华星光电显示有限公司	惠州	27.25	59.8	20.3	39.5
82	玖龙纸业（东莞）有限公司	东莞	26.78	−9.0	−16.6	7.6
83	阳西县海滨电力发展有限公司	阳江	26.36	13.3	22.5	−9.2
84	TCL华星光电技术有限公司	深圳	26.36	9.7	−8.6	18.3
85	深圳麦克韦尔科技有限公司	深圳	26.34	17.1	13.7	3.4
86	珠海保税区摩天宇航空发动机维修有限公司	珠海	26.04	34.3	25.3	9.0
87	乐金显示光电科技（中国）有限公司	广州	25.54	−26.8	−17.3	−9.5
88	广州华凌制冷设备有限公司	广州	24.44	7.1	7.7	−0.6
89	华能（广东）能源开发有限公司海门电厂	汕头	24.31	6.3	11.7	−5.4
90	安利（中国）日用品有限公司	广州	23.89	8.6	12.4	−3.8
91	惠州比亚迪电池有限公司	惠州	23.80	19.1	20.2	−1.1
92	龙旗电子（惠州）有限公司	惠州	23.61	−16.7	−32.6	15.9
93	金发科技股份有限公司	广州	23.07	5.8	24.5	−18.7
94	恒力石化（惠州）有限公司	惠州	22.32	—	—	—
95	信利光电股份有限公司	汕尾	22.07	−23.5	−24.8	1.3
96	广东奥马冰箱有限公司	中山	21.60	25.7	21.7	4.0
97	东莞创机电业制品有限公司	东莞	21.46	−24.8	−24.7	−0.1
98	东风本田发动机有限公司	广州	20.99	−25.2	−6.3	−18.9
99	欧派家居集团股份有限公司	广州	20.98	5.6	6.0	−0.4
100	深圳中宝集团有限公司	深圳	20.97	80.3	149.8	−69.5

从各地市看百强企业拉动力不够均衡。全省百强工业增长9.1%，12个市百强工业增速低于全省百强增速，其中汕尾百强下降4.0%，是全省唯一下降的市；百强增速较低的有湛江、东莞、广州、阳江、云浮和韶关，分别增长1.9%、2.7%、2.8%、4.2%、4.7%和5.1%，增速比全省百强企业增速分别低7.4个、6.6个、6.5个、5.1个、4.6个和4.2个百分点。

全省百强工业增速比全省规上工业增速高6.2个百分点，虽然21个地市百强工业企业增速均高于所在地市规上工业增速，但仍有18个地市该增速差异值低于全省水平，当地百强对当地规上工业拉动力弱于全省水平。其中，差异较小的市有湛江、阳江、韶关、云浮、茂名和清远市，其百强增速仅比规上工业增速分别高0.7个、1.7个、2.2个、2.8个、2.8个和3.1个百分点，远低于全省6.2个百分点的水平。

全省工业百强增加值占规上工业比重32.2%。分市看，百强总量较小的市有云浮、汕尾和潮州，分别只有100.94亿元、118.58亿元和118.09亿元；百强占比较小的有东莞、中山、汕头和佛山，分别只占本市工业增加值总量的34.5%、43.6%、44.0%和48.4%。

表10-33 2023年前三季度全省分市百强企业增加值增长情况

地区	百强企业增加值（亿元）	百强企业增速（%）	规上工业增速（%）	增速差（个百分点）	规上工业增加值（亿元）	百强占比（%）
全省	9620.05	9.3	3.1	6.2	29870.6	32.2
广州市	2222.05	2.8	−1.0	3.8	3777.0	58.8
深圳市	4601.67	9.0	4.2	4.8	7752.9	59.4
珠海市	813.51	10.6	5.6	5.0	1153.7	70.5
汕头市	266.06	23.1	8.7	14.4	604.1	44.0
佛山市	2209.24	11.9	6.3	5.6	4562.5	48.4
韶关市	246.89	5.1	2.9	2.2	291.7	84.6
河源市	233.04	12.3	5.4	6.9	277.0	84.1
梅州市	192.88	11.0	6.3	4.7	217.9	88.5

（续表）

地区	百强企业增加值（亿元）	百强企业增速（%）	规上工业增速（%）	增速差（个百分点）	规上工业增加值（亿元）	百强占比（%）
惠州市	1135.37	7.7	4.0	3.7	1848.3	61.4
汕尾市	118.58	−4.0	−9.3	5.3	123.1	96.3
东莞市	1299.49	2.7	−3.6	6.3	3769.9	34.5
中山市	483.98	11.6	5.6	6.0	1108.9	43.6
江门市	576.63	10.9	5.4	5.5	1076.8	53.6
阳江市	285.82	4.2	2.5	1.7	306.7	93.2
湛江市	691.23	1.9	1.2	0.7	716.1	96.5
茂名市	406.85	6.9	4.1	2.8	433.6	93.8
肇庆市	382.41	12.3	1.1	11.2	631.7	60.5
清远市	349.44	6.0	2.9	3.1	500.0	69.9
潮州市	118.09	6.2	−2.7	8.9	198.1	59.6
揭阳市	287.71	170.9	24.7	146.2	406.6	70.8
云浮市	100.94	4.7	1.9	2.8	114.3	88.3

（二）零售额百强企业增长较好，充分发挥稳定器作用

前三季度，全省零售额百强企业单位合计实现零售额4701.58亿元，占全省限额以上批发和零售业法人零售额的37.7%，零售额同比增长10.8%，增幅高于全省批发和零售业平均水平9.7个百分点，拉动限额以上单位商品零售额增长3.7个百分点，充分发挥稳定器作用。

表10-34　2023年前三季度全省零售额百强企业增长情况

序号	单位详细名称	所在地	累计零售额（亿元）	增速（%）	增速比上半年（个百分点）
	合计		4701.58	10.8	−0.3
1	广州晶东贸易有限公司	广州	607.15	7.0	−2.1
2	东莞京东利昇贸易有限公司	东莞	245.03	−0.5	−0.1
3	阿里健康大药房医药连锁有限公司	广州	135.15	−0.4	−4.2

（续表）

序号	单位详细名称	所在地	累计零售额（亿元）	增速（%）	增速比上半年（个百分点）
4	广州京东旭春贸易有限公司	广州	130.37	25.6	3.7
5	中国石化销售股份有限公司广东广州石油分公司	广州	111.47	−1.9	0.3
6	深圳由你网络技术有限公司	深圳	111.33	19.6	2.4
7	中油碧辟石油有限公司	广州	107.39	−3.0	1.4
8	唯品会（肇庆）电子商务有限公司	肇庆	101.96	6.1	0.0
9	深圳沃尔玛百货零售有限公司	深圳	100.89	0.2	−2.5
10	安利（中国）电子商务有限公司	广州	91.05	25.6	−1.2
11	天虹数科商业股份有限公司	深圳	82.29	−3.3	−0.9
12	中国石化销售股份有限公司广东深圳石油分公司	深圳	81.34	6.3	1.1
13	中国石化销售股份有限公司广东惠州石油分公司	惠州	79.31	−0.4	−0.9
14	特斯拉汽车销售服务（深圳）有限公司	深圳	78.85	30.0	−50.9
15	广州昊超电子商务有限公司	广州	73.32	−6.9	4.0
16	广州海珠区唯品会电子商务有限公司	广州	70.48	7.9	−3.8
17	格力电子商务有限公司	珠海	69.05	−2.1	−8.5
18	深圳京东达新贸易有限公司	深圳	68.48	269.4	11.8
19	特斯拉汽车销售服务（广州）有限公司	广州	67.83	−17.0	−6.9
20	深圳齐心集团股份有限公司	深圳	66.12	26.6	−5.4
21	沃尔玛（深圳）百货有限公司	深圳	63.83	31.7	3.6
22	周生生中国商业有限公司	广州	61.45	33.2	−18.7
23	中国石化销售股份有限公司广东佛山石油分公司	佛山	56.37	−3.7	0.7

（续表）

序号	单位详细名称	所在地	累计零售额（亿元）	增速（%）	增速比上半年（个百分点）
24	深圳春晓花开科技有限公司	深圳	55.18	14.8	23.1
25	中国石化销售股份有限公司广东东莞石油分公司	东莞	54.41	−1.5	5.0
26	华润万家电子商务有限公司	深圳	54.02	21269.8	—
27	肇庆京东盛甲贸易有限公司	肇庆	49.42	−17.5	−6.9
28	完美（中国）有限公司	中山	48.08	−3.0	3.7
29	惠州酷友网络科技有限公司	惠州	48.06	23.4	−9.4
30	广州京东弘健贸易有限公司	广州	46.96	15.5	20.7
31	延长壳牌（广东）石油有限公司	广州	44.86	−27.4	−0.9
32	深圳市朴朴网络科技有限公司	深圳	42.31	18.1	−0.2
33	中国石化销售股份有限公司广东中山石油分公司	中山	41.65	−2.7	1.2
34	中国石化销售股份有限公司广东湛江石油分公司	湛江	40.39	7.8	1.9
35	维达商贸有限公司	江门	35.94	12.6	−7.1
36	中国石化销售股份有限公司广东清远石油分公司	清远	35.90	−6.7	−1.3
37	广东永旺天河城商业有限公司	广州	35.76	1.2	−0.8
38	深圳象鲜科技有限公司	深圳	35.24	55.3	−5.1
39	中国石化销售股份有限公司广东江门石油分公司	江门	34.40	−2.0	3.3
40	广州市朴朴网络科技有限公司	广州	32.98	41.2	−6.1
41	广州市广百股份有限公司	广州	32.97	15.2	−2.6
42	快尚时装（广州）有限公司	广州	32.24	34.3	−5.2
43	中国石化销售股份有限公司广东茂名石油分公司	茂名	31.88	5.8	0.9
44	深圳市亨吉利世界名表中心有限公司	深圳	30.68	3.6	−6.7

（续表）

序号	单位详细名称	所在地	累计零售额（亿元）	增速（%）	增速比上半年（个百分点）
45	深圳减字科技有限公司	深圳	28.98	39.0	8.4
46	中国石化销售股份有限公司广东珠海石油分公司	珠海	28.01	−0.5	2.4
47	广州友谊集团有限公司	广州	27.40	20.7	−18.4
48	中山京东青石贸易有限公司	中山	27.07	15.3	−12.5
49	广东苏宁易购销售有限公司	广州	26.85	−8.0	28.8
50	东莞京东旭弘贸易有限公司	东莞	26.74	−25.0	29.4
51	广州鹏行汽车销售服务有限公司	广州	25.27	102.3	14.6
52	中国石化销售股份有限公司广东梅州石油分公司	梅州	25.16	−1.0	−2.4
53	广东林氏家居股份有限公司	佛山	24.95	21.4	−13.1
54	广州南沙唯品会电子商务有限公司	广州	24.84	23.8	−0.4
55	理想智造汽车销售服务（深圳）有限公司	深圳	24.83	68.8	−51.0
56	广东喜龙汽车商贸有限公司	广州	24.66	422.0	−861.2
57	沃尔玛（广东）商业零售有限公司	广州	24.61	13.4	−7.2
58	深圳市澳康达二手名车经销有限公司	深圳	24.30	6.5	4.2
59	中国石化销售股份有限公司广东阳江石油分公司	阳江	23.87	−1.1	−1.7
60	深圳盒马网络科技有限公司	深圳	23.14	−11.3	2.7
61	中国石化销售股份有限公司广东河源石油分公司	河源	23.07	1.6	−5.0
62	深圳市苏宁易购销售有限公司	深圳	22.94	68.0	37.5
63	深圳市海王星辰健康药房连锁有限公司	深圳	22.81	8.8	4.5

（续表）

序号	单位详细名称	所在地	累计零售额（亿元）	增速（％）	增速比上半年（个百分点）
64	深圳蔚来汽车销售服务有限公司	深圳	22.74	62.9	−21.8
65	广东赛壹便利店有限公司	广州	22.67	14.0	0.2
66	合创汽车科技有限公司	广州	22.41	75.8	−167.4
67	理想智行汽车销售服务（深圳）有限公司	深圳	22.41	660922.4	198635.4
68	深圳周大福在线传媒有限公司	深圳	22.11	−0.6	−1.1
69	广州沃尔玛百货有限公司	广州	21.61	27.2	−3.2
70	广州象鲜科技有限公司	广州	21.46	58.4	−5.5
71	广东周大福珠宝金行有限公司	广州	21.25	−15.9	−4.8
72	广东通驿高速公路服务区有限公司	广州	20.98	14.6	−2.2
73	中海油广东销售有限公司	广州	20.51	18.6	−22.6
74	深圳市大兴宝德汽车销售服务有限公司	深圳	20.49	−5.9	−7.7
75	中国石化销售股份有限公司广东肇庆石油分公司	肇庆	20.38	2.2	−0.8
76	沃尔玛（珠海）商业零售有限公司	珠海	20.15	43.4	0.4
77	沃尔玛（广东）百货有限公司	广州	19.25	40.3	−1.7
78	广东澳康达二手车经销有限公司	深圳	18.70	67.1	−33.7
79	华润万家有限公司	深圳	18.65	−35.3	1.0
80	广东壹加壹商业连锁有限公司	中山	18.32	−4.8	−7.8
81	理想智造汽车销售服务（广州）有限公司	广州	18.20	211.8	118.2
82	中国石油天然气股份有限公司广东惠州销售分公司	惠州	18.19	−8.2	−5.2
83	深圳市盛世开元汽车销售有限公司	深圳	18.17	9038.4	−8570.3

（续表）

序号	单位详细名称	所在地	累计零售额（亿元）	增速（%）	增速比上半年（个百分点）
84	深圳极氪汽车销售服务有限公司	深圳	17.98	105.9	−26.1
85	润家商业（深圳）有限公司	深圳	17.85	−33.3	0.6
86	广州得赋阿里健康大药房有限公司	广州	17.81	224.1	−151.5
87	望家欢农产品集团有限公司	深圳	17.60	−9.5	−2.8
88	广东壹号食品股份有限公司	湛江	17.52	4.1	−1.1
89	大参林医药集团股份有限公司	广州	17.34	−0.6	−4.7
90	华润万家生活超市（广州）有限公司	广州	17.33	−35.0	0.3
91	中国石化销售股份有限公司广东韶关石油分公司	韶关	17.26	3.2	8.1
92	广东广安冠德石化有限公司	广州	17.25	−4.2	0.7
93	国药控股广州有限公司	广州	16.93	5.4	−1.6
94	东莞中升之星汽车销售服务有限公司	东莞	16.87	5.0	2.9
95	深圳市锦保汽车有限公司	深圳	16.73	−19.2	−3.3
96	深圳市天音科技发展有限公司	深圳	16.62	33.3	−11.6
97	广州市龙星行汽车销售服务有限公司	广州	16.39	−5.3	−1.7
98	敏华互联网零售（惠州）有限公司	惠州	16.08	15.2	−0.7
99	深圳中升星辉汽车销售服务有限公司	深圳	16.00	−15.7	3.0
100	中国石化销售股份有限公司广东揭阳石油分公司	揭阳	16.00	2.4	−2.3

（三）建筑业头部企业带动作用突出

前三季度，有工作量的建筑业央企公司合计完成产值5859.85亿元，增长16.2%，增速快于整体建筑业6.6个百分点，占全省建筑业总产值的

35.2%，拉动建筑业总产值增长5.4个百分点。头部央企贡献较多，前三季度，产值50强建筑企业完成总产值5782.54亿元，占全省建筑业总产值的34.7%，其中，央企公司完成产值占50强企业产值的71.6%。开放有序的建筑市场环境吸引省外大型优质企业迁入广东，前三季度，全省总承包和专业承包资质建筑企业11632家，同比增长25.5%。其中，2022年10月至2023年9月全省新入库企业1344家，合计完成建筑业总产值912.81亿元，拉动全省建筑业总产值增长6.0个百分点，增长贡献率为62.5%。新入库企业中，产值超过10亿元以上企业12个，实现产值466.85亿元，占全部新入库企业产值的51.1%。

表10-35　2023年前三季度广东建筑业总产值50强企业情况

序号	单位名称	企业注册地	建筑业总产值（亿元）	同比增长（%）
1	中国建筑第四工程局有限公司	广州市	489.26	24.2
2	中铁隧道局集团有限公司	广州市	375.59	10.5
3	富利建设集团有限公司	广州市	299.60	1.7
4	中建科工集团有限公司	深圳市	284.98	1.3
5	中铁广州工程局集团有限公司	广州市	202.06	1.0
6	中国铁建投资集团有限公司	珠海市	181.54	0.8
7	中建三局集团华南有限公司	广州市	180.09	19.8
8	中建二局第二建筑工程有限公司	深圳市	161.15	7.3
9	中建八局华南建设有限公司	广州市	160.02	33.3
10	保利长大工程有限公司	广州市	155.44	-7.9
11	中建四局第一建设有限公司	广州市	150.25	24.9
12	中交路桥华南工程有限公司	中山市	130.13	33.5
13	中建四局第五建筑工程有限公司	深圳市	127.13	10.5
14	深圳市建工集团股份有限公司	深圳市	119.91	6.2
15	广州中建三局第一建设工程有限责任公司	广州市	115.04	39.4
16	中铁隧道集团三处有限公司	深圳市	114.28	7.5

（续表）

序号	单位名称	企业注册地	建筑业总产值（亿元）	同比增长（％）
17	广东腾越建筑工程有限公司	佛山市	110.62	−24.8
18	中铁二十五局集团有限公司（广州）	广州市	108.13	74.4
19	中国铁建港航局集团有限公司	珠海市	106.91	1.3
20	广东水电二局股份有限公司	广州市	103.93	117.1
21	中铁（广州）投资发展有限公司	广州市	93.01	5.4
22	中铁七局集团广州工程有限公司	广州市	90.01	42.2
23	龙光工程建设有限公司	汕头市	89.07	−31.6
24	中建五局水利能源建设有限公司	深圳市	88.43	—
25	中建四局华南建设有限公司	广州市	85.05	64.8
26	深圳市市政工程总公司	深圳市	83.98	3.0
27	中国能源建设集团广东火电工程有限公司	广州市	81.89	16.0
28	中交四航局第二工程有限公司	广州市	81.07	9.4
29	中建科技集团有限公司	深圳市	80.01	−27.4
30	中建新越建设工程有限公司	广州市	79.79	33.0
31	中铁建工集团第五建设有限公司	广州市	78.56	−12.2
32	广东电白建设集团有限公司	茂名市	75.27	12.1
33	中建深圳装饰有限公司	深圳市	75.10	11.6
34	建泰建设有限公司	珠海市	72.79	35.4
35	广东永和建设集团有限公司	茂名市	72.68	−19.1
36	中建四局深圳实业有限公司	深圳市	70.11	—
37	广东省水利水电第三工程局有限公司	东莞市	66.53	26.5
38	广州机施建设集团有限公司	广州市	65.65	10.0
39	广东电白二建集团有限公司	茂名市	62.56	−20.0
40	中铁广州工程局集团第三工程有限公司	肇庆市	62.09	−2.3
41	中建八局（广州）建设有限公司	广州市	60.40	20.6
42	中建五局安装工程有限公司	深圳市	60.13	—
43	深圳市博大建设集团有限公司	深圳市	57.35	0.2

（续表）

序号	单位名称	企业注册地	建筑业总产值（亿元）	同比增长（%）
44	广东吴川建筑安装工程有限公司	湛江市	56.59	−3.4
45	长大市政工程（广东）有限公司	中山市	55.52	352.8
46	广东恒辉建设集团股份有限公司	广州市	55.20	12.6
47	中建新疆建工集团（深圳）建设有限公司	深圳市	55.13	——
48	中建钢构股份有限公司	深圳市	51.21	30.2
49	中交四航局第一工程有限公司	广州市	51.09	−7.5
50	中建四局（深圳）投资建设有限公司	深圳市	50.20	289.6

（四）信息传输、软件和信息技术服务业新入库企业拉动强劲

信息传输、软件和信息技术服务业实现营业收入11559.07亿元，同比增长13.4%，增幅比上半年回落4.2个百分点，拉动规模以上服务业增长4.7个百分点，在10个行业门类中规模最大、拉动力最强。但除部分头部企业之外，其他20强企业业务增长动力不足，增速相对较低。

表10-36　2023年前三季度全省信息传输、软件和信息技术服务业
营业收入20强企业

序号	企业	营业收入（亿元）	同比增长（%）
1	腾讯科技（深圳）有限公司	1278.74	31.4
2	深圳市腾讯天游科技有限公司	738.12	285.2
3	深圳市腾讯计算机系统有限公司	332.26	−18.6
4	深圳前海新之江信息技术有限公司	258.62	1.7
5	深圳美团优选科技有限公司	231.15	19.8
6	花瓣云科技有限公司	199.17	206.4
7	广州网易计算机系统有限公司	181.42	−3.7
8	中国移动通信集团广东有限公司广州分公司	149.01	3.1
9	中国移动通信集团广东有限公司深圳分公司	146.84	6.3

（续表）

序号	企业	营业收入 （亿元）	同比增长 （％）
10	广州腾讯科技有限公司	131.74	30.3
11	广州博冠信息科技有限公司	120.28	0.0
12	广东今日头条网络技术有限公司	103.29	609.6
13	中国电信股份有限公司深圳分公司	99.51	2.0
14	深圳市世纪腾华信息技术有限公司	99.15	−5.3
15	中国电信股份有限公司广州分公司	95.24	2.2
16	中国移动通信集团广东有限公司东莞分公司	90.01	7.7
17	深圳市大疆创新科技有限公司	89.98	11.0
18	腾讯音乐娱乐（深圳）有限公司	78.30	6.7
19	广州酷狗计算机科技有限公司	78.29	−11.6
20	深圳市分期乐网络科技有限公司	76.85	19.2

（五）租赁和商务服务业企业稳步复苏

租赁和商务服务业实现营业收入5466.47亿元，同比增长8.4%，增幅比上半年提高2.1个百分点，营业收入占规模以上服务业的17.3%，拉动规模以上服务业增长1.4个百分点，营业收入规模在10个行业门类中居第三位。受疫情平稳转段、广交会、暑假游等因素影响，商务服务业稳步复苏，近四分之三的头部企业增速达到两位数以上。

表10-37　2023年前三季度全省租赁和商务服务业营业收入20强企业

序号	企业	营业收入 （亿元）	同比增长 （％）
1	深圳市腾讯文化传媒有限公司	274.97	55.2
2	深圳今日头条信息技术有限公司	101.14	—
3	开域国际控股有限公司	74.67	−6.9
4	广州南仕邦人力资源有限公司	61.34	36.3

（续表）

序号	企业	营业收入（亿元）	同比增长（%）
5	广东君润人力资源服务有限公司	48.57	57.4
6	广东省广告集团股份有限公司	42.94	24.4
7	珠海万达商业管理集团股份有限公司	39.05	−5.9
8	广东胜通和科技服务有限公司	38.73	40.8
9	深圳顺丰泰森控股（集团）有限公司	37.91	11.1
10	深圳今日头条科技有限公司	31.95	−77.3
11	深圳市幸游国际旅行社有限公司	28.85	147.1
12	中铁建商业保理有限公司	24.27	33.5
13	光大环保（中国）有限公司	24.14	24.7
14	广州辛选网络信息科技有限公司	23.12	−1.5
15	深圳市人力资本（集团）有限公司	22.20	−1.0
16	广州南方人才发展有限公司	22.11	34.6
17	仁励窝人力资源服务（广州）有限公司	21.96	16.9
18	深圳九星互动科技有限公司	21.86	14.7
19	广东邮电人才服务有限公司	21.73	0.0
20	北京外企德科人力资源服务深圳有限公司	21.58	1045.1

（六）科学研究和技术服务业龙头企业分化明显

科学研究和技术服务业实现营业收入2252.93亿元，同比增长3.9%，增幅比上半年回落2.5个百分点，营业收入占规模以上服务业营业收入7.1%。

表10-38　2023年前三季度全省科学研究和技术服务业营业收入20强企业

序号	企业	营业收入（亿元）	同比增长（%）
1	中广核工程有限公司	138.84	−17.8
2	中国能源建设集团广东省电力设计研究院有限公司	134.69	98.3
3	中电建南方建设投资有限公司	38.89	0.3

（续表）

序号	企业	营业收入（亿元）	同比增长（%）
4	深圳市中兴通讯技术服务有限责任公司	34.30	19.8
5	惠州市大亚湾人居科技有限公司	26.48	7291.9
6	广州安茂铁路建设管理有限公司	26.26	23.8
7	中石化广州工程有限公司	24.60	47.9
8	广东省电信规划设计院有限公司	19.20	21.9
9	中铁珠三角投资发展有限公司	18.98	−30.0
10	本田技研科技（中国）有限公司	18.78	79.2
11	东莞东阳光药物研发有限公司	18.59	375.2
12	中广核核电运营有限公司	18.41	0.8
13	比亚迪丰田电动车科技有限公司	16.83	615.7
14	广州地铁设计研究院股份有限公司	16.21	12.0
15	中交第四航务工程勘察设计院有限公司	16.02	−50.2
16	南方电网电力科技股份有限公司	14.29	69.2
17	深圳中广核工程设计有限公司	14.11	10.3
18	零洞科技有限公司	13.70	54.6
19	珠海格力节能环保制冷技术研究中心有限公司	13.06	12.3
20	广州市城市规划勘测设计研究院	12.77	4.0

（七）居民服务、修理和其他服务业企业稳定恢复

居民服务、修理和其他服务业实现营业收入313.68亿元，同比增长8.5%，增幅比上半年回落2.8个百分点，拉动规模以上服务业营业收入增长0.1个百分点。20强企业合计实现营业收入74.18亿元，增长32.4%，占居民服务、修理和其他服务业营业收入的23.6%，拉动居民服务、修理和其他服务业增长6.3个百分点。

表10-39　2023年前三季度全省居民服务、修理和其他服务业营业收入20强企业

序号	企业	营业收入（亿元）	同比增长（%）
1	深圳十分到家服务科技有限公司	7.72	25.7
2	深圳玉禾田智慧城市运营集团有限公司	7.51	36.5
3	深圳华侨城水电有限公司	6.31	11.1
4	佛山市南海区瀚洁城市环境管理有限公司	5.25	6645.4
5	深圳市升阳升人居环境服务有限公司	4.82	27.8
6	深圳轻喜到家科技有限公司	4.47	67.4
7	深圳安时达技术服务有限公司	3.93	−0.6
8	广州图腾信息科技股份有限公司	3.87	22.8
9	广州市升辉清洁服务有限公司	3.81	2.2
10	广东泰科物业管理有限公司	3.13	4.6
11	广州市信诚环保科技有限公司	2.97	11.6
12	博罗县罗浮净土园林开发有限公司	2.72	264.1
13	深圳市博宝源实业有限公司	2.70	25.4
14	广州视嵘信息技术有限公司	2.33	26.0
15	深圳我主良缘科技集团有限公司	2.31	−26.9
16	深圳市华富环境有限公司	2.27	−7.7
17	广州市金钟墓园	2.04	72.0
18	深圳蜂驰电子科技有限公司	2.02	45.7
19	奈瑞儿健康科技有限公司	2.00	−2.1
20	东莞市长盈电力工程有限公司	1.98	185.2

（八）文化、体育和娱乐业企业保持高速增长

文化、体育和娱乐业实现营业收入451.15亿元，增长41.7%，增幅比上半年提高6.4个百分点。一是娱乐业强势复苏，如广州长隆、珠海长隆、广州迪弗瑞特文化，合计拉动增长20.4个百分点；二是广播、电视、电影

和录音制作业繁荣，珠海横琴万达电影、广东大地电影、广州金逸珠江电影、万影影业、珠江影业传媒等实现高速增长，合计拉动文化、体育和娱乐业增长12.5个百分点。新闻和出版业，广播、电视、电影和录音制作业，文化艺术业，体育，娱乐业等五个大类增速均稳步提高，实现全面较快复苏。

表10-40 2023年前三季度全省文化、体育和娱乐业营业收入20强企业

序号	企业	营业收入（亿元）	同比增长（％）
1	广州长隆集团有限公司	36.59	255.5
2	珠海长隆投资发展有限公司	36.35	550.8
3	珠海横琴万达电影院线有限公司	27.73	—
4	广东大地电影院线股份有限公司	11.46	53.2
5	广州巴伽娱乐传媒有限公司	9.95	−43.8
6	奥飞娱乐股份有限公司	9.25	5.5
7	广东南方新媒体股份有限公司	8.88	−1.7
8	广州金逸珠江电影院线有限公司	6.83	71.1
9	南方出版传媒股份有限公司	6.66	−7.7
10	深圳证券时报社有限公司	6.63	25.1
11	深圳广播电影电视集团	5.93	19.1
12	广州迪弗瑞特文化发展有限公司	5.81	1295.3
13	广东教育出版社有限公司	5.81	11.2
14	广州香港马会赛马训练有限公司	5.35	0.8
15	广东大地影院建设有限公司	5.33	9.7
16	万影影业（深圳）有限公司	5.28	123.8
17	珠江影业传媒股份有限公司	5.14	84.5
18	华强方特（深圳）电影有限公司	4.49	−19.4
19	深圳报业集团	4.41	11.9
20	广州塔旅游文化发展股份有限公司	4.09	134.9

三、聚焦点：景气度、发力点与完成全年目标测算

根据广东省统计局开展的"双百"景气调查结果，三季度企业家和统计学（专）家信心指数均有改善，并提出多条稳增长建议和措施。

（一）预期回落，景气企业家信心有待增强

百名景气企业家信心调查数据显示，三季度景气企业家信心指数回落至84.9，低于信心指数临界点100，比二季度信心指下降0.2，反映企业家对前景判断持"不乐观"的比例与二季度基本相同，企业家对预期表示慎重看待。同时，从2023年三季度全省75378家规上企业景气调查结果显示，企业景气指数为113.7，比二季度降低0.1点，与百名景气企业家信心指数上升趋势一致。

图10-5 百名景气企业家信心指数

根据企业家问卷反馈，2023年三季度回收122份问卷共109条建议，主要包括以下方面：

一是落实中央和省的政策。景气企业家希望能出台政策推动各级政府、事业单位、国有企业及时清算拖欠建筑施工企业应收账款。对政策性

补贴业务，如农险保费拨付受市、区、镇财政资金影响，部分区镇财政困难，2022年业务仍未划拨到位。

二是大力支持发展自主品牌，加快传统汽车行业转型升级。汽车行业景气企业家建议加大对自主品牌的扶持力度，自主品牌可以自主决策、及时决策、有效决策，对转型升级的进度可以明显提升效率。

三是保证房地产行业平稳有序发展。房地产开发与经营业及相关行业企业家建议优化资金监管措施，在保证交付的前提下减少多重监管环节。政府支持房地产业实现平稳健康发展，可考虑解除房地产市场的限购限售政策，放开房产交易增值税免税的年限要求。

四是加大专业人才的开发培养，加快高层次管理人才和复合型人才队伍建设。建议加大扶持企业智能物流相关专业人才的开发培养，设立专项基金制定定向科研和薪酬奖励制度，拓宽人才引进渠道，推进高素质人才和人才保障措施（如保障房、人才奖励措施等）。

五是放宽企业贷款条件和额度，提升监管能力。景气企业家建议增加信用贷款额度，对一些中小企业，国家专精特新小巨人企业要重点放宽贷款额度，提高银行授信额度。建议放宽抵押物抵押比例。贷款进度方面，企业家建议加快放款效率。

六是营造更加开放包容的对外合作政策和氛围。国际市场需求不足，欧美订单下滑明显，希望增加对开拓市场方面的支持力度，客户要求企业在海外建厂，后续国内生产会趋势性减少，成本增加。

（二）百名统计学（专）家信心指数较景气

三季度百名统计学（专）家信心调查回收183份有效问卷，其中41名统计学家、142名统计专家参与调查。调查结果显示，统计学（专）家宏观信心指数为123.0，保持在"较为景气"区间。

分类别看，统计学家和统计专家宏观信心指数分别为125.6和122.2。

统计学（专）家消费信心指数为125.1，处于"较为景气"区间；投资信心指数和出口信心指数分别为119.4和112.3，处于"相对景气"区间；就业信心指数为108.7，处于"微景气"区间。

针对突出问题，统计学（专）家给出六点建议：

一是着力扩大国内需求，把恢复和扩大消费摆在优先位置。47.5%的建议是进一步扩大内需，促进消费，充分发挥消费对经济发展的推动作用。

图10-6　百名统计学（专）家的相关建议

二是优化营商环境，进一步提振市场信心。41.0%的建议是持续优化营商环境，稳定市场主体预期，加大招商引资力度，提升对外资的吸引力，鼓励民间投资，进一步提振市场信心。

三是加大稳增长政策供给和落实力度。26.8%的建议是加大稳增长政策供给和落实力度。落实落细已出台的各项政策和接续措施，充分释放政策累积效应。

四是加大扶持实体经济，特别是制造业的发展。23.5%的建议是加大对实体经济的扶持力度，特别是对制造业的扶持。

五是稳就业保民生，着力提高居民收入水平。19.7%的建议是贯彻落实中央经济工作会议的工作要求，抓好青年特别是高校毕业生就业，稳定就业水平，促进农民工等重点群体就业，提升就业质量，着力提高居民收入水平。

六是加大对外贸出口的扶持力度。9.8%的建议是加快构建以国内大循环为主体、国内国际双循环相互促进的新发展格局，借助"一带一路"的良好契机，帮助外贸出口企业打开海外市场、抢占海外订单和市场份额。

（三）四季度两个多月70天的发力点

一是聚焦制造业当家，重点还是工业。

工业是广东经济头号支柱行业，前三季度全省工业增加值占比超过1/3，为35.7%。其中，规上工业增加值增长3.1%，较上半年提高0.6个百分点。规上制造业增加值增长2.6%，比上半年提高0.5个百分点。虽然增速有所提升，但与全国和东部主要省份比仍存在差距。前三季度，全国规上工业增加值增长4.0%，江苏、山东和浙江分别增长7.2%、7.1%和5.5%。广东分别低0.9个、4.1个、4.0个和2.4个百分点。从GDP增速看，全国增长5.2%，江苏、山东和浙江分别增长5.8%、6.0%和6.3%，广东增长4.5%，规上工业增加值增速的高低与GDP增速高度相关。

表10-41　2023年前三季度东部主要省份规上工业和GDP增长情况

地区	规上工业增加值增速（%）	GDP增速（%）
全国	4.0	5.2
广东	3.1	4.5
江苏	7.2	5.8
山东	7.1	6.0
浙江	5.5	6.3

从指标贡献看，规上工业增加值对GDP的影响权重达31.6%，其中，规上制造业影响权重为29.2%，规上制造业每提升1个百分点拉动GDP增长0.26个百分点。前三季度，广东规上工业对GDP贡献率仅有17.6%，拉动率

仅为0.68%，未能发挥与其影响力相应的支撑作用。

外商及港澳台商投资企业持续下降。前三季度，全省外商及港澳台商投资企业完成增加值同比下降2.2%，比全省规上工业增加值增速低5.3个百分点，拉低全省规上工业增加值增速0.8个百分点。行业下降面53.8%，比全省下降面大15.3个百分点；30个行业增幅低于全省平均水平。其中，计算机、通信和其他电子设备制造业下降6.1%，降幅比全省该行业大7.1个百分点，拉低全省外商及港澳台商企业增速1.5个百分点；纺织业下降15.9%，降幅比全省该行业大11.9个百分点；文教、工美、体育和娱乐用品制造业下降22.7%，降幅比全省该行业大15.1个百分点；金属制品业下降11.6%，降幅比全省该行业大14.3个百分点。

外需低迷，近七成行业工业出口交货值下降，两年平均增速持续下滑。前三季度，全省规模以上工业企业完成出口交货值2.67万亿元，下降8.1%，比上半年收窄1.6个百分点。全省有出口的36个行业中，有25个行业增速为负，下降面达69.4%。其中，计算机、通讯设备低迷，计算机、通信和其他电子设备制造业同比下降7.9%，拉低全省规模以上工业出口交货值增速4.0个百分点；海外对玩具等娱乐需求收紧，文教、工美、体育和娱乐用品制造业下降15.8%；集装箱等金属制品基数较大，金属制品业下降20.9%。2023年一季度，出口交货值两年平均下降0.9%，上半年下降1.0%；进入三季度，降幅进一步扩大，前三季度下降1.6%，稳出口压力突出。

效益不佳，订单不足，企业亏损仍较明显。1—8月，剔除华为终端年初累计确认公允价值变动收益550.99亿元特殊因素，全省规模以上工业企业利润总额同比下降0.3%。其中，在产的39个行业中，15个行业利润总额同比增长，24个行业下降，行业增长面为38.5%。分行业看，电子、医药、石化和汽车行业影响较大。其中，新能源车国补退坡，传统燃油车销售下降，汽车制造业利润总额下降17.3%；化学原料和化学制品制造业下降20.4%；非金属矿物制品业下降1.3%；有色金属价格回升，有色金属冶炼和压延加工业下降28.4%。从亏损情况来看，1—8月，广东规模以上工业企业亏损面达30.5%；企业亏损额1191.68亿元，下降10.3%，降幅比1—5月扩大34.8个百分点。

区域分化明显，珠三角支撑力度不足。前三季度，分区域规模以上工业增加值呈现"两高两低"。珠三角核心区规模以上工业增加值同比增长2.6%，低于全省0.5个百分点；东翼增长9.2%，高于全省6.1个百分点；西翼增长2.3%，低于全省0.8个百分点；北部生态发展区增长3.8%，高于全省0.7个百分点。

有近六成的工业企业增速低于全省水平。从企业数看，前三季度，全省规上工业企业共7.1万家，4.1万家企业测算的增加值增速低于全省平均水平，占规上工业单位数的57.8%。分市情况看，增速低于全省水平的企业数量较多的市有东莞、深圳、佛山、广州、中山和惠州，分别有8864家、8211家、5225家、4042家、2666家和2471家企业增速低于全省水平；增速低于全省水平企业数占本市规上工业企业数比重较大的市有茂名、东莞、阳江、湛江和云浮，分别有67.0%、64.0%、63.9%、63.9%和60.1%的企业增速低于全省水平。

从总量看，前三季度，全省规上工业增加值29870.63亿元，增速低于全省水平的企业增加值是11855.98亿元，占规上工业比重39.7%。分市情况看，增速低于全省水平的企业增加值总量较大的市有深圳、东莞、广州、佛山和惠州，分别有4209.77亿元、2017.63亿元、1976.09亿元、963.51亿元和900.95亿元；增速低于全省水平的企业增加值占本市比重较大的市有茂名、汕尾、深圳、东莞、广州、阳江和惠州，占比分别高达75.0%、57.4%、54.3%、53.5%、52.3%、52.0%和48.7%。

表10-42　2023年前三季度全省分市规模以上工业企业增加值增长情况

地区	企业数（家）	增速低于全省水平企业（家）	企业数占比（％）	增加值总量（亿元）	增速低于全省水平增加值（亿元）	总量占比（％）
全省	71062	41101	57.8	29870.63	11855.98	39.7
广州市	6933	4042	58.3	3776.98	1976.09	52.3
深圳市	13738	8211	59.8	7752.93	4209.77	54.3
珠海市	1807	1081	59.8	1153.65	456.15	39.5
汕头市	2181	934	42.8	604.07	124.10	20.5
佛山市	9917	5225	52.7	4562.46	963.51	21.1
韶关市	645	351	54.4	291.7	106.60	36.5
河源市	637	353	55.4	276.95	85.11	30.7
梅州市	544	323	59.4	217.86	55.13	25.3
惠州市	4424	2471	55.9	1848.34	900.95	48.7
汕尾市	316	183	57.9	123.09	70.67	57.4
东莞市	13843	8864	64.0	3769.87	2017.63	53.5
中山市	4970	2666	53.6	1108.91	421.51	38.0
江门市	3383	1959	57.9	1076.77	445.56	41.4
阳江市	507	324	63.9	306.71	159.59	52.0
湛江市	822	525	63.9	716.07	324.93	45.4
茂名市	676	453	67.0	433.61	325.25	75.0
肇庆市	1576	773	49.0	631.71	190.75	30.2
清远市	1047	570	54.4	499.98	205.62	41.1
潮州市	1052	579	55.0	198.06	65.90	33.3
揭阳市	1618	958	59.2	406.58	110.63	27.2
云浮市	426	256	60.1	114.34	50.71	44.4

二是关注住房消费回落加深，千方百计激活住房消费潜力。

今年以来，广东商品房销售面积自一季度后逐月下行，前三季度下降
6.9%，降幅比上半年扩大6.7个百分点，对GDP的拉动作用比上半年下降
0.148个百分点。全省房地产业（K门类）占比接近5%，商品房销售面积每
提高1个百分点将拉动GDP提高0.022个百分点。房地产行业涉及的上下游
产业链较多，对经济增长作用明显。从上游产业建筑业看，前三季度建筑
安装工程投资增长4.7%，比上半年回落1.9个百分点，拉动GDP增长0.11个
百分点，比上半年下降0.033个百分点。

表10-43　2023年前三季度与住房消费相关的指标增长情况

指标	权重（%）	每1个百分点拉动GDP点数	当期增速（%）	拉动GDP（个百分点）	比上半年		
					上半年增速（%）	比上半年提高（个百分点）	拉动GDP（个百分点）
商品房销售面积	2.8	0.022	-6.9	-0.15	-0.2	-6.7	-0.148
建安工程投资增速	1.8	0.017	4.7	0.11	6.6	-1.9	-0.033

三是关注投资增速回落，进一步提振民间投资信心。

民间投资占比持续下降。前三季度，民间投资同比下降5.6%，自2022
年5月以来处于下降态势，降幅比上半年收窄0.5个百分点。其中，房地产
开发民间投资下降19.9%，降幅比上半年扩大0.1个百分点，是近十年以来
的最低位，也是民间投资增速下滑的主要拖累因素。从总量占比看，民间
投资占全部投资比重降至46.4%，自2012年以来，民间投资占整体投资比
重基本保持在55%以上，2022年12月比重首次降至50%以下，民间投资对
整体投资的关键力量明显减弱。

基建投资增速回落明显。前三季度，基础设施投资增长6.0%，比上
半年回落4.8个百分点。其中，水的生产和供应业、铁路运输业、公共设
施管理业三个行业投资同比分别增长14.1%、10.6%和1.2%，增速比上

半年分别回落2.2个、0.1个和7.2个百分点。铁路运输业方面，广州至湛江铁路完成投资同比减少近45亿元，拉低全部铁路运输业投资9.4个百分点。电信、广播电视和卫星传输服务增速下降4.2%，降幅虽有所收窄，但仍拉低基础设施投资0.1个百分点。游览景区管理、城乡市容管理投资下降53.4%和24.2%，分别拉低公共设施管理业投资增速1.6个和1.9个百分点。

表10-44　2023年前三季度广东固定资产投资主要领域指标情况

指标	前三季度		上半年增长（%）	比上半年提高（个百分点）
	绝对值（亿元）	增长（%）		
固定资产投资	31986.10	3.1	4.4	-1.3
其中：民间投资	14841.08	-5.6	-6.1	0.5
固定资产投资按领域分				
制造业投资	7784.17	20.0	18.2	1.8
基础设施投资	8562.72	6.0	10.8	-4.8
水的生产和供应业	431.78	14.1	16.3	-2.2
铁路运输业	357.45	10.6	10.7	-0.1
道路运输业	1940.40	-5.8	-1.1	-4.7
航空运输业	216.30	11.7	33.1	-21.4
电信、广播电视和卫星传输服务	177.67	-4.2	-12.1	7.9
水利管理业	279.31	3.8	12.0	-8.2
公共设施管理业	2787.80	1.2	8.4	-7.2
房地产开发投资	10283.91	-8.4	-7.4	-1.0
社会领域投资	1705.01	-3.1	-3.5	0.4
教育	863.16	-7.2	-7.8	0.6
卫生和社会工作	585.72	-2.7	2.8	-5.5
文化、体育和娱乐业	256.13	12.0	-1.8	-13.8

（四）完成全年5%增长目标测算

根据前三季度全省经济增长情况，结合全年增长目标要求，测算全年实现5%的增长，四季度当季需实现6.3%的增长。

表10-45　2023年广东GDP目标分季度数据

季度	当季增速（%）	累计增速（%）
一季度	4.0	4.0
二季度	5.9	5.0
三季度	3.6	4.5
四季度	6.3	5.0

2023年，全省经济总量将跨越13万亿元。根据广东近年经济总量分季比重一般规律，一至四季度每个季度占全年的比重约为22.6%、23.9%、25.5%和28.0%，呈逐季走高，四季度为全年最高。在较高基数基础上，要求我们加强经济变化监测，紧盯目标，奋力拼搏，确保实现全年增长5%的目标。

拾壹

五维度解构：广东GDP率先
突破13万亿元的支撑

2023年，广东实现地区生产总值135673.16亿元，占全国的10.8%；同比增长4.8%，比前三季度提高0.3个百分点。其中，第一产业增加值5540.70亿元，同比增长4.8%；第二产业增加值54437.26亿元，增长4.8%；第三产业增加值75695.21亿元，增长4.7%。

从主要指标看，2023年全省规上工业增加值41266.75亿元，同比增长4.4%；固定资产投资44428.28亿元，增长2.5%；社消零总额47494.86亿元，增长5.8%；进出口83040.7亿元，增长0.3%；商品房销售面积9621.74万平方米，下降9.2%。全年CPI上涨0.4%，PPI下降1.5%，IPI下降2.4%；居民人均可支配收入49327元，扣除物价因素增长4.4%。

表11-1 2023年广东主要经济指标情况

指标	2023年全年		前三季度
	数值	增长（%）	增长（%）
地区生产总值（亿元）	135673.16	4.8	4.5
规模以上工业增加值（亿元）	41266.75	4.4	3.1
全社会用电量（亿度）	8502.47	8.0	7.2
工业用电量（亿度）	4883.82	6.9	5.8
固定资产投资（亿元）	44428.28	2.5	3.1
房地产开发投资（亿元）	13465.88	−10.0	−8.4
商品房销售面积（万平方米）	9621.74	−9.2	−6.9
社会消费品零售总额（亿元）	47494.86	5.8	5.4
进出口总额（亿元）	83040.7	0.3	−0.1
其中：出口总额	54386.5	2.5	3.9
进口总额	28654.2	−3.6	−7.2
地方一般公共预算收入（亿元）	13851.30	4.3	4.5
地方一般公共预算支出（亿元）	18510.90	0.0	−0.7
中外资银行业机构本外币存款余额（亿元）	350887.61	8.9	10.2

（续表）

指标	2023年全年		前三季度
	数值	增长（%）	增长（%）
中外资银行业机构本外币贷款余额（亿元）	271561.63	9.6	10.1
居民消费价格指数（上年同期为100）	100.4	0.4	0.6
工业生产者出厂价格指数（上年同期为100）	98.5	−1.5	−1.2
工业生产者购进价格指数（上年同期为100）	97.6	−2.4	−2.1
居民人均可支配收入（元）	49327	4.8	4.8

一、维度一：纵横比较维度

（一）从纵向看，广东经济增速多次换档，总量不断迈上新台阶

改革开放以来，广东经济不断发展，GDP总量不断迈上新台阶。1978年，广东GDP总量186亿元，1988年突破1000亿元，2000年突破1万亿元，2019年突破10万亿元，此后基本每一到两年上一个新台阶。2020年经济总量超11万亿元，2021年超12万亿元，2022年逼近13万亿元，2023年超

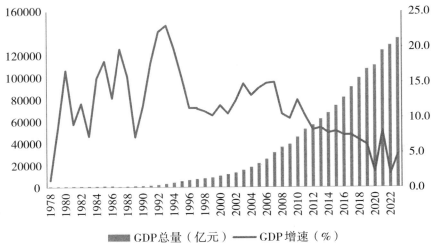

图11-1　1978—2023年广东GDP总量和增速

13.5万亿元，达135673亿元。广东经济总量从百亿到千亿花了10年，从千亿到万亿花了12年，从万亿到十万亿花了19年。

从增速看广东经济历经多轮波峰波谷，多次换档，先后经历6个阶段。

深化改革开放的黄金发展期（1990—1996年）。 20世纪90年代初，广东深刻总结十多年改革开放经验，把握历史脉搏，高举改革开放旗帜，坚持解放思想，开启了一轮黄金发展时期。以1989年7.2%的阶段性低点为起点，经济增速迅速加快到1990年的11.6%、1991年的17.7%，并在1992年邓小平南方谈话后到达顶峰，1992年、1993年分别增长22.1%、23.0%，不但是这一时期的高点，更是新中国成立以来广东经济增速的历史最高点。这一阶段，广东年均增速达到17.2%，高于全国6.5个百分点，"东方风来满眼春"。

亚洲金融危机的稳定器（1997—2001年）。 1997年，亚洲爆发罕见金融危机。巨大危机使得亚洲国家的经济、社会秩序陷入混乱，造成国际金融市场持续动荡，世界经济受到严重冲击。面对危机，中国充分展现出高度责任感，采取一系列有效措施制止危机发展与蔓延，助力亚洲经济快速恢复，成为亚洲经济的"定海神针"。1997—2001年，广东作为全国经济第一大省，增速虽然较90年代初有所放缓，但总体依然保持10%～12%的增速，年均增长10.9%，高于全国2.6个百分点，为稳定全国经济、有效应对危机做出贡献。

经济全球化带来新一轮快速发展契机（2002—2007年）。 2002年，以加入世界贸易组织为契机，广东主动抓住经济全球化发展机遇，全面扩大对外开放，深度融入世界经济，激活经济发展一池春水，步入新一轮快速发展轨道。从2002年开始，广东经济增速加快到12%以上，最高达到2007年的15.0%，2002—2007年，年均增长14.1%，高于全国2.9个百分点，以自身稳健发展成为拉动全国经济增长的重要"动力源"。

金融海啸下的可持续增长（2008—2011年）。2008年，美国华尔街金融海啸席卷全球金融市场，给各国经济带来严重影响。中国政府通过积极的政策调整、稳定的金融体系和加强国际合作，成功缓解金融危机对国内经济冲击，展现出坚强的韧性和应对能力。从2008年开始，广东从金融危机中吸取宝贵经验，更加注重加强金融监管和风险防控，推动经济结构转型升级，2008—2011年，年均增速保持10.8%，继续实现稳定可持续增长。

新常态下稳中有进总基调（2012—2019年）。党的十八大以后，广东经济发展进入新常态，从两位数的高速增长转向一位数的中高速增长。在全球经济增长乏力、国内外面临诸多风险的背景下，广东积极适应新经济形势，坚持稳中求进总基调，经济结构不断优化升级，动力从要素驱动、投资驱动转向创新驱动，不断推动经济由量的扩张向质的提升转变，打造具有适应性和韧性的经济体系。2012—2019年，广东经济增速相对平稳，保持在6%～9%之间，年均增速7.6%，高于全国0.5个百分点。

后疫情时代换档压力（2020—2022年）。2020年初，突如其来的新冠肺炎疫情对企业生产、市场消费、进出口产生严重冲击，广东省委、省政府及时采取有力措施统筹疫情防控和经济发展，但持续三年的全球疫情波动仍然对广东经济复苏造成很大的挑战，经济增长呈现曲折式发展轨迹。从2020年的2.3%到2021年的8.1%，再到2022年的2.0%，三年年均增长4.0%，再次呈现换档压力。2023年，随着疫情结束，广东经济增速进入5%左右平稳增长阶段。

（二）从横向比，广东与全国及东部主要省份的增速差有所收窄

与全国和东部主要省份相比，2023年广东经济总量占全国比重为10.76%，较2022年提高0.05个百分点。江苏与广东的总量差距扩大1208亿元，2022年广东GDP总量多于江苏6243亿元，2023年继续扩大到7451亿元。

表11-2 粤苏地区经济总量增速对比

	总量（亿元）			增速（%）	
	广东	江苏	粤苏差	广东	江苏
2022年快报	129119	122876	6243	1.9	2.8
2023年快报	135673	128222	7451	4.8	5.8

从增速看，广东增速落后全国0.4个百分点，分别比江苏、山东、浙江低1.0个、1.2个和1.2个百分点。与前三季度相比，广东与全国的增速差距收窄0.3个百分点，较2022年收窄0.7个百分点。与江苏、山东和浙江的增速差比前三季度分别收窄0.3个、0.3个和0.6个百分点。

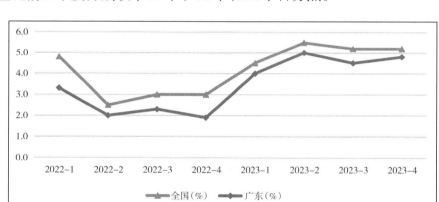

图11-2 2022年以来全国和广东增速对比

表11-3 2023年粤苏鲁浙地区生产总值累计增速

	地区生产总值累计增速							
	2022-1	2022-2	2022-3	2022-4	2023-1	2023-2	2023-3	2023-4
全国	4.8	2.5	3.0	3.0	4.5	5.5	5.2	5.2
广东	3.3	2.0	2.3	1.9	4.0	5.0	4.5	4.8
江苏	4.6	1.6	2.3	2.8	4.7	6.6	5.8	5.8
山东	5.2	3.6	4.0	3.9	4.7	6.2	6.0	6.0
浙江	5.1	2.5	3.1	3.1	4.9	6.8	6.3	6.0

（三）从三大需求看，消费成为经济增长主要拉动力

2023年，测算最终消费支出、资本形成总额、货物和服务净流出对全省GDP增长的贡献率分别为51.9%、28.0%和20.1%，拉动GDP增长2.5个、1.3个和1.0个百分点。

表11-4　2023年广东支出法地区生产总值

	本年构成（%）			贡献率（%）			拉动率（%）		
	2023年		2022年	2023年		2022年	2023年		2022年
	全年	前三季		全年	前三季		全年	前三季	
GDP	100	100	100	100	100	100	4.8	4.5	2.0
最终消费支出	52.2	52.0	50.3	51.9	48.1	46.8	2.5	2.2	1.0
资本形成总额	42.0	42.6	42.2	28.0	28.2	-16.5	1.3	1.3	-0.3
货物和服务净流出	5.8	5.4	7.5	20.1	23.7	69.7	1.0	1.1	1.4

消费持续恢复向好。随着省委、省政府一系列释放内需扩大消费政策落地显效，居民消费能力不断提高，同时出行相关需求回升，消费规模稳步恢复和提升。全年社会消费品零售总额同比增长5.8%，高于前三季度0.4个百分点。其中城镇消费品零售额增长5.3%，高于前三季度0.4个百分点。从消费类型看，在假期出行高峰带动下，餐饮消费保持了较强增长势头，同比增长26.5%，比前三季度高2.8个百分点；商品零售增长3.5%，比前三季度高0.1个百分点。全年财政八项支出扭转了前三季度跌势，同比上升0.3%，与上年同期基本持平，比前三季度高0.5个百分点。

投资增长放缓。全年工业投资保持较高韧性，但受房地产投资以及交通运输、仓储和邮政业投资降幅扩大影响，固定资产投资增速有所回落，同比增长2.5%，比前三季度低0.6个百分点。分三次产业看，第一产业投

资延续前三季度的跌势，下降1.6%，低于前三季度1.2个百分点。第二产业投资持续发力，保持高速增长，但增速稍有下降，增长22.2%，比前三季度低1.8个百分点。其中优势传统工业和高技术产业（制造业）投资较快增长，均高于前三季度增速。第三产业投资出现大面积下降，14个行业中"5升9降"，同比下降5.3%，比前三季度低0.4个百分点。其中占比最高的房地产投资和占比第三的交通运输、仓储和邮政业投资跌幅进一步扩大，拖累第三产业投资持续下滑。同时，在工业存货同比下降的影响下，全年存货变动负增长。

净出口稳中向好。2023年，广东扎实打好"五外联动"组合拳，出台系列政策助企纾困，外贸实现稳增长、调结构、提质量。全年外贸进出口同比增长0.3%，高于全国0.1个百分点。其中货物出口总额增长2.5%，高于全国1.9个百分点；进口总额下降3.6%，降幅较前三季度收窄3.6个百分点。

（四）从核算的41个基础指标看，19个基础指标增速有所提高，20个基础指标增速回落，2个基础指标持平

与前三季度相比，长板基础指标9个。其中对GDP的拉动作用提升较快的指标有规上制造业不变价增加值增长4.0%，比前三季度提高1.4个百分点，拉动GDP增长1.02个百分点；批发业销售额增长6.9%，比前三季度提高0.9个百分点，拉动GDP增长0.29个百分点；零售业销售额增长6.2%，比前三季度提高0.9个百分点，拉动GDP增长0.23个百分点；餐饮业营业额增长15.0%，比前三季度提高2.1个百分点，拉动GDP增长0.11个百分点；公路运输总周转量增长5.6%，比前三季度提高1.7个百分点，拉动GDP增长0.06个百分点。此五项基础数据权重合计41.0%，合计拉动GDP增速比前三季度提高0.47个百分点。

表11-5 2023年全省主要长板基础指标[①]

基础指标	增速（%）	比前三季提高（个百分点）	拉动GDP（个百分点）	拉高（低）GDP百分点
规上制造业不变价增加值增速	4.0	1.4	1.024	0.358
批发业销售额增速	6.9	0.9	0.29	0.039
零售业销售额增速	6.2	0.9	0.23	0.035
餐饮业营业额增速	15.0	2.1	0.11	0.020
公路运输总周转量增速	5.6	1.7	0.06	0.019

对GDP拉动作用下降的短板基础指标有7个，合计权重为43.3%，拉低GDP 0.218个百分点。影响较大的有商品房销售面积下降9.2%，比前三季度回落2.3个百分点；保费收入增长11.3%，比前三季度回落1.9个百分点；科学研究和技术服务业营业收入增长1.3%，比前三季度回落2.6个百分点；软件信息服务业营业收入增长15.1%，比前三季度回落1.0个百分点；金融机构存款余额增长11.3%，比前三季度回落0.5百分点。此五项基础数据权重合计12.0%，合计拉动GDP增速比前三季度降低0.127个百分点。

表11-6 2023年全省主要短板基础指标[②]

基础指标	增速（%）	比前三季度提高（个百分点）	拉动GDP（个百分点）	拉高（低）GDP百分点
商品房销售面积增速	-9.2	-2.3	-0.22	-0.055
保费收入增速	11.3	-1.9	0.11	-0.023
科学研究和技术服务业营业收入增速	1.3	-2.6	0.00	-0.017
软件信息服务业营业收入增速	15.1	-1.0	0.24	-0.016
金融机构存款余额增速	11.3	-0.5	0.33	-0.016

① 长板基础指标是根据本季度和上季度基础指标增长情况和权重进行计算，指拉动率比上季度提高0.01个百分点以上的指标。

② 短板基础指标是根据本季度和上季度基础指标增长情况和权重进行计算，指拉动率比上季度降低0.01个百分点以上的指标。

基础指标中相对比较稳定有25个，合计权重32.4%，拉动GDP增长1.48个百分点，基本与前三季度持平。从权重较大的几个指标看，增长基本回落。其中，农林牧渔业可比价总产值增长5.0%，与前三季度持平，拉动GDP增长0.23个百分点；公共管理、社会保障和社会组织工资总额增长1.5%，比前三季度回落0.4个百分点，拉动GDP增长0.02个百分点；教育业工资总额增长3.7%，比前三季度回落0.4个百分点，拉动GDP增长0.04个百分点；金融机构贷款余额增长10.4%，比前三季度回落0.3个百分点，拉动GDP增长0.25个百分点。

表11-7　2023年全省权重较大企稳基础指标[①]

基础指标	增速（%）	比前三季提高（个百分点）	拉动GDP（个百分点）	拉高（低）GDP百分点
农林牧渔业可比价总产值增速	5.0	0.0	0.23	−0.001
公共管理、社会保障和社会组织工资总额增速	1.5	−0.4	0.02	−0.008
教育业工资总额增速	3.7	−0.4	0.04	−0.008
金融机构贷款余额增速	10.4	−0.3	0.25	−0.005
卫生和社会工作工资总额增速	7.3	−0.1	0.08	−0.002
建筑业注册地总专包企业总产值增速	9.8	0.2	0.20	0.004

（五）从区域看，珠三角领跑全省，对全省贡献率较高

珠三角核心区增速提升，对全省贡献率略有提高。2023年，珠三角核心区地区生产总值突破11万亿元，达110214.70亿元，增长4.8%，与全省持平，高于前三季度0.3个百分点。占全省比重81.2%，对全省GDP增速贡献率为82.0%，较前三季度提高0.1个百分点，拉动全省GDP增长3.92个百分点，是全省经济增长的主要引擎，区域内五个市GDP增速高于全省。

---

① 企稳基础指标是根据本季度和上季度基础指标增长情况和权重进行计算，指拉动率与上季度相比，在正负0.01个百分点以内的指标。

　　沿海经济带增速回落，对全省经济贡献度下降。2023年，沿海经济带实现地区生产总值17753.38亿元，增长4.2%，增幅比前三季度回落0.2个百分点，比全省增速低0.6个百分点。对全省GDP增速贡献率为11.5%，比前三季度下降1.5个百分点。

　　北部生态发展区增速提升最多，对全省经济贡献度提高0.6个百分点。2023年，北部生态发展区实现地区生产总值7705.08亿元，同比增长4.6%，增幅比前三季度提高0.6个百分点，低于全省增速0.2个百分点。占全省比重为5.7%，对全省经济增长贡献率由前三季度的5.1%提高到5.7%。

表11-8　2023年分市分区域GDP增长情况

		2023年				2023年前三季度			
		GDP（亿元）	增长（%）	占全国比重（%）	占广东比重（%）	GDP（亿元）	增长（%）	占全国比重（%）	占广东比重（%）
全国		1260582	5.2	100.0	—	913027	5.2	100.0	—
广东		135673.16	4.8	10.8	—	96161.63	4.5	10.5	—
各市合计		135673.16	4.8	10.8	100.0	96161.63	4.4	10.5	100.0
珠三角核心区	广州市	30355.73	4.6	2.4	22.4	21769.84	4.2	2.4	22.6
	深圳市	34606.40	6.0	2.7	25.5	24468.25	5.4	2.7	25.4
	珠海市	4233.22	3.8	0.3	3.1	3004.90	3.6	0.3	3.1
	佛山市	13276.14	5.0	1.1	9.8	9270.56	4.9	1.0	9.6
	惠州市	5639.68	5.6	0.4	4.2	4014.72	5.3	0.4	4.2
	东莞市	11438.13	2.6	0.9	8.4	8118.72	2.0	0.9	8.4
	中山市	3850.65	5.6	0.3	2.8	2744.63	5.3	0.3	2.9
	江门市	4022.25	5.5	0.3	3.0	2810.29	5.3	0.3	2.9
	肇庆市	2792.51	3.7	0.2	2.1	1944.62	3.1	0.2	2.0
	九市合计	110214.70	4.8	8.7	81.2	78146.53	4.5	8.6	81.3

（续表）

		2023年				2023年前三季度			
		GDP（亿元）	增长（%）	占全国比重（%）	占广东比重（%）	GDP（亿元）	增长（%）	占全国比重（%）	占广东比重（%）
沿海经济带	汕头市	3158.32	4.2	0.3	2.3	2299.26	5.0	0.3	2.4
	汕尾市	1430.84	5.0	0.1	1.1	968.26	4.9	0.1	1.0
	潮州市	1356.59	3.0	0.1	1.0	963.88	3.3	0.1	1.0
	揭阳市	2445.03	7.5	0.2	1.8	1712.70	8.0	0.2	1.8
	阳江市	1581.79	3.8	0.1	1.2	1119.11	3.5	0.1	1.2
	湛江市	3793.59	3.0	0.3	2.8	2696.36	3.4	0.3	2.8
	茂名市	3987.22	3.7	0.3	2.9	2841.01	3.4	0.3	3.0
	七市合计	17753.38	4.2	1.4	13.1	12600.59	4.4	1.4	13.1
北部生态发展区	韶关市	1620.83	4.6	0.1	1.2	1165.54	4.0	0.1	1.2
	河源市	1348.22	4.0	0.1	1.0	936.40	4.5	0.1	1.0
	梅州市	1408.43	6.5	0.1	1.0	990.36	5.0	0.1	1.0
	清远市	2120.19	4.5	0.2	1.6	1487.87	3.2	0.2	1.5
	云浮市	1207.42	3.8	0.1	0.9	834.34	3.3	0.1	0.9
	五市合计	7705.08	4.6	0.6	5.7	5414.51	4.0	0.6	5.6

16个地市增速较前三季度有所提升。全省21个地市中增速高于全省的8个，低于全省的13个。增速高于全省的分别是深圳6.0%、佛山5.0%、梅州6.5%、惠州5.6%、汕尾5.0%、中山5.6%、江门5.5%和揭阳7.5%，5个在珠三角地区。与前三季度相比，仅5个地市增速出现不同程度的回落。其中，汕头回落0.8个百分点，揭阳回落0.5个百分点，河源回落0.5个百分点。

下将各市基础指标与全省平均水平进行对比，结合各指标权重和具体数值大小分析对各市GDP增速影响较大的指标因素。

广州： 长板指标主要是批发业销售额，商品房销售面积，建筑安装工程投资额，房地产从业人员工资总额等指标增速，这四项指标高于全省平均水平且影响较大，影响权重合计为18.7%，分别拉高本市经济增速0.37个、0.33个、0.09个和0.09个百分点。短板指标主要是规上制造业不变价增加值，软件和信息服务业营业收入，规下工业不变价增加值，航空运输总周转量等指标增速，同比增长0.6%、3.0%、2.1%和70.5%，分别低于全省平均水平3.4个、12.1个、2.4个和21.4个百分点，这四项指标对GDP增速的影响权重合计为26.3%，分别拉低本市经济增速0.57个、0.27个、0.08个和0.06个百分点。

深圳： 长板指标主要是商品房销售面积，规上制造业不变价增加值，软件和信息服务业营业收入，规上电力热力燃气及水的生产和供应业不变价增加值等指标增速，这四项指标高于全省平均水平且影响较大，影响权重合计为40.3%，分别拉高本市经济增速0.54个、0.42个、0.18个和0.1个百分点。短板指标主要是批发业销售额，金融机构贷款余额，金融机构存款余额，科学研究和技术服务业营业收入等指标增速，同比增长3.9%、8.9%、10.4%和−2.8%，分别比全省平均水平低3.0个、1.5个、0.9个和4.1个百分点，这四项指标对GDP增速的影响权重合计为16.7%，分别拉低本市经济增速0.13个、0.06个、0.04个和0.03个百分点。

珠海： 长板指标主要是规上制造业不变价增加值，金融机构贷款余额，科学研究和技术服务业工资总额，文化体育和娱乐业营业收入等指标增速，这四项指标高于全省平均水平且影响较大，影响权重合计为37.4%，分别拉高本市经济增速0.84个、0.13个、0.12个和0.08个百分点。短板指标主要是商品房销售面积，建筑安装工程投资额，规上采矿业不变价增加值，证券交易额等指标增速，同比增长−20.6%、−9.0%、−9.8%

和–0.3%，分别低于全省平均水平11.4个、12.9个、10.2个和5.4个百分点，这四项指标对GDP增速的影响权重合计为13%，分别拉低本市经济增速0.35个、0.35个、0.19个和0.11个百分点。

　　汕头：长板指标主要是规下工业不变价增加值，建筑安装工程投资额，规上电力热力燃气及水的生产和供应业不变价增加值，邮政行业业务总量等指标增速，这四项指标高于全省平均水平且影响较大，影响权重合计为19.8%，分别拉高本市经济增速0.43个、0.29个、0.06个和0.05个百分点。短板指标主要是注册地总专包企业总产值，规上制造业不变价增加值，批发业销售额，零售业销售额等指标增速，同比增长–7.7%、2.1%、3.6%和4.9%，分别比全省平均水平低17.5个、1.9个、3.3个和1.3个百分点，这四项指标对GDP增速的影响权重合计为39.8%，分别拉低本市经济增速0.58个、0.43个、0.12个和0.07个百分点。

　　佛山：长板指标主要是规上制造业不变价增加值，金融机构存款余额，公共管理、社会保障和社会组织工资总额，卫生和社会工作工资总额等指标增速，这四项指标高于全省平均水平且影响较大，影响权重合计为52.7%，分别拉高本市经济增速0.94个、0.17个、0.04个和0.03个百分点。短板指标主要是商品房销售面积，规下工业不变价增加值，零售业销售额，电信业务总量等指标增速，同比增长–27.4%、2.7%、3.7%和5.4%，分别比全省平均水平低18.2个、1.8个、2.5个和8.7个百分点，这四项指标对GDP增速的影响权重合计为13.3%，分别拉低本市经济增速0.38个、0.13个、0.05个和0.05个百分点。

　　韶关：长板指标主要是互联网和相关服务业营业收入，规上制造业不变价增加值，卫生和社会工作工资总额，公共管理、社会保障和社会组织工资总额等指标增速，这四项指标高于全省平均水平且影响较大，影响权重合计为35.7%，分别拉高本市经济增速0.33个、0.18个、0.16个和0.15个百分点。短板指标主要是注册地总专包企业总产值，建筑安装工程投资额，批发业销售额，公路运输总周转量等指标增速，同比增长–3.1%、–2.2%、0.3%和–1.4%，分别比全省平均水平低12.9个、6.1个、6.6个和7个百分点，这四项指标对GDP增速的影响权重合计为10.9%，分别拉低本市经济增速0.34个、0.17个、0.15个和0.12个百分点。

河源：长板指标主要是建筑安装工程投资额，农林牧渔业可比价总产值，规上制造业不变价增加值，公共管理、社会保障和社会组织工资总额等指标增速，这四项指标高于全省平均水平且影响较大，影响权重合计为46.6%，分别拉高本市经济增速0.14个、0.14个、0.12个和0.1个百分点。短板指标主要是零售业销售额，规上电力热力燃气及水的生产和供应业不变价增加值，批发业销售额，金融机构贷款余额等指标增速，同比增长0.2%、1.3%、–1.8%和4.9%，分别比全省平均水平低6.0个、9.9个、8.7个和5.5个百分点，这四项指标对GDP增速的影响权重合计为15.2%，分别拉低本市经济增速0.4个、0.21个、0.2个和0.12个百分点。

梅州：长板指标主要是规上制造业不变价增加值，建筑安装工程投资额，农林牧渔业可比价总产值，公共管理、社会保障和社会组织工资总额等指标增速，这四项指标高于全省平均水平且影响较大，影响权重合计为47.6%，分别拉高本市经济增速0.68个、0.44个、0.18个和0.1个百分点。短板指标主要是证券交易额，规上电力热力燃气及水的生产和供应业不变价增加值，租赁和商务服务业工资总额，水利、环境和公共设施管理业工资总额等指标增速，同比增长–18.8%、9.0%、–0.3%和–4.2%，分别比全省平均水平低23.9个、2.2个、8.6个和11.6个百分点，这四项指标对GDP增速的影响权重合计为4.8%，分别拉低本市经济增速0.06个、0.06个、0.05个和0.04个百分点。

惠州：长板指标主要是批发业销售额，注册地总专包企业总产值，规上制造业不变价增加值，农林牧渔业可比价总产值等指标增速，这四项指标高于全省平均水平且影响较大，影响权重合计为49.8%，分别拉高本市经济增速1.0个、0.36个、0.21个和0.08个百分点。短板指标主要是规下工业不变价增加值，房地产从业人员工资总额，零售业销售额，商品房销售面积等指标增速，同比增长1.9%、−12.1%、4.3%和−9.9%，分别比全省平均水平低2.6个、11.1个、1.9个和0.7个百分点，这四项指标对GDP增速的影响权重合计为18.2%，分别拉低本市经济增速0.18个、0.11个、0.07个和0.03个百分点。

汕尾：长板指标主要是规上采矿业不变价增加值，规下工业不变价增加值，水路运输总周转量，金融机构贷款余额等指标增速，这四项指标高于全省平均水平且影响较大，影响权重合计为14.3%，分别拉高本市经济增速4.0个、0.67个、0.58个和0.17个百分点。短板指标主要是规上制造业不变价增加值，规上电力热力燃气及水的生产和供应业不变价增加值，建筑安装工程投资额，金融机构存款余额等指标增速，同比增长−18.3%、−0.3%、−4.6%和6.8%，分别比全省平均水平低22.3个、11.5个、8.5个和4.5个百分点，这四项指标对GDP增速的影响权重合计为24.3%，分别拉低本市经济增速3.3个、0.28个、0.25个和0.08个百分点。

东莞：长板指标主要是规下工业不变价增加值，软件和信息服务业营业收入，金融机构存款余额，科学研究和技术服务业营业收入等指标增速，这四项指标高于全省平均水平且影响较大，影响权重合计为16.3%，分别拉高本市经济增速0.16个、0.16个、0.13个和0.03个百分点。短板指标主要是规上制造业不变价增加值，批发业销售额，商品房销售面积，零售业销售额等指标增速，同比增长−2.4%、−4.4%、−21.8%和2.6%，分别比全省平均水平低6.4个、11.3个、12.6个和3.6个百分点，这四项指标对GDP增速的影响权重合计为52.8%，分别拉低本市经济增速2.46个、0.33个、0.29个和0.11个百分点。

中山：长板指标主要是规上制造业不变价增加值，规下工业不变价增加值，注册地总专包企业总产值，建筑安装工程投资额等指标增速，这四项指标高于全省平均水平且影响较大，影响权重合计为47.7%，分别拉高本市经济增速0.68个、0.49个、0.21个和0.12个百分点。短板指标主要是零售业销售额，规上电力热力燃气及水的生产和供应业不变价增加值，租赁和商务服务业营业收入，金融机构贷款余额等指标增速，同比增长2.1%、6.4%、6.6%和9.8%，分别比全省平均水平低4.1个、4.8个、2.4个和0.6个百分点，这四项指标对GDP增速的影响权重合计为13.6%，分别拉低本市经济增速0.27个、0.09个、0.02个和0.02个百分点。

江门：长板指标主要是规上制造业不变价增加值，注册地总专包企业总产值，规下工业不变价增加值，农林牧渔业可比价总产值等指标增速，这四项指标高于全省平均水平且影响较大，影响权重合计为47.5%，分别拉高本市经济增速0.58个、0.28个、0.21个和0.13个百分点。短板指标主要是批发业销售额，零售业销售额，金融机构贷款余额，规上电力热力燃气及水的生产和供应业不变价增加值等指标增速，同比增长-7.2%、0.8%、9.0%和10.1%，分别比全省平均水平低14.1个、5.4个、1.4个和1.1个百分点，这四项指标对GDP增速的影响权重合计为11.5%，分别拉低本市经济增速0.25个、0.16个、0.04个和0.03个百分点。

阳江：长板指标主要是邮政行业业务总量，公路运输总周转量，建筑安装工程投资额，公共管理、社会保障和社会组织工资总额等指标增速，这四项指标高于全省平均水平且影响较大，影响权重合计为11.0%，分别拉高本市经济增速0.15个、0.12个、0.1个和0.04个百分点。短板指标主要是规上电力热力燃气及水的生产和供应业不变价增加值，零售业销售额，农林牧渔业可比价总产值，批发业销售额等指标增速，同比增长3.1%、0.8%、3.3%和-3.2%，分别比全省平均水平低8.1个、5.4个、1.7个和10.1个百分点，这四项指标对GDP增速的影响权重合计为41.3%，分别拉低本市经济增速0.9个、0.35个、0.31个和0.27个百分点。

湛江： 长板指标主要是商品房销售面积，金融机构贷款余额，建筑安装工程投资额，教育业工资总额等指标增速，这四项指标高于全省平均水平且影响较大，影响权重合计为12.3%，分别拉高本市经济增速0.17个、0.06个、0.06个和0.05个百分点。短板指标主要是规上制造业不变价增加值，注册地总专包企业总产值，农林牧渔业可比价总产值，公路运输总周转量等指标增速，同比增长–2.0%、–0.4%、3.8%和–5.2%，分别比全省平均水平低6.0个、10.2个、1.2个和10.8个百分点，这四项指标对GDP增速的影响权重合计为42.1%，分别拉低本市经济增速0.84个、0.35个、0.24个和0.2个百分点。

茂名： 长板指标主要是规上制造业不变价增加值，租赁和商务服务业工资总额，居民服务修理和其他服务业营业收入，租赁和商务服务业营业收入等指标增速，这四项指标高于全省平均水平且影响较大，影响权重合计为17.2%，分别拉高本市经济增速0.16个、0.03个、0.03个和0.02个百分点。短板指标主要是批发业销售额，注册地总专包企业总产值，建筑安装工程投资额，零售业销售额等指标增速，同比增长–7.8%、0.1%、–0.6%和5.0%，分别比全省平均水平低14.7个、9.7个、4.5个和1.2个百分点，这四项指标对GDP增速的影响权重合计为20.1%，分别拉低本市经济增速0.48个、0.37个、0.18个和0.08个百分点。

肇庆： 长板指标主要是批发业销售额，规上制造业不变价增加值，公共管理、社会保障和社会组织工资总额，公路运输总周转量等指标增速，这四项指标高于全省平均水平且影响较大，影响权重合计为38.2%，分别拉高本市经济增速0.22个、0.05个、0.03个和0.03个百分点。短板指标主要是建筑安装工程投资额，规下工业不变价增加值，规上采矿业不变价增加值，零售业销售额等指标增速，同比增长–7.9%、0.8%、–37.7%和3.8%，分别比全省平均水平低11.8个、3.7个、38.1个和2.4个百分点，这四项指标对GDP增速的影响权重合计为15.7%，分别拉低本市经济增速0.29个、0.21个、0.17个和0.15个百分点。

清远： 长板指标主要是规上制造业不变价增加值，农林牧渔业可比价总产值，规上采矿业不变价增加值，租赁和商务服务业工资总额等指标增速，这四项指标高于全省平均水平且影响较大，影响权重合计为44.5%，分别拉高本市经济增速0.48个、0.18个、0.05个和0.04个百分点。短板指标主要是零售业销售额，建筑安装工程投资额，规下工业不变价增加值，规上电力热力燃气及水的生产和供应业不变价增加值等指标增速，同比增长-1.0%、-4.0%、1.0%和9.4%，分别比全省平均水平低7.2个、7.9个、3.5个和1.8个百分点，这四项指标对GDP增速的影响权重合计为13.6%，分别拉低本市经济增速0.3个、0.15个、0.12个和0.06个百分点。

潮州： 长板指标主要是规下工业不变价增加值，零售业销售额，规上电力热力燃气及水的生产和供应业不变价增加值，公路运输总周转量等指标增速，这四项指标高于全省平均水平且影响较大，影响权重合计为31.8%，分别拉高本市经济增速0.72个、0.09个、0.05个和0.04个百分点。短板指标主要是规上制造业不变价增加值，建筑安装工程投资额，批发业销售额，教育业工资总额等指标增速，同比增长-7.2%、-16.2%、-1.7%和-1.2%，分别比全省平均水平低11.2个、20.1个、8.6个和4.9个百分点，这四项指标对GDP增速的影响权重合计为28.7%，分别拉低本市经济增速1.84个、0.35个、0.21个和0.13个百分点。

揭阳： 长板指标主要是规上制造业不变价增加值，公共管理、社会保障和社会组织工资总额，商品房销售面积，科学研究和技术服务业工资总额等指标增速，这四项指标高于全省平均水平且影响较大，影响权重合计为28.8%，分别拉高本市经济增速4.1个、0.08个、0.04个和0.0个百分点。短板指标主要是建筑安装工程投资额，零售业销售额，规下工业不变价增加值，批发业销售额等指标增速，同比增长-20.5%、3.7%、0.7%和

3.3%，分别比全省平均水平低24.4个、2.5个、3.8个和3.6个百分点，这四项指标对GDP增速的影响权重合计为29.3%，分别拉低本市经济增速0.37个、0.33个、0.3个和0.15个百分点。

云浮： 长板指标主要是农林牧渔业可比价总产值，规上电力热力燃气及水的生产和供应业不变价增加值，水利、环境和公共设施管理业工资总额，金融机构贷款余额等指标增速，这四项指标高于全省平均水平且影响较大，影响权重合计为23.8%，分别拉高本市经济增速0.16个、0.13个、0.06个和0.04个百分点。短板指标主要是规上制造业不变价增加值，注册地总专包企业总产值，规上采矿业不变价增加值，零售业销售额等指标增速，同比增长2.0%、3.1%、–13.4%和3.5%，分别比全省平均水平低2.0个、6.7个、13.8个和2.7个百分点，这四项指标对GDP增速的影响权重合计为23.4%，分别拉低本市经济增速0.26个、0.16个、0.16个和0.13个百分点。

二、维度二：实体支撑维度

广东积极推动"制造业当家"战略，实体经济是广东经济稳定增长的重要支撑。2023年，广东GDP增速比前三季度提高0.3个百分点，以二产工业及制造业为主的实体经济发力是拉动经济回升的主要因素。

三次产业中第一产业增速与前三季度持平，对GDP的贡献率为4.4%，拉动GDP增长0.2个百分点，与前三季度持平；第二产业增速比前三季度提高0.8个百分点，对GDP的贡献率为40.0%，拉动GDP增长1.9个百分点，比前三季度提高0.3个百分点；第三产业增速比前三季度回落0.1个百分点，对GDP的贡献率为55.6%，拉动GDP增长2.7个百分点，与前三季度持平。

表11-9　2023年各季度三次产业对经济增长的贡献率和拉动率

		2023一季度	2023上半年	2023前三季度	2023全年
贡献率（%）	第一产业	3.7	3.6	4.5	4.4
	第二产业	22.2	29.0	35.9	40.0
	第三产业	74.1	67.5	59.6	55.6
拉动率（%）	第一产业	0.1	0.2	0.2	0.2
	第二产业	0.9	1.4	1.6	1.9
	第三产业	3.0	3.4	2.7	2.7

8个行业增速高于GDP增速，交通运输仓储和邮政业、商业对GDP拉动作用好于前三季度。从13个行业看，农业、建筑业、商业、金融业、交通运输仓储和邮政业、信息传输软件和信息技术服务业、租赁和商务服务业、居民服务业8个行业增速高于GDP增速。增长最快的是交通运输仓储和邮政业，同比增长9.9%，拉动GDP增长0.3个百分点，比前三季度提高0.1个百分点；其次是信息传输软件和信息技术服务业，增长9.1%；居民服务业增长8.7%；租赁和商务服务业增长8.6%；建筑业增长8.4%；商业增长5.5%，拉动GDP增长0.63个百分点，比前三季度提升0.1个百分点。

5个行业增速低于GDP，工业拉动作用明显。工业、房地产业、科教文卫业、水利环境、公共管理5个行业增速低于GDP增速。其中工业增长4.4%，拉动GDP增长1.57个百分点，比前三季度提高0.3个百分点；房地产业仍处于负增长区间，下降1.6%，拉动GDP下降0.14个百分点；公共管理业、科教文卫业、水利环境业低速增长，分别增长0.8%、2.5%和3.5%。

与前三季度相比，5个行业增速有所提升。其中交通运输仓储和邮政业提升幅度最大，达2.6个百分点；其次是居民服务业，提升2.2个百分点；租赁和商务服务业、工业、商业分别比前三季度提升1.4个、0.8个、0.6个百分点。6个行业增速比前三季度回落，其中房地产业、科教文卫业、水利环境业回落幅度较大，分别为1.0个、0.9个、0.6个百分点。总体来看，提升的行业数量少于回落的行业，但提升幅度大于回落幅度。

表11-10 2023年GDP增加值统一核算行业基础指标

行业类别	总量（亿元）	增速（%）	占GDP比重（%）	拉动率（个百分点）	序号	41个基础指标（增速）	不变价影响权重（%）	涉相关部门
一、农业	5753.60	5.0	4.2	0.23	1	农林牧渔业总产值增速*	4.5	农业农村
二、工业	48712.94	4.4	35.9	1.57	2	规上采矿业增加值增速*	0.7	工信
					3	规上制造业增加值增速*	28.4	
					4	规上电热水供应业增加值增速*	1.9	
					5	规下工业增加值增速*☆	4.6	
三、建筑业	5892.49	8.4	4.3	0.34	6	注册地总专包企业增速	2.0	住建
					7	建安工程投资增速	2.0	
四、商业	15248.38	5.5	11.2	0.63	8	批发业销售额增速	5.6	商务
					9	零售业销售额增速	4.3	
					10	住宿业营业额增速	0.1	
					11	餐饮业营业额增速	1.3	
五、金融业	12418.82	7.1	9.2	0.64	12	存款增速	3.6	人民银行
					13	贷款增速	3.0	
					14	证券交易额增速	1.4	证监
					15	保费收入增速	1.2	银保监
六、房地产业	10545.72	−1.6	7.8	−0.14	16	商品房销售面积增速	3.1	住建
					17	从业人员工资总额增速	1.8	

（续表）

行业类别	总量（亿元）	增速（%）	占GDP比重（%）	拉动率（个百分点）	序号	41个基础指标（增速）	不变价影响权重（%）	涉相关部门
七、交通运输仓储邮政业	4847.71	9.9	3.6	0.30	18	铁路运输总周转量增速	0.1	交通
					19	公路运输总周转量增速	1.4	
					20	水路运输总周转量增速	0.2	
					21	航空运输总周转量增速	0.1	
					22	航空旅客和货邮吞吐量增速	0.1	
					23	邮政行业业务总量增速	0.4	邮政
					24	管道运输营收增速☆	0.0	交通
					25	多式联运及代理业营收增速☆	0.5	
					26	装卸搬运和仓储业营收增速☆	0.2	
八、信息传输软件业	7905.99	9.1	5.8	0.50	27	电信业务总量增速	1.0	通信
					28	互联网及相关服务业营收增速☆	1.4	商务工信
					29	软件信息服务业营收增速☆	3.0	
九、科教文卫业	11525.66	2.5	8.5	0.22	30	科研和技术服务业营收增速☆	1.1	科技
					31	科研和技术服务业工资总额增速	1.1	
					32	教育业工资总额增速	3.7	教育

（续表）

行业类别	总量（亿元）	增速（%）	占GDP比重（%）	拉动率（个百分点）	序号	41个基础指标（增速）	不变价影响权重（%）	涉相关部门
九、科教文卫业	11525.66	2.5	8.5	0.22	33	文体娱业营收增速☆	0.2	文旅、体育、广电
					34	文体娱业工资总额增速	0.2	
					35	卫生业工资总额增速	2.5	卫健
十、租赁商务服务业	5495.51	8.6	4.1	0.33	36	租赁商务服务业营收增速☆	1.9	商务
					37	从业人员工资总额增速	1.9	
十一、居民服务业	1865.39	8.7	1.4	0.12	38	居民服务等业营收增速☆	0.7	商务
					39	从业人员工资总额增速	0.7	
十二、水利环境	509.70	3.5	0.4	0.01	40	水利环境业工资总额增速	0.4	水利
十三、公共管理	4951.25	0.8	3.6	0.03	41	公共管理组织工资总额增速	4.0	各行政事业单位
第一产业	5540.70	4.8	4.1	0.21				
第二产业	54437.26	4.8	40.1	1.90				
第三产业	75695.21	4.7	55.8	2.65				
合计	135673.16	4.8	100.0	4.8				

注：带"*"为不变价增速，带"☆"为错月指标；农业、工业中均有个别行业属于第三产业（农业约3%）。

（一）农业稳中向好，拉动GDP增长0.23个百分点

2023年全年农林牧渔业实现增加值5753.60亿元，同比增长5.0%，占GDP比重4.2%，拉动GDP增长0.23个百分点。实现总产值9194.80亿元，同比增长5.0%，增幅比上年提高0.2个百分点。分行业看，农业、林业、牧业、渔业、农林牧渔专业及辅助性活动产值分别增长4.0%、9.7%、5.7%、4.1%和10.3%。其中，林业和牧业产值增幅均比上年提高1.8个百分点。

表11-11　2023年全省农林牧渔业总产值情况

指标	现价产值（亿元）	增速（%）	2023年增幅比上年增幅提高百分点（个）
农林牧渔业	9194.80	5.0	0.2
一、农业	4430.78	4.0	−0.2
二、林业	562.06	9.7	1.8
三、牧业	1695.06	5.7	1.8
四、渔业	2000.50	4.1	−0.5
五、农林牧渔专业及辅助性活动	506.39	10.3	−0.5

分区域看，粤北和珠三角地区农林牧渔业增长动力较足，总产值分别增长5.9%和5.3%，比全省高0.9个和0.3个百分点。东西两翼增速相对较低，分别增长4.7%和4.1%。

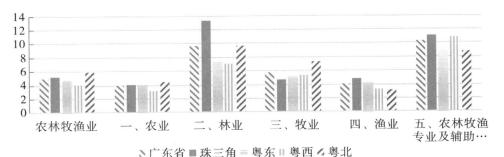

图11-3　2023年全省农林牧渔业总产值增速情况（%）

粮食面积平稳，粮食总产量保持较高水平。全年粮食面积3344.26万亩，与2022年基本持平。全年粮食产量1285.19万吨，比2022年减少6.36万

吨，略降0.5%。其中，夏粮产量70.64万吨、早稻产量529.70万吨，分别比上年增长3.0%、1.8%。

蔬菜生产基本稳定，岭南佳果喜获丰收。2023年全省蔬菜及食用菌播种面积2180.59万亩，同比增长1.8%；产量4099.33万吨，增长2.5%。园林水果年末实有面积1644.02万亩，增长2.5%；产量2001.98万吨，增长5.6%。其中岭南特色佳果荔枝产量163.41万吨，增长11.4%；龙眼产量106.23万吨，增长10.6%；柚子产量137.25万吨，增长9.8%。

中草药材、茶叶、园艺作物快速发展。茶叶年末实有面积168.89万亩，增长13.2%；产量17.89万吨，增长11.2%。中草药材面积111.67万亩，增长8.7%；产量52.12万吨，增长6.1%。盆栽观赏植物产量7.84亿盆，增长9.6%；观赏苗木产量2.86亿株，增长7.7%。

生猪出栏加速，家禽产量稳定增长。年末全省生猪存栏2049.20万头，同比下降6.7%；其中能繁殖母猪存栏195.79万头，下降4.2%。全年生猪出栏3794.01万头，增长8.5%；猪肉产量298.00万吨，增长6.5%。家禽出栏13.74亿只，增长2.8%；禽肉产量194.54万吨，增长2.7%。禽蛋产量49.91万吨，增长5.7%。生牛奶产量20.25万吨，增长2.2%。

水产品稳步发展，渔业产值站上新台阶。通过深入实施水产种业振兴行动，稳步推动渔业转型升级，加快落实渔业现代化建设，持续优化产业结构，渔业产业价值进一步提升。2023年全省渔业产值迈上2000亿新台阶，达到2000.50亿元，同比增长4.1%。

表11-12　2023年全省主要农产品生产情况

	面积		产量	
	本期（万亩）	增速（%）	本期（万吨）	增速（%）
种植业				
蔬菜及食用菌	2180.59	1.8	4099.33	2.5
盆栽观赏植物（万盆）	63.30	0.4	78418.92	9.6

（续表）

	面积		产量	
	本期（万亩）	增速（%）	本期（万吨）	增速（%）
观赏苗木（万株）	65.66	1.4	28630.39	7.7
园林水果	1644.02	2.5	2001.98	5.6
#柑	95.34	3.7	140.34	4.7
橘	163.13	−0.4	253.32	3.1
柚子	87.26	5.1	137.25	9.8
香蕉	161.23	−2.8	484.44	−0.8
菠萝	61.42	4.6	132.46	2.3
荔枝	419.89	3.2	163.41	11.4
龙眼	172.57	0.0	106.23	10.6
番石榴	23.52	5.7	60.90	10.8
火龙果	31.27	12.6	63.07	25.4
黄皮	25.92	14.2	28.06	10.9
李子	87.76	1.3	86.70	7.0
茶叶	168.89	13.2	17.89	11.2
中草药材	111.67	8.7	52.12	6.1
畜牧业				
猪肉			298.00	6.5
禽肉			194.54	2.7
禽蛋			49.91	5.7
渔业			919.46	2.8
海水产品			471.00	2.7
淡水产品			448.46	2.9

（二）建筑业持续稳步增长，拉动GDP增长0.34个百分点

2023年，全省建筑业完成增加值5892.49亿元，同比增长8.4%，拉动GDP增长0.34个百分点。实现总产值25195.26亿元，居全国第二，占全国8.0%，比上年提升0.6个百分点；增长9.8%，增幅比上年高2.3个百分点，

也高于全国4.0个百分点，居东部省份第一，分别高于江苏、浙江和山东3.1个、5.8个和3.4个百分点。

省内市场开拓有力，产值占比提升。2023年，全省建筑企业在省内完成产值19694.62亿元，同比增长11.3%，占总产值的78.2%，同比提升1.1个百分点，拉动总产值增长8.7个百分点；在外省完成产值5500.64亿元，增长4.5%，其中在广西、江苏、浙江、四川、海南五省完成产值在300亿元以上，合计占外省完成产值的34.8%。从拓展省外市场主体规模看，广州、深圳的企业在外省完成产值占全省的80.8%，拉动外省产值增长3.7个百分点。

市场主体培育成效显著，拉动就业作用明显。开放有序的建筑市场环境不断吸引省外大型优质企业迁入广东，全年全省有工作量建筑企业11192家，增长20.9%，其中国有及国有控股企业692家，增长27.7%。2023年新入库企业完成产值3293.00亿元，占全省产值比重13.1%；其中产值超50亿元以上企业实现产值占新入库企业的25.4%。2023年，全省从事建筑业活动平均人数451.94万人，增长13.7%，增幅比上年提高12.5个百分点，全员劳动生产率达55.75万元/人。

国有及国有控股企业保持较快增长，生产向大型企业集聚。2023年，全省国有及国有控股企业完成总产值13578.29亿元，占比53.9%，比上年提升2.7个百分点；同比增长15.6%，高于全省增速5.8个百分点。大型龙头企业拉动明显，2023年全省产值的65.6%集中在特级、一级资质企业，其中28家特级企业完成全省产值的14.0%，1662家一级企业完成全省产值的51.6%。从产值50强企业看，完成总产值8272.47亿元，占全省建筑业总产值的32.8%，其中大型企业完成产值占50强企业产值比重的84.9%。

珠三角地区两位数增长，粤东西北地区有所好转。2023年，珠三角地区完成建筑业总产值20936.97亿元，增长11.8%，其中广州、深圳总产值合计比重达60.9%，拉动全省总产值增长6.9个百分点。粤东西北地区总产值增长0.6%，增幅比上年加快6.6个百分点，其中梅州、清远分别增长

12.3%和9.1%，合计拉动粤东西北增长1.4个百分点。

签订合同额保持增长，房屋竣工面积降幅收窄。2023年，建筑业企业签订合同额68991.22亿元，增长1.3%，但受经济大环境及房地产市场调整影响，增速比上年回落11.8个百分点，其中新签合同额下降9.5%，降幅比前三季度扩大3.8个百分点。年底工程进度加快，房屋竣工面积降幅收窄，全年房屋竣工面积下降3.1%，降幅比前三季度收窄4.0个百分点，施工及新开工面积分别下降3.7%和10.9%。

（三）工业生产稳步回升，拉动GDP增长1.57个百分点

2023年，全省规上工业完成增加值41266.75亿元，迈入4万亿大关；同比增长4.4%，增幅比前三季度、上半年、一季度分别提高1.3个、1.9个和3.0个百分点，整体呈现前低后高、稳步回升的态势。

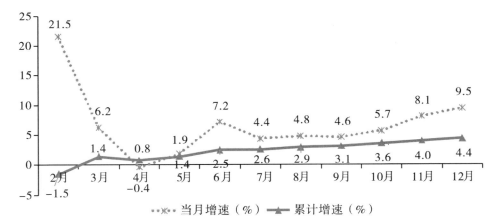

图11-4　2023年全省规模以上工业增加值累计增长情况

制造业支撑作用较强，重点行业增长加快。分门类看，采矿业增速转正，制造业稳步增长，电力、热力、燃气及水生产和供应业增速较高。2023年，制造业完成增加值36997.94亿元，增长4.0%，增幅比前三季度提高1.4个百分点，拉动全省规模以上工业增加值增长3.6个百分点；石油开采业好转，采矿业完成增加值1033.37亿元，由前三季度下降0.1%转为全

年增长0.4%；电力、热力、燃气及水生产和供应业完成增加值3235.44亿元，增长11.2%，增幅比前三季度提高0.8个百分点。

五成以上行业实现增长，重点行业增长加快。2023年，全省在产的39个行业大类中，22个实现增长，增长面56.4%。电子和汽车行业稳中向好，电气、电力等重点行业保持较快增长。其中，国产手机新机型市场反响较好，带动上下游企业生产加快，计算机、通信和其他电子设备制造业增长3.6%，增幅比前三季度提高2.6个百分点，带动全省规上工业增加值增速回升0.6个百分点；新能源汽车持续渗透，汽车制造业增长11.2%，增幅提高3.8个百分点，带动全省规上工业增加值增速回升0.2个百分点；家电促销政策发力，新型储能行业发展较快，电气机械和器材制造业增长8.8%，增幅提高0.7个百分点；新投产石化重点项目贡献较大，石油、煤炭及其他燃料加工业增长24.7%，增幅提高4.2个百分点；需求较大，燃气生产和供应业增长25.6%，增幅提高4.2个百分点；火力发电成本回落，新能源发电持续发展，电力、热力生产和供应业增长9.7%，增幅提高0.6个百分点。

表11-13　2023年全省规模以上工业分行业增加值情况

行业	全年增加值（亿元）	全年增速（%）	前三季度增速（%）	增速差（个百分点）
全省总计	41266.75	4.4	3.1	1.3
采矿业	1033.37	0.4	−0.1	0.5
煤炭开采和洗选业	—	—	—	—
石油和天然气开采业	885.11	1.5	0.3	1.2
黑色金属矿采选业	20.72	−11.6	5.3	−16.9
有色金属矿采选业	34.02	−0.2	2.2	−2.4
非金属矿采选业	74.93	−8.7	−10.2	1.5
开采专业及辅助性活动	18.59	−0.2	14.5	−14.7
其他采矿业	—	—	—	—

（续表）

行业	全年增加值（亿元）	全年增速（%）	前三季度增速（%）	增速差（个百分点）
制造业	36997.94	4.0	2.6	1.4
农副食品加工业	416.16	1.6	1.9	−0.3
食品制造业	821.47	3.4	3.0	0.4
酒、饮料和精制茶制造业	364.25	5.8	7.1	−1.3
烟草制品业	799.34	20.5	20.5	0.0
纺织业	559.33	−2.4	−4.0	1.6
纺织服装、服饰业	598.91	−7.4	−4.5	−2.9
皮革、毛皮、羽毛及其制品和制鞋业	350.34	−14.5	−14.7	0.2
木材加工和木、竹、藤、棕、草制品业	82.45	−9.6	−11.5	1.9
家具制造业	501.44	−7.4	−10.9	3.5
造纸和纸制品业	538.16	−2.0	−2.2	0.2
印刷和记录媒介复制业	329.33	−7.2	−10.7	3.5
文教、工美、体育和娱乐用品制造业	686.64	−7.9	−7.6	−0.3
石油、煤炭及其他燃料加工业	1222.94	24.7	20.5	4.2
化学原料和化学制品制造业	1716.77	4.3	4.2	0.1
医药制造业	770.32	−1.5	−7.6	6.1
化学纤维制造业	49.63	5.3	6.8	−1.5
橡胶和塑料制品业	1476.45	1.7	−0.3	2.0
非金属矿物制品业	1455.29	−1.4	−1.9	0.5
黑色金属冶炼和压延加工业	556.16	8.2	6.1	2.1
有色金属冶炼和压延加工业	476.29	4.5	4.9	−0.4
金属制品业	1935.28	4.2	2.7	1.5
通用设备制造业	1486.28	−0.8	−0.9	0.1
专用设备制造业	1656.70	5.6	9.7	−4.1

（续表）

行业	全年增加值（亿元）	全年增速（%）	前三季度增速（%）	增速差（个百分点）
汽车制造业	2760.66	11.2	7.4	3.8
铁路、船舶、航空航天和其他运输设备制造业	224.00	3.3	5.4	−2.1
电气机械和器材制造业	4759.81	8.8	8.1	0.7
计算机、通信和其他电子设备制造业	9637.61	3.6	1.0	2.6
仪器仪表制造业	391.60	−8.2	−12.1	3.9
其他制造业	136.34	−17.4	−17.5	0.1
废弃资源综合利用业	125.92	8.6	9.0	−0.4
金属制品、机械和设备修理业	112.09	16.4	16.7	−0.3
电力、热力、燃气及水生产和供应业	3235.44	11.2	10.4	0.8
电力、热力生产和供应业	2343.16	9.7	9.1	0.6
燃气生产和供应业	540.70	25.6	21.4	4.2
水的生产和供应业	351.58	1.4	3.6	−2.2

现代产业平稳发展，产业结构持续优化。2023年，全省规上工业中，先进制造业完成增加值22985.18亿元，增长6.1%，增幅比前三季度提高1.6个百分点，拉动全省规上工业增加值增长3.4个百分点，占比55.7%，比前三季度提高0.6个百分点。其中，新投产重点石化项目发力，石油化工产业增长12.5%，增幅提高1.8个百分点；汽车制造业和新能源装备带动，先进装备制造业增长7.6%，增幅提高1.2个百分点；高端电子信息制造业增长5.2%，增幅提高2.1个百分点。从产品看，汽车增长16.9%，发电机组（发电设备）增长42.7%，金属切削机床增长42.3%，服务机器人增长21.0%。

大型企业拉动作用较大，百强企业生产加快。2023年，全省规模以上工业中，大型企业完成增加值19318.41亿元，增长5.6%，增幅比前三季度提高1.2个百分点，比全省规上工业增加值平均水平高1.2个百点，拉动全省规上工业增加值增长2.6个百分点；工业百强企业完成增加值13369.97亿元，同比增长11.1%，增幅比前三季度提高1.6个百分点，其中，57个企业增速提高或降幅收窄。

表11-14　2023年全省百强工业企业增加值情况

序号	单位详细名称	所在地	全年增加值（亿元）	全年增速（％）	前三季度增速（％）	增速差（个百分点）
	合　计		13369.97	11.1	9.5	1.6
1	华为技术有限公司	深圳	1325.24	8.5	4.4	4.1
2	美的集团股份有限公司	佛山	1090.11	11.8	11.5	0.3
3	广东电网公司	省直	870.11	10.8	9.6	1.2
4	比亚迪汽车工业有限公司	深圳	594.23	66.0	95.1	−29.1
5	中海石油（中国）有限公司深圳分公司	深圳	559.61	4.5	2.6	1.9
6	中兴通讯股份有限公司	深圳	441.44	8.9	8.1	0.8
7	华为终端有限公司	东莞	394.47	30.8	11.8	19.0
8	广东中烟工业有限责任公司	省直	390.02	5.8	6.3	−0.5
9	中国石油化工股份有限公司茂名分公司	茂名	342.09	0.9	−0.3	1.2
10	广汽丰田汽车有限公司	广州	287.42	−1.4	−8.2	6.8
11	中海油惠州石化有限公司	惠州	271.85	−4.7	−14.4	9.7
12	富泰华工业（深圳）有限公司	深圳	266.53	−13.6	−10.1	−3.5
13	中石油广东石化分公司	揭阳	254.95	6006.4	—	—
14	中科（广东）炼化有限公司	湛江	232.37	−3.5	3.3	−6.8
15	中海石油（中国）有限公司湛江分公司	湛江	208.65	0.1	−0.1	0.2

（续表）

序号	单位详细名称	所在地	全年增加值（亿元）	全年增速（%）	前三季度增速（%）	增速差（个百分点）
16	荣耀终端有限公司	深圳	205.37	3.6	−0.5	4.1
17	珠海格力电器股份有限公司	珠海	195.71	24.4	24.6	−0.2
18	OPPO广东移动通信有限公司	东莞	194.02	2.8	−2.7	5.5
19	广汽本田汽车有限公司	广州	184.07	−11.1	−15.6	4.5
20	东风汽车有限公司东风日产乘用车公司	广州	173.77	−15.8	−28.4	12.6
21	中国石油化工股份有限公司广州分公司	广州	165.51	−7.3	−2.4	−4.9
22	维沃移动通信有限公司	东莞	155.33	2.2	−3.4	5.6
23	中国南方电网有限责任公司	广州	148.21	−4.4	−7.0	2.6
24	比亚迪精密制造有限公司	深圳	142.95	5.3	25.3	−20.0
25	富联裕展科技（深圳）有限公司	深圳	138.63	−9.9	−4.9	−5.0
26	深圳供电局有限公司	深圳	133.12	4.5	4.3	0.2
27	深圳迈瑞生物医疗电子股份有限公司	深圳	127.65	22.3	13.6	8.7
28	本田汽车零部件制造有限公司	佛山	120.03	16.2	12.3	3.9
29	中海石油深海开发有限公司	珠海	116.84	−10.5	−11.2	0.7
30	深圳市比亚迪锂电池有限公司	深圳	109.57	94.1	39.5	54.6
31	广汽埃安新能源汽车股份有限公司	广州	107.95	41.8	50.9	−9.1
32	伯恩光学（惠州）有限公司	惠州	107.49	9.0	15.0	−6.0

（续表）

序号	单位详细名称	所在地	全年增加值（亿元）	全年增速（%）	前三季度增速（%）	增速差（个百分点）
33	明阳智慧能源集团股份公司	中山	86.15	18.4	27.3	−8.9
34	广汽乘用车有限公司	广州	85.14	34.5	44.7	−10.2
35	宝钢湛江钢铁有限公司	湛江	84.41	−1.6	−4.5	2.9
36	中海壳牌石油化工有限公司	惠州	82.16	−10.4	−4.8	−5.6
37	东莞华贝电子科技有限公司	东莞	81.95	9.4	18.8	−9.4
38	深圳富联富桂精密工业有限公司	深圳	71.87	−13.3	−9.3	−4.0
39	深圳烟草工业有限责任公司	深圳	71.08	3.9	2.8	1.1
40	深圳市点金贵金属精炼有限公司	深圳	67.90	170.0	190.2	−20.2
41	惠州比亚迪电子有限公司	惠州	66.95	15.6	6.5	9.1
42	捷普电子（广州）有限公司	广州	63.72	25.9	34.5	−8.6
43	广东联塑科技实业有限公司	佛山	61.39	24.6	29.2	−4.6
44	深圳创维光伏科技有限公司	深圳	61.04	225.5	248.4	−22.9
45	欣旺达电子股份有限公司	深圳	60.62	−21.5	−12.2	−9.3
46	华为机器有限公司	东莞	60.14	20.8	9.5	11.3
47	无限极（中国）有限公司	江门	57.80	19.3	15.7	3.6
48	阳江核电有限公司	阳江	57.58	−5.3	−4.6	−0.7
49	中石油天然气销售广东分公司	广州	55.96	25.4	21.7	3.7

（续表）

序号	单位详细名称	所在地	全年增加值（亿元）	全年增速（%）	前三季度增速（%）	增速差（个百分点）
50	周大福珠宝金行（深圳）有限公司	深圳	55.44	−18.0	−23.0	5.0
51	瀚蓝环境股份有限公司	佛山	54.95	0.2	5.1	−4.9
52	广州宝洁有限公司	广州	54.53	−7.0	−5.0	−2.0
53	广东广青金属压延有限公司	阳江	54.35	1.1	1.3	−0.2
54	中石油天然气销售南方分公司	广州	54.04	28.6	18.7	9.9
55	一汽—大众汽车有限公司佛山分公司	佛山	54.00	−20.5	−23.7	3.2
56	深圳市天珑移动技术有限公司	深圳	53.50	22.8	21.6	1.2
57	广东一方制药有限公司	佛山	53.36	10.5	15.0	−4.5
58	深圳捷佳伟创新能源装备股份有限公司	深圳	53.19	220.6	305.7	−85.1
59	佛山市海天（高明）调味食品有限公司	佛山	52.29	−13.2	−15.9	2.7
60	三赢科技（深圳）有限公司	深圳	52.18	20.7	1.8	18.9
61	深圳市大疆百旺科技有限公司	深圳	49.27	23.7	21.7	2.0
62	深圳富泰宏精密工业有限公司	深圳	47.33	−22.7	0.1	−22.8
63	广东中南钢铁股份有限公司	韶关	46.84	9.7	18.2	−8.5
64	深圳市展祥通信科技有限公司	深圳	46.46	0.9	−5.0	5.9
65	广东东菱凯琴集团有限公司	佛山	46.23	39.7	58.5	−18.8
66	乐金显示（广州）有限公司	广州	46.16	−33.9	−43.1	9.2

（续表）

序号	单位详细名称	所在地	全年增加值（亿元）	全年增速（%）	前三季度增速（%）	增速差（个百分点）
67	纬创资通（中山）有限公司	中山	45.76	−25.8	−28.5	2.7
68	深圳华星光电半导体显示技术有限公司	深圳	45.19	36.1	26.9	9.2
69	深圳创维－RGB电子有限公司	深圳	45.10	9.8	19.8	−10.0
70	恩斯迈电子（深圳）有限公司	深圳	44.35	13.2	9.1	4.1
71	广东康宝电器股份有限公司	佛山	44.24	6.7	44.8	−38.1
72	广州江铜铜材有限公司	广州	44.17	11.1	16.6	−5.5
73	日立电梯（中国）有限公司	广州	43.93	1.5	1.4	0.1
74	广东金湾高景太阳能科技有限公司	珠海	42.64	−7.7	2.8	−10.5
75	广东广青金属科技有限公司	阳江	42.42	8.6	9.4	−0.8
76	国能粤电台山发电有限公司	江门	42.24	−0.4	−0.6	0.2
77	深圳麦克韦尔科技有限公司	深圳	40.28	18.7	17.1	1.6
78	深圳市泰衡诺科技有限公司	深圳	40.00	33.5	62.3	−28.8
79	广东瑞庆时代新能源科技有限公司	肇庆	39.22	134.4	403.3	−268.9
80	联想信息产品（深圳）有限公司	深圳	38.69	−12.8	−21.9	9.1
81	惠州华星光电显示有限公司	惠州	37.87	61.5	59.8	1.7
82	玖龙纸业（东莞）有限公司	东莞	36.72	−0.8	−9.0	8.2

（续表）

序号	单位详细名称	所在地	全年增加值（亿元）	全年增速（%）	前三季度增速（%）	增速差（个百分点）
83	龙旗电子（惠州）有限公司	惠州	36.70	2.5	−16.7	19.2
84	华润怡宝饮料（中国）有限公司	深圳	36.35	2.0	3.5	−1.5
85	肇庆小鹏广州分公司	广州	36.09	17808.4	9499.6	8308.8
86	阳西海滨电力发展有限公司	阳江	35.66	19.2	13.3	5.9
87	珠海保税区摩天宇航空发动机有限公司	珠海	35.52	32.4	34.3	−1.9
88	TCL华星光电技术有限公司	深圳	34.95	17.3	9.7	7.6
89	安利（中国）日用品有限公司	广州	33.76	13.4	8.6	4.8
90	恒力石化（惠州）有限公司	惠州	32.80	—	—	—
91	信利光电股份有限公司	汕尾	32.46	−17.4	−23.5	6.1
92	华能（广东）能源公司海门电厂	汕头	32.32	6.2	6.3	−0.1
93	乐金显示光电科技（中国）有限公司	广州	31.50	−23.6	−26.8	3.2
94	深圳传音制造有限公司	深圳	31.44	9.4	1.5	7.9
95	惠州比亚迪电池有限公司	惠州	31.18	14.8	19.1	−4.3
96	深圳市世纪云芯科技有限公司	深圳	30.67	51.7	−13.9	65.6
97	广州华凌制冷设备有限公司	广州	30.52	8.9	7.1	1.8
98	金发科技股份有限公司	广州	30.19	6.4	5.8	0.6
99	鹏鼎控股（深圳）股份有限公司	深圳	30.13	−11.2	−18.3	7.1
100	广州王老吉大健康产业有限公司	广州	29.60	5.6	8.1	−2.5

研发创新见成效，以华为为代表的国产手机新机型市场反响较好，叠加智能化、数字化经济快速发展，企业生产明显加快。其中，华为终端有限公司增长30.8%，增幅提高19.0个百分点；其他手机大厂增速转正，荣耀终端有限公司增长3.6%，OPPO广东移动通信有限公司增长2.8%，维沃移动通信有限公司增长2.2%，分别比前三季度提高4.1个、5.5个和5.6个百分点；华为技术有限公司增长8.5%，华为机器有限公司增长20.8%，增幅分别提高4.1个和11.3个百分点。

新能源汽车市场需求旺盛，增速较高，头部传统燃油车企布局新能源汽车叠加基数较低，降幅收窄。其中，比亚迪汽车工业有限公司增长66.0%，广汽埃安增长41.8%；广汽丰田下降1.4%，广汽本田下降11.1%，东风日产乘用车公司下降15.8%，一汽大众佛山分公司下降20.5%，降幅分别收窄6.8个、4.5个、12.6个和3.2个百分点。

促消费政策持续发力，叠加新能源行业快速发展，电气企业增速较高。其中，美的集团增长11.8%，珠海格力电器增长24.4%，深圳市比亚迪锂电池增长94.1%，惠州比亚迪电子增长15.6%，明阳智慧能源增长18.4%，深圳创维光伏科技增长225.5%。

2022年四季度以来新入库重点企业贡献较大。其中，中国石油天然气股份有限公司广东石化分公司2022年10月达产入库，2023年2月进入全面生产，全年完成增加值254.95亿元；肇庆小鹏广州分公司2023年2月入库，新车G6、G9订单逐月升高，全年完成增加值36.09亿元；恒力石化（惠州）2023年3月入库，全年实现增加值32.80亿元。

珠三角增幅提高，七成以上地市有所好转。分区域看，珠三角核心区和北部生态区增幅提高，东西翼增幅回落。2023年，珠三角规上工业增加值同比增长4.2%，北部生态区增长5.6%，增幅分别比前三季度提高1.6个和1.8个百分点；东翼增长6.0%，西翼增长1.8%，增幅分别回落3.2个和0.5个百分点。

全省21个地市中，15个地市增加值增幅提高或降幅收窄，11个地市的增速高于全省平均水平。汽车行业增速回升，广州规上工业增加值由前三季度下降1.0%转为全年增长1.4%；汽车、电子等龙头企业带动中上游企业生产加快，深圳增长6.2%，惠州增长5.2%，增幅分别提高2.0个和1.2个百分点；家电促消费政策带动，叠加新能源产业发展较快，珠海增长5.8%，佛山增长6.6%，中山增长6.1%；受钢材、铜、水泥等产品价格回升影响，韶关增长4.5%，清远增长6.7%，云浮增长2.8%，肇庆增长4.3%，增幅分别提高1.6个、3.8个、0.9个和3.2个百分点；国产手机新机型发布，需求好转，东莞市下降1.9%，降幅收窄1.7个百分点；重点企业检修影响较大，湛江下降0.7%，回落1.9个百分点；石化项目满产，揭阳增长23.6%；检修、减产企业恢复生产，茂名增长5.4%，增幅提高1.3个百分点。

表11-15　2023年广东分市规模以上工业增加值增长情况

行业	全年增加值（亿元）	全年增速（%）	前三季度增速（%）	增速差（个百分点）
全省总计	41266.75	4.4	3.1	1.3
广州市	5145.89	1.4	−1.0	2.4
深圳市	11128.18	6.2	4.2	2.0
珠海市	1565.56	5.8	5.6	0.2
汕头市	778.07	3.4	8.7	−5.3
佛山市	6301.41	6.6	6.3	0.3
韶关市	387.23	4.5	2.9	1.6
河源市	372.68	3.7	5.4	−1.7
梅州市	286.54	8.9	6.3	2.6
惠州市	2513.58	5.2	4.0	1.2
汕尾市	167.78	−12.3	−9.3	−3.0
东莞市	5171.00	−1.9	−3.6	1.7
中山市	1506.30	6.1	5.6	0.5
江门市	1455.19	6.8	5.4	1.4

（续表）

行业	全年增加值（亿元）	全年增速（%）	前三季度增速（%）	增速差（个百分点）
阳江市	419.58	2.8	2.5	0.3
湛江市	944.90	−0.7	1.2	−1.9
茂名市	592.96	5.4	4.1	1.3
肇庆市	861.73	4.3	1.1	3.2
清远市	706.73	6.7	2.9	3.8
潮州市	267.27	−3.0	−2.7	−0.3
揭阳市	539.59	23.6	24.7	−1.1
云浮市	154.57	2.8	1.9	0.9
按功能区分				
珠三角核心区	35648.86	4.2	2.6	1.6
东翼	1752.70	6.0	9.2	−3.2
西翼	1957.44	1.8	2.3	−0.5
北部生态发展区	1907.74	5.6	3.8	1.8

内需有所改善，出口仍显低迷。内需改善，销售产值增幅提高。2023年，全省规上工业企业完成销售产值179799.93亿元，增长1.7%，增幅比前三季度提高1.4个百分点。其中全省在产的39个行业中，23个行业比前三季度增速提高或降幅收窄，回升面为59.0%。其中，计算机、通信和其他电子设备制造业下降0.4%，降幅收窄2.6个百分点；燃气生产和供应业增长19.1%，石油、煤炭及其他燃料加工业增长11.3%，汽车制造业增长8.1%，增幅分别提高3.8个、3.9个和3.7个百分点；石油和天然气开采业下降9.5%，家具制造业下降7.1%，非金属矿物制品业下降5.9%，降幅分别收窄4.1个、3.7个和0.4个百分点。

2023年，全省规上工业企业完成出口交货值36315.32亿元，下降7.4%，降幅比前三季度收窄0.7个百分点。其中全省有出口的36个行业中，25个行业比前三季度增速提高或降幅收窄，但近七成行业出口延续下降趋势。其中，新能源汽车出口旺盛，汽车制造业增长20.2%，增幅提高2.8个百分点；电气机械和器材制造业下降1.5%，通用设备制造业下降5.1%，化学原料和化学制品制造业下降6.3%，金属制品业下降16.5%，降幅分别收窄1.0个、3.9个和4.4个百分点；其他行业中，计算机、通信和其他电子设备制造业下降8.1%，纺织业下降10.3%，纺织服装、服饰业下降17.2%，文教、工美、体育和娱乐用品制造业下降17.4%，家具制造业下降19.1%，降幅较大。

（四）商业逐步实现恢复性增长，拉动GDP增长0.63个百分点

2023年，广东积极出台各项促消费政策，推动消费市场回升向好。商业全年实现增加值15248.38亿元，同比增长5.5%，拉动GDP增长0.63个百分点。全年实现社会消费品零售总额47494.86亿元，同比增长5.8%，增速比前三季度提高0.4个百分点。

按消费形态分，商品零售额41731.42亿元，增长3.5%，比前三季度提高0.1个百分点；餐饮收入5763.44亿元，增长26.5%，比前三季度加快2.8个百分点。餐饮收入增速比商品零售额增速高23.0个百分点。

七成以上商品零售保持增长。2023年，限额以上单位18类主要零售商品类别中，13类商品零售额同比保持增长，体育娱乐、金银珠宝、汽车等9类商品零售额增速高于前三季度，10类商品零售额增速高于1—11月。

表11-16　2023年主要商品类值零售增速变动情况

类别	2023年		前三季度（%）	增速与前三季度比（个百分点）
	零售额（亿元）	增速（%）		
商品零售	41731.42	3.5	3.4	0.1
其中：限额以上单位商品零售	17553.38	2.2	1.3	0.9
1. 粮油、食品类	1637.41	8.7	10.4	−1.7
2. 饮料类	287.91	0.8	2.1	−1.3

（续表）

类别	2023年		前三季度（%）	增速与前三季度比（个百分点）
	零售额（亿元）	增速（%）		
3. 烟酒类	415.86	11.8	13.7	−1.9
4. 服装、鞋帽、针纺织品类	978.50	10.3	8.6	1.7
其中：服装类	720.50	12.4	11.0	1.4
5. 化妆品类	475.25	15.9	14.3	1.6
6. 金银珠宝类	402.95	5.3	1.5	3.8
7. 日用品类	913.53	1.2	2.5	−1.3
8. 体育、娱乐用品类	168.28	14.3	9.0	5.3
9. 书报杂志类	88.20	5.3	2.9	2.4
10. 家用电器和音像器材类	1017.52	3.7	1.4	2.3
11. 中西药品类	860.87	2.1	5.2	−3.1
12. 文化办公用品类	541.08	−5.4	−4.3	−1.1
13. 家具类	171.84	5.2	5.3	−0.1
14. 通讯器材类	1132.47	15.8	14.9	0.9
15. 石油及制品类	2365.06	−1.7	−1.9	0.2
16. 建筑及装潢材料类	57.40	−14.4	−13.3	−1.1
17. 汽车类	5719.58	−2.7	−5.7	3.0
其中：新能源汽车	1847.06	30.3	27.6	2.7
18. 五金、电料类	26.90	−28.3	−25.8	−2.5

升级类商品增势良好。随着市场供给持续提质及消费者健康生活理念不断增强，部分升级类商品销售增势良好。2023年，国产手机厂商芯片技术取得突破性进展，下半年国产智能手机在高端市场实现整体跃升，全省限额以上单位通讯器材类零售增长15.8%，较上年同期和前三季度分别提高5.9个、0.9个百分点。黄金价格总体保持高位，特别是四季度以来，黄金价格进一步走高，婚嫁首饰、礼赠购金以及悦己消费持续推高市场热度，四季度限额以上单位金银珠宝类商品零售保持两位数增长，其中12月

增长25.9%，为4月份以来最快增速，全年增长5.3%，较上年同期和前三季度分别提高8.9个、3.8个百分点。疫情过后，消费者健康意识显著增强，马拉松等户外赛事重启，户外健身运动需求快速释放，全省限额以上单位体育、娱乐用品类零售增长14.3%，同比大幅提高30.4个百分点。

社交类商品显著复苏。疫情防控期间，消费者社交需求受限，随着疫情结束，相关商品逐渐回归常态化增长。2023年，全省限额以上单位烟酒类，服装、鞋帽、针纺织品类，化妆品类商品零售分别增长11.8%、10.3%和15.9%，同比分别提高10.2个、19.7个和18.6个百分点。其中受12月全省范围寒潮影响，服装、鞋帽12月零售额分别增长24.5%、27.5%。

住宿餐饮业迅速恢复。2023年，各地文旅、餐饮促消费政策持续发力，婚宴、会展、大型会议、演唱会等接触性、聚集性活动增加，叠加上年低基数效应，住宿餐饮增速明显加快。全省住宿业、餐饮业营业额迅速转正，全年增长20.3%、15.0%，比前三季度加快2.2个、2.1个百分点。其中，限额以上住宿业企业客房收入增长21.1%；限额以上餐饮业中，正餐服务、饮料及冷饮服务营业额分别增长27.5%、32.2%。

21个地市均实现增长。2023年，21个地市社会消费品零售额同比均实现增长，其中广州、深圳建设国际消费中心城市稳步推进，分别增长6.7%、7.8%；湛江增长6.6%，高于全省0.8个百分点，茂名与全省持平。17个地市增速比前三季度有所提升。其中梅州、肇庆、佛山、茂名分别加快1.6个、1.3个、1.1个、1.0个百分点。

表11-17　2023年全省各市社会消费品零售总额及增速情况

地区	2023年		前三季度增速（％）	增速与前三季度比（个百分点）
	社消零售总额（亿元）	增速（％）		
全省总计	47494.86	5.8	5.4	0.4
广州市	11012.62	6.7	6.4	0.3
深圳市	10486.19	7.8	7.9	−0.1

（续表）

地区	2023年		前三季度增速（%）	增速与前三季度比（个百分点）
	社消零售总额（亿元）	增速（%）		
珠海市	1078.97	3.1	3.3	−0.2
汕头市	1546.28	3.9	3.5	0.4
佛山市	3734.48	3.7	2.6	1.1
韶关市	506.75	2.4	2.1	0.3
河源市	388.14	2.4	2.1	0.3
梅州市	694.81	5.6	4.0	1.6
惠州市	2144.90	4.9	4.4	0.5
汕尾市	491.45	3.2	3.4	−0.2
东莞市	4408.12	3.4	2.7	0.7
中山市	1643.91	3.0	2.4	0.6
江门市	1347.90	2.8	2.2	0.6
阳江市	502.91	1.3	1.1	0.2
湛江市	1950.54	6.6	6.1	0.5
茂名市	1599.99	5.8	4.8	1.0
肇庆市	1180.60	5.5	4.2	1.3
清远市	601.41	3.3	2.5	0.8
潮州市	508.97	4.3	3.6	0.7
揭阳市	1098.85	2.9	3.2	−0.3
云浮市	397.50	3.3	2.8	0.5

零售百强企业发挥稳定器作用。2023年，全省零售额前100名企业单位合计实现零售额6404.45亿元，占全省限额以上批发和零售业法人零售额的36.8%，零售额同比增长10.2%，增幅高于全省批发和零售业平均水平7.7个百分点，拉动限额以上单位商品零售额增长3.4个百分点，充分发挥稳定器作用。

表11-18　2023年全省零售额100强企业增长情况

序号	单位详细名称	所在地	零售额（亿元）	增速（%）	增速比前三季度（个百分点）
	合计		6404.45	10.2	−0.6
1	广州晶东贸易有限公司	广州	827.99	3.6	−3.4
2	东莞京东利昇贸易有限公司	东莞	309.01	1.8	2.3
3	广州京东旭春贸易有限公司	广州	187.81	12.5	−13.1
4	阿里健康大药房医药连锁有限公司	广州	185.71	−4.3	−3.9
5	深圳由你网络技术有限公司	深圳	153.94	20.9	1.3
6	唯品会（肇庆）电子商务有限公司	肇庆	153.00	1.2	−4.9
7	中国石化销售股份有限公司广东广州	广州	147.25	0.3	2.2
8	中油碧辟石油有限公司	广州	141.64	2.1	5.1
9	深圳沃尔玛百货零售有限公司	深圳	128.31	−1.0	−1.2
10	安利（中国）电子商务有限公司	广州	126.48	26.1	0.5
11	天虹数科商业股份有限公司	深圳	110.42	−4.4	−1.1
12	深圳齐心集团股份有限公司	深圳	109.98	18.1	−8.5
13	中国石化销售股份有限公司深圳分公司	深圳	108.19	3.2	−3.1
14	特斯拉汽车销售服务（深圳）有限公司	深圳	106.43	38.1	8.1
15	中国石化销售股份有限公司惠州分公司	惠州	106.12	0.8	1.2
16	广州昊超电子商务有限公司	广州	102.84	−7.3	−0.4
17	广州海珠区唯品会电子商务有限公司	广州	93.24	10.0	2.1
18	特斯拉汽车销售服务（广州）有限公司	广州	91.53	−17.4	−0.4
19	格力电子商务有限公司	珠海	86.88	−5.6	−3.5
20	沃尔玛（深圳）百货有限公司	深圳	84.85	29.6	−2.1
21	深圳京东达新贸易有限公司	深圳	84.00	105.8	−163.6

（续表）

序号	单位详细名称	所在地	零售额（亿元）	增速（%）	增速比前三季度（个百分点）
22	肇庆京东盛甲贸易有限公司	肇庆	81.16	0.3	17.8
23	周生生中国商业有限公司	广州	80.70	16.8	−16.4
24	深圳春晓花开科技有限公司	深圳	76.28	15.3	0.5
25	中国石化销售股份有限公司佛山分公司	佛山	74.91	−1.4	2.3
26	中国石化销售股份有限公司东莞分公司	东莞	74.31	0.9	2.4
27	惠州酷友网络科技有限公司	惠州	71.54	14.9	−8.5
28	广州京东弘健贸易有限公司	广州	66.82	17.2	1.7
29	完美（中国）有限公司	中山	66.30	4.5	7.5
30	华润万家电子商务有限公司	深圳	64.63	306.5	−20963.3
31	延长壳牌（广东）石油有限公司	广州	59.92	−1.6	25.8
32	深圳市朴朴网络科技有限公司	深圳	57.30	14.6	−3.5
33	理想智造汽车销售服务（深圳）有限公司	深圳	56.40	133.0	64.2
34	中国石化销售股份有限公司中山分公司	中山	56.24	1.9	4.6
35	中国石化销售股份有限公司湛江分公司	湛江	53.95	3.2	−4.6
36	东莞京东旭弘贸易有限公司	东莞	51.83	19.3	44.3
37	广州鹏行汽车销售服务有限公司	广州	50.63	166.1	63.8
38	深圳象鲜科技有限公司	深圳	49.04	45.9	−9.4
39	维达商贸有限公司	江门	49.04	4.3	−8.3
40	中国石化销售股份有限公司广东清远	清远	48.86	−3.6	3.1
41	广东永旺天河城商业有限公司	广州	47.80	1.8	0.6
42	中国石化销售股份有限公司江门分公司	江门	46.76	2.6	4.6

（续表）

序号	单位详细名称	所在地	零售额（亿元）	增速（%）	增速比前三季度（个百分点）
43	广州市广百股份有限公司	广州	45.96	22.0	6.8
44	广州市朴朴网络科技有限公司	广州	44.86	25.5	−15.7
45	快尚时装（广州）有限公司	广州	43.62	23.5	−10.8
46	中国石化销售股份有限公司茂名分公司	茂名	42.63	1.9	−3.9
47	深圳市亨吉利世界名表中心有限公司	深圳	39.81	3.1	−0.5
48	中国石化销售股份有限公司珠海分公司	珠海	37.79	4.4	4.9
49	广东苏宁易购销售有限公司	广州	36.75	−1.7	6.3
50	广东林氏家居股份有限公司	佛山	36.03	32.0	10.6
51	深圳减字科技有限公司	深圳	34.09	32.4	−6.6
52	广州友谊集团有限公司	广州	34.06	15.4	−5.3
53	深圳市苏宁易购销售有限公司	深圳	33.99	20.1	−47.9
54	中山京东青石贸易有限公司	中山	33.83	29.2	13.9
55	中国石化销售股份有限公司梅州分公司	梅州	33.68	11.6	12.6
56	深圳市澳康达二手名车经销有限公司	深圳	33.55	7.6	1.1
57	理想智行汽车销售服务（深圳）有限公司	深圳	33.47	46844.6	−614077.8
58	深圳周大福在线传媒有限公司	深圳	32.80	7.2	7.8
59	深圳市海王星辰健康药房连锁有限公司	深圳	32.29	12.8	4.0
60	深圳腾势之星汽车销售有限公司（新增企业）	深圳	30.82	—	—
61	沃尔玛（广东）商业零售有限公司	广州	30.77	9.4	−4.0
62	深圳盒马网络科技有限公司	深圳	30.63	−11.9	−0.6

（续表）

序号	单位详细名称	所在地	零售额（亿元）	增速（%）	增速比前三季度（个百分点）
63	中国石化销售股份有限公司广东河源分公司	河源	30.58	1.3	−0.3
64	广州南沙唯品会电子商务有限公司	广州	30.46	24.1	0.3
65	广州象鲜科技有限公司	广州	30.22	38.7	−19.7
66	广东赛壹便利店有限公司	广州	30.21	17.2	3.2
67	广东喜龙汽车商贸有限公司	广州	28.62	228.8	−193.2
68	广东周大福珠宝金行有限公司	广州	28.03	−12.8	3.1
69	深圳蔚来汽车销售服务有限公司	深圳	27.88	32.1	−30.8
70	广州沃尔玛百货有限公司	广州	27.87	23.2	−4.0
71	广东通驿高速公路服务区有限公司	广州	27.60	41.7	27.1
72	中国石化销售股份有限公司广东肇庆	肇庆	27.28	3.8	1.6
73	沃尔玛（珠海）商业零售有限公司	珠海	27.06	42.8	−0.6
74	合创汽车科技有限公司	广州	26.76	2.1	−73.7
75	深圳市大兴宝德汽车销售服务有限公司	深圳	26.55	−12.6	−6.7
76	中国石油天然气股份有限公司惠州分公司	惠州	26.47	16.8	25.0
77	广东澳康达二手车经销有限公司	深圳	25.68	55.8	−11.3
78	沃尔玛（广东）百货有限公司	广州	25.10	34.8	−5.5
79	中国石化销售股份有限公司阳江分公司	阳江	25.02	0.4	1.5
80	望家欢农产品集团有限公司	深圳	24.64	−9.5	0.0
81	广东壹号食品股份有限公司	湛江	24.42	−1.2	−5.3
82	华润万家有限公司	深圳	23.79	−17.2	18.1
83	广东壹加壹商业连锁有限公司	中山	23.53	−5.9	−1.1
84	广州得赋阿里健康大药房有限公司	广州	23.51	148.1	−76.0
85	小鹏汽车销售有限公司	广州	23.40	−1.5	−20.0

（续表）

序号	单位详细名称	所在地	零售额（亿元）	增速（%）	增速比前三季度（个百分点）
86	大参林医药集团股份有限公司	广州	23.26	18.7	19.3
87	中国石化销售股份有限公司韶关分公司	韶关	22.96	2.6	−0.6
88	深圳市南北药行连锁有限公司	深圳	22.94	32.2	23.9
89	敏华互联网零售（惠州）有限公司	惠州	22.93	6.3	−8.9
90	润家商业（深圳）有限公司	深圳	22.87	−1.3	32.0
91	深圳市京源通信有限公司	深圳	22.81	1982.2	−6415.6
92	国药控股广州有限公司	广州	22.75	3.2	−2.2
93	东莞中升之星汽车销售服务有限公司	东莞	22.73	3.6	−1.4
94	广东广安冠德石化有限公司	广州	22.50	5.5	9.7
95	深圳中升星辉汽车销售服务有限公司	深圳	22.35	−4.8	10.9
96	广州市龙星行汽车销售服务有限公司	广州	22.29	1.7	7.0
97	深圳极氪汽车销售服务有限公司	深圳	22.21	44.4	−61.5
98	华润万家生活超市（广州）有限公司	广州	22.18	−13.8	21.2
99	理想智造汽车销售服务（广州）有限公司	广州	21.88	89.8	−122.0
100	中海油广东销售有限公司	广州	21.68	−14.6	−33.2

（五）规上服务业主要指标稳步增长，营业收入增长8.5%

2023年，全省规上服务业企业实现营业收入44936.47亿元，同比增长8.5%，增幅比前三季度提高0.7个百分点。其中，重点行业企业实现营业收入30449.55亿元，增长6.9%，增幅比前三季度提高0.9个百分点。

表11-19　2023年全省规模以上服务业分门类营业收入情况

门类	营业收入（亿元）	同比增长（%）	增幅比上半年（个百分点）	拉动（个百分点）
总计	44936.47	8.5	0.7	/
交通运输、仓储和邮政业	11191.52	4.9	4.5	1.27
信息传输、软件和信息技术服务业	16553.47	13.0	−0.4	4.59
房地产业（不含房地产开发）	3530.57	7.6	−0.8	0.60
租赁和商务服务业	7751.81	9.0	0.6	1.54
科学研究和技术服务业	3310.51	1.3	−2.6	0.11
水利、环境和公共设施管理业	514.10	6.0	−9.0	0.07
居民服务、修理和其他服务业	444.84	8.5	0.0	0.08
教育	382.79	6.9	1.7	0.06
卫生和社会工作	636.37	−11.4	−3.7	−0.20
文化、体育和娱乐业	620.49	38.4	−3.3	0.42

交通运输、仓储和邮政业持续恢复。交通运输、仓储和邮政业实现营业收入11191.52亿元，增长4.9%，增幅比前三季度提高4.5个百分点，拉动规上服务业增长1.3个百分点，营业收入占规上服务业营业收入的24.9%。四季度，客运行业继续回升，铁路运输业营业收入增长45.1%，航空运输业营业收入增长65.4%。南方航空、中国铁路广州局、广深铁路、深圳航空、广东铁路、广州地铁、深圳地铁营业收入分别增长99.0%、39.7%、30.1%、138.2%、116.9%、25.1%、43.4%。货运方面，国内货运发展稳定，顺丰速运、深圳顺丰等顺丰系货运企业和中国邮政速递广东分公司保持较高增速；国际货运市场依然不景气，中远海运散货、南方航空物流、优比速广东有限公司等业务下降较多。多式联运和运输代理业持续回暖，实现营业收入3373.50亿元，下降18.6%，降幅比前三季度收窄7.1个百分点，分别拉低交通运输、仓储和邮政业和全行业营业收入增速7.2个、1.9个百分点。

表11-20　交通运输、仓储和邮政业营业收入前20企业

序号	企业	营业收入（亿元）	同比增长（％）
1	中国南方航空股份有限公司	970.45	99.0
2	中国铁路广州局集团有限公司	659.42	39.7
3	广深铁路股份有限公司	247.18	30.1
4	中远海运散货运输有限公司	243.38	−11.2
5	深圳航空有限责任公司	241.95	138.2
6	顺丰速运有限公司	170.23	11.3
7	广东京邦达供应链科技有限公司	151.80	8.4
8	广东铁路有限公司	144.96	116.9
9	南方航空物流股份有限公司	141.08	−27.1
10	深圳市顺丰同城物流有限公司	101.88	21.7
11	广州地铁集团有限公司	98.91	25.1
12	广州顺丰速运有限公司	87.69	6.0
13	中国邮政速递物流股份有限公司广东省分公司	85.49	12.0
14	顺丰航空有限公司	78.50	0.5
15	中远海运特种运输股份有限公司	78.11	−1.4
16	深圳市前海云途物流有限公司	73.51	80.5
17	深圳市地铁集团有限公司	72.33	43.4
18	优比速包裹运送广东有限公司	69.74	−10.2
19	深圳市顺丰综合物流服务有限公司	67.92	154.0
20	广东省路桥建设发展有限公司	60.87	6.8

信息传输、软件和信息技术服务业近两年新入库企业拉动力强劲。全年实现营业收入16553.47亿元，增长13.0％，增幅比前三季度回落0.4个百分点，拉动规上服务业增长4.6个百分点，在10个行业门类中规模最大、拉动力最强。其中，腾讯科技（深圳）营业收入最高，达到1759.48亿元，增长25.5％。深圳腾讯天游科技、花瓣云、广东今日头条三家近两年新设立企业增长强劲，营业收入分别增长1.3、1.1、3.3倍，营业收入合计净增

862.72亿元，拉动该行业门类增长5.9个百分点，拉动规上服务业增长2.1
个百分点。深圳前海新之江、深圳美团优选、广州腾讯科技、深圳大疆创
新、维沃移动通信（深圳）增长较快，增速在平均增速之上。

表11-21　信息传输、软件和信息技术服务业营业收入前20企业

序号	企业	营业收入（亿元）	同比增长（%）
1	腾讯科技（深圳）有限公司	1759.48	25.5
2	深圳市腾讯天游科技有限公司	1007.72	136.5
3	深圳市腾讯计算机系统有限公司	478.68	−15.5
4	深圳前海新之江信息技术有限公司	452.67	19.4
5	深圳美团优选科技有限公司	314.24	19.4
6	花瓣云科技有限公司	274.62	110.0
7	广州网易计算机系统有限公司	242.23	−6.5
8	中国移动通信集团广东有限公司深圳分公司	202.30	6.2
9	中国移动通信集团广东有限公司广州分公司	200.79	9.3
10	广州腾讯科技有限公司	180.36	25.4
11	广东今日头条网络技术有限公司	178.32	333.0
12	广州博冠信息科技有限公司	161.78	−3.0
13	深圳市大疆创新科技有限公司	143.47	31.8
14	深圳市世纪腾华信息技术有限公司	137.84	−4.4
15	中国电信股份有限公司深圳分公司	136.95	0.6
16	中国电信股份有限公司广州分公司	131.44	3.0
17	中国移动通信集团广东有限公司东莞分公司	114.46	5.6
18	深圳市分期乐网络科技有限公司	112.85	25.3
19	腾讯音乐娱乐（深圳）有限公司	110.19	0.9
20	维沃移动通信（深圳）有限公司	104.48	54.7

租赁和商务服务业加快复苏。全年实现营业收入7751.81亿元，增
长9.0%，增幅比前三季度提高0.6个百分点，营业收入占规上服务业的
17.3%，拉动规上服务业增长1.5个百分点，营业收入规模在10个行业门
类中居第三位。商务服务业稳步复苏，半数以上的头部企业增速达到两

位以上。深圳腾讯文化传媒规模最大，营业收入达到305.87亿元，增长16.3%，拉动该行业增长1.9个百分点。深圳今日头条科技部分业务调整至深圳今日头条信息技术，两企业合计下降8.9%。

表11-22　租赁和商务服务业营业收入前20企业

序号	企业	营业收入（亿元）	同比增长（%）
1	深圳市腾讯文化传媒有限公司	305.87	16.3
2	深圳今日头条信息技术有限公司	129.21	—
3	开域国际控股有限公司	109.45	−10.3
4	广州南仕邦人力资源有限公司	95.12	39.8
5	珠海万达商业管理集团股份有限公司	70.76	0.4
6	广东君润人力资源服务有限公司	70.66	49.5
7	广东省广告集团股份有限公司	63.75	45.9
8	深圳顺丰泰森控股（集团）有限公司	52.17	9.3
9	广东胜通和科技服务有限公司	50.33	29.0
10	中铁建商业保理有限公司	43.56	53.8
11	深圳市幸游国际旅行社有限公司	42.33	126.5
12	深圳今日头条科技有限公司	39.54	−78.7
13	广州辛选网络信息科技有限公司	31.46	−5.3
14	万科企业股份有限公司	31.42	1.6
15	广东邮电人才服务有限公司	31.10	1.2
16	仁励窝人力资源服务（广州）有限公司	31.10	15.8
17	北京外企德科人力资源服务深圳有限公司	30.64	986.6
18	广州极兔供应链有限公司	30.27	22.5
19	深圳市人力资本（集团）有限公司	29.89	−2.4
20	光大环保（中国）有限公司	28.15	−16.1

科学研究和技术服务业持续走低。全年实现营业收入3310.51亿元，增长1.3%，增幅比前三季度回落2.6个百分点，营业收入占规上服务业营业收入7.4%，拉动规上服务业营业收入增长0.1个百分点。该行业整体相对低迷，过半数企业营业收入负增长，其中，中广核工程、中交第四航务

工程勘察设计院、广东博意建筑设计院业务萎缩较为严重，合计拉低行业增速2.5个百分点。但中国能源广东省电力设计研究院、中石化广州工程公司、比亚迪丰田电动车科技公司、本田技研科技、东莞东阳光药物研发、广东省电信规划设计院、南方电网电力科技等表现亮眼，保持较高增速，合计拉动科学研究和技术服务业增长3.4个百分点。

表11-23　科学研究和技术服务业营业收入前20企业

序号	企业	营业收入（亿元）	同比增长（%）
1	中广核工程有限公司	214.22	−15.4
2	中国能源建设集团广东省电力设计研究院有限公司	170.39	29.9
3	中电建南方建设投资有限公司	64.94	−8.9
4	深圳市中兴通讯技术服务有限责任公司	57.07	1.0
5	广州安茂铁路建设管理有限公司	36.02	1.9
6	中石化广州工程有限公司	35.81	29.3
7	中广核核电运营有限公司	28.48	7.2
8	比亚迪丰田电动车科技有限公司	28.43	479.7
9	中铁珠三角投资发展有限公司	27.83	−18.8
10	本田技研科技（中国）有限公司	26.81	71.2
11	东莞东阳光药物研发有限公司	24.89	294.9
12	广东省电信规划设计院有限公司	24.65	22.0
13	珠海格力节能环保制冷技术研究中心有限公司	24.20	0.2
14	中交第四航务工程勘察设计院有限公司	23.70	−46.2
15	深圳市华阳国际工程设计股份有限公司	23.15	0.9
16	广州地铁设计研究院股份有限公司	22.53	8.3
17	深圳中广核工程设计有限公司	21.66	10.6
18	中广核研究院有限公司	21.46	1.9
19	南方电网电力科技股份有限公司	19.09	36.9
20	广州市城市规划勘测设计研究院	18.69	3.2

居民服务、修理和其他服务业增长平稳。全年实现营业收入444.84亿元，同比增长8.5%，增幅与前三季度持平，拉动规上服务业营业收入增长0.1个百分点。前20企业合计实现营业收入105.81亿元，增长29.2%，占居民服务、修理和其他服务业营业收入的23.8%，拉动居民服务、修理和其他服务业增长5.8个百分点。

表11-24　居民服务、修理和其他服务业营业收入前20企业

序号	企业	营业收入（亿元）	同比增长（%）
1	深圳玉禾田智慧城市运营集团有限公司	10.99	31.8
2	深圳十分到家服务科技有限公司	10.50	22.8
3	深圳华侨城水电有限公司	9.37	5.8
4	佛山市南海区瀚洁城市环境管理有限公司	7.09	6662.7
5	深圳轻喜到家科技有限公司	6.77	55.7
6	深圳市升阳升人居环境服务有限公司	6.63	13.2
7	广州市升辉清洁服务有限公司	5.65	7.4
8	深圳安时达技术服务有限公司	5.56	−0.5
9	广州图腾信息科技股份有限公司	5.46	22.1
10	月亮小屋（中国）有限公司	4.66	220.6
11	广东泰科物业管理有限公司	4.36	5.0
12	广州市信诚环保科技有限公司	4.35	1.1
13	深圳市博宝源实业有限公司	3.52	18.1
14	深圳市华富环境有限公司	3.28	−2.3
15	广州视嵘信息技术有限公司	3.26	21.5
16	深圳蜂驰电子科技有限公司	3.21	64.2
17	博罗县罗浮净土园林开发有限公司	2.96	210.8
18	深圳我主良缘科技集团有限公司	2.86	−33.0
19	奈瑞儿健康科技有限公司	2.72	2.6
20	广州奥德航空服务有限公司	2.60	46.5

文化、体育和娱乐业保持高速增长。全年实现营业收入620.49亿元，同比增长38.4%，增幅比前三季度回落3.3个百分点，拉动规上服务业营业

收入增长0.4个百分点。一是娱乐业强势复苏，如广州长隆、珠海长隆、广州迪弗瑞特分别增长255.2%、459.1%、947.8%，合计拉动文化、体育和娱乐业增长16.7个百分点；二是广播、电视、电影和录音制作业繁荣，珠海横琴万达电影、广东大地电影、广州金逸珠江电影、万影影业、珠江影业、广东大地影院等龙头企业均实现高速增长，合计拉动文化、体育和娱乐业增长10.4个百分点。

表11-25　文化、体育和娱乐业营业收入前20企业

序号	企业	营业收入（亿元）	同比增长（%）
1	广州长隆集团有限公司	45.04	255.2
2	珠海长隆投资发展有限公司	43.35	459.1
3	珠海横琴万达电影院线有限公司	33.49	1077.0
4	南方出版传媒股份有限公司	14.21	−3.5
5	广东大地电影院线股份有限公司	13.55	57.7
6	广东南方新媒体股份有限公司	12.99	4.8
7	奥飞娱乐股份有限公司	12.80	6.3
8	广州巴伽娱乐传媒有限公司	11.84	−50.4
9	广东教育出版社有限公司	9.77	1.4
10	深圳证券时报社有限公司	8.99	10.8
11	深圳广播电影电视集团	8.41	14.7
12	广州金逸珠江电影院线有限公司	8.11	74.7
13	广州迪弗瑞特文化发展有限公司	8.07	974.8
14	华强方特（深圳）电影有限公司	8.03	−16.7
15	广州香港马会赛马训练有限公司	7.30	2.3
16	广州蜜糖网络科技有限公司	7.03	—
17	万影影业（深圳）有限公司	6.52	138.4
18	珠江影业传媒股份有限公司	6.33	94.1
19	深圳报业集团	6.31	6.0
20	广东大地影院建设有限公司	6.15	11.5

三、维度三：新质增长维度

广东始终坚持实施创新驱动发展战略，积极培育战略科技力量，成为全国创新驱动和经济高质量发展的高地，新经济和"双十"产业等成为经济增长的重要支撑和引擎。

（一）R&D为广东经济高质量发展注入强劲动力

2022年，全省研究与试验发展（简称R&D）经费投入取得新突破，投入强度持续提升，为广东经济高质量发展走在前列注入更加强劲动力。

研发投入再创新高，投入强度持续提升。广东R&D经费投入总量连续七年居全国第一，投入强度延续较快增长势头。2022年，全省共投入R&D经费4411.90亿元，比上年增加409.72亿元，增长10.2%。全省R&D经费投入强度达到3.42%，比上年提高0.21个百分点，高于全国0.88个百分点；珠三角R&D经费投入强度达到4.03%，高于全省0.61个百分点。其中，R&D经费投入强度超过3%的地市有4个，依次为深圳5.81%、东莞4.10%、惠州3.44%、广州3.43%。

珠三角头部效应显著，创新发展动能足。珠三角地区充分发挥改革创新前沿阵地作用，形成头部引领效应；粤东西北地区协同发展趋势逐步形成，R&D经费稳健增长。2022年，珠三角地区R&D经费支出4220.31亿元，增长10.3%，占全省R&D经费的95.7%，是全省创新驱动主阵地。R&D经费支出超百亿元的地市有7个，依次为深圳1880.49亿元、广州988.36亿元、东莞458.72亿元、佛山359.53亿元、惠州185.71亿元、珠海118.07亿元、中山100.66亿元，引领全省创新驱动。粤东西北R&D经费支出191.59亿元，增长9.2%，占全省4.3%，是全省创新驱动实现突破的重要力量。

表11-26 2021—2022年各地区R&D经费及投入强度情况

地区	2021年		2022年		2022年比2021年增长（%）	2022年比2021年提高百分点（个）
	R&D经费（亿元）	占GDP比重（%）	R&D经费（亿元）	占GDP比重（%）		
全省	4002.2	3.21	4411.9	3.42	10.2	0.21
广州	881.7	3.12	988.4	3.43	12.1	0.31
韶关	19.1	1.23	13.9	0.89	−27.2	−0.34
深圳	1682.2	5.49	1880.5	5.81	11.8	0.32
珠海	113.7	2.93	118.1	2.92	3.8	−0.01
汕头	31.2	1.06	36.3	1.20	16.4	0.14
佛山	342.4	2.82	359.5	2.83	5.0	0.01
江门	92.7	2.57	91.4	2.42	−1.4	−0.15
湛江	18.7	0.53	32.0	0.86	70.9	0.33
茂名	17.2	0.46	14.9	0.38	−13.1	−0.08
肇庆	29.5	1.11	37.4	1.38	26.5	0.27
惠州	169.0	3.39	185.7	3.44	9.9	0.05
梅州	7.9	0.6	8.1	0.61	2.3	0.01
汕尾	8.1	0.63	9.9	0.75	22.0	0.12
河源	8.9	0.7	8.3	0.64	−7.0	−0.06
阳江	6.1	0.4	8.1	0.53	32.7	0.13
清远	21.8	1.08	22.1	1.09	1.4	0.01
东莞	434.4	4	458.7	4.10	5.6	0.10
中山	81.1	2.27	100.7	2.77	24.1	0.50
潮州	8.0	0.64	8.0	0.61	0.0	−0.03
揭阳	21.6	0.95	23.0	1.02	6.6	0.07
云浮	7.0	0.61	7.2	0.62	2.7	0.01

重点行业持续发力，企业主体地位不断巩固。广东积极构建以企业为主体的技术创新体系，工业企业特别是规上工业是研发支出主力军，是研

发投入的输出者和最大受益人。2022年，各类企业经费支出3841.61亿元，增长10.7%，占全省R&D经费支出的87%；全省工业企业R&D经费支出3217.75亿元，增长10.9%，占全省R&D经费支出的72.9%。规上工业中，经费投入超过百亿的行业大类有金属制品业、通用设备制造业、专用设备制造业、汽车制造业、电气机械和器材制造业、计算机、通信和其他电子设备制造业等6个，比上年增加1个，6个行业经费占全部规上工业企业R&D经费的79.5%，其中计算机、通信和其他电子设备制造业R&D经费支出持续增长，占全部规上工业企业R&D经费支出的47.8%。科研机构作为国家重点科研项目主要承担者，2022年政府属科研机构经费支出206.99亿元，增长6.5%；高等院校经费支出238.50亿元，增长7.1%；其他企事业单位经费支出124.84亿元，增长8.9%。

表11-27　2021—2022年规模以上工业R&D经费支出情况

行业类别	2021年（亿元）	2022年（亿元）	增长（%）
规模以上工业总计	2902.18	3217.75	10.9
采矿业	7.34	12.51	70.4
石油和天然气开采业	4.87	8.67	78.0
黑色金属矿采选业	0.02	0.03	50.0
有色金属矿采选业	1.28	1.5	17.2
非金属矿采选业	0.85	1.56	83.5
开采专业及辅助性活动	0.33	0.74	124.2
制造业	2862.1	3163.55	10.5
农副食品加工业	22.69	24.54	8.2
食品制造业	21.44	20.9	−2.5
酒、饮料和精制茶制造业	4.75	6.7	41.1
烟草制品业	2.1	2.97	41.4
纺织业	12.54	10.75	−14.3
纺织服装、服饰业	15.14	17.39	14.9

（续表）

行业类别	2021年（亿元）	2022年（亿元）	增长（%）
皮革、毛皮、羽毛及其制品和制鞋业	12.68	14.3	12.8
木材加工和木、竹、藤、棕、草制品业	6.53	3.83	−41.3
家具制造业	30.03	29.33	−2.3
造纸和纸制品业	17.83	17.36	−2.6
印刷和记录媒介复制业	13.56	19.19	41.5
文教、工美、体育和娱乐用品制造业	14.62	13.3	−9.0
石油、煤炭及其他燃料加工业	5.54	4.56	−17.7
化学原料和化学制品制造业	61.39	59.32	−3.4
医药制造业	80.35	96.06	19.6
化学纤维制造业	3.1	1.71	−44.8
橡胶和塑料制品业	97.23	97.72	0.5
非金属矿物制品业	44.95	38.97	−13.3
黑色金属冶炼和压延加工业	11.09	19.41	75.0
有色金属冶炼和压延加工业	18.81	16.62	−11.6
金属制品业	98.64	101.54	2.9
通用设备制造业	121.34	124.23	2.4
专用设备制造业	133.32	160.85	20.6
汽车制造业	169.51	226.79	33.8
铁路、船舶、航空航天和其他运输设备制造业	26.19	20.38	−22.2
电气机械和器材制造业	364.99	405.64	11.1
计算机、通信和其他电子设备制造业	1392.61	1539.58	10.6
仪器仪表制造业	43.32	51.63	19.2
其他制造业	8.17	8.09	−1.0
废弃资源综合利用业	4.32	5.88	36.1

（续表）

行业类别	2021年（亿元）	2022年（亿元）	增长（%）
金属制品、机械和设备修理业	3.34	4.01	20.1
电力、热力、燃气及水生产和供应业	32.74	41.7	27.4
电力、热力生产和供应业	22.23	27.04	21.6
燃气生产和供应业	7.19	10.91	51.7
水的生产和供应业	3.32	3.75	13.0

投入结构进一步优化，创新内生动力不断激发。2022年，全省用于基础研究的经费投入239.62亿元，占R&D经费比重5.4%，为广东原始创新能力不断提升发挥积极作用；应用研究经费415.74亿元，增长16.5%，延续上升势头；试验发展经费3756.54亿元，增长11.4%。基础研究、应用研究和试验发展经费所占比重分别为5.4%、9.4%和85.2%，基础研究和成果转化投入持续加大。应用研究和试验发展引领全国技术发展，极大地满足市场对于新兴、中高端、个性化高科技产品的需求，进一步提高地区经济产业发展质量，增强经济发展的韧性。

（二）新经济成为广东经济增长重要支撑

2023年，广东实现新经济增加值34736.46亿元，同比增长4.1%，与GDP增速差距较前三季度收窄0.3个百分点，新经济增加值占GDP的比重为25.6%，占比较前三季度提升0.6个百分点。

表11-28　2023年广东新经济增加值测算情况

	现价			同比增长（%）
	绝对额（亿元）	占GDP比重（%）	占新经济增加值比重（%）	
新经济增加值	34736.46	25.6	100.0	4.1
第一产业	690.96	0.5	2.0	4.8
第二产业	17239.77	12.7	49.6	3.6
第三产业	16805.73	12.4	48.4	4.5

第二产业新经济持续恢复。2023年，第二产业新经济回升向好，实现增加值17239.77亿元，同比增长3.6%，增速比前三季度提升1.3个百分点。其中，工业战略性新兴产业（含研发）实现增加值11706.08亿元，增长4.0%，增速较前三季度提升1.3个百分点。受华为、苹果、荣耀等手机厂商新机型上市影响，消费电子行业及上游电子元器件产业回暖，占工业战略性新兴产业（含研发）增加值超一半的新一代信息技术产业增加值增速扭负为正，同比增长2.2%，增速较前三季度提升2.9个百分点。高技术制造业（含研发）实现增加值14001.04亿元，同比增长3.4%。其中占比最高的电子及通信设备制造业以5.9%的速度加快恢复，增速较前三季度提升1.9个百分点；航空、航天器及设备制造业快速发展，增加值同比增长27.8%；计算机及办公设备制造业受产品创新力不足、需求疲软等因素影响，增加值下降11.5%。

第三产业新经济稳步发展。2023年，第三产业新经济实现增加值16805.73亿元，增长4.5%。新服务中的互联网和相关服务业、软件和信息技术服务业、研究和试验发展业保持较快发展势头，增加值分别增长7.0%、8.6%和19.7%。受中秋、十一假期及元旦假期带动旅游出行需求，多轮消费券发放刺激消费需求，上年同期基数较低等因素影响，新服务中的铁路运输业、新型餐饮服务业、新型零售服务业增加值分别以29.0%、15.9%、20.6%的速度快速回升。

先进制造业和现代服务业保持增长态势。2023年，全省规上工业中，先进制造业实现增加值22985.18亿元，同比增长6.1%，高于全省制造业增加值增速2.0个百分点，占GDP比重16.9%。现代服务业实现增加值49164.38亿元，增长4.8%，占第三产业比重65.0%，比上年提高0.2个百分点。

表11-29　2023年先进制造业、现代服务业指标情况

	现价（亿元）		增速（%）		占GDP比重（%）		占第三产业比重（%）	
	本年	上年	本年	上年	本年	上年	本年	上年
地区生产总值	135673.16	129513.55	4.8	2.0	100.0	100.0	—	—
#先进制造业	—	—	—	—	—	—	—	—
增加值	22985.18	21792.10	6.1	2.5	16.9	16.9	—	—
#现代服务业	—	—	—	—	—	—	—	—
增加值	49164.38	46367.36	4.8	1.5	36.2	35.8	65.0	64.8

（三）"双十"产业成为广东经济增长重要引擎

2023年，全省十大战略性支柱产业集群和十大战略性新兴产业集群涉及企业20.69万个，实现营业收入22.46万亿元，利润总额13433.62亿元，完成增加值54873.88亿元，同比增长5.2%，增加值占GDP比重40.5%。

其中，十大战略性支柱产业集群是广东经济稳定器，完成增加值47467.27亿元，增长4.6%，占GDP比重35.0%，增长较快的是软件与信息服务、汽车和绿色石化产业集群，分别同比增长14.6%、11.2%和8.3%；十大战略性新兴产业集群是广东经济增长推进器，完成增加值7406.61亿元，增长9.2%，占GDP比重5.5%，增长较快是数字创意、新能源和半导体与集成电路产业集群，分别增长16.1%、12.7%、10.9%。

表11-30　2023年广东双十战略性产业集群发展情况

产业集群	集群名称	企业数（个）	营业收入（亿元）	利润总额（亿元）	增加值（亿元）	增速（%）	占GDP（%）
双十产业集群总计		206865	224619.98	13433.62	54873.88	5.2	40.5
十大战略性支柱产业集群	合计	80058	194706.50	11093.98	47467.27	4.6	35.0
	1. 新一代电子信息	9753	47101.74	2758.02	9637.61	3.6	7.1
	2. 绿色石化	9806	19362.56	785.45	4442.24	8.3	3.3
	3. 智能家电	6757	16995.13	1256.09	3320.59	3.3	2.4
	4. 汽车	1165	13629.25	537.40	2760.66	11.2	2.0

（续表）

产业集群	集群名称	企业数（个）	营业收入（亿元）	利润总额（亿元）	增加值（亿元）	增速（％）	占GDP（％）
十大战略性支柱产业集群	5. 先进材料	15356	26948.26	982.81	5321.74	4.5	3.9
	6. 现代轻工纺织	23904	27632.72	1253.39	6471.33	−4.5	4.8
	7. 软件与信息服务	5365	14273.59	2025.08	4654.77	14.6	3.4
	8. 超高清视频显示	3241	6354.66	397.23	1230.30	5.4	0.9
	9. 生物医药与健康	2070	3990.39	564.55	1472.66	−2.3	1.1
	10. 现代农业与食品	2641	18418.20	533.96	8155.36	6.0	6.0
十大战略性新兴产业集群	合计	126807	29913.48	2339.64	7406.61	9.2	5.5
	1. 半导体与集成电路	1766	2703.8	50.65	656.66	10.9	0.5
	2. 高端装备制造	14799	3501.94	180.92	792.74	7.1	0.6
	3. 智能机器人	257	723.98	4.46	116.5	4.3	0.1
	4. 区块链与量子信息	16497	335.13	31.53	101.25	5.4	0.1
	5. 前沿新材料	26289	1091.02	64.8	300.26	10	0.2
	6. 新能源	11053	8341.59	609.58	1838.72	12.7	1.4
	7. 激光与增材制造	43656	1461.46	90.08	322.39	3.4	0.2
	8. 数字创意	7440	6233.38	806.15	1690.98	16.1	1.2
	9. 安全应急与环保	3418	3335.81	261.92	985.51	3.8	0.7
	10. 精密仪器设备	1632	2185.37	239.56	601.6	−3.2	0.4

注：本表中工业、服务业数据为规模以上工业和服务业企业；批发零售业数据为限额以上批发零售企业；不包含金融业和公共管理业相关数据；企业数未进行比例折算，营业收入和增加值总量按照比例折算，增加值增速按可比价计算；全省GDP为快报数。

一是十大战略性支柱产业集群。2023年，全省十大战略性支柱产业集群企业数8.01万个，实现增加值47467.27亿元，增长4.6%，占全省GDP的35.0%。其中，增加值占比排名前三的是新一代电子信息、现代农业与食品、现代轻工纺织产业集群；增加值增长较快的是软件与信息服务、汽车和绿色石化产业集群，同比分别增长14.6%、11.2%和8.3%。

新一代电子信息产业。2023年，新一代电子信息战略性支柱产业集群企业9753家，增加值9637.61亿元，同比增长3.6%，占GDP比重7.1%。其中，通信设备制造业占比最大，完成增加值4368.74亿元，增长5.4%；电子元件及电子专用材料制造业完成增加值2007.39亿元，增长6.8%；计算机制造业完成增加值721.72亿元，下降12.9%。从经济效益指标看，实现利润总额2758.02亿元，增长37.8%。从主要产品产量看，生产电子计算机整机8158.15万台，下降6.7%；移动通信手持机（手机）64944.24万台，增长7.0%；集成电路685.74亿块，增长23.8%；电子元件30543.85亿只，增长9.0%。

表11-31　2023年新一代电子信息战略性支柱产业集群发展情况

行业分类	企业数（个）	营业收入（亿元）	增加值总量（亿元）	增加值增速（%）	利润总额（亿元）	利润增速（%）
合计	9753	47101.74	9637.61	3.6	2758.02	37.8
计算机制造	1386	4729.58	721.72	-12.9	159.75	-36.2
通信设备制造	816	21409.86	4368.74	5.4	1814.06	89.6
广播电视设备制造	228	560.30	242.30	-14.6	36.89	-21.6
雷达及配套设备制造	10	25.53	3.39	-0.2	-3.96	15.2
非专业视听设备制造	714	2521.87	232.50	-9.9	58.52	30.5
智能消费设备制造	511	1857.20	179.71	8.7	60.66	27.5
电子器件制造	2116	6430.06	1393.55	5.4	159.88	38.9
电子元件及电子专用材料制造	3129	7645.63	2007.39	6.8	352.77	-18.4
其他电子设备制造	843	1921.71	488.29	16.4	119.44	7.2

绿色石化产业集群。2023年，全省绿色石化战略性支柱产业集群企业9806个，增加值4442.24亿元，增长8.3%，占GDP比重3.3%。其中，石油加工业增加值1219.25亿元，增长24.7%；化学原料和制品制造业增加值1704.31亿元，增长4.3%；橡胶和塑料制造业增加值1476.45亿元，增长1.7%。从经济效益指标看，实现利润总额785.45亿元，增长11.3%。从主

要产品产量看，生产乙烯396.89万吨，增长1.5%；初级形态塑料812.26万吨，增长10.6%；合成纤维单体566.00万吨，增长154.3%；塑料制品1450.69万吨，增长2.5%。

表11-32　2023年绿色石化战略性支柱产业集群发展情况

行业分类	企业数（个）	营业收入（亿元）	增加值总量（亿元）	增加值增速（%）	利润总额（亿元）	利润增速（%）
合计	9806	19362.56	4442.24	8.3	785.45	11.3
石油加工业	96	5556.73	1219.25	24.7	80.91	−335.4
化学原料和制品制造业	3342	7533.16	1704.31	4.3	365.16	−1.3
化学纤维制造业	80	135.03	42.24	3.5	11.76	−18.3
橡胶和塑料制造业	6288	6137.64	1476.45	1.7	327.62	−8.0

智能家电产业集群。2023年，全省智能家电战略性支柱产业集群企业6757个，增加值3320.59亿元，同比增长3.3%，占GDP比重2.4%。其中，家用电器制造业增加值2698.53亿元，增长7.4%。实现利润总额1256.09亿元，增长9.5%。从主要产品产量看，生产家用电冰箱2169.04万台，增长21.0%；家用洗衣机803.56万台，增长16.3%；房间空气调节器7598.14万台，增长11.4%；电饭锅9998.16万个，增长2.7%。

表11-33　2023年智能家电战略性支柱产业集群发展情况

行业分类	企业数（个）	营业收入（亿元）	增加值总量（亿元）	增加值增速（%）	利润总额（亿元）	利润增速（%）
合计	6757	16995.13	3320.59	3.3	1256.09	9.5
通用设备制造业中相关部分	493	767.07	160.43	4.0	49.86	18.3
电气机械和器材制造业中家用电器中相关部分	5206	12941.50	2698.53	7.4	1111.10	9.6
计算机、通信和其他电子设备制造业中相关部分	1058	3286.56	461.63	−15.5	95.13	4.0

汽车产业。2023年，汽车制造业战略性支柱产业集群企业1165个，增加值2760.66亿元，增长11.2%，占GDP比重2.0%。其中，汽车整车制造增加值1467.43亿元，增长18.3%；汽车零部件及配件制造增加值1213.57亿元，增长4.9%。实现利润总额537.40亿元，下降19.7%。从产品产量看，生产汽车用发动机25478.71万千瓦，下降3.4%；汽车519.19万辆，增长16.9%；新能源汽车253.18万辆，增长83.3%。

表11-34　2023年汽车战略性支柱产业集群发展情况

行业分类	企业数（个）	营业收入（亿元）	增加值总量（亿元）	增加值增速（%）	利润总额（亿元）	利润增速（%）
合计	1165	13629.25	2760.66	11.2	537.40	−19.7
汽车整车制造	27	8118.82	1467.43	18.3	205.80	−29.2
汽车用发动机制造	6	420.68	63.11	−3.6	16.78	−61.8
改装汽车制造	22	59.64	10.24	−15.1	0.37	−62.6
低速汽车制造						
电车制造	3	6.21	0.46	51.2	0.15	658.7
汽车车身、挂车制造	33	57.40	5.86	−20.4	−0.39	−425.0
汽车零部件及配件制造	1074	4966.50	1213.57	4.9	314.69	−5.7

先进材料产业。2023年，全省先进材料战略性支柱产业集群企业15356个，增加值5321.74亿元，同比增长4.5%，占GDP比重3.9%。其中，化学原料和制品制造业增加值817.69亿元，增长7.6%；黑色金属冶炼和压延加工业增加值556.16亿元，增长8.2%；有色金属冶炼和压延加工业增加值466.59亿元，增长8.4%；计算机、通信和其他电子设备制造业增加值532.79亿元，增长9.5%。实现利润总额982.81亿元，下降0.6%。从主要产品产量看，生产涂料539.9万吨，增长1.8%；碳纤维及其复合材料3.09万吨，增长76.7%；钢筋1523.66万吨，增长14.2%；工业特种气体12.87亿立方米，增长13.3%。

表11-35　2023年先进材料战略性支柱产业集群发展情况

行业分类	企业数（个）	营业收入	增加值总量（亿元）	增加值（亿元）	利润总额（亿元）	利润增速（%）
合计	15356	26948.26	5321.74	4.5	982.81	−0.6
化学原料和制品制造业	1985	3893.09	817.69	7.6	153.55	−1.2
化学纤维制造业	80	135.03	42.24	3.5	11.76	−18.3
橡胶和塑料制造业	6288	6137.64	1476.45	1.7	327.62	−8.0
非金属矿物制品业	3296	5561.89	1304.84	−0.5	225.14	12.3
黑色金属冶炼和压延加工	561	3974.30	556.16	8.2	69.92	159.2
有色金属冶炼和压延加工	1148	4596.33	466.59	8.4	84.27	−7.1
金属制品业	338	489.52	124.98	27.9	27.66	13.3
计算机、通信和其他电子设备制造业	1660	2160.45	532.79	9.5	82.89	−30.9

现代轻工纺织产业。2023年，全省现代轻工纺织战略性支柱产业集群企业23904个，增加值6471.33亿元，下降4.5%，占GDP比重4.8%。其中，纺织业增加值559.33亿元，下降2.4%；纺织服装、服饰业增加值598.91亿元，下降7.4%；家具制造业增加值501.44亿元，下降7.4%；文教、工美、体育和娱乐用品制造业增加值1014.86亿元，下降5.2%。实现利润总额1253.39亿元，下降6.2%。从主要产品产量看，生产服装31.74亿件，下降12.8%；皮革鞋靴3.63亿双，下降9.2%；纱25.02万吨，下降4.2%。

表11-36　2023年现代轻工纺织战略性支柱产业集群发展情况

行业分类	企业数（个）	营业收入（亿元）	增加值总量（亿元）	增加值增速（%）	利润总额（亿元）	利润增速（%）
合计	23904	27632.72	6471.33	−4.5	1253.39	−6.2
纺织业	1766	2261.34	559.33	−2.4	114.55	−2.5
纺织服装、服饰业	2566	2287.44	598.91	−7.4	91.99	13.1
皮革、毛皮、羽毛及其制品和制鞋业	1748	1363.07	350.34	−14.5	42.34	−13.3

（续表）

行业分类	企业数（个）	营业收入（亿元）	增加值总量（亿元）	增加值增速（%）	利润总额（亿元）	利润增速（%）
木材加工和木、竹、藤、棕、草制品业	563	366.64	82.45	−9.6	11.39	30.3
家具制造业	1951	2071.09	501.44	−7.4	113.77	−15.0
造纸和纸制品业	1603	2445.12	538.16	−2.0	25.38	−27.0
印刷和记录媒介复制业中相关部分	1160	1182.89	289.12	−4.8	49.59	−42.3
文教、工美、体育和娱乐用品制造业	2867	5648.84	1014.86	−5.2	271.81	10.2
化学纤维制造业	90	177.01	49.63	5.3	14.27	−16.7
橡胶和塑料制品业	5624	5565.55	1325.63	1.4	297.26	−9.8
非金属矿物制品业中相关部分	521	398.13	112.03	−5.0	20.95	30.7
金属制品业中相关部分	2621	2766.16	786.09	−5.7	142.07	6.4
专用设备制造业	129	169.86	58.92	4.8	6.03	14.1
铁路、船舶、航空航天和其他运输设备制造业中相关部分	164	295.99	55.34	−11.2	15.19	−27.0
仪器仪表制造业中相关部分	211	212.83	63.35	−2.8	10.26	17.4
其他制造业相关部分	320	420.77	85.74	−18.6	26.55	−45.1

软件与信息服务产业。2023年，全省软件与信息服务战略性支柱产业集群企业5365个，增加值4654.77亿元，增长14.6%，占GDP比重3.4%。其中，软件和信息技术服务业增加值2804.38亿元，增长4.2%；互联网和相关服务业增加值1850.39亿元，增长35.2%。实现利润总额2025.08亿元，增长36.6%。

表11-37　2023年软件与信息服务战略性支柱产业集群发展情况

行业分类	企业数（个）	营业收入（亿元）	增加值总量（亿元）	增加值增速（%）	利润总额（亿元）	利润增速（%）
合计	5365	14273.59	4654.77	14.6	2025.08	36.6
互联网和相关服务业	936	5546.65	1850.39	35.2	1207.17	49.8
软件和信息技术服务业	4429	8726.93	2804.38	4.2	817.91	20.8

超高清视频显示产业。2023年，全省超高清视频显示战略性支柱产业集群企业3241个，增加值1230.30亿元，增长5.4%，占GDP比重0.9%。其中，以计算机、通信和其他电子设备制造业中的相关制造为主，增加值1210.08亿元，增长5.4%。利润总额397.23亿元，增长92.3%。从主要产品产量看，生产5G智能手机16891.53万台，增长11.0%；液晶显示屏16.72亿片，增长13.8%；光电子器件6655.70亿只，增长17.9%。

表11-38　2023年超高清视频显示战略性支柱产业集群情况

行业分类	企业数（个）	营业收入（亿元）	增加值总量（亿元）	增加值增速（%）	利润总额（亿元）	利润增速（%）
合计	3241	6354.66	1230.30	5.4	397.23	92.3
计算机、通信和其他电子设备制造业中相关部分	2680	6284.60	1210.08	5.4	394.33	92.0
信息传输、软件和信息服务业	142	32.16	13.50	−2.8	1.77	−7.3
广播、电视、电影和录音制作业	419	37.90	6.72	10.3	1.13	−249.3

生物医药与健康产业。2023年，全省生物医药与健康战略性支柱产业集群企业2070个，增加值1472.66亿元，下降2.3%，占GDP比重1.1%。其中，医药制造业增加值770.32亿元，下降1.5%；医疗仪器设备及器械制造

业增加值477.16亿元，下降5.0%。利润总额564.55亿元，下降12.4%。从主要产品产量看，生产医疗仪器设备及器械4150.30万台，下降15.5%；中成药23.79万吨，增长26.3%；化学药品原药4.82万吨，下降50.1%。

表11-39 2023年生物医药与健康战略性支柱产业集群发展情况

行业分类	企业数（个）	营业收入（亿元）	增加值总量（亿元）	增加值增速（%）	利润总额（亿元）	利润增速（%）
合计	2070	3990.39	1472.66	-2.3	564.55	-12.4
医药制造业	644	2010.96	770.32	-1.5	270.02	-26.6
医疗仪器设备及器械制造业	730	1308.07	477.16	-5.0	236.70	9.4
医疗服务业	135	94.38	29.31	12.1	2.54	-51.6
健康养生业	412	257.25	79.77	-18.9	10.06	-25.0
其他	149	319.73	116.11	16.8	45.24	7.4

现代农业与食品产业集群。2023年，全省现代农业与食品战略性支柱产业集群企业数共2641个，增加值8155.36亿元，增长6.0%，占GDP比重6.0%。其中，现代农业增加值5753.60亿元，增长5.0%；食品业增加值2401.77亿元，增长8.5%。从主要产品产量看，生产小麦粉431.77万吨，增长4.2%；鲜、冷藏肉97.25万吨，增长10.9%；食品添加剂138.13万吨，增长2.8%；饮料3967.55万吨，增长3.7%；卷烟1302.28亿支，增长0.4%。

表11-40 2023年现代农业与食品战略性支柱产业集群情况

行业分类	企业（农产品）数（个）	营业收入（亿元）	增加值总量（亿元）	增加值增速（%）
合计	2641	18418.20	8155.36	6.0
农、林、牧、渔业	81	9194.80	5753.60	5.0
食品	2560	9223.40	2401.77	8.5

二是十大战略性新兴产业集群。2023年，广东十大战略性新兴产业平稳较快发展，实现增加值7406.61亿元，同比增长9.2%，增幅比前三季度提高1.4个百分点；实现营业收入29913.48亿元，增长6.6%，增幅比前三季度下降0.1个百分点。十大产业集群中，数字创意、新能源、半导体与集成电路产业增加值增长较快，分别增长16.1%、12.7%、10.9%，新能源、智能机器人、区块链与量子信息营业收入增长较快，分别增长13.1%、10.6%、9.2%。

半导体与集成电路产业。2023年，半导体与集成电路产业集群实现营业收入2703.80亿元，增长4.1%；实现增加值656.66亿元，增长10.9%。其中，电子专用材料制造、集成电路制造增加值分别增长17.9%、15.6%。

高端装备制造产业。2023年，高端装备制造产业集群实现营业收入3501.94亿元，增长5.3%；实现增加值792.74亿元，增长7.1%。其中，航空装备制造业增加值95.98亿元，增长20.1%。

智能机器人产业。2023年，智能机器人产业集群实现营业收入723.98亿元，增长10.6%；实现增加值116.50亿元，增长4.3%。其中，智能无人飞行器制造增加值54.82亿元，增长23.7%。

区块链与量子信息产业。2023年，区块链与量子信息产业集群实现营业收入335.13亿元，增长9.2%；实现增加值101.25亿元，增长5.4%。基础软件开发、供应链管理服务增加值分别增长17.5%、12.6%。

前沿新材料产业。2023年，前沿新材料产业集群实现营业收入1091.02亿元，下降4.7%；实现增加值300.26亿元，增长10.0%。其中，锂离子电池制造增加值增长11.7%；电子专用材料制造增加值增长17.9%。

新能源产业。2023年，新能源产业集群实现营业收入8341.59亿元，增长13.1%；实现增加值1838.72亿元，增长12.7%。其中，太阳能产业增加值增长48.2%；智能电网产业增加值增长8.5%。

激光与增材制造产业。2023年，激光与增材制造产业集群实现营业收入1461.46亿元，增长1.0%；实现增加值322.39亿元，增长3.4%。其中，其他合成纤维制造增加值增长26.9%；水轮机及辅机制造增加值增长28.1%。

数字创意产业。2023年，数字创意产业集群实现营业收入6233.38亿元，增长6.7%；实现增加值1690.98亿元，增长16.1%。其中，数字文化创意活动营业收入4068.78亿元，增长5.9%；增加值1375.48亿元，增长22.4%。

安全应急与环保产业。2023年，安全应急与环保产业集群完成营业收入3335.81 亿元，增长2.4%；实现增加值985.51元，增长3.8%。其中，基因工程药物和疫苗制造增加值增长49.1%；卫生材料及医药用品制造增加值增长35.0%。

精密仪器设备产业。2023年，精密仪器设备产业集群完成营业收入2185.37亿元，增长3.2%；实现增加值601.60亿元，下降3.2%。其中，敏感元件及传感器制造增加值58.92亿元，增长91.2%。

四、维度四：发展后劲维度

（一）"四上"调查单位是广东经济增长的重要动力

"四上"调查单位是市场主体重要的组成部分，是广东经济增长的重要动力。2023年，广东"四上"调查单位在库突破20万个，达到202017个，稳居全国第一位。

年报"四上"调查单位净增数量超万个。2023年，广东全年新增入库"四上"调查单位27077个，退库14240个，净增12837个，其中2023年年报净增入库"四上"调查单位11486个，占全年89.5%。分专业看，规模以上工业、建筑业、批发和零售业、住宿和餐饮业、房地产开发经营业、规模以上服务业全年新增入库6501个、1657个、10071个、2641个、605个、5602个。

表11-41　2023年全年"四上"调查单位分专业变动情况

项目	入库		退库		净增	
	单位数（个）	占比（%）	单位数（个）	占比（%）	单位数（个）	占比（%）
"四上"调查单位	27077	100.0	14240	100.0	12837	100.0
规模以上工业	6501	24.0	5248	36.9	1253	9.8
建筑业	1657	6.1	294	2.1	1363	10.6
批发和零售业	10071	37.2	4787	33.6	5284	41.2
住宿和餐饮业	2641	9.8	728	5.1	1913	14.9
房地产开发经营业	605	2.2	628	4.4	−23	−0.2
规模以上服务业	5602	20.7	2555	17.9	3047	23.7

分行业看，规模以上工业在库数量最多。从"四上"调查单位总量看，2023年规模以上工业调查单位数最多，达71684个，占全部"四上"调查单位的35.5%，占比高于建筑业的6.1%、批发和零售业的28.3%、住宿和餐饮业的6.0%、房地产开发经营业的4.8%和规模以上服务业的19.4%。从"四上"调查单位增速看，住宿和餐饮业增速最快，达18.6%，增幅分别高于规模以上工业、建筑业、批发和零售业、房地产开发经营业和规模以上服务业16.8个、6.1个、8.4个、18.8个和10.2个百分点。

表11-42　2023年全省"四上"调查单位增长情况

指标	2022年年报	2023年年报	增量（个）	增长（%）
总计	189180	202017	12837	6.8
规模以上工业	70431	71684	1253	1.8
建筑业	10927	12290	1363	12.5
批发和零售业	51823	57107	5284	10.2
住宿和餐饮业	10296	12209	1913	18.6
房地产开发经营业	9628	9605	−23	−0.2
规模以上服务业	36075	39122	3047	8.4

制造业为新增规模以上工业的重要组成部分。2023年，规模以上工业新增入库单位6501个，净增1253个。其中，制造业新增入库单位6342个，占新增规模以上工业比重的97.6%。分行业大类看，计算机、通信和其他电子设备制造业新增入库968个，占新增规模以上工业比重14.9%；电气机械和器材制造业新增入库858个，占新增规模以上工业比重13.2%；金属制品业新增入库628个，占新增规模以上工业比重9.7%。

表11-43　2023年规模以上工业调查单位新增入库情况

项目	新增入库单位数（个）	占比（%）
规模以上工业	6501	100.0
采矿业	39	0.6
制造业	6342	97.6
电力、热力、燃气及水生产和供应业	120	1.8

批零住餐业入库单位规模较大。2023年，批发和零售业新增入库调查单位10071个，占全省新增入库"四上"调查单位比重37.2%；住宿和餐饮业新增入库调查单位2641个，占全省9.8%。从纳统规模看，批发业入库时平均营业收入6575.2万元，超纳统标准的2.3倍；零售业入库时平均营业收入1975.9万元，超纳统标准的3.0倍；住宿和餐饮业入库时平均营业收入505.7万元，超纳统标准的1.5倍。

表11-44　2023年新增"四上"调查单位入库平均营业收入

项目	入库时平均营业收入（万元）
"四上"调查单位	4216.5
规模以上工业	4527.4
建筑业	2700.6
批发和零售业	5593.3
住宿和餐饮业	505.7
房地产开发经营业	2908.6
规模以上服务业	3719.5

分区域看，珠三角地区占比超八成。2023年，珠三角地区"四上"调查单位174404个，占全省比重86.3%，净增11251个，同比增长6.9%。其中广州、深圳、佛山、东莞四个GDP过万亿城市"四上"调查单位分别为44500个、47620个、21972个、24736个，同比增长7.3%、7.7%、7.4%、5.0%。粤东、粤西、粤北三区"四上"调查单位合计27613个，占全省比重13.7%，增长6.1%，其中茂名"四上"调查单位3235个，增长24.5%。

表11-45 2023年"四上"调查单位分地区入退库和在库情况

地区	入库		退库		净增		在库		
	单位数（个）	占比（%）	单位数（个）	占比（%）	单位数（个）	占比（%）	单位数（个）	占比（%）	同比增长（%）
"四上"调查单位	27077	100	14240	100	12837	100.0	202017	100	6.8
广州	6339	23.4	3314	23.3	3025	23.6	44500	22.0	7.3
深圳	7051	26.0	3638	25.5	3413	26.6	47620	23.6	7.7
珠海	670	2.5	465	3.3	205	1.6	6406	3.2	3.3
汕头	375	1.4	273	1.9	102	0.8	5120	2.5	2.0
佛山	2732	10.1	1218	8.6	1514	11.8	21972	10.9	7.4
韶关	250	0.9	156	1.1	94	0.7	2325	1.2	4.2
河源	199	0.7	112	0.8	87	0.7	1470	0.7	6.3
梅州	390	1.4	96	0.7	294	2.3	1696	0.8	21.0
惠州	1393	5.1	562	3.9	831	6.5	10395	5.1	8.7
汕尾	179	0.7	106	0.7	73	0.6	1127	0.6	6.9
东莞	2992	11.0	1819	12.8	1173	9.1	24736	12.2	5.0
中山	1148	4.2	815	5.7	333	2.6	9110	4.5	3.8
江门	922	3.4	384	2.7	538	4.2	6599	3.3	8.9
阳江	224	0.8	148	1.0	76	0.6	1517	0.8	5.3
湛江	284	1.0	132	0.9	152	1.2	3030	1.5	5.3
茂名	698	2.6	62	0.4	636	5.0	3235	1.6	24.5

（续表）

地区	入库		退库		净增		在库		
	单位数（个）	占比（%）	单位数（个）	占比（%）	单位数（个）	占比（%）	单位数（个）	占比（%）	同比增长（%）
肇庆	390	1.4	173	1.2	217	1.7	3066	1.5	7.6
清远	274	1.0	175	1.2	99	0.8	2776	1.4	3.7
潮州	167	0.6	162	1.1	5	0.0	1552	0.8	0.3
揭阳	274	1.0	341	2.4	−67	−0.5	2699	1.3	−2.4
云浮	126	0.5	89	0.6	37	0.3	1066	0.5	3.6
按经济区域分									
珠三角	23637	87.3	12388	87.0	11249	87.6	174404	86.3	6.9
粤东	995	3.7	882	6.2	113	0.9	10498	5.2	1.1
粤西	1206	4.5	342	2.4	864	6.7	7782	3.9	12.5
粤北	1239	4.6	628	4.4	611	4.8	9333	4.6	7.0

（二）超4万亿投资成为广东经济增长重要潜力后劲

2023年，全省固定资产投资额达到44428.28亿元，比上年同期增长2.5%。其中，项目投资快速增长，达到30962.40亿元，增长9.0%，占全部固定资产投资的69.7%，拉动全部投资增长6.0个百分点。

表11-46　2023年广东分产业分领域投资情况

分类	投资额（亿元）	同比增速（%）	增速比前三季度（百分点）	占全省投资比重（%）	拉动全省投资增长（个百分点）
固定资产投资	44428.28	2.5	−0.6	100.0	2.5
分领域					
制造业投资	10965.97	20.7	0.7	24.7	4.3
基础设施投资	12471.74	4.2	−1.8	28.1	1.2
房地产开发投资	13465.88	−10.0	−1.6	30.3	−3.5
社会领域投资	2443.62	−0.2	2.9	5.5	0.0

重大项目牵引作用凸显，高质量项目扎实推进。2023年，全省计划总投资10亿元及以上在建项目（不含房地产开发，下同）3290个，比上年同期增加235个；完成投资同比增长9.8%，拉动全部项目投资增长4.9个百分点，对全省投资增长的贡献率达133.0%，比前三季度提高17.7个百分点。其中，深圳市鹏芯微集成电路制造线、巴斯夫（广东）一体化基地、广州至湛江铁路、深圳市鹏新旭集成电路生产基地、广州白云国际机场三期扩建工程–机场工程、埃克森美孚惠州乙烯一期6个项目本年完成投资超百亿。

工业投资量质齐升，制造业投资贡献突出。2023年，全省工业投资14809.99亿元，同比增长22.2%，高于全国13.2个百分点，排东部省份第一位；拉动全部投资增长6.2个百分点，较上年提高3.7个百分点；工业投资占全部投资比重提高至33.3%，为6年来首次超过30%。其中，计划总投资10亿元以上和100亿元以上投资项目个数分别增长21.3%和9.8%，完成投资分别增长30.6%和49.9%，均高于全部工业投资增速。

表11–47　2023年拉动较大的工业行业投资情况

行业	同比增长（%）			拉动工业增长（%）	占工业投资比重（%）
	2023年	前三季度	增速变动（个百分点）		
工业	22.2	23.9	−1.7	22.2	100.0
采矿业	64.5	88.1	−23.6	1.9	3.9
石油和天然气开采业	15.7	12.2	3.5	0.3	1.6
非金属矿采选业	144.9	234.9	−90.0	1.6	2.2
制造业	20.7	20.0	0.7	15.5	74.0
石油、煤炭及其它燃料加工业	−66.1	−73.4	7.3	−1.4	0.6
化学原料和化学制品制造业	16.9	22.5	−5.6	0.9	5.3
通用设备制造业	40.8	42.9	−2.1	1.4	3.9
专用设备制造业	30.2	27.4	2.8	1.5	5.3

（续表）

行业	同比增长（%）			拉动工业增长（%）	占工业投资比重（%）
	2023年	前三季度	增速变动（个百分点）		
汽车制造业	31.8	38.1	−6.3	1.1	3.9
电气机械和器材制造业	21.1	24.9	−3.8	1.6	7.7
计算机通信和其他电子设备制造业	20.6	20.0	0.6	4.2	20.3
电力、热力、燃气及水的生产和供应业	21.8	29.2	−7.4	4.8	22.1
电力热力生产和供应业	24.3	31.8	−7.5	3.9	16.3
水的生产和供应业	10.3	14.1	−3.8	0.5	4.3

分门类看，制造业投资增长20.7%，拉动工业投资增长15.5个百分点，拉动力比前三季度提升0.1个百分点。采矿业投资增长64.5%，拉动工业投资增长1.9个百分点。其中，石油和天然气开采业投资增长15.7%，增速比前三季度加快3.5个百分点，中海石油在湛江的海上油气田开发项目完成投资75亿元；惠州、阳江、肇庆、云浮等地的建筑用花岗岩矿采权和汕尾海砂开采海域使用权完成出让，非金属矿采选业投资大幅增长144.9%，拉动采矿业投资增长55.1个百分点。

电力、热力生产和供应业投资持续快速增长，是基础设施投资的主要拉动力。2023年，全省电力、热力生产和供应业投资增长24.3%，拉动基础设施投资增长3.9个百分点。清洁能源投资增长30.2%，其中，核力发电投资增长37.3%，拉动清洁能源投资增长6.7个百分点，太平岭核电厂一期投资进度超70%，廉江核电项目一期、陆丰核电56号机组等工程投资进度近30%；风力发电投资增长16.6%，拉动清洁能源投资增长5.7个百分点，中广核惠州港口二PA海上风电场项目全容量并网，青洲一、青洲二海上风电场项目首批风机顺利并网发电。太阳能发电投资增长54.9%，拉动清洁能源投资增长20.0个百分点，华电福新四会2GW新能源示范基地本年完成投资超14亿元。

表11-48　2023年按行业分基础设施投资情况

行业	同比增长（%）			拉动基础设施投资增长（个百分点）	占基础设施投资比重（%）
	2023年	前三季度	增速变动（个百分点）		
基础设施	4.2	6.0	−1.8	4.2	100.0
电力、热力生产和供应业	24.3	31.8	−7.5	3.9	19.4
燃气生产和供应业	32.3	53.4	−21.1	0.4	1.8
水的生产和供应业	10.3	14.1	−3.8	0.5	5.1
铁路运输业	4.8	10.6	−5.8	0.3	6.9
道路运输业	−4.9	−5.8	0.9	−1.2	22.7
航空运输业	6.0	11.7	−5.7	0.2	2.6
互联网和相关服务	11.4	−3.4	14.8	0.1	1.2
水利管理业	−4.1	3.8	−7.9	−0.1	3.0
生态保护和环境治理业	−22.4	−19.0	−3.4	−0.5	1.6
公共设施管理业	2.1	1.2	0.9	0.7	31.6

新动能持续增强，战略性产业集群投资发展壮大。广东加快产业升级步伐，加大高新技术领域投资，新动能持续增强。2023年，全省高技术制造业投资增长22.2%，增速比前三季度加快0.8个百分点；先进制造业投资增长18.2%。持续推动工业企业技术提升改造，工业技改投资力度加大，工业技改投资增长22.4%，增速比前三季度加快0.3个百分点，制造业技改投资增长20.7%。战略性产业集群投资步入发展快车道，20个战略性产业集群投资增长19.0%，其中10个战略性支柱产业集群投资增长15.1%，10个战略性新兴产业集群投资增长29.3%。

五、维度五：景气建议维度

广东在全国率先开展"百名景气企业家"和"百名统计学（专）家"信心景气调查，每季度开展一次。通过"双百"景气调查数据，反映各界对当前经济形势走势的看法，他们提出的建议和措施值得关注。

（一）景气企业家持谨慎态度，提"六建议"强政策、提信心、稳增长

百名景气企业信心调查数据显示，2023年四季度景气企业家信心指数回落至75.9，低于信心指数临界点100，比三季度信心指数下降9个点，反映景气企业家对当前及2024年一季度的判断持谨慎态度。

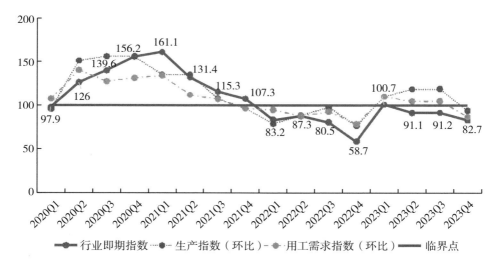

图11-5 2020年至今百名景气企业家行业即期指数走势

景气企业家行业即期指数有所下降。百名景气企业信心调查数据显示，2023年四季度行业即期指数82.7，低于指数临界点100，比三季度下降8.5个点，为本年度最低；生产指数（环比）93.7，比三季度下降25.1个点；用工需求指数（环比）86.6，比三季度下降18.2个点。以上三个指数

均低于临界点100，较三季度回落幅度较大，表明被调查的具有行业代表性的景气企业生产经营活动呈收敛态势。

分行业看，文旅、住宿、家居等消费类行业景气企业家表示本季度景气度"好"，服装、调味品等日用品制造业景气热度持续向好，受部分企业在春节假期前加快施工进度，建筑业行业景气水平有所回升。由于全球经济形势动荡，居民收入预期弱，房价下跌预期仍在等因素影响，出口型制造业、金融以及房地产行业景气企业家四季度行业景气度与三季度行业景气度持续"不乐观"。其中，房地产行业的景气企业家审慎表示"目前市场购房情绪比较低迷，房地产急需政策纾困"。

百名景气企业家提出"六建议"。2023年四季度，共回收98份企业家问卷并收集到81条企业家建议，得到以下建议树。

图11-6　百名景气企业家（广东）2023年四季度建议树

一是扩大内需，推动消费扩容提质。超市、餐饮、家居等消费类行业景气企业家表示目前市场整体需求不佳，希望继续推广由政府主导发放的消费券刺激市场带动消费，充分发挥消费拉动经济增长的基础性作用。旅游业行业景气企业家希望出台更多刺激消费政策，通过丰富文旅产品供给、拓展新型消费业态等方式激发旅游消费需求，释放旅游消费潜力。

二是降低融资成本，提高融资便利度。景气企业家认为，改善企业融资环境是推动企业稳定发展的关键，建议对民营企业加大信贷资源投入，放宽重点领域的信贷准入条件，提高企业贷款额度。制造业企业家建议为中小企业减税降费，降低企业贷款利率，激发企业活力，提振市场主体信心。

三是深化国有企业改革，激发可持续发展动能。国有企业家建议，当前应加大力度鼓励国有企业勇于改革创新，构建以企业为主体、市场为导向、产学研相结合的综合创新体系，围绕健全运行机制、提升活力效率、完善监管服务深化改革，不断增强国有企业的竞争力和影响力，推动国有企业高质量发展。

四是清理拖欠账款，缓解资金压力。建筑业行业、服务业行业的景气企业家希望政府加强政策支持和统筹调度，解决机关、事业单位拖欠企业账款问题，为解决拖欠中小企业账款问题提供保障，缓解企业资金压力，保证企业正常生产经营。

五是防范化解金融、房地产重点领域风险。金融行业景气企业家提出，当前国内经济存在一定风险隐患，金融监管部门要在市场化、法治化轨道上统筹做好重大金融风险防范化解，确保金融市场平稳健康发展。房地产行业景气企业家表示，当前房地产行业需求端商品房销售下滑，市场仍然处在预期和信心较弱时期，建议政府出台相关政策支持房企脱困，满足房企合理融资需求，激发房地产市场活力。

六是打通高层次人才输送通道，助力企业高质量发展。景气企业家反映，当前企业急需医学、新材料研发、营销策划、新媒体运营等方面的专业人才，建议加强校企合作，畅通校企人才输送通道，推动产教融合走深走实，给予企业培养技能人才补贴，鼓励企业搭建人才成长培养平台，强化人才团队建设。

（二）统计学（专）家宏观信心指数较为景气，提"六建议"巩固经济向好势头

2023年四季度百名统计学（专）家信心调查回收184份有效问卷，其中42名统计学家、142名统计专家参与调查。调查结果显示，统计学（专）家宏观信心指数为120.9，保持在"较为景气"区间。消费信心指数为132.3，处于"较为景气"区间；投资信心指数和出口信心指数分别为113.9和110.3，处于"相对景气"区间；就业信心指数为105.7，处于"微景气"区间。

表11-49　2022年四季度以来统计学（专）家信心指数

统计学（专）家	宏观信心指数	投资指数	消费指数	出口指数	就业指数
2022Q4	125.3	121.2	131.5	119.6	119.9
2023Q1	141.6	137.7	133.2	117.0	121.5
2023Q2	126.2	122.1	118.1	108.8	104.2
2023Q3	123.0	119.4	125.1	112.3	108.7
2023Q4	120.9	113.9	132.3	110.3	105.7

分行业看，批零业、服务业和住餐业信心指数分别较上季度上升11.9个、6.7个和3.9个点。工业、建筑业、农业和房地产业信心指数分别较上季度回落5.3个、5.6个、12.3个和19.3个百分点。

宏观经济预期信心略有回落，消费预期信心持续回升。调查显示，统计学（专）家预期宏观信心指数为141.8，投资指数为127.7，消费指数为164.7，出口指数为120.7，就业指数为111.4。宏观预期信心指数较上季度回落4.1个点。其中消费预期信心指数由2023年二季度的136.3持续上升至四季度的164.7，上升14.4个百分点；出口、就业和投资预期信心指数分别回落3.9个、6.1个和11.1个百分点。统计学（专）家对下季度整体宏观经济预期比上年同期回落8.7个百分点。

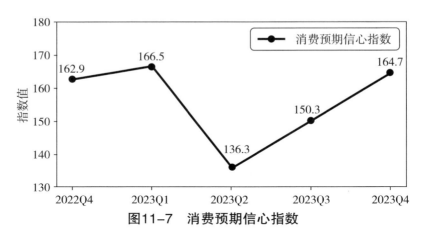

图11-7 消费预期信心指数

统计学（专）家提"六建议"。百名统计学（专）家根据对当前经济形势的判断，提出六个方面的政策建议。

图11-8 百名统计学（专）家的相关建议

一是着力促进消费，把扩大国内需求摆在优先位置。50.5%的建议是进一步扩大内需，促进消费，充分发挥消费对经济发展的推动作用。

二是优化营商环境，进一步提振市场信心。48.4%的建议是持续优化营商环境，稳定市场主体预期，加大招商引资力度，提升对外资的吸引力，鼓励民间投资，进一步提振市场信心。

三是加大实体经济扶持力度，特别是扶持制造业。33.2%的建议是加大对实体经济的扶持力度，特别是对中小微制造业企业的扶持。

四是加大稳增长政策供给和落实力度。31.5%的建议是加大稳增长政策供给和落实力度。落实落细已出台的各项政策和接续措施，充分释放政策累积效应。

五是稳就业保民生，着力提高居民收入水平。26.6%的建议是贯彻落实中央经济工作会议的工作要求，抓好青年特别是高校毕业生就业，稳定就业水平，促进农民工等重点群体就业，提升就业质量，着力提高居民收入水平。

六是加大对外贸出口的扶持力度。11.4%的建议是加快构建以国内大循环为主体、国内国际双循环相互促进的新发展格局，借助"一带一路"的良好契机，帮助外贸出口企业打开海外市场、抢占海外订单和市场份额。

经风雨见彩虹。过去一年，广东经济再上新台阶，沉甸甸的13.6万亿元成绩单，难能可贵，体现广东经济大省稳健支撑。新的一年广东将再启程，锚定高质量发展首要任务，一步一步踏实地，一季一季促增长，为再造一个新广东、走在全国前列，统计部门将发挥自身职能作用，加强监测分析，扎实经济普查，摸清经济家底，为广东高质量发展提供优质统计数据支撑。

拾贰

联系看统计数据变化

当下经济变化纷繁，新产业新业态层出不穷，市场主体业务活动复杂多元，三次产业深度融合发展，给统计方法制度改革提出了诸多挑战，人们对统计结果与微观感受之间差异的质疑增多。然而，看似与实际感受不一样，其数据背后却蕴藏着鲜为人知的变量变化逻辑。

一、互为基期与报告期的指标数据，变量变化需看多几年

经济增长是报告期数据与基期数据进行比较的结果。一个地区的经济总量，是当年生产活动的最终成果，是一个流量的概念，它既是今年的报告期，同时也成为下一个报告期的基期。互为基期与报告期的指标数据，在经济短期波动中时常造成数据前高后低或者前低后高，导致数据结果与实际感受出现差异。比如，某个报告期年份，受当期新投产项目拉动，由于上期基数为0或很低，会对当年经济增速产生一个较大的拉动，经济增长数据会有一个比较好的结果，是报告期经济存在的客观反映；但如果下一年没有持续出现新的业务拓展，那就会成为拉低下一年经济增速的基数，使得数据出现短期非趋势性波动。比如，2020年受疫情影响，广东省经济增速才2.3%，2021年经济恢复增长8%，两年平均增速5.1%，整体看经济运行在合理区间。若仅从当年当季看，经济增速"上蹿下跳"，给统计结果增添了不少难度和压力。所以，我们要辩证分析统计数据受基数的影响，前期数据高的看后面能否有新增流量保持住，数据低的后面要着力找差距补短板。面对统计结果，要看多几年，看看平均增速，看看环比增速，看看中长期趋势，看看结构指标，多看几个维度，切不可被当下某一个高增长或低增长现象迷惑，而看不到经济发展的周期与规律。

二、度量经济变化有现价与不变价，看总量是现价，说增速是不变价

现价和不变价的差异也是造成数据结果与实际感受不同的原因之一。

一般来说，某价值量指标报告期与基期相比产生变化的原因有两个：一是价格变动引起的变化，二是实物量变动引起的变化。对此，我们在核算价值量指标时，会分为现价和不变价进行计算。现价又称当时价格，也就是报告期当年的实际价格。用当年价格计算的指标能够反映当年的实际情况，使国民经济指标互相衔接，便于考察社会经济效益，便于对生产、流通、分配、消费之间进行综合平衡。因此，当我们需要反映当年的实际收入情况时就采用当年价格。不变价是用某一时期同类产品的平均价格作为固定价格来计算各个时期的产品价值，目的是消除各时期价格变动的影响，保证前后时期指标之间的可比性，以单纯反映实物量的变化。因此，我们公布的GDP增长速度一般采用不变价格。人们收入的增长反映在现价增速（名义增速）上，实际经济增长反映在不变价增速（实际增速）上，价格指数的变化导致现价增速与不变价增速的相关性出现落差。比如，2022年，广东工业生产者出厂价格指数为103.0，2023年1—9月下降至98.8；2022年，广东居民消费价格指数为102.2，2023年1—9月下降至100.6，总体价格指数低于往年的水平。2021年，广东GDP实际增长8.1%，名义增长12.2%，高于实际增速4.1个百分点；2022年，广东GDP实际增长1.9%，名义增长3.5%，高于实际增速1.6个百分点；2023年1—9月，虽然广东GDP实际增长4.5%，但因为价格指数下降，GDP名义增长仅为4.3%，低于实际增速0.2个百分点。由于名义增长长期高于实际增长，2023年却出现相反的情况，这导致虽然经济恢复良好，但人们感受到的收入增长却没有那么明显。

三、GDP核算结果为总体，却联系每一个单体指标

国民经济行业分类共包含20个门类、97个大类、473个中类和1382个小类，涵盖经济社会的方方面面。在季度GDP核算中，采用对各行业具代表性的41项基础指标、22项价格指数对总体经济进行核算，其中每一项基

础指标又涉及海量的底层数据，变量之多、范围之广，能更真实完整反映总体经济运行情况。而单一个体通常仅在部分区域活动、接触部分行业，难以全面了解全范围全行业状况，以个体直观感受推断总体情况将存在误判。2023年前三季度，广东省部分行业增加值增长较慢，甚至下行，工业增长3.6%，公共管理、社会保障和社会组织增长0.8%，房地产业下降0.6%，一些人的直观感受是工业恢复缓慢、房地产业滞涨、行政事业单位薪资停滞，就认为总体经济并未恢复。实际上，大部分行业仍然保持平稳较快发展，农林牧渔业，建筑业，信息传输、软件和信息技术服务业，金融业分别增长5.0%、8.5%、9.2%、7.3%，均高于GDP增速。接触性、聚集性服务业带动作用增强，交通运输、仓储和邮政业，住宿和餐饮业，居民服务、修理和其他服务业，文化、体育和娱乐业分别增长7.3%、8.7%、6.5%、12.3%。分地区看，虽然有部分地区增长相对较慢，但也有部分地区保持较快增长。揭阳、深圳、惠州分别增长8.0%、5.4%、5.3%，带动全省经济保持平稳发展。

四、新产业新业态新模式层穷不出，现行制度方法赶不上变化，统计适应正当时

《中华人民共和国统计法》明确规定，统计调查由国家制定统一的统计标准，保障统计调查采用的指标涵义、计算方法、分类目录、调查表式和统计编码的标准化，GDP核算正是在国家同一个方法制度框架下的统计核算，是根据基础指标按照统一核算方案计算的结果，是经济运行过程的综合反映。同时，统计方法制度每年会根据经济社会发展的变化进行适当修订，以更加全面准确反映经济社会发展的新情况新变化。然而，随着新产业新业态新模式的层出不穷，现行统计制度方法往往赶不上变化，比如网约车、外卖小哥、抖音直播等等，这些新兴的市场经济活动没有建立定期统计调查制度，在统计方法制度里还无法全面反映，仅在五年一次的

经济普查时对其进行调查，常规年份GDP核算使用普查数据进行推算。此外，国家统计局制定实施的常规年定报统计制度有三大原则，即法人单位原则、经营地在地统计原则、"先进库，后报数"原则。在这个统一的规则下，就会出现对在本地的一些产业活动单位没有纳统的质疑，不懂得这些单位已纳入在外地的法人单位统计的道理，却又容易忘记本地法人也统计了在外地的产业活动单位的事实。又比如，一个地区某个非新开业单位达到了上规的标准，却因为没有及时进库纳统对统计结果也产生质疑，不知晓非新开业单位只能年度或2月入库退库的原理。再比如，某个企业主要业务活动突然发生了变化，导致行业属性发生变化，又会产生统计没有及时变更专业或行业的质疑，不理解统计制度规定专业变更只能年度或2月进行的初衷，不能这个月是这个行业，下个月又是另外一个行业，只有主要业务活动相对稳定了才能进行变更。面对新形势，统计方法制度改革正在加快推进，智慧统计、统计云建设正当其时，统计调查方法不断改进，统计指标体系不断完善优化，《新产业新业态新商业模式统计监测制度》《数字经济统计监测制度（试行）》《互联网经济统计制度》等统计调查制度先后出台，为更加全面、准确反映经济发展变化做出了不懈探索与努力。

五、GDP为一个国家或地区货物与服务最终成果，实际存在比核算结果更具实际意义

高低之间不为困，也是另一种联系着看。不唯GDP，不是不要GDP。GDP有着严格的地域核算要求，是经济运行的总抓手，但也不宜为之内卷。国民经济核算涉及各领域经济社会发展指标，各个指标的变化和影响程度各不相同，唯GDP就容易导致片面追求各个指标的增速，进而可能偏离经济的实际存在。比如，有些地区为了追求纸面上的经济增长结果，会千方百计地把一些在本地注册但不在本地经营的单位算在里面，美其名曰

有实际的纳税行动，却忽视了市场主体经营活动不在本地的事实。还有，在计算GDP增速时，有一个重要的基础指标就是工资增速。最近几年受疫情的冲击及外部环境复杂严峻的叠加影响，不少行业特别是原来薪酬水平较高的行业不同程度下调了工资，长期看这是缩小收入差距、促进行业降本增效的有力举措，但工资的下调又会在短期上对经济增速产生负的拉动，从而可能会对工资指标产生不必要的人为的干扰。再比如，对于以生态环境保护为主的地区而言，绿水青山就是金山银山，走绿色发展之路是发展目标，但短期内又会受到GDP增速的压力，从而引进与绿色发展背道而驰的项目，导致为了GDP结果而忘记了自己的真实存在与客观需要。一个地方要真正发展起来，虽然GDP核算可能存在专业方法与统一核算上的低估，造成与实际不符，这是难得低调上的高大。对一个地方来说，真正的扎扎实实增长与发展，谁也带不走，都会成为那个地方的硬实力，也会成为深受广大群众认可的正确"政绩观"软实力。

总的来看，要想透、看透经济背后的变量变化逻辑，客观、辩证地看待制度方法、总体与个体、基数与价格、实际存在与核算结果等多重因素对短期经济增长的波动影响，既不以一时的高增速为喜，也不以一时的低增速为悲，不为一个季度的数据所困，要透过现象看本质，把数据解构好，消除统计问题和经济问题混搅不清的现象，沧海横流尽显英雄本色。

数据给我跳动脉搏：化难何以可能，统计核算与经济变化如影随形的内核逻辑
——一个基础核算指标变动牵出的蝴蝶效应

春暖还寒，数据变动亦如天气。在时空维度里，变化是常态。2024年一季度，广东经济延续回升向好态势，开局良好，全省地区生产总值（GDP）增长4.4%，高于上年同期0.4个百分点，但低于1—2月预判和全年经济增长预期目标，也低于全国及东部地区，引起党政领导、部门、地市多方关注甚至质疑。

一时间，季度核算的各项基础指标数据变化带来核算结果的压力陡增，一季度房地产销售面积增速同比下降34.6%，规模以上工业增加值增速比1—2月回落4.5个百分点，货币金融服务业基础核算指标改变，三个关键指标拉低全省GDP增速近3个百分点，统计遇到"开门难"。

如何应对当下统计核算面临的困难与困惑，统计人唯有沉着冷静，举重若轻，以平和的心态去面对变化，以统计核算为钥匙，深入解构解读数据，真实反映经济变化，迎难而上做好统计各项工作特别是季度地区生产总值统一核算工作，去"化难、破难、克难"。

变得难，把握时机变被动为小主动"化难"。2024年季度统计核算变得难源于变化之快。一方面，一季度经济形势愈加复杂多变，部分行业指标先高企再回落造成落差，商品房销售面积降幅加深，经济运行面临着新的困难与挑战。另一方面，季度地区生产总值统一核算货币金融服务业基础指标变动导致"水土不服"，由上年金融机构存贷款余额稳定的正增长转变为今年货币金融相关指标的负增长。面对经济变化与核算基础指标

变化交织的复杂情形，笔者意识到数据的敏感性和重要性，及时组织专业骨干加班加点，剖析各种变化产生的影响，连夜做好数据测算、梳理、分析，在全省一季度经济形势分析会召开的前夜里第一时间向省领导汇报，发出经济预警信号，并与主要经济部门领导做好沟通，得到省领导的认同理解和部门的支持配合，提前为经济形势分析会定下"一季度经济形势好于上年同期"的主基调，但不使用经济实现"开门红"字眼，避免了对经济形势过分乐观及误判。

广东货币金融服务业指标变动影响测算情况

季度	货币金融服务相关指标增速（％）	金融机构存贷款余额增速（％）	新指标对GDP增速影响（个百分点）
2024年1季度	−8.4	8.0	−1.06
2023年1—4季度	−0.9	10.9	−0.68
2023年1—3季度	2.8	11.3	−0.56
2023年1—2季度	3.9	11.8	−0.52
2023年1季度	3.8	11.9	−0.66
2022年1—4季度	4.5	10.2	−0.38
2022年1—3季度	1.7	10.7	−0.57
2022年1—2季度	1.8	10.8	−0.66
2022年1季度	2.5	10.3	−0.43
2021年1—4季度	4.2	11.3	−0.36
2021年1—3季度	4.3	12.0	−0.43
2021年1—2季度	5.1	13.2	−0.45
2021年1季度	5.5	14.0	−0.60

比了难，抓住关键指标"破难"。2024年一季度，广东与东部地区比，主要指标增速有不小差距，广东商品房销售面积、货币金融服务业相关指标增速同比降幅大，规模以上工业增加值增速比1—2月回落大。面对

众多的核算指标，笔者认真研究核算方法，在分行业、分指标的比较中深入分析经济增长的长短板，形成对经济变化的准确判断。各专业数据及GDP统一核算结果核定后，笔者及时了解东部地区相关数据，紧紧抓住拖累广东GDP增速的三个关键指标，把握不同指标的关联性，挖掘短板指标背后的逻辑，比如商品房销售面积增速与货币金融服务业相关指标增速紧密关联，在房地产市场低迷的时候，居民贷款购房意愿转弱，影响银行贷款利息的收入，详细比较广东与东部地区的增速差距情况，说清楚数据成因，及时报告给省领导，第一时间让省领导掌握最新数据，知悉经济指标的长短板，发挥了统计"指示器""测量仪"的作用。

看了难，从高低权重系数多面"克难"。解读核算一盘数不能仅看经济总量及增速一面，还要结合核算周期，综合考量指标增速高低、权重、系数等因素进行研判，力求精准解构经济变化。无论核算方法制度如何调整，其中计量模型的数理逻辑严谨性不会改变。所以，笔者秉持科学的态度，以核算方法为尺，兼顾特殊情况和实际情况，算准算实经济总账。每个季度核算期间，各种数据始终在笔者脑海跳动、闪烁、翻滚，思考一刻也不停息，促使笔者带头撰写深度分析材料，在全省经济形势分析会第一个汇报发言，对全省经济进行精准研判，深入解剖数据长短板与值得关注问题，为党政做好参谋助手。在全省第一季度经济形势分析会上，笔者精准、聚焦、客观汇报一季度主要经济指标完成情况，进行经济发展长短板分析，获得省领导进一步理解与认可。会上，省领导多次与笔者进行互动交流，对报告中的商品房销售面积、货币金融服务业基础指标变动影响等问题高度关注，要求统计部门要加强分析，密切关注，反映问题。会后，笔者第一时间落实省领导指示，当晚迅速组织专业骨干分析金融货币服务业核算指标调整情况及影响，及时报送省领导，获得"分析得很透彻"批示肯定。其后，在省政府常务会议上，省领导又提到货币金融服务业基础指标调整对深圳市的影响等问题。笔者又组织专业骨干对深圳GDP增速较高的支撑因素及货币金融服务业基础指标调整对深圳GDP增速的影响进行了分析，及时报送省领导。

4月24日，广东2024年一季度经济数据对外发布，引起媒体关注，笔者接受央视新闻客户端等媒体专访。笔者谈到，一季度广东经济开局良好，经济指标相互变化是动态的，第二产业支撑非常明显，三次产业此消彼长，体现了广东的经济韧性，看待广东一季度经济表现，"数"之外更要看"质"。两个"6.1%"构成对第二产业的支撑。全省规模以上工业增加值增长6.1%，增速与全国同步，比去年同期更强，建筑业增加值也增长6.1%。新质生产力赋能经济。规模以上先进制造业增加值增长8.0%，高技术制造业增加值增长13.0%；工业投资不断加力，增长23.5%，连续39个月保持两位数增长，先进制造业投资增长22.4%，高技术制造业投资增长33.3%；广东获得国际市场份额占比较大的"新三样"——新能源汽车、锂电池、太阳能电池，技术含量高，国外需求也是真需求。下一步，通过政策措施不断加力，通过市场主体的共同努力，企业的信心得到改善，广东经济一定会有更好的结果。专访由表及里解读数字变化与内在逻辑，传递了正能量，获得海量点击浏览与各方点赞加持。

事非经过不知难，经过短短一周的连轴转，尤其核定数据及其之后48个小时，第一时间做好充分沟通，既有上上下下，也有左左右右，终将数据落地为大家所认可接受，统计人这个季度关于一个基础核算指标变动牵出的话题渐行渐远，下一个季度新的变化、新的问题又可能不期而遇。如此周而复始，无论经济形势好与差，无论统计工作难与易，作为地方统计"掌门人"，面对核算结果的变化，既不过分喜悦，也不被压力压倒，始终恪尽职守认真算好核算每一盘数，主动解构数据把脉经济，发挥统计监督职能作用，在南粤大地留下统计人的汗水和付出。

化难"48"小时，一系列的统计核算事与联系事宜给人留下许多启迪。无论经济形势好与差，都要正视数据变化，不能回避问题，理性分析面对；多维度多角度分析比对数据，既要看到关键问题为党政提供及时、准确、专业的决策参考，又要挖掘寻找数据的积极变化和有利支撑；作为地方统计"掌门人"，必须有开阔的眼界，"心中有数"，掌握海量数据，才能做出相对准确的判断分析；以寻常心、喜悦心应对统计工作中的千变万化，要爱如初恋，才能不顾一切去统计，化难"48"小时，扑下身子用心、用情做好统计核算与解读解构。

春回大地。作为2024龙年南粤大地的经济开局，统计核算与经济变化如影随形。没有变量假定，只有对变量核算结果的解构解读，一切似乎都在冥冥之中。当笔者伫立在七楼办公室望向濛濛春雨里的越秀山时，想到了山头上有个五羊雕塑，一个核算季下来了，过程艰辛起伏，结果却也平顺。如同有朋自远方而来，走近走进那盘核算大数，不亦乐乎。

后 记

GDP，被喻为20世纪最伟大的发明之一。就目前为止，我们还没有找到比这个能更为综合反映经济运行变化与进行经济监测的指标。而进行GDP核算，不论是季度、年度，还是经济普查年份，不论是国家层面还是地方一级，均可反映一个国家或地区的经济发展规模，判断其经济总体实力和经济发展的快慢，也可以进行经济结构分析，如产业结构、需求结构、地区结构等，是进行宏观经济决策的依据。GDP还可以与相关指标结合，计算出具有重要意义的其他指标，如人均GDP、单位GDP能耗等。GDP这一指标非常重要，备受社会各界的广泛关注。

尽管如此，我们也要清醒看到，GDP不是万能的，存在着一些缺陷。一是GDP不能完全反映一个国家的经济活动。比如，地下经济、自给性生产活动等。二是不能真实反映一国或地区的国民福利状况。比如，在GDP高速增长、经济总量大幅增加的同时，人们却忙于工作、苦于加班而无奈放弃假日和休闲，从而造成休闲时间减少和感受人生、享受人生的时间减少，从这一角度来说GDP虽然增长，但是人们的社会福利却在下降。三是GDP不能反映经济增长方式和经济增长的质量。比如，两个国家GDP相等，一个以开发软件和生产电脑为主，一个以生产或加工民用产品为主，显然这两个国家的经济发展水平和技术发展水平不在一个层次。此外，在一个工业社会里，经济总量的增加往往伴随环境的污染、城市噪声、交通拥挤等。GDP也无法度量因环境变坏所付出的社会成本，即不能反映经济增长对资源环境所造成的负面影响和资源消耗的代价等等。

GDP可以直观反映出一个国家或地区的经济发展水平和经济组成结

构。作为地方一级，客观理解和认识GDP增长，能帮助地方更好地判断一个地区经济发展趋势，为制定发展规划提供依据。这个过程中，不去一味地"唯增长论"，而要走出GDP增长误区，以科学精神、科学态度和科学思想方法对待、走进GDP地方核算。与此同时，我们也要辩证地看到，不唯GDP，不是不要GDP。在现阶段经济发展过程中，人们对美好生活的追求与憧憬，需要持续做大"经济蛋糕"，实现有质量的扩张，去努力达到可持续性、包容性增长与发展的前景。